国际贸易实务

International Trade Practice

陶忠元 / 主　编

杨丽丽　姜　苑 / 副主编

江苏大学出版社
JIANGSU UNIVERSITY PRESS
镇 江

图书在版编目(CIP)数据

国际贸易实务/陶忠元主编. —镇江：江苏大学出版社,2017.8(2023.8 重印)
ISBN 978-7-5684-0612-3

Ⅰ.①国… Ⅱ.①陶… Ⅲ.①国际贸易－贸易实务－教材 Ⅳ.①F740.4

中国版本图书馆 CIP 数据核字(2017)第 215668 号

国际贸易实务
Guoji Maoyi Shiwu

主　　编/陶忠元
责任编辑/柳　艳
出版发行/江苏大学出版社
地　　址/江苏省镇江市京口区学府路 301 号(邮编：212013)
电　　话/0511-84446464(传真)
网　　址/http://press.ujs.edu.cn
排　　版/镇江文苑制版印刷有限责任公司
印　　刷/广东虎彩云印刷有限公司
开　　本/787 mm×1 092 mm　1/16
印　　张/20.5
字　　数/520 千字
版　　次/2017 年 8 月第 1 版
印　　次/2023 年 8 月第 5 次印刷
书　　号/ISBN 978-7-5684-0612-3
定　　价/48.00 元

序言

PREFACE

《国际贸易实务》是国际经济与贸易专业的核心课程，也是全球化和开放型经济背景下经济管理类专业人才培养中重要的必修或选修课程。近几年来，国际贸易实践呈现出一些新的发展趋向和新的业务操作要求，如基于互联网应用的跨境电子商务快速发展，国际商会对国际贸易术语、国际贸易结算等方面的国际贸易惯例更新，国际贸易政策措施的调整，国际贸易业务环节风险的凸显等。为及时适应国际贸易手段、政策、惯例等实践新发展，以及开放型专业人才培养的需要，按照贴近实战需要、增强学生学习导向、提升业务综合技能的教材建设理念，借鉴了诸多高校相关课程教材建设的有益经验，结合江苏大学重点教材及精品在线开放课程建设项目，在对课程内容体系进行了多次梳理与合理整合的基础上，编写了这本《国际贸易实务》教材。

"国际贸易实务"是一门应用性、操作性极强的课程，着眼于加强课内与课外衔接、知识与技能并进，促进"学""练"密切结合与强化互动的教材建设，是达到本课程教学目标的重要保障。为此，本书编写总体上遵循新颖、简明、适用、实战的原则，在强调国际贸易业务活动的核心内容体系与实际操作技能的同时，着力体现课程内容的系统性及业务操作环节的完整性，突出程序与规则的介绍、分析及技能与思维的训练，强化单一性案例和综合性案例的引入；教材内容力求具体、形象、易懂、连贯，注重实用性、操作性和启发性，理论联系实际。在教材体例安排上，紧扣并体现本课程性质及课程教学目标要求，主要内容包括：教学目的和要求、导入案例、章节内容（含主干知识点、延伸阅读、案例分析等）、本章总结、关键概念、思考与习训、实验内容与要求、重要链接（相关规则和专业网站等）等，可进一步增强学生学习的自主性、思考性、实验性，也便于多种教学形式的组织开展，为开放式在线课程教学提供必要的条件。

本书的修订版在每章内容介绍之前均增加了导入案例，这些案例都来自于进出口贸易的业务实践或贸易纠纷的法院判例，增强读者的体验感和案例的启发性。同时，基于Incoterms® 2020 和跨境电子商务实践，更新了国际贸易术语章节的内容，添加了跨境电子商务交易章节，对书中有关的合同条款表述也做了一些调整。

本书由陶忠元担任主编，杨丽丽、姜苑为副主编。本书编写、修订的具体分工如下：陶忠元教授（第一、二、八、十章）、杨丽丽副教授（第九、十、十一章）、姜苑副教授（第三、五、七章）、赵桂梅副教授（第四章）、陈云香副教授（第六章）、杨秋菊讲师（第十二章），全书由陶忠元负责总纂定稿。

在本书的编写、出版、修订的过程中，我们参考和吸收了有关专家学者的最新研究成果，也得到了江苏大学出版社诸位编辑的大力支持，在此一并表示诚挚的谢意！

由于编者水平有限，不当和不妥之处在所难免，恳请各位专家、同仁及广大读者提出批评和建议。

编　者

2023 年 6 月

目录 CATALOG

第一章 导 论

【教学目的和要求】

通过本章学习,了解"国际贸易实务"课程的研究对象、性质和主要内容,掌握国际货物买卖行为的基本特点与国际货物贸易的法律规范的适用范围,认识国际货物买卖基本业务流程的轮廓,为以后各章内容的学习打下基础。

导入案例

西班牙 EC 公司与江苏 MNT 公司国际货物买卖纠纷

2017 年 2 月 9 日,西班牙 EC(EXPORTEXTIL COUNTERTRADE SOCIED ADANONIMA)有限公司与江苏某市 MNT 医疗用品有限公司签订国际货物买卖合同,约定 EC 公司向 MNT 公司购买漂白纱布,而后出口至 EC 公司在阿尔及利亚的客户。货物抵达阿尔及利亚后,EC 公司邀请第三方机构进行检验,发现该批货物存在质量问题,MNT 公司交付的漂白纱布经纬线密度为 15 支线/cm^2,略小于合同约定的 17 支线/cm^2。EC 公司的终端客户向其提出了质量异议,并要求赔偿损失。据此,EC 公司随后起诉至 MNT 公司所在地法院,主张 MNT 公司的交货行为已构成根本违约,致使合同目的不能实现,请求解除涉案国际货物买卖合同,要求 MNT 公司返还货款 84 031 美元,并赔偿预期利润损失 25 578 美元。

受理法院认为,涉案国际货物买卖合同的双方当事人营业地分别位于中国和西班牙,两国均为《联合国国际货物销售合同公约》(以下简称《公约》)的缔约国,因此,本案应适用《公约》。根据该《公约》规定,MNT 公司所交付的漂白纱布质量与合同约定不符,构成违约。但是,涉案货物的主要质量问题不属于重大质量缺陷,来自于阿尔及利亚的最终用户也没有进一步提出产品无法使用和要求退货主张,因此,MNT 公司的交货行为并不构成根本违约,涉案国际货物买卖合同不应当被解除。综合考虑当事人的过错程度、涉案货物的可利用价值等因素,法院判决 MNT 公司赔偿 EC 公司损失总计 3 万美元,对于 EC 公司提出的超出该部分的赔偿主张不予支持。判决后,合同双方当事人均未提起上诉。

本案中,法院综合考虑了联合国国际贸易法委员会的《判例法摘要汇编》及其他国家相关判例,认定货物虽然存在瑕疵,但只要买方经过合理努力就能使用货物或转售货物,不构成《公约》所规定的"根本违约",这也符合《公约》稳定国际贸易的立法意图和商业逻辑。

本案也表明,国际贸易市场风险较大,合同履行过程中的不确定和不稳定因素多,合同履行过程中发生的各类争议也较为常见,这也是国际货物买卖有别于国内货物买卖的主要特征之一。因此,在进出口贸易实践中,双方当事人应牢记合同是国际货物买卖的基础和核心,熟悉进出口贸易基本流程及各业务环节的要求,依据国际货物买卖合同和国际贸易法律惯例等规范,全面履行合同约定义务,切实维护自身的合法权益。

资料来源:江苏法院网(http://www.jsfy.gov.cn)

第一节 “国际贸易实务”课程概述

“国际贸易实务”是一门研究国与国之间货物买卖基础理论、基本规范和业务操作技术的课程,也是一门理论与实际相结合、政策性与技术性相结合、规范性与灵活性相结合的综合性应用课程,课程涵盖的内容较为广博。

一、“国际贸易实务”课程的研究内容

(一)课程研究对象及其性质

国际贸易(International Trade)是指不同国家(和/或地区)之间商品和劳务的交换活动。从其覆盖的内容来看,包括国际贸易发展史、国际贸易理论与学说、国际贸易政策与措施、国际贸易实务操作等。“国际贸易实务”是专门研究国际货物买卖基础理论、实际业务操作流程及其相关国际惯例与法规的一门课程,是普通高等院校和成人高等院校国际经济与贸易专业培养方案中的一门专业主干课程,也是其他经管类专业人才培养中重要的专业选修课程之一,“国际贸易实务”有时也被称作“进出口贸易实务”。学生通过本课程的学习能够系统地掌握开展国际货物贸易活动所必需的基本理论知识和基本业务技能,能够按照国际货物买卖业务程序及国际贸易法律与惯例的要求,并结合我国对外贸易运作实践及政策导向,积极有效地组织进出口贸易活动。

从广义的角度看,国际贸易包括货物进出口、技术进出口和服务进出口三大领域。自20世纪60年代以来,突飞猛进的科学技术促进了生产力的巨大发展和国际分工的进一步深化。国际服务贸易、国际技术贸易发展尤为迅速,在世界贸易中的比重逐步提升,但从贸易实践来看,货物的进出口贸易(国际货物买卖)仍是国际贸易中最基本、最主要的组成部分,而且,技术贸易、服务贸易的业务环境、基础等与国际货物买卖有较多的相似性,有关的具体业务做法也有相当一部分是国际货物买卖基本做法的引用,或从中衍生出来的。领会和掌握国际货物买卖的知识与技能,也是更好地了解和掌握国际技术贸易、服务贸易的知识与技能的重要途径。因此,本教材立足于国际货物买卖的基础理论、基础知识和基本操作技能进行介绍。

“国际贸易实务”课程具有涉外性、实践性、综合性等特点,其中涉外性集中表现为国际

贸易活动是一种跨国界的交易行为；实践性主要表现为国际贸易活动是在业界共同遵循的业务流程与行为规范指导下进行的一项专门业务；综合性体现在国际贸易业务运作中往往会涉及产品工艺与特性、法律惯例、金融与会计、信息技术、企业管理、语言、宗教、历史、文化等相关领域的知识。

（二）课程的主要内容

国际货物买卖行为以合同为基础和中心，因此，合同的磋商、订立及其履行构成了“国际贸易实务”课程内容的主线，也是搭建课程内容框架的主要依据。“国际贸易实务”课程的主要内容包括五个方面（如图1-1所示）：

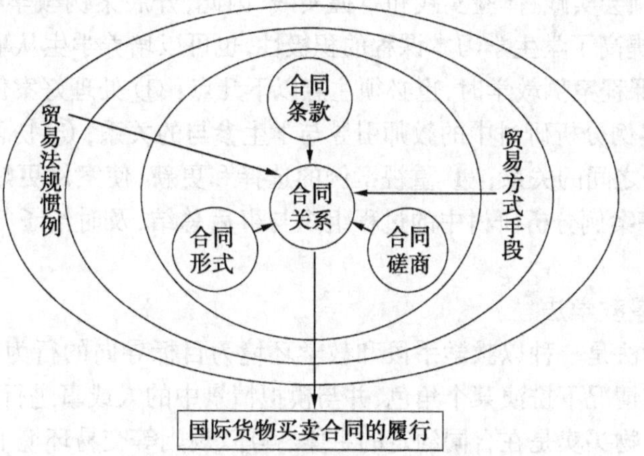

图1-1 “国际贸易实务”课程内容的基本框架

（1）国际货物买卖合同的商定：包括国际货物买卖合同的内容构成与表现形式、合同磋商过程中所历经的主要环节及其行为特征、法律意义、合同关系的成立，以及合同有效应该具备的条件。

（2）国际货物买卖合同的条款：根据国际货物买卖合同的构成要件，其中的合同条款即为国际货物交易条件。具体来说，包括成交货物的品名和质量、数量、包装、价格、交付时间和地点、运输方式、保险、价款支付与融资、检验、索赔、不可抗力、仲裁等，各项合同条款体现了当事人的权利与义务关系。

（3）国际货物买卖合同的履行：即国际货物买卖的业务运作程序，包括货物出口或进口贸易业务的基本程序及其包含的主要环节与操作要求等，其间会涉及买卖双方之间货物的交付、货款的清算、单据的流转和相关信息传递等活动。

（4）国际贸易的新方式和新手段：除了跨境电子商务特点、类型 、平台等基础知识之外，还包括跨境电子商务进出口交易的平台和自营商业模式与运作流程，以及选品、营销和引流推广等主要交易策略的选择运用。

（5）国际货物买卖中的法律与惯例：各国国内立法之间及其与国际法规、公约、惯例之间的相关解释不尽一致，因此，合同条款的描述及当事人合同行为的界定还会涉及国际法律、惯例的一些规定与条文释义。

二、“国际贸易实务”课程的教学方法

“国际贸易实务”是一门理论与实践相结合、政策性与技术性相结合、规范性与灵活性相结合的综合性应用课程，在使用本教材开展教学活动时，建议重点运用以下教学方法。

（一）案例研讨教学法

案例研讨教学法最早源于哈佛商学院，现在已为世界诸多国家的高等教育所效仿，普遍取得了良好的效果。案例研讨教学法把课堂的中心由教师转移到了学生，使专业能力培养与课堂教学紧密结合。“国际贸易实务”课程教学应围绕国际货物买卖的有关基础理论和实际业务技能，突出领会实践、体验实践和掌握实践，因此，开展案例教学有利于实现“在学中做，在做中学”，既提高了学生学习本课程的积极性，也可以培养学生从事外贸业务的操作技能。当然，在组织课程案例教学时，也必须注意以下几点：① 处理好案例教学与理论教学的关系；② 把握好案例分析研讨中的教师引导与学生参与的关系；③ 协调好案例研讨教学方法与其他教学方法之间的关系；④ 重视案例的选择和更新，使案例更贴近于国际贸易实践的发展；⑤ 设计好案例分析研讨中的过程组织与事后总结，及时给予归纳性点评和延伸性启发。

（二）模拟情景教学法

模拟情景教学法是一种以教学手段和教学环境为目标导向的行为引导型教学模式，使参与者在接近现实情况下扮演某个角色，并与模拟情景中的人或事进行互动，以达到预期的教学目标。国际货物买卖是在合同约定的主体、程序、规则等交易环境下进行的，“国际贸易实务”的模拟情景教学主要是根据课程学习的要求，模拟一个国际货物买卖交易背景（或是局部的交易环节，或是完整的交易系统），通过设计特定的场景、主体、事件，让学生以国际货物买卖中的类似情景为参照物进行模仿和演练，从而实现理论的升华和能力的提高。基于条件可行、成本节约、运行高效等考虑，本课程的模拟情景教学可以借助电子网络实验场所和国际贸易专用实验软件来进行。在具体组织实施时可灵活选择，既可以采用课内模拟实验，也可以在开放式实验条件下进行课外模拟实验；既可以安排在某一单元教学之后，也可以安排在若干关联单元教学之后。需要注意的是，模拟情景教学法也要严格遵循情境创设、组织准备、实际演练、总结评价几个步骤来加以实施。

（三）问题探究教学法

问题探究教学法又称发现法、研究法，是指教师在课程教学中为学生提供一些事例、问题或课外阅读资料，让学生自己通过阅读、观察、实验、思考、讨论等途径去独立探究，自行发现事物发展的起因和事物内部的联系，并掌握相应的原理和结论的教学方法。众所周知，随着全球科学技术发展、国际政治经济形势和各国贸易环境的变化，与国际货物买卖相关的国际公约、国际惯例也都在不断地更新与完善，尤其是随着我国改革开放的不断深入和扩大，我国对外贸易实践的发展也会不断提出一些新的要求。因此，本教材通过列举相关的课后自学要求或提供专业文献资料的渠道（如专业性网站、国际商会出版物等），扩大学生的知识面，更新学生的知识构成，使其对知识的理解更系统，对技能的掌握更熟练，增强学生发现问题、分析问题和解决问题的主动性和独立性，进一步提升学生对国际货物买卖方案的设计能力、运行能力和驾驭能力。为达到这一目标，教师应该时常关注国际经贸发展、我国对外经

贸实践的趋向,以及相关国际组织机构对国际贸易法规与惯例制修订的工作动态,及时将新的信息体现在本课程的教学目标要求和教学内容安排之中。

由于"国际贸易实务"课程内含的知识面广量大,业务要求细致繁杂,在本教材使用过程中,根据不同层次的培养目标与培养特色要求及课程教学所具备的资源与条件,还可灵活引入其他教学方法。

第二节　国际货物贸易的基本业务流程

国际货物买卖具有不同于国内货物交易的诸多特性,业务程序繁杂,涉及环节较多,环环相扣,交易过程中的及时性、严密性和精准度要求都很高。

一、国际货物贸易的特点

(一) 国际货物买卖的界定

国际货物买卖即为狭义的进出口贸易,通常是指国与国之间有形商品的买卖活动,它是国际贸易中最基本、最主要、最具代表性的部分。按照联合国国际贸易法委员会于 1980 年 3 月制定的《联合国国际货物销售合同公约》(Convention on Contracts for the International Sales of Goods,以下简称《公约》)之规定,关于国际货物买卖的界定,具体涉及其中的"国际性""货物""买卖"三个方面的认定。

(1) 国际性:《公约》采取了买卖双方营业地处于不同国家的"国际性"认定标准,而不是以双方的国籍为判别依据,即遵循的是属地原则,而非属权原则。

(2) 货物:《公约》采取排除法规定了不列入国际买卖的货物。按照《公约》现行调整的货物范围,股票、投资证券、流通票据、货币、船舶、飞机、电力等不被包含在国际买卖的货物之列。

(3) 买卖:《公约》所调整的买卖行为不包括调整供私人和家庭适用的消费交易;不包括根据法律执行令状或其他令状进行的买卖,如强制拍卖等;不包括供货一方的绝大部分义务是提供劳务或提供其他服务的交易,如国际租赁、国际服务合同项下的交易等;也不包括由买方提供货物制造所需大部分原材料的交易,如来件装配、来料加工合同项下的交易等。

(二) 国际货物贸易的基本特点

国际货物买卖属于有形商品贸易范畴,虽在交换的内容上与国内贸易并无实质性差异,在交易的行为过程方面也有部分共性,但由于是在国与国之间进行的,所以,国际货物买卖还具有它自身的一些特点:

1. 环境更为复杂

国际货物买卖涉及营业地处在不同国家或地区的当事人,或多或少都会面临两个不同国家或地区在政策导向、法律体系、规制约束、价值观念、语言文化、宗教习俗等方面的差异与冲突,贸易当事人的行为同时受到国内外贸易政策措施、贸易法律、外贸经营许可制度、汇率与外汇管理制度及贸易习惯做法等因素制约,还会受到国际公约、贸易惯例的约束。因此，无论是进行贸易方案决策、合同洽谈还是在合同实施中，国际贸易所处环境较国内贸易更加复杂。

2. 经历的中间部门与环节更多

国际贸易中当事人之间相距遥远，而且涉外交易的复杂性导致一笔交易往往需要历经诸多中间部门与环节。除了贸易双方当事人之外，参与贸易活动的主体还可能涉及供应商、中间商、代理商、批发商、销售商等，一项贸易活动经历的中间部门与环节则包括为国际货物买卖服务的商检、海关、仓储、港口（车站、机场）、运输、保险、金融（结售汇）、税务（退税）及商务主管部门（许可证、配额管理）、国际贸易仲裁机构（解决贸易纷争）、法院（司法诉讼）等，或接受其监管，或接受其配合，关系错综复杂，环环相扣，若其中一个部门、一个环节产生了问题或遇到了障碍，就会影响整笔交易的顺利进行，甚至会引发纠纷，造成损失。

3. 面临的风险更大

国际贸易更容易受国际政治经济形势、各国政局政策及其他客观条件变化的影响，国际市场及汇率、价格等更加变化多端，对贸易伙伴资信进行全面深入了解也较为困难，国际贸易环境和进程的不稳定性更加明显。而且，国际贸易自合同磋商订立直至合同履行的间隔时间较长，货物大都需经长距离运输，有的还需混合使用多种运输方式，因此，买卖双方在国际贸易中所承担的风险较国内贸易更大。

4. 市场竞争更加激烈

在经济全球化日益加快的当今，各国市场的融合程度进一步上升。同时，贸易自由化的程度越来越高，尤其是货物贸易的市场准入门槛伴随着关税的削减而不断降低，国际市场上的同业竞争主体日渐增多，贸易商不仅要面临贸易伙伴所在国的同业竞争，还会遭遇来自贸易商所在国及第三方国家的同业竞争，导致国际市场的竞争愈益加剧。

上述特点也表明，国际贸易的难度相对较大，从业要求也较高，从事国际贸易的专业人员不仅要系统掌握国际贸易的基本原理、基本知识、基本技能与方法，而且还应具备开拓创新、驾驭市场和控制风险的应变能力。

二、国际货物贸易的基本业务流程

（一）出口贸易业务流程简介

在国际货物买卖活动中，出口贸易业务基本流程大致包括以下几个主要环节（如图 1-2 所示）：

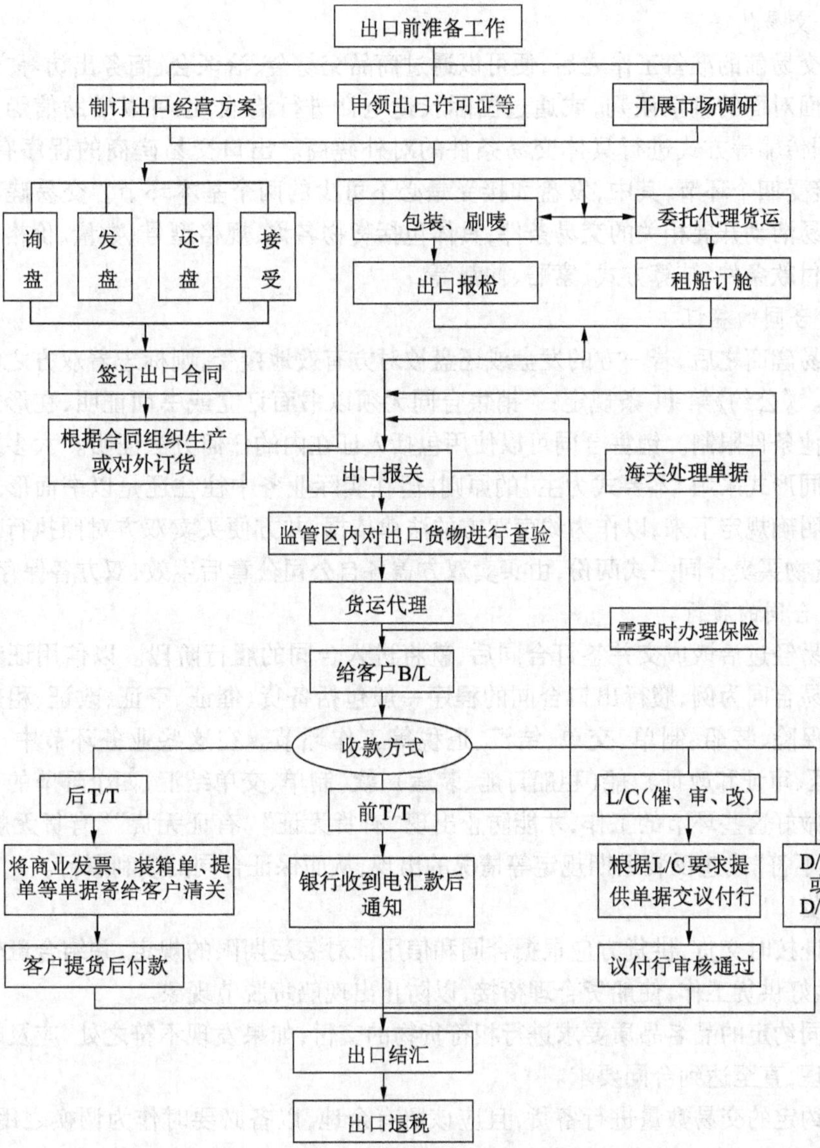

图 1-2　出口贸易业务基本流程

1. 出口前的准备工作

出口交易前的准备工作主要包括对国内外市场和交易对象的调查研究、根据需要申领许可证与配额、制订货物出口贸易的经营方案等。出口商应详细了解本国和外国的有关对外贸易方针政策、贸易方式、贸易惯例及各项法律制度，对国际市场及客户情况进行深入的调查研究，对国内外产销、库存、供应、价格、竞争、需求等情况也应做到心中有数，通过对各类信息的收集与分析，研判国际市场行情特点及基本走势，以确定出口贸易的可行性。同时，选择较为理想的目标市场，建立客户关系，根据目标市场和客户需要制订具体的出口经营方案，并做好出口产品在目标市场上的广告宣传和商标注册等工作。

2. 出口交易的磋商

在做好交易前的准备工作之后，便可以通过商品交易会、洽谈会、商务出访等方式，由买卖双方进行面对面的直接谈判，或通过国际长途电话进行洽谈，也可以借助信函、电报、电传、电子数据传输等方式进行具体交易条件的对外磋商。出口交易磋商的程序有询盘、发盘、还盘和接受四个环节，其中，发盘和接受是必不可少的两个基本环节。交易磋商的内容是与出口贸易活动开展相关的交易条件，具体包括货物名称、规格型号、数量、价格、包装、产地、装运期、付款条件、结算方式、索赔、仲裁等。

3. 出口合同的签订

经过交易磋商之后，若一方的发盘或还盘被对方有效地接受，则标志着双方之间已建立起合同关系。《公约》第 11 条规定："销售合同无须以书面订立或书面证明，在形式方面也不受任何其他条件限制。销售合同可以使用包括人证在内的任何方法证明。"大多数市场经济国家对合同形式采用"不要式为主"的原则，但在实际业务中往往还是以书面形式将双方的权利义务明确规定下来，以作为约束双方的法律依据，并方便买卖双方对照执行。通常情况下，国际货物买卖合同一式两份，由买卖双方盖各自公司公章后生效，双方各保存一份。

4. 出口合同的履行

一笔交易经过洽谈成交并签订合同后，就将进入合同的履行阶段。以信用证和海运方式的出口交易合同为例，履行出口合同的程序一般包括备货、催证、审证、改证、租船、订舱、报关、报验、保险、装船、制单、交单、结汇、退税等工作环节。在这些业务环节中，以货（备货）、证（催证、审证和改证）、船（租船订舱、装运）、款（制单、交单结汇）四个环节的工作最为重要。只有做好这些环节的工作，才能防止出现"有货无证""有证无货""有货无船""有船无货""单证不符"或违反装运期规定等情况的出现，从而保证合同的顺利履行。

（1）备货

为了保证按时交货，供货方应根据合同和信用证对装运期限的规定，并结合班轮公司的船期安排，做好供货工作，使船货合理衔接，以防止出现船货脱节现象。

按照合同约定的品名品质要求进行相符货物的交付，如果发现不符之处，应及时进行筛选、加工、整理，直至达到合同要求。

按合同约定的交易数量进行备货，且应该留有余地，以备必要时作为调换之用，如合同约定可以溢短装时，则应考虑满足溢装部分的需要。

按合同约定的条件进行包装，核实包装是否适应长途运输和保护货物的要求，如发现包装不良或有破损，应及时修整或调换。在包装的明显部位，应按约定的唛头式样刷制唛头，同时还需注意包装上的其他标志是否符合合同和贸易习惯的要求。

（2）催证、审证和改证

在按信用证付款条件成交时，买方按约定时间开证是卖方履行合同的前提条件，否则，卖方无法安排生产和组织货源。在实际业务中，由于种种原因买方不能按时开证的情况时有发生，因此，卖方应结合备货情况及时催证，提请对方按约定时间办理开证手续。

为了维护出口方的利益，确保收汇安全和合同的顺利履行，对于买方开来的信用证应认真核对和审查，具体包括：政治性、政策性审查；开证行与保兑行的资信及信用证性质和开证行付款责任的审查；信用证金额及计价、支付货币的审查；信用证有效期和货物装运期的审查。在审证过程中，如发现信用证所载内容与贸易合同、信用证惯例规定或业务常规有不符时，应及时并一次性地提出信用证的修改意见。

(3) 租船订舱和安排装运

按 CFR、CIF、CPT、CIP 等条件成交时，卖方应及时办理租船订舱工作。如出口货物数量较大需要整船载运的，则要对外办理租船手续；对出口货物数量不大不需整船装运的，则可安排洽订班轮或租订部分舱位运输。通常情况下，由卖方委托外运公司办理托运手续，填写托运单或"订舱委托书"递送外运公司作为订舱依据。船方根据托运单内容，结合航线、船期和舱位情况，如认为可以承运，即在托运单上签章，留存一份，退回托运人一份。至此，订舱手续即告完成，运输合同关系成立。卖方应在合同或信用证约定的装效期内，及时安排交易货物的装运工作，必要时还需办理国际货运保险业务。

(4) 制单结汇

在出口贸易业务中，制单和交单结汇是保证安全及时收汇的重要环节。在出口货物装运之后，出口公司即应按照信用证的规定，正确缮制各种单据。在信用证规定的交单有效期内，向指定银行递交信用证规定的全套有效单据办理付款、承兑或议付手续，并在收到货款后向银行进行结汇。对于结汇所需的单据制作，必须做到"正确、完整、及时、简明、整洁"，以便满足信用证结算方式下"单单一致、单证一致"的严格相符原则要求。

(二) 进口贸易业务程序简介

在国际货物买卖活动中，与出口贸易程序相对应，进口贸易的一般程序大致包括以下几个主要环节(如图 1-3 所示)：

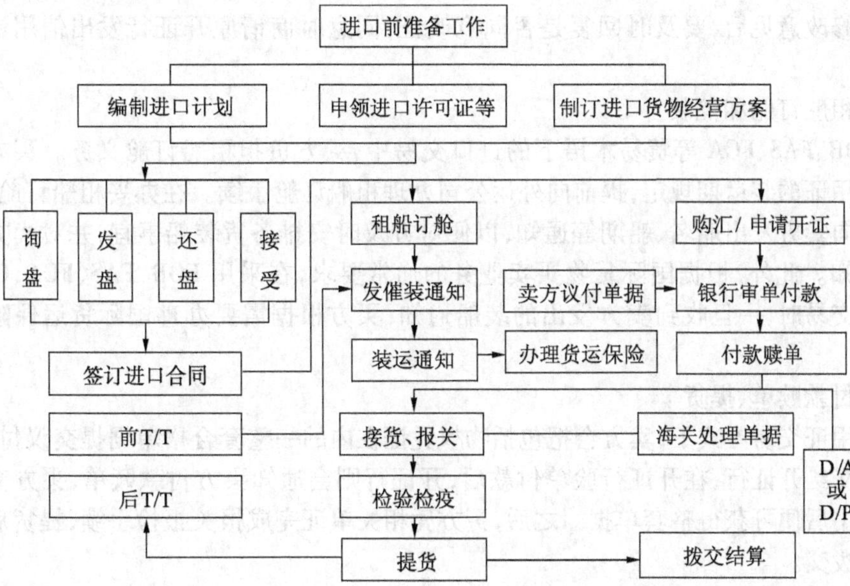

图 1-3　进口贸易业务基本流程

1. 进口交易前的准备工作

在进口交易前的准备工作中，进口商要事先了解拟采购货物的供应国和主要生产者的供应状况(如质量、数量、价格、技术条件等)，选择产品采购的市场面向；要充分了解贸易伙伴的资信情况、经营能力、经营作风、购销渠道等,降低进口风险与成本。在广泛调研的基础上开展进口计划的编制工作,对拟订购数量与时间的安排、采购地区的安排、国外厂商的选择及价格、贸易方式做出预案。同时,还应根据国家进出口管理法规与条例,对涉及限制进口类的货物经营需按规定办理指定货物的经营审批,申领进口配额和许可证等,对于面向国内销售的进口产品则还需进一步制订进口产品国内销售的经营方案。

2. 进口交易磋商

同出口合同的商订一样,进口商可以通过各种途径与方式开展进口交易条件的对外磋商,进口交易磋商一般也会涉及四个环节,即询盘、发盘、还盘和接受。其中,发盘和接受是必不可少的两个基本环节。

3. 签订进口合同

在进口交易磋商之后,若一方的发盘或还盘被对方有效地接受,则双方之间的合同关系就宣告成立。按照贸易业务的习惯做法,通常也会与出口贸易业务一样,由双方签订书面的合同。

4. 进口合同履行

以信用证和海运方式的交易为例,进口方的合同履行通常包括信用证开立、租船订舱和催装、付款赎单和提货等主要环节。

(1) 开立信用证

当买卖合同规定有信用证支付条款时,开立信用证就成为进口方的重要义务,买方须按合同规定的时间、种类和方式开立以卖方为受益人的信用证。根据国际惯例尤其是英美法的规定,在通常情况下,买方开立信用证的义务是卖方履行交货义务的前提条件。在卖方审证并提出修改意见后,要及时回复是否同意改证,同意时商请原开证行发出信用证修改通知书。

(2) 租船订舱和催装

在 FOB、FAS、FCA 等贸易术语下的进口交易中,买方负担租船订舱义务。买方应根据合同和信用证的装运期规定,提前向外运公司办理租船订舱手续。在办妥租船订舱手续后,应按规定向卖方发出船名、船期等通知,以便对方及时安排备货装船事宜,并对卖方发出货物催装通知。此外,根据国际货物买卖业务的通常要求,在采用 FOB、FAS、FCA、CFR、CPT 贸易术语交易时,一旦收到卖方发出的装船通知,买方根据需要办理国际货运保险的相关手续。

(3) 付款赎单、提货

在信用证交易方式下,卖方会把包括物权凭证在内的一整套合格单据提交议付行,并由议付行寄交给开证行,在开证行验单付款后,开证行则会通知买方付款赎单,买方交纳货款及其他费用后便可获得整套单据。之后,买方凭相关单证完成报关报检手续,提货后对进口货物进行拨交。

第三节　国际货物贸易的法律规范

国际货物买卖以贸易合同为中心,买卖当事方的权利和义务若要得到法律的保护并受法律的监督约束,必须以合同符合法律规范要求为前提。同时,买卖当事方的行为不仅要以法律认可的有效合同及其约定为基础,还要以相关的国内外法律、惯例为依据。由于贸易当事方处于不同的国家或地区,所适用的法律法规存在较大的差异,因此,需要对相关法律规范进行国际协调。概括起来,国际贸易所适用的法律规范主要有国内法、国际贸易条约、国际贸易惯例等。

一、国内法

国内法是指由某一主权国家立法机构制定并在本国管辖范围内生效和施行的各类法律规范总称。国际贸易既是跨越国界的交易活动,同时又是买卖双方当事人首先发生在己方国家内的法律行为,必须符合自己国家制定或认可的法律规定。

在民商法合一的国家,没有专门的商法典,而只有民法典,关于货物买卖的规范一般在民法典中加以规定。例如,意大利只有民法典,瑞士只有债务法典。在民商法分立的国家,民法典作为一般法,商法典作为特别法。商法典就商事行为、海商、保险、票据或公司等方面的法律要求分别做出具体的规定,民法的一般原则适用于商事活动,但是当商法典有特别规定的事项时,则应适用商法的有关规定。总体而言,大陆法系国家大多把有关调整买卖行为的法律编入民法典内,作为民法典中的一个组成部分。而英美法系国家则既没有民法典,也没有商法典,这些国家的买卖法由两部分构成:一是普通法,即由法院以判例形式所确定的法律原则。二是成文法或制定法,即有关货物买卖的立法。如英国的《1893 年货物买卖法》(Sale of Goods Act,1893)就是在总结英国法院数百年来有关货物买卖案件判例的基础上制定的,为英美法系各国制定各自的买卖法提供了重要启示,目前实施的是 1994 年修订的《货物供应与销售法》;美国《1906 年统一买卖法》(Uniform Sale of Goods Act,1906)是在英国买卖法基础上形成的,现在施行的是 1998 年修订本。

在我国,货物买卖的各种关系主要由《中华人民共和国民法典》(以下简称《民法典》)来调整。2021 年 1 月 1 日起施行的《民法典》中,第一编第六章关于民事法律行为的规定、第三编合同中的第一章至第八章中关于合同的订立、效力、履行、保全、变更和转让、权利义务终止、违约责任规定,以及第九章中关于买卖合同、第十六章关于保理合同、第十九章中的第三节关于货运合同和第四节关于多式联运合同的相关规定等都可直接适用于国内外货物买卖活动。

二、国际贸易条约

国际条约是两个或两个以上主权国家为确定彼此的政治、经济、贸易、文化、军事等方面的权利和义务而缔结的各种协议的总称,诸如公约、协定、议定书等。在国际贸易实践中,相关当事方的行为除了要受国内法律的约束外,还必须符合当事人所在国家对外缔结的双边或多边国际条约的规定。

目前,与国际贸易活动相关的国际条约种类日趋繁多,涉及国际贸易商品分类、货物买卖合同、海关估价、国际货物运输、国际货运保险、工业产权、知识产权、国际贸易仲裁等方面,如《濒危野生动植物种国际贸易公约》(1973 年)、《海关税则商品分类目录公约》(1950 年)、《国际货物买卖时效期限公约》(1974 年)、《联合国国际货物销售合同公约》(1980

年)、《海关商品估价公约》(1950 年)、《关于货物凭 A·T·A 报关单证册暂时进口的海关公约(A·T·A 公约)》(1961 年)、《关于货物实行国际转运或过境运输的海关公约(I·T·I 公约)》(1971 年)、《关于简化和协调海关业务制度的国际公约》(1974 年)、《联合国班轮公会行动守则公约》(1974 年)、《便利国际海上运输公约》(1965 年)、《联合国贸易和发展会议/国际商会多式联运单证规则》(1991 年)、《国际船舶载重线公约》(1966 年颁布,1975 年修订)、《商船最低标准公约》(1976 年)、《国际海上避碰规则》(1972 年)、《铁路货物运输的国际公约(国际货约)》(1970 年)、《国际铁路货物联运协定(国际货协)》(1951 年)、《国际公路货物运输合同公约》(1956 年)、《统一国际航空运输某些规则的公约(华沙公约)》(1929 年)、《联合国国际货物多式联运公约》(1980 年)、《关于集成电路的知识产权条约(华盛顿条约)》(1989 年)、《承认和执行外国仲裁裁决公约》(1958 年)、《统一汇票本票法公约》(1930 年)、《统一支票法公约》(1931 年)、《联合国国际汇票与国际本票公约》(1988 年)等。

除了签署上述多边国际条约外,我国还对外签订了诸多双边国际条约,如中华人民共和国政府和加拿大政府海运协定、中华人民共和国政府和美利坚合众国政府海运协定、中国船舶检验局和劳埃德船级社关于船舶技术检验合作的协议、中华人民共和国政府和墨西哥合众国政府贸易协定等。随着我国改革开放的不断深入和对外贸易的迅速发展,对外签订的国际条约也越来越多。其中,以签署的《联合国国际货物销售合同公约》最具代表性,这也是与我国货物进出口贸易关系最为密切、最为重要的一项国际条约。

《联合国国际货物销售合同公约》是在 1964 年《国际货物买卖统一法公约》和《国际货物买卖合同成立统一法公约》的基础上形成的,由联合国国际贸易法委员会主持制定,并于 1980 年维也纳举行的由 62 个主要贸易国家代表参加的外交会议上获得通过,自 1988 年 1 月 1 日正式生效。《公约》全文共 101 条,共分为四个部分:① 适用范围;② 合同的成立;③ 货物买卖;④ 最后条款。截至 2020 年 12 月 24 日,该《公约》共有 96 个成员,包括:中国、美国、日本、意大利、德国、希腊、法国、澳大利亚、俄罗斯、巴西、加拿大、埃及、以色列、匈牙利、荷兰、新西兰、波兰、新加坡、西班牙、土耳其、越南、丹麦、挪威、葡萄牙、白俄罗斯、捷克、芬兰、奥地利、哥伦比亚、比利时、智利、伊拉克、墨西哥、韩国、朝鲜、阿根廷、瑞典、罗马尼亚、蒙古国、乌克兰、瑞士、老挝、斯洛伐克、阿尔巴尼亚、亚美尼亚、阿塞拜疆、巴林、贝宁、波黑、保加利亚、布隆迪、喀麦隆、刚果、哥斯达黎加、克罗地亚、古巴、塞浦路斯、多米尼加、厄瓜多尔、萨尔瓦多、爱沙尼亚、斐济、加蓬、佐治亚州、加纳、危地马拉、几内亚、圭亚那、洪都拉斯、冰岛、吉尔吉斯斯坦、拉脱维亚、黎巴嫩、莱索托、利比里亚、列支敦士登、立陶宛、卢森堡、马达加斯加、毛里塔尼亚、黑山、北马其顿、巴拉圭、秘鲁、摩尔多瓦、圣马力诺、塞尔维亚、斯洛文尼亚、圣文森特和格林纳丁斯、巴勒斯坦 、叙利亚、乌干达、乌拉圭、乌兹别克斯坦、委内瑞拉、赞比亚。该《公约》成为对国际货物买卖活动最具影响力的国际条约之一。

我国是最早加入《联合国国际货物销售合同公约》的缔约国之一。我国政府派遣代表参加了 1980 年维也纳会议,对公约的定稿和通过做出了一定贡献。1986 年 12 月 11 日我国向该组织交存核准书,标志着《公约》在我国的适用。但在提交核准书时,根据《公约》第 95 条和第 96 条之规定,提出了两项保留意见:

（1）关于公约适用范围的保留。根据《公约》第1条(1)款(b)项规定，双方当事人的营业地处于不同的国家，即使他们的营业地所在国都不是该公约的缔约国，或一方所在国是该公约的缔约国，另一方所在国不是该公约的缔约国，如果按照国际私法规则导致适用某一缔约国的法律，则该公约也将适用于这些当事人之间订立的国际货物买卖合同。我国只同意《公约》适用于缔约国的当事人之间签订的合同，不同意扩大《公约》的适用范围，即不主张适用于一方为非缔约方的国际货物买卖合同。

（2）关于合同形式的保留。《公约》第11条规定："销售合同无须以书面订立或书面证明，在形式方面也不受任何其他条件的限制。销售合同可以用包括人证在内的任何方法证明。"第29条又规定："任何更改或根据协议终止必须以书面做出的书面合同，不得以任何其它方式更改或根据协议终止。但是，一方当事人的行为，如经另一方当事人寄以信赖，就不得坚持此项规定。"由于我国早期的《涉外经济合同法》规定为非书面形式不可，故我国不同意用书面以外的其他形式订立、修改和终止合同。1999年10月1日起施行的新《合同法》对合同的形式要求做了修正。2021年1月1日起施行的《民法典》就合同订立形式再次进行明确，根据《民法典》第三编第二章第四百六十九条规定，当事人订立合同可以采用书面形式、口头形式或者其他形式。其中，书面形式是指合同书、信件、电报、电传、传真等可以有形地表现所载内容的形式，而以电子数据交换、电子邮件等方式能够有形地表现所载内容，并可以随时调取查用的数据电文，视为书面形式。当事人约定采用书面形式的，应当采用书面形式。书面形式是指合同书、信件和数据电文（包括电报、电传、传真、电子数据交换和电子邮件）等可以有形地表现所载内容的形式。这一规定不仅体现了货物买卖实践发展的需要，也在贸易合同的形式规范方面实现了与《公约》要求的接轨。

三、国际贸易惯例

国际贸易惯例（International Trade Custom）是指在国际贸易的长期实践中逐渐自发形成的，并在某一地区、某一行业中被普遍接受和经常遵守的行为规范。对于未被人们普遍接受甚至还遭到抵制和反对的某些做法，不能视为国际上通行的习惯做法，更不能视为国际贸易惯例。即使某些做法已成为惯常做法，且在某地区、某行业或某港口成为惯例，如果未被各国普遍接受和广为使用，也不能算作通行的国际贸易惯例。例如，美国西海岸的码头工会为保护自身利益，向集装箱货主征收近似落地费性质的杂费，这种杂费就被各国的班轮公会列入班轮运价或班轮条款，这种做法也就成了同业者之间共同遵循的国际贸易惯例。通常情况下，惯例的文本是由商业性团体自发编纂而成的，这也使得国际贸易惯例有别于由国家立法机关制定的国内法律及通过各国谈判达成的国际条约。

一般说来，国际贸易惯例应具备三个基本条件：① 必须在一定范围内为贸易各方一贯地、经常地、反复地采用；② 所包含的内容必须是明确的和肯定的；③ 必须是在一定范围内众所周知的，且在一定条件下对贸易各方具有约束力。国际贸易惯例本身并不是法律，不具有普遍的强制约束力。但在下列情形下，国际贸易惯例将对贸易当事方产生约束力：① 当事人在合同中明确表示选用某项国际惯例；② 当事人没有排除对其已知道或应该知道的某项惯例的适用，而该惯例在国际贸易中为同类合同的当事人所广泛知道并经常遵守，则应视为当事人已默示地同意采用该项惯例。从这一意义上说，国际贸易惯例可以弥补现行法律的空缺与不足,起到明晰贸易当事方之间经济关系和法律关系的作用,或成为贸易合同中某项或某几项具体内容的补充。不过需要注意的是,当国际贸易合同做出了与国际贸易惯例不同的规定时,合同当事方的义务界定应以合同条款的记载为准。

在国际贸易实践的不断推动下,国际贸易惯例也日渐丰富多样。就其所涉及的内容来看,包括:国际贸易术语方面的《华沙—牛津规则》(1932 年)、《美国对外贸易定义修订本》(1941 年)、《国际贸易术语解释通则》(2020 年修订);国际运输领域的《统一提单的若干法律规则的国际公约(海牙规则)》(1924 年)、《修改统一提单的若干法律规则的国际公约的议定书(维斯比规则)》(1968 年)、《联合国海上货物运输公约(汉堡规则)》(1978 年);国际货运保险领域的《约克-安特卫普规则》(2004 年修订)、《伦敦保险协会保险条款》(1963 年);国际贸易货款结算领域的《跟单信用证统一惯例(UCP600)》(2007 年修订)、《托收统一规则(URC522)》(1995 年修订)、《见索即付保函统一规则(URDG 458)》(1992 年)、《〈跟单信用证统一惯例〉电子交单规则(eUCP)》(2002 年)、《国际备用证惯例(ISP 98)》(1998 年)、《跟单信用证项下银行间偿付统一规则(URR 725)》(2008 年修订)、《审核跟单信用证项下单据的国际标准银行实务(ISBP)》(2006 年修订)等。

四、国际贸易法律、条约、惯例的适用

(一) 国际贸易法律冲突

法律冲突是国际私法上的一个专门术语,它是指由于两个或者两个以上国家的法律对同一涉外民商事关系的规定不一致,从而引起法律选用上的矛盾状态。在国际贸易实践中,贸易当事方分处于不同的国家或地区,各方都会面临相应的国内立法约束,而且还可能出现同一事由的不同法律规定及其解释,由此必将引发国际贸易活动中的法律适用争议,即贸易各方会在以哪一方国家的国内立法为依据上产生异议。

此外,由于国际贸易等涉外民商事法律关系不仅涉及国内法律,而且也必然会涉及外国法律,承认外国法律的适用是国际民商事交往发展到一定阶段的必然结果。尤其在国际社会广泛、深度和互惠交往的今天,任何一国都要既保护国内主体的利益,又兼顾国外主体的利益,各国相互承认对方国家某些民商事法律的域外效力更为必要和迫切。但是,外国法适用的必要性与可能性并不意味着一定要适用外国法,在各国法律规定不同且都依据国家主权原则享有管辖权时,就不可避免地出现法律冲突,可见,国内法在一定条件下承认外国法的域外效力也是导致法律冲突产生的另一重要缘由。

(二) 国际贸易法律的适用

为了解决各国立法之间的"冲突",以促进国际贸易的发展,需要根据法律适用规范指示来找出适用的法律(即准据法),通常采用在国内法中规定冲突协调的办法,也可在合同中约定法律适用事项。概括地说,关于国际贸易合同执行与纷争处理过程中的法律冲突协调可以遵循以下原则。

1. 意思自治原则

意思自治原则又叫合同自愿或契约自由原则,它是民法和合同法中的一项重要基本原则,是指合同当事人可以自由选择处理合同争议所适用的法律原则。意思自治原则是国际合同领域法律适用最为重要的原则之一,在国际贸易实践中,即由贸易双方当事人在合同商

订时，共同选择某国法律作为解决合同纠纷的依据。譬如，可选择并遵循我国现行法律的相关解释，也可选择按对方所在国家的法律或双方同意的第三国法律，还可以选择有关的国际条约来处理法律适用的争议问题。即便贸易双方在合同中做出了一些与国际贸易惯例不符的规定，只要贸易合同自身是有效成立的，双方都要遵照贸易合同条款的相关规定履行各自义务，一旦发生争议，法院和仲裁机构也要维护合同及其约定意思的有效性。

2. 客观标志原则

在合同当事人没有意思自治或意思自治不明无法确定准据法时，将依照“场所支配行为”的原则，以与合同有关的客观标志为依据，来确定合同的准据法。客观标志原则是意思自治原则的补充。在各国的立法与实践中，常用的与合同有关的客观标志主要有以下几个方面：

（1）合同缔结地。合同之所以能够有效成立，除当事人之间取得意思一致外，还必须为缔约地国家的法律所许可。如果缔约地法律认为当事人之间的契约行为是不合法的，则合同也就不具备法律效力。但以缔约地作为客观标志来确定合同的准据法也存在着一定的缺陷，诸如：选择合同的缔结地具有一定的偶然性，可能引诱当事人规避本应适用的与合同联系最为密切的法律，或缔约地难以确定等。

（2）合同履行地。合同的履行是合同债权债务关系的最终目的，因此，在当事人对合同适用的法律未加选择时，以适用合同履行地的法律较为适宜。但合同履行是在合同成立之后，因此，以合同履行地法律来确定合同的有效性未免存在因果颠倒之嫌。况且，若合同履行过程中存在多个地点，合同的准据法就更难以确定了。

（3）当事人共同的国籍国。在合同双方当事人国籍相同的情况下，有些国家主张以当事人共同的所属国作为客观标志。不过，如果当事人所在国的国内法与当事人所签订的合同并无直接联系，以这一标志来确定合同的准据法就显得毫无意义。

（4）标的物所在地。一些国家认为，债权是由物权派生出来的，因而可以将标的物之所在地作为客观标志来确定合同的准据法，但这种做法也容易将物权、债权混为一谈。

（5）法院地或仲裁地。由于任何法院的法官或仲裁员都有适用本国法律审理案件的职责，而且当合同当事人在合同中约定将可能发生的争议交付某国家法院或仲裁机构管辖，则表示合同当事人已自愿接受法院地或仲裁地法律的约束，因此，也有一些国家主张以法院地或仲裁地作为确定合同准据法的客观标志。

3. 最密切联系原则

最密切联系原则也叫最强联系原则或重力中心原则，是指法院在审理涉外民商事案件时，权衡与该案当事人具有联系的各种因素，从中找出与该案具有最密切联系的因素，根据该因素的指引，选择用于解决该案件且与当事人最具密切联系的国家或地区法律原则。这些因素通常包括当事人的出生地、惯常居所地、住所地、业务活动场所及个人的意愿等。

如果当事人未在合同中就法律适用做出明确选择，可采用“最密切联系原则”来确定合同的准据法。即合同当事人一旦发生争议，则可由受理争议的法院或仲裁机构依据“与合同有最密切联系的国家”的法律来处理。

案例研讨 1-1 “口头合同是否有效”争议中的法律冲突

1997 年 12 月，主光石油株式会社（以下简称主光会社，住所地大韩民国首尔市）通过在中华人民共和国境内从事贸易生意的韩国籍商人朴某的联系，与淮阴外贸公司签订了购买 28S/2 100% 丙烯酸高膨松有光纱的贸易合同，数量为 38 000 千克，单价为 FOB 上海 3.28 美元/千克，价款总计 124 640 美元，自上海港装运至巴西的桑托斯港。此后，主光会社按照约定开立了金额为 124 640 美元、受益人为淮阴外贸公司的不可撤销跟单信用证（号码为 M3954712SS00018）。但因淮阴外贸公司无法履行该合同，朴某又与无锡中瑞集团有限公司（以下简称中瑞公司，住所地中华人民共和国江苏省无锡市）职员江某取得联系，江某又将上述信息告知中瑞公司的业务员费某。中瑞公司表示可以提供主光会社所需的上述货物，主光会社通过银行将信用证的受益人修改为中瑞公司（其他事项双方未作另行约定）。生产货物的厂家由江某联系，朴某对厂家的生产情况予以监督。1998 年 1 月 9 日和 1 月 20 日，中瑞公司分两批将货物出运，第一批货是一个集装箱 1 ×40′，第二批货是三个集装箱 3 ×40′，均自上海港装运至桑托斯港。第一次装箱出运时，朴某、江某及中瑞公司的工作人员均在现场，对货物进行检验后发现有受潮现象，即将货物拉回生产厂家烘干后出运。第二次装箱出运时，身在韩国的朴某委托其公司职员验货，江某和中瑞公司的工作人员在场，认可质量后出运。之后，中瑞公司得到了信用证价款 124 640 美元，并于 1998 年 2 月 25 日向朴某支付佣金 2 950 美元。1998 年 2 月 27 日和 3 月 28 日，两批货物运抵巴西桑托斯港后，巴西的最终用户认为货物严重受潮，无法使用。1998 年 10 月和 1999 年 3 月，主光会社通过朴某向中瑞公司提出索赔申请，中瑞公司否认有质量问题，双方未达成一致意见，遂由主光会社向江苏省无锡市中级人民法院提起诉讼。

在本案诉争中，双方首先就朴某与中瑞公司江某、费某之间的口头贸易合同是否有效产生了分歧。主光会社主张以《联合国国际货物销售合同公约》来处理本案纠纷，并提出合同未采用书面形式，违反了法律强制性规定①。但按照我国核准《公约》时的另一项保留，中华人民共和国仅同意对双方的营业地所在国都为缔约国的当事人之间订立的国际货物销售合同适用《公约》，而中瑞公司与主光会社的营业地分别在中华人民共和国和大韩民国境内，大韩民国非《公约》的缔约国，故本案纠纷的处理不适用《公约》。

由于本案双方当事人未明确选择解决争议的法律适用，根据原《中华人民共和国民法通则》第一百四十五条第二款，本案应适用与合同最密切联系的国家的法律。本案的合同履行地、被告所在地均在中华人民共和国境内，中华人民共和国应视为与本案合同有最密切联系的国家，故本案应适用中华人民共和国法律。

法院审理认为，本案中国际货物买卖事实发生于 1997 年，依照当时施行的《涉外经济合同法》，涉外经济合同必须为书面形式，《最高人民法院关于适用〈涉外经济合同法〉若

① 我国在核准《联合国国际货物销售合同公约》时做了两项保留，其中之一即对口头合同形式做了保留，并在原《涉外经济合同法》中明确规定涉外合同非书面形式不可。直至 1999 年 10 月 1 日施行的《中华人民共和国合同法》才在合同形式要求方面实现了与国际惯法接轨，即当事人订立合同可有书面形式、口头形式和其他形式。

干问题的解答》更明确了未采用书面形式的涉外经济合同属无效合同。但1999年10月1日施行的《中华人民共和国合同法》第十条规定：当事人订立合同可有书面形式、口头形式和其他形式，认可口头合同的法律效力。依据《最高人民法院关于适用〈中华人民共和国合同法〉若干问题的解释(一)》第三条的规定："人民法院确认合同效力时，对合同法实施以前成立的合同，适用当时的法律合同无效而适用合同法合同有效的，则适用合同法。"故本案所涉口头合同之效力问题应适用《中华人民共和国合同法》，同时亦无其他应确认合同无效的事项，故本案的口头合同属有效合同。

（资料摘录于110法律咨询网站，http://www.110.com/zhuanti/guojisifafalvchongtu/panli）

提示：各国法律及《公约》对有效合同的形式要求存在不同的规定，从而会引发国际贸易合同及其纷争解决的法律适用冲突问题，对此可依据意思自治原则、客观标志原则、最密切联系原则加以协调。

（三）国际贸易条约的适用

国际条约在一国的适用及其国内效力主要体现在该国如何来实施国际条约的规定，以及如何履行其承担的国际义务，通常包括国际条约为国内法所接受与条约的直接效力两个方面。

所谓"国内立法接受"大致可分为"采纳"或"转化"两种方式。国际条约的"采纳"是指一国对已经生效的国际条约无须国内立法机构的相应"国内立法"，而直接对该国产生约束力。如美国宪法第六条第二款规定："在美国权力下缔结的一切条约，与美国宪法和根据该宪法制定的法律一样，都是美国的最高法律，即使任何州的宪法或法律与之相抵触，每一个州的法官仍受其约束。"国际条约的"转化"指国际条约要在缔约国内部得到执行必须首先在缔约国国内生效，即该条约必须得到缔约方内部法律的接受。一般的做法是由国内立法机关以一定的立法程序将一个国际条约加以"国内化"，从而构成一项新的"国内立法"。如法国宪法第五十五条规定，经过合法批准或核准的条约协定，在公布后具有法律的权威，但以其他缔约方实施该条约或协定为条件。日本宪法第九十八条也规定，对于日本国家所缔结的条约及已经确定的国际法应诚实遵守。

所谓国际条约的"直接效力"是指国际条约被接受为国内法后，自然人或法人是否可以直接享受条约赋予的权利并要求国内法院适用。按照各国的法律实践，通常把国际条约分为自动执行条约和非自动执行条约两种。前者是指国际条约经国内接受后无须国内立法机关再做出任何补充性规定，就可以由国内司法或行政机关予以适用。后者则必须由国内立法机关做出相关补充性规定后方可为国内司法或行政机关予以适用。

国内学者的相关研究认为，在中国的立法实践中，国际条约在中国国内法上具有直接的适用性，但也不排除将中国批准或加入的国际条约转化为国内立法而予以适用的情况。

（四）国际贸易惯例的适用

国际贸易惯例本身不是法律，对当事人不具有普遍的强制性或法律约束力。国际贸易惯例的采纳与适用以当事人的意思自治为基础。即当贸易双方当事人发生争议时，若合同的规定与国际贸易惯例相矛盾，则法院或仲裁机构会以贸易合同的规定为准。若合同的规定与惯例不抵触，则法院或仲裁机构将以国际惯例的规定为准。若贸易合同中明确规定采用某种国际贸易惯例，则法院或仲裁机构将以这种惯例的相关解释为准。

此外，有些国家还直接通过立法行为赋予国际贸易惯例法律效力，即在本国法律未做规定时可适用国际贸易惯例。《公约》对国际贸易惯例的作用也给予了充分的肯定，对于合同没有排除的惯例、人们经常使用和反复遵守的惯例及人们已经知道和应当知道的惯例，均可适用于贸易合同。

【本章总结】

1. “国际贸易实务”是专门研究国际货物买卖基础理论、实际业务操作流程及其相关国际惯例与法规的一门课程，具有涉外性、实践性、综合性等特点。国际货物买卖行为以合同为基础和中心，“国际贸易实务”课程的主要内容包括国际货物买卖合同的商定、合同的条款、合同的履行、贸易方式与手段及相关的法律与惯例五大方面。

2. 国际货物买卖的界定体现在“国际性”“货物”“买卖”三个方面，相对于国内贸易而言，国际贸易的环境更为复杂、中间部门与环节更多、贸易风险更大、竞争更加激烈。出口贸易的一般程序包括出口前的准备工作、出口交易的磋商、出口合同的签订和出口合同的履行（具体包括备货，催证、审证和改证，租船订舱和装运，制单结汇）；进口贸易的一般程序包括进口交易前的准备工作、进口交易磋商、签订进口合同和进口合同的履行（具体包括开立信用证，租船订舱和催装，付款赎单，提货）。

3. 买卖当事方的行为不仅要以法律认可的有效合同及其约定为基础，还要以相关的国内外法律、惯例为依据，国际贸易所适用的法律规范主要有：国内法、国际贸易条约、国际贸易惯例等。对于国际贸易法律存在的冲突，按照意思自治原则、客观标志原则、最密切联系原则来加以协调；国际条约的适用主要体现在国际条约为国内法接受及条约的直接效力两个方面；国际贸易惯例的采纳与适用以当事人的意思自治为基础，在合同未做排斥时均可适用于贸易合同。

【关键概念】

1. 国际货物买卖　　2. 国际贸易条约
3. 国际贸易惯例　　4. 国际贸易法律冲突

【思考与习训】

1. 国际贸易有哪些特点？
2. 国际贸易适用的法律规范包括哪些？
3. 国际贸易法律、条约和惯例的适用体现在哪些方面？

【课外讨论】

1. “国际贸易实务”课程的主要内容有哪些？
2. 如何学好“国际贸易实务”这门课程？

【重要链接】

1. 联合国国际贸易法委员会:《联合国国际货物销售合同公约》(1980)(The United Nations Convention on Contracts for the International Sale of Goods, CISG). http://www. uncitral. org.

2.《中华人民共和国民法典》(2021). http://www. 12371. cn.

3. 国际商会: https: //iccwbo. org.

4. 中国国际经济贸易仲裁委员会: http://www. cietac. org.

SECOND

第二章

国际贸易标的

【教学目的和要求】

通过学习本章，了解货物的品名、品质、数量、包装及包装标志等规定在国际贸易业务中的重要意义，理解并掌握品名、品质、数量、包装及标志的表示方法、类型划分及相关的国际贸易法律与惯例约束，掌握国际贸易合同中品名、品质与机动、数量与增减、包装条款的基本内容及其表述方法等。

导入案例

韩国甲公司与江苏乙食品有限公司交易产品质量纠纷

2008 年 4 月 21 日，韩国的甲公司与江苏省某市的乙公司签订了销售合同，约定甲公司向乙公司购买调味鱿鱼丝 24 吨，每吨 3 600 美元，总价款 86 400 美元。双方约定了产品质量标准以双方确认的样品为准；鱿鱼丝粗细均匀，颜色稍白，口味符合韩国的要求；50% 的鱿鱼丝长度在 10 cm 以上，水分约为 25% 左右；各项卫生指标均达到出口标准，特别是大肠杆菌等致病菌不得在产品中检出。若产品的质量没有达到甲公司要求的标准，或在韩国商检检测出细菌超标，甲公司有权退货，所产生的运费由乙公司承担，乙公司或是重新加工后提交合格产品，或是由乙公司返还已付货款，甲公司不追究乙公司其他责任。

乙公司于同年 5 月 12 日将货物样品送交江苏出入境检验检疫局进行细菌检测，但未就保存料含量申报检验，检验结论为相关细菌未检出。甲公司于同年 5 月 19 日以 T/T 方式支付货款 86 400 美元。同年 5 月 26 日，货物抵达韩国釜山港，经釜山地方食品医药安全厅检验出货物违反保存料使用基准（醋酸 0.05 克/公斤），未能通关并被责令作废弃或退运或变更为非食用用途。同年 6 月 27 日，甲公司申请退运，并支付了在韩国的港杂费、保管费等合计 1 978 001 韩元（折合人民币 18 785 元）。货物于同年 7 月 7 日退运至连云港港口，7 月 27 日由乙公司提取该批货物，并于 8 月 4 日将该批货物样品送交江苏出入境检验检疫局进行二次鉴定，检验结果显示未违反保存料使用标准。之后，乙公司将提取的该批货物进行销售。后因甲公司向乙公司主张退还货款未果，遂诉至乙公司所在地法院，要求乙公司返还货款，并支付因退货产生的港杂费、保管费等相关费用。本案经过一审、二审，最终双方达成调解协议：乙公司向甲公司支付人民币 45 万元；一审、二审案件受理费 10 300 元和 4 999.5 元分别由甲、乙公司承担。

本案的焦点在于乙公司所交付的货物是否存在质量问题，是否应承担违约责任及如何承担责任。由于本案双方当事人均选择中国法律作为准据法，故应适用中国的合同法等来判断上述问题。根据《中华人民共和国合同法》第153条之规定，"出卖人应当按照约定的质量要求交付标的物"。一审认为，本案双方已在合同中明确约定了产品的质量标准，但并没有对保存料成分要求进行约定，保存料是否超标不应作为本案产品质量不合格的标准。二审认为，由于进口国对该类产品没有强制性标准，虽然合同中没有约定保存料的成分要求，但若检测结果不能达到进口国的标准，仍可以认定为产品质量不合格。不过考虑到双方约定的法律适用，也应以中国检验检疫部门的检测结论作为依据，即产品的保存料基准不存在超标现象。同时，乙公司基于诚信原则将货物提取并进行销售，是善意保护对方利益的行为，也符合《中华人民共和国合同法》第119条的规定，不能视之为对货物质量存在问题的认可。此外，既然合同中订有甲公司同意"……不追究乙公司其它责任"条文，其再追索因退货产生的港杂费等就显得于法无据。

结合本案以及进出口贸易实践可以发现，在国际货物买卖合同关系中，由交易标的质量标准、检测标准等约定或由实际交付货物质量出现偏差引发的争议往往成为国际贸易纠纷的主要缘由之一。因此，在进出口贸易实践中，双方当事人应高度重视合同中的标的物条款约定，对品名、品质、数量、包装等加以科学、合理、明确、清晰地约定，卖方应严格对照合同规定的标的物要求进行备货，按期、保质、如数地交付约定货物，这是确保国际货物买卖顺利进行的重要前提。

资料来源：江苏博事达律师事务所(http://www.boomstarlaw.com)

第一节　货物的品名

品名是国际贸易合同磋商中最先涉及的基本元素，科学的货物命名方法不仅能够准确地界定国际贸易的标的，也能激发用户的消费欲望。合同中的品名条款明确了国际贸易的对象和卖方交付货物的部分义务，是开展国际贸易活动的重要前提。

一、列明品名的意义

货物的品名(Name of Commodity)即货物的名称，是指能使某种货物区别于其他货物的一种称呼或概念。根据长期以来大多数货物的命名习惯，货物的名称可在一定程度上体现出货物的自然属性、用途和主要的性能特征。通常情况下，加工程度较低的货物，其名称会较多地反映出该货物所具有的自然属性，而加工程度较高的货物，其名称也就更多地体现出该货物的用途和性能特征。

从法律角度看，货物的品名关系到国际货物买卖双方在货物交接方面的权利与义务范围，对货物进行具体而又形象的描述还是货物说明的一个重要组成部分，是双方当事人交接货物的基本依据之一，是国际货物买卖合同磋商和履行中的主要交易条件。按照《公约》等有关法律和惯例的规定，若卖方交付的货物不符合约定的品名或相关说明，买方有权提出损害赔偿要求，直至拒收货物或撤销合同。

从业务角度看，任何国际贸易活动都必须要明确买卖的对象，而后方可进行国际货物交付的其他条件说明，只有首先明确了买卖双方"交易什么"，才可以进一步确定"交易多少""在何时交易""在何地交易"和"如何交易"等条件。品名的规定是买卖双方开展交易的物质内容，是交易赖以进行的物质基础和前提条件。

可见，在国际贸易业务活动中，准确列明交易货物的具体名称，具有十分重要的法律和实践意义。

二、货物的命名方法

孔子曰："名不正则言不顺，言不顺则事不成。"货物的品名有时能够发挥唤起消费者联想和激发消费者消费欲望的作用，甚至可以成为一个企业成功的关键和永久的财富。在实践中，关于命名货物的方法有许多，概括起来主要有以下几种。

1. 以货物的主要用途命名

这种命名方法在于突出货物的用途，能够直接反映货物的主要性能，便于消费者迅速了解货物的功效并按其需要购买。如织布机、旅游鞋、驱蚊剂、自行车、感冒灵、胃痛片、洗衣粉等。

2. 以货物所使用的主要原材料命名

这种命名方法在于突出货物生产加工过程中所使用的主要原材料构成，并且将原材料名称直接体现在货物的品名表述中，该种品名命名方法也能反映出货物的质量。如棉布、涤纶纱、羊毛衫、铝锅、玻璃杯、冰糖燕窝等。

3. 以货物的主要成分命名

以货物中所含的主要成分命名，可使消费者了解货物的有效内涵，也有利于提高货物的身价，一般适用于以大众所熟知的名贵原材料制造的货物。如西洋参、蜂王浆、人参珍珠霜、五粮液、八宝饭、螺旋藻麦片、复方甘草合剂等。

4. 以货物的外观形态、色泽等命名

以货物的外观造型、色泽命名有利于消费者从字义上了解该货物的外在特征，也便利于消费者对货物的记忆辨识。如鸭舌帽、喇叭裤、卷纸、宝塔纱、三角板、小熊饼干、绿豆、黑木耳等。

5. 以吉祥物或褒义词等命名

这种命名方法基于消费者喜爱的动物名、花草名及具有褒义的词汇等，能顺应消费者对美好愿望的畅想与追求，有利于促进消费者购买欲望。如青春宝、太阳神口服液、牡丹电视机、水仙洗衣机、菊花电扇、双喜压力锅、长寿面、百岁酒等。

6. 以颇具影响力的人物名字等命名

这种命名方法通常引入著名的历史人物、传说中的人物、货物的首创人物等，目的在于引起消费者的历史回顾，实现借物思人、因人化物，并吸引其注意和兴趣，也便于在消费者心里留下深刻的印象。如孔府家酒、张小泉剪刀、中山装、东坡肉、福特汽车、爱立信手机、飞利浦剃须刀等。

7. 以货物制作工艺或过程命名

这种命名方法直接反映了货物制作所独具的工艺流程或特点，目的在于强化货物的个性和特色，加深消费者对该货物的认知、喜好及信任。如二锅头烧酒、精制油、烧饼等。

8. 以货物的特定产地命名

这种命名方法将货物的品名与其特定的产地直接联系在一起，突出货物的地方风情、特点等，并借此来反映货物的特定品质。在实践中，大多数颇具名气的土特产品都使用此种命名方法，如龙井茶、茅台酒、漳州水仙、云南白药、青岛啤酒、金华火腿、苏州刺绣等。

总之，货物的命名应该选定恰当的语言文字，概括地反映货物的形状、用途、性能等特点。消费者在接触到货物之前，往往通过货物的名称来判断货物的性质、用途和品质，所以，恰当美好、引人注目、便于记忆、名副其实、激发联想的货物名称表述不仅可以使消费者了解货物特性，还可以诱发消费者的购买欲望。

为了使生产销售同类货物的厂商或销售商区别开来，货物的名称又常常与牌名(Brand)相融合，二者一起构成了描述、说明货物的重要部分。在国际贸易合同中，货物名称的规定应明确、具体，并能适合货物自身的特点和市场环境。在采用外文名称时，应做到译名准确，与原名意思保持一致，避免含糊不清或过于空洞。鉴于不同国家、不同民族具有不同的社会文化传统，不同的习惯、偏好、禁忌、语言文义会造成消费者对产品理解的差异，货物的命名必须针对目标市场环境的特性，避免触犯禁忌。

三、合同中的品名条款

货物的品名是买卖双方进行交易的物质对象，它是国际贸易合同条款的主要组成部分。如果货物的品名不明确，买卖双方也就失去了商洽的依据，更无法开展实际交易活动。因此，货物的品名是国际货物买卖合同中的主要条款之一。

相对国际贸易合同中的其他条款而言，品名条款显得比较简单，通常都是在"货物名称"或"品名"(Name of Commodity)、"货物描述"(Description of the Goods)的标题下，列明贸易双方同意交易的货物的名称等，故又称之为"标的物条款"。有时，品名条款只列明双方意欲买卖的货物名称，例如大豆、苹果、小麦、电视机、电脑、手机等；但也为了更加明确表示拟交易的货物，有时可包含有关品种或品质产地或型号的概括性描述，如 TCL Q55H9700 - 55 Quantum Dot TV Set(Nordic Design), Lenovo V2000 - ISE(Xiaoxin Bigger Version) Notebook Computer 等。

品名条款作为合同的主要条款之一，在拟订时需要注意下列几点问题：① 内容必须明确具体，文字表达清楚；② 尽可能使用国际上通行的名称，按照《协调商品名称及编码制度》(简称为 H. S. 编码制度)规定的品名表述货物名称；③ 如果一种货物可以有不同的名称，选择有利于减低关税或方便进出口的名称作为合同的品名；④ 必须考虑品名与运费的关系。目前通行的班轮运费也存在着按货物分类的收费标准，由于货物名称并不统一，存在着同一货物因名称不同而收取的费率不同的现象。从这个角度看，选择合适的品名也是节省运费开支、降低成本的一个重要方面，理应引起注意。

补充阅读 2-1　国际贸易商品分类的"标准语言"

国际贸易商品分类标准的制定可追溯到20世纪上半叶。1920年,国际联盟成立并着手制定国际贸易名词术语和商品统计目录,30年代又出版了《关税名词草案》,并经修订成为各成员国共同使用的《国际贸易统计商品目录简编》。第二次世界大战结束后,为便于对世界贸易进行统计和分析,由联合国统计委员会对上述商品目录简编进行进一步修订,于1950年制定完成《国际贸易标准分类》(Standard International Trade Classification,SITC),标准共分10个门类,50个大类,150个中类和570个细类。该标准于1951年由联合国经济和社会理事会推荐给各成员国使用,之后又历经了数次修订,除门类框架不动以外,其他类目随着层次的增加也相应扩大。SITC采用经济分类标准,即按原料、半制品、制成品分类并反映商品的产业部门来源和加工程度。该标准目录使用6位阿拉数字组合表示,第1位数字表示"类",前2位数字表示"章",第3位数字表示"组",第4位数字表示"分组"。若再做细分,第5位数字表示"品目",第6位数字表示"细目"。2006年第4次修订时,该分类法将商品分为10大类、63章、223组、786分组和1924个项目。

此外,为减少各国海关在商品分类上的矛盾,1950年,有关国家共同签署了《海关税则商品分类目录公约》,使用《海关合作理事会税则商品分类目录》(Customs Cooperation Council Nomenclature,CCCN),也称《布鲁塞尔税则目录》(Brussels Tariff Nomenclature,BTN)。该目录的分类原则是按商品的原料组成为主,结合商品的加工程度、制造阶段和商品的最终用途来划分。它把全部商品共分为21类、99章、1015项税目号,前4类(1—24章)为农畜产品,其余17类(25—99章)为工业制成品。

由于两种商品分类目录在国际上同时并存,且存在不尽相同的分类依据,尽管也制定了相互对照表,但在实践中仍然面临诸多不便。为此,60个国家和20多个国际组织经过协商与努力,制定了一套新型的、系统的、多用途的国际贸易商品分类体系——《商品名称及编码协调制度》(The Harmonized Commodity Description and Coding System,H. S.),该体系于1988年1月1日正式生效并实施。我国自1992年1月1日起也正式实施了以H. S.为基础的《海关进出口税则》和《海关统计商品目录》。H. S.基本上按商品的生产部类、自然属性、成分、用途、加工程度及制造阶段进行编制,共有22类、98章,其中1—24章为农副产品,25—97章为加工制成品,第77章金属材料为空缺,是为新型材料的出现而留空,第98章为特殊交易品及未分类交易品。H. S.的基础目采用6位阿拉伯数字编码,前两位数表示商品所在的章,第3、4位数表示该商品在章中所处的位置,第5位数字为一级子目,表示该商品在项目中的位置,第6位数为二级子目,是一级子目的进一步细分,有的国家根据本国实际分出了第7、8、9位数码。4位数字级的税目编号主要用于计税,5位数字及6位数字级子目号主要用于海关统计。

第二节　货物的品质

品质是决定货物使用效能和消费者效用水平的重要因素，不同品质的货物具有不同的使用价值，可满足不同的需求期望和需求层次，货物的品质还是决定货物销售价格的关键性因素。在国际交易实践中，买卖双方都会针对一定的货物进行按质议价，尤其在市场竞争更为激烈的情况下，货物品质在某种意义上将成为决定竞争胜败的一个关键因素。因此，根据各种货物的不同特点，采用适当的方法和指标表示拟交易的货物品质就显得极其重要。

一、品质的含义及其重要性

货物的品质（Quality of Goods）是货物的内在素质与外观形态的综合反映。内在素质包括货物的物理性能、化学成分、生物特征、技术指标和要求等，一般需借助各种仪器设备分析测试才能获得。例如，纺织品的断裂强度、伸长率、回潮率、缩水率、防雨防火性能、色牢度，化工类货物的熔点、沸点、凝固点，机械类产品的精密度、光洁度、强度，肉禽类货物的各种菌类含量等。货物的外观形态是通过人们的感觉器官可以直接获得的货物的外形特征，包括货物的外形、色泽、款式和透明度等，如货物的大小、长短、结构、造型、款式、色泽、光彩、宽窄、轻重、软硬、光滑粗糙及味道、气味等。

在国际贸易中，往往是按照每种货物的不同特点，选择一定的指标来反映货物的不同品质，如：机床以性能、用途、功率、自动化程度、产出效率等指标表示；煤炭以灰分、含水、含硫、发热量、粒度等指标表示；服装以面料和辅料、款式、颜色、工艺等指标表示。有时，即使是同一种货物，当其使用目的与用途不同时，表示品质所选取的指标也会存在差异。

货物品质的优劣关系到货物的实际使用效能，影响着货物售价的高低、销售数量和市场份额的增减及买卖双方经济利益的实现程度，甚至还会进一步影响到商品信誉、企业信誉和国家形象。在国际贸易中，买卖双方往往都会围绕特定的交易货物进行按质论价，货物品质是买方最为关注的一项指标，从而也构成了国际货物买卖合同中的一项重要条款。同时，随着各国消费者收入水平和消费结构的变化，数量型消费逐步转向质量型消费，国际市场上日趋激烈的竞争也从价格竞争转向非价格的竞争。尤其在健康、安全、绿色消费理念逐步盛行和国际市场竞争十分激烈的情况下，品质要求成为一些国家实施贸易保护主义的主要凭据之一，保持、改进和提升货物品质是开展非价格竞争的重要手段，在某种意义上也是决定交易达成与竞争胜败的一个关键因素。此外，货物作为买卖双方交易利益的载体，自身品质的不足及其评价依据的差异也是引发买卖双方贸易争议的主要原因。为此，许多国家都把提升货物质量与档次作为参与国际市场竞争战略的重要组成部分，这也是企业加强对外竞销的重要手段之一，我国也将“以质取胜”作为扩大出口和发展对外贸易的基本战略内容之一。

为了使进出口货物的品质满足目标市场国生产和消费的需要，在出口货物的生产、包装、运输、存储和销售等过程中，必须加强对商品品质的全程系统管理和有效保障，在进口货物的订货、运输、接货等环节中，应当切实严把质量关。

二、国际贸易货物品质的表示方法

货物品质是货物买卖最重要的因素，合同中的品质约定是买卖双方交接货物的依据。在国际货物买卖中，货物种类纷繁复杂，货物本身的特点、制造加工情况、市场交易习惯等各不相同，因此，在规定交易货物的品质方面，采用的方法也呈现出多样化。归纳起来，主要分为两大类：① 以实物或实物样品来表示货物品质；② 以文字来描述货物品质。

（一）以实物或实物样品表示货物品质

以实物或样品表示货物品质是指买卖双方在交易磋商时，由卖方提供可交易的实物现货，或由买卖双方中的一方提供少量但足以代表待交易货物品质的实物作为样品，在对方确认后便成为买卖双方交接货物的品质依据。

1. 以实物现货表示

以实物现货表示货物品质属于看货买卖或现货交易情形，通常情况下由买方或其代理人先行在卖方存放货物的场所验看货物品质，一旦达成交易，卖方就按对方已经验看过的货物进行交货。只要卖方交付的是买方验看过的货物，买方就不得对品质提出异议。这种做法大多用于寄售、拍卖和展卖业务中。

在国际交易中，诸如珠宝、首饰、字画及牙雕、玉雕、微雕等特定工艺制品的品质表示既无法采用文字概括，也无品质完全相同的样品作为交易的品质依据，买卖双方只能通过现场看货进行品质评判和交易磋商，最终按货物的实际品质状况达成一致的交易条件，并进行货物的交付，即"看货成交"。

2. 以实物样品表示

实物样品（Sample）通常是指能够代表某种特定货物品质的少量实物，它或许是从整批货物中抽取出来，为满足对外展示模型和品质检测所需；或在开始大批量生产之前，根据货物设计而先行由生产者制作、加工而成，并将生产出的实物样品品质作为买卖交易中货物交接的品质依据。

在国际贸易中，以实物样品表示货物品质的方法也称为"凭样品买卖"（Sale by Sample）。当出于货物自身的个性反映要求，或难以用文字完全清楚地描述货物品质，或基于市场交易习惯考虑，或用于辅助或补充其他货物品质表示方法时，可以采用以实物样品表示货物品质的方法。

当实物样品由卖方提供时，称之为"凭卖方样品买卖"（Sale by Seller's Sample）；而当实物样品由买方提供时，则称为"凭买方样品买卖"（Sale by Buyer's Sample）。从实践来看，国际货物买卖中的实物样品，大多由卖方提供，但基于买方提供实物样品所达成的交易情形也并不少见。

在"凭卖方样品买卖"时，卖方所提供样品是能够充分代表日后整批交付货物品质的少量实物，也可称之为代表性样品（Representative Sample）或原样（Original Sample）。当卖方所提供样品完全成为日后交付货物品质的约束依据时，该类实物样品又被称为标准样品（Type Sample）；反之，若卖方所提供样品仅仅作为日后交付货物品质的参考依据时，则该类实物样品属于参考样品（Reference Sample）。卖方在向买方送交实物样品时，应留存一份或数份同样品质的样品即复样（Duplicate Sample）或称留样（Keep Sample），以备将来在组织该货物生产、交货或处理交易货物品质争议时作为比对、评价和核查之依据。在“凭卖方样品买卖”的业务中，卖方还应在留存的原样或复样上编制与对外提交实物样品相同的样品编号，同时标注将样品提交给买方的具体日期，以便日后进一步联系和进行交易磋商时能够及时获取实物样品的相关信息。为此，卖方应对留存的复样加以妥善保管，尤其对于某些易受外部环境影响而改变自身品质指标的样品，还应采取必要和适当措施，诸如进行密封、真空、防潮湿、防虫害、防污染等处理，将留存的复样妥善贮藏保管，以保证复样品质的稳定。

“凭买方样品买卖”在我国也称作“来样成交”或“来样加工制作”。鉴于买方对其所在目标市场的需求状况更加熟悉，由买方提供的实物样品往往更能直接地反映出目标市场上的主流消费趋向，因此，在国际贸易业务中，也有不少交易采用“凭买方样品买卖”。不过值得注意的是，在确认按照买方所提交的实物样品成交之前，卖方必须充分考虑按来样制作特定产品所需的原材料供应、所拥有的加工技术、设备和生产工艺支撑，或考虑另行安排市场采购等可行性……，以确保日后能够及时全面履约。同时，为防止在“凭买方样品买卖”业务中被卷入第三方工业产权的纠纷，需在此类交易合同中明确规定卖方免责的相关条款，如：一旦发生由买方来样引发的第三方工业产权侵权情形，概由买方单方面负责，与卖方进行的生产、供货等行为无关。此外，如卖方认为凭买方样品进行供货交易没有完全把握，则卖方可根据买方来样仿制或从现有货物中选择品质相近的实物样品提交给买方，这种二次反向提交的样品称为对等样品(Counter Sample)，又称回样(Return Sample)。从某种意义上说，如买方同意凭对等样品进行交易，则相当于把原先的“凭买方样品买卖”类型转变成了之后的“凭卖方样品买卖”类型。

在以实物样品表示货物品质的国际交易中，无论实物样品是由交易的哪一方提供，一经双方确认，实物样品便成为买卖双方履行合同时交接货物的品质依据。在提交的实物样品为标准样品时，卖方需承担交付货物品质与样品完全一致的责任(strictly same as sample)，否则，买方有权提出品质异议和索赔，甚至拒收货物。1980 年《联合国国际货物销售合同公约》第 35 条规定了卖方所交货物必须遵循的 4 项要求，其中之一就是要求交付货物的质量应与卖方向买方所提供的货物样品或样式相同，否则就可以认为与合同不符。因此，在凭样买卖时，如果由于交易货物的特殊性或自身生产加工技术等原因，卖方难以保证交货品质与样品完全相同，则应在合同磋商和订约时约定交货品质与样品相似或大致相同，并在合同中以相关的补充性条文做出明确规定。例如：

例 2-1：品质与卖方于……(日期)提供的样品相似。

Quality is similar to sample submitted by the seller's sample on... (date).

例 2-2：样品号 NT002，长毛绒玩具熊，尺码 24 英寸，所交货物与卖方第 NT002 号样品大致相同。

Sample NT002, Plush Toy Bear, Size 24″, The goods to be delivered shall be about equal to seller's sample No. NT002.

然而，即便在合同中采用了上述条文规定，买卖双方究竟允许交货品质与样品之间存有多大差异仍未具体明确，因此，买卖双方还应对“相似”“大致相同”事先约定一致明确的认识或评判依据，否则，在实际交货时也可能由于买卖双方对上述文句表述的不同理解而引起交付货物的品质争议。

案例研讨 2-1　“凭样品买卖”引发的卖方双重品质担保义务

我国某单位向英国出口一批大豆，合同规定水分最高含量为 14%，杂质不超过 2.5%。成交前我方曾向买方寄过样品，订约后又电告对方：成交货物与样品相似。当货物抵达英国后，买方提出货物与样品不符，并出具相应证书证明货物的质量比样品低 10%，以此要求我方赔偿 15 000 英镑的损失。试问：英国客户的要求是否合理？

提示：我方寄送样品并表示成交货物与样品相似的行为也构成有效的交易条件之一，对方有理由认为该笔交易既凭规格又凭样品。

为了避免买卖双方在凭样买卖的合同履行过程中产生品质争议，样品的选择也应该注意品质的代表性及其适度性，必要时还可使用封样（Sealed Sample）的做法，即由第三方或由公证机构对样品采用铅丸、钢卡、封条、封识章、不干胶印纸及火漆等各种方式加封识别，或由出样人自封，或买卖双方会同加封。

（二）以文字说明来描述货物品质

在国际货物买卖中，大多数交易货物采用文字来描述其品质，这也称作“凭文字说明买卖”（Sale by Description）。具体有以下几种做法：

1. 凭规格买卖（Sale by Specifications）

货物的规格是指用以反映货物品质的某一或若干主要指标，如成分、含量、纯度、容量、性能、大小、长短、粗细等。相对而言，采用这种方法表示货物品质显得既简单方便又准确具体，在国际货物贸易中使用也最为广泛。但在凭规格买卖时，用于表述货物品质的指标会因货物的差异而有所不同，即便是同一种货物，也会因其用途的不同，对规格的要求也会有明显的差异。例如，在凭规格买卖大豆中，如大豆用于榨油，那么就需在合同的品质表述中列明含油量指标；而若用于食用，则并不一定要列明含油量，但蛋白质的含量就将成为品质的重要指标，需要加以列明。因此，通过规格来反映货物品质可根据交易的不同货物、不同交易批次的货物及交易货物的不同用途加以灵活调整。

例 2-3：素面缎	门幅（英寸）	长度（码）	重量（姆米）	成分
	55	38/42	16.5	100%真丝
Plain Satin Silk	Width (inch)	Length (yds)	Weight (m/m)	Composition
	55	38/42	16.5	100% Silk

例 2-4：“跳鲤”花布	纱支	密度（每英寸）	幅阔（英寸）
	30×36	72×69	35/36″
Printed Shirting	Yarn	No. of Threads	Width

"Jumping Fish"	Counts	Per Inch	Inch
	30 × 36	72 × 69	35/36″

2. 凭等级买卖(Sale by Grade)

货物的等级是用文字、数字或符号等对同一类货物的品质差异所做出的等第或层级分类,诸如按照货物的尺寸、形状、重量、成分、构造、效能等进行特级(Special Grade)、一级(First Grade)、二级(Second Grade)及大号(Large)、中号(Medium)、小号(Small)等各种品质等级划分,通过货物的等级来表示货物品质的国际货物交易称为凭等级买卖。

例 2-5:鲜鸡蛋,蛋壳呈浅棕色、清洁,品质新鲜,大小均匀(Fresh Hen Eggs, Shell Light Brown and Clean, Even in Size)

特级:每枚蛋净重 60 ~ 65 克(Grade AA:60 ~ 65gm per egg)

超级:每枚蛋净重 55 ~ 60 克(Grade A:55 ~ 60gm per egg)

大级:每枚蛋净重 50 ~ 55 克(Grade B:50 ~ 55gm per egg)

一级:每枚蛋净重 45 ~ 50 克(Grade C:45 ~ 50gm per egg)

二级:每枚蛋净重 40 ~ 45 克(Grade D:40 ~ 45gm per egg)

三级:每枚蛋净重 35 ~ 40 克(Grade E:35 ~ 40gm per egg)

例 2-6:中国绿茶(Chinese Green Tea)

特珍眉特级,货号 41022(Special Chunmee Special Grade, Art. No. 41022)

特珍眉一级,货号 9317(Special Chunmee Grade 1, Art. No. 9317)

特珍眉二级,货号 9307(Special Chunmee Grade 2, Art. No. 9307)

对于同一类货物的不同等级划分是在长期的货物生产与贸易实践中形成的,当货物等级的划分已被业界认定,且买卖双方对交易货物等级表述的理解一致时,则双方只需在合同中明确等级即可。但对于买卖双方不熟悉的货物等级内容,或货物等级划分还未取得业界一致认定时,则应在合同条款表述中明确每一等级的具体内容。

3. 凭标准买卖(Sale by Standard)

货物的标准通常是经国家或有关政府主管部门制定颁布,或由国际性标准化组织、国际性工商组织、同业公会、交易所、企业制定颁布,用于约束货物生产、交易和消费行为,凭标准买卖就是通过已经颁布实施的商品标准来表述交易货物的规格和等级等。按照我国现行的标准体系设计,标准可分为国家标准、行业标准、地方标准和企业标准。在对外贸易实践中,除了使用国际标准和某些外国的标准外,也有使用我国国家标准的。

由于全球各类技术的快速发展,商品的标准也在不断地更新。因此,在合同中援引标准来表述货物品质时,应注明援引标准的制定机构、版本名称及其颁布年份。伴随着标准逐步演变为国际竞争的新焦点,标准也日益成为目标市场准入的重要门槛,买方在国际货物交易中常常要求卖方交付的货物品质符合其指定的标准,并经相关机构的标准认证之后方可完成货物的进口。

例 2-7:利福平(甲哌利福霉素)英国药典 1993 年版(Rifampicin B. P. 1993)

例 2-8:母水貂皮串刀长大衣,中国标准,胸围身长 120 * 115 厘米 (Female Mink Overcoat Full Let Out Made, Chinese standard, Body length 120 * 115cm)

补充阅读 2-2　主要国际标准化组织、国家标准代号与名称一览表

标准代号	标准名称	标准代号	标准名称
ISO	国际标准化组织标准	AISI	美国钢铁协会标准
IEC	国际电工委员会标准	NBS	美国国家标准局标准
ITU	国际电信联盟标准	JIS	日本工业标准
CAC	食品法典委员会标准	KS	韩国标准
UIC	国际铁道联盟标准	CSA	加拿大国家标准
GB	中国国家标准	BSI	英国标准协会标准
ASTM	美国材料与试验协会标准	BS	英国国家标准
ANSI	美国标准协会标准	NF	法国国家标准
ASME	美国机械工程师协会标准	AFNOR	法国标准化协会标准
FAA	美国联邦标准	DIN	德国产业标准
MSS	美国制造商标准化协会标准	UNI	意大利国家标准
ASA	美国国家标准	EN	欧洲标准化委员会标准
SAE	美国汽车工程师协会标准	AS	澳大利亚国家标准

在国际交易中，对于一些品质容易发生变化的农产品及某些品质构成条件复杂的工业制成品，买卖双方通常会约定以同业公会、交易所、检验局等选定的标准物来反映待交易货物的品质，此类交易货物品质的表示方法主要有以下两种：

（1）"良好平均品质"（Fair Average Quality 或 F. A. Q. ）

所谓货物的"良好平均品质"，一般是针对某一时期内同类货物的"中等货"而言的。实践中通常由同业公会或检验机构从一定时期或季节的主要区域产出、某地装船各批货物中分别抽取少量实物加以混合拌制，并由该机构封存保管，以此实物来显示该类货物的平均品质水平，作为同期同类货物品质反映和比较的依据。在我国对外开展某些农副产品的出口交易中，也有使用 F. A. Q. 表示品质的，习惯上将其称为"大路货"，交货品质一般依据我国主要产区当年生产该项农副产品的平均品质来确定，是相对"精选货"（Selected）而言的一种品质状态。不过，由于这种"标准"的内涵非常笼统，实际上并不能够代表固定、明确、具体的品质水平，因此，在一般情况下应避免使用。若必须使用 F. A. Q. 标准来反映待交易的货物品质，通常还需在合同的品质表述中附加列明该货物的一些主要规格指标。

例 2-9：中国桐油，良好平均品质，游离脂肪酸不超过 4%（Chinese Tung Oil，F. A. Q. ，F. A. A. 4% max.）

例 2-10：木薯片 2010 年产，大路货，水分最高 10%（Cassava piece 2010，F. A. Q. ，10% moisture max. ）

（2）"上好可销品质"（Good Merchantable Quality 或 G. M. Q. ）

在国际贸易中，由于一些货物并没有形成业内公认的规格和等级表示方法，如冷冻鱼、

冻虾、木材等，所以，通常只需要卖方保证所交货物的品质具有“商销性”即可。如果卖方所交货物无该类货物通常的使用目的，无市场交易可能，则由卖方承担责任。可见，“上好可销品质”标准意指卖方交货的品质处于上好、适合于销售的状态，该种标准的内涵更为笼统，在我国对外贸易实践中很少使用，一般只使用于木材或冷冻鱼类等货物交易中。

4. 凭牌名或商标买卖（Sale by Brand 或 Trade Mark）

货物的牌名是指生产或销售货物过程中所使用的牌号，商标（Trade Mark）则是文字、图形、字母、数字、标志和颜色的组合，它是牌号的图案化，是货物的一种特定标志。牌名与商标可以使其区别于其他同类货物，以利于货物的生产、加工、拣选和销售。

在国际贸易活动中，一些在市场上行销已久、品质上乘稳定、信誉良好的产品，其牌名或商标也往往为许多买方或消费者所熟悉、钟爱。卖方可凭牌名或商标来表示货物的品质，并与买方达成交易，这种方法称为“凭牌名或商标买卖”。

例 2-11：梅林牌辣酱油（Maling Brand Worcestershire Sauce）

例 2-12：镇江金梅牌香醋（Gold Plum Brand Chinkiang Vinegar）

例 2-13：佛手牌味精，味素 90 度或以上（Finger Citron Brand Ve Tsin，Gourmet powder 90% & up）

在凭牌名或商标买卖时，若同一种牌名或商标用于反映多个不同型号或规格的系列货物，则必须在合同中明确牌名或商标的同时，对交易货物的具体型号或规格也做出限定。还需注意的是，牌名、商标都属于工业产权，卖方应注意拟销往国家的相关法律规定，在目标市场国家及时办理登记注册手续或进行国际注册登记，以维护自有牌名、商标的专用权。

5. 凭产地名称或凭地理标志买卖（Sale by Name of Origin 或 Geographical Indication）

在众多纷杂的货物系列中，有些货物的生产加工明显具有区域特性，尤其是一些传统农副产品的生产和加工需要具备特定的地理、气候等自然环境，或具有独特的加工工艺，也正因为如此，该类产品会在国际市场上享有特殊的盛誉。对于这类货物的国际交易，可以采用产地名称或地理标志来表示其独特的品质。如以一个国家为标志的法国香水（France Perfume）、德国啤酒（German Beer）、中国梅酒（China Plum Wine）；以某个国家的某一区域为标志的中国东北大米（China Northeast Rice）；以某个国家某一地区的某一地方为标志的四川榨菜（Shichuan Preserved Vegetable）、绍兴花雕酒（Shaoxing Hua Tiao Chiew）、镇江香醋（Chin-kiang Vinegar）等。这些地理标志描述不仅清楚地标注了货物的特定产地，更重要的是无形中为这些货物的特殊品质状态提供了一定的保障，而且，地理标志已在 WTO 的《与贸易有关的知识产权保护协议》中被正式列入了知识产权保护范畴。

6. 凭说明书和图样买卖（Sale by Description and Illustration）

对于机器、电器、仪表、大型设备、交通工具等技术密集型产品，由于其结构复杂，生产工艺复杂且差异性较大，无法用样品或简单有限的几项指标来反映其品质的全貌。对于这类货物，买卖双方除了要在合同中规定货物的名称、商标牌号、规格型号等外，通常还必须采用产品说明书来介绍该产品的构造原理、原材料选用、产品外观形状、产品性能和功效，以及产品使用、维护和回收方法等，有时还需附以图样、图片、设计图纸、性能分析表、操作流程图示等来完整地说明其品质特征。例如，在合同中规定“品质和技术数据与卖方所提供的产品说明书严格相符”（Quality and technical date to be strictly in conformity with the description submitted by the seller)。

综上可见,以文字来描述货物品质的方法有多种。在实际业务中,可单独使用其中的某一种表示方法,也可将其中两种或两种以上的方法加以结合使用,如既凭商标牌名,又凭规格,甚至可再列明等级或产地名称。当然,以任何一种或几种方法表示交易货物品质时,卖方都必须全面承担按品质表示方法所体现的内含品质水平交货的义务。

在以文字来描述货物品质时,有时为了能使买方更进一步了解货物的实际品质状况,增强感性认识,也可考虑向买方寄送一些"参考样品"(Reference Sample),发挥其产品宣传介绍之功效,但应说明仅供对方作为交易决策参考,并不作为卖方交货的品质依据,因此,寄送"参考样品"时一般应标明"仅供参考"(for Reference Only)字样,以防止品质纠纷的发生。

就总体而言,卖方应根据货物的特点、市场习惯和实际需要,选择最适合于有关货物特性品质的表示方法,既利于对外销售,又能最大限度地维护其交货利益。通常情况下,若可用文字描述表示品质,就不必再同时使用样品表示,反之亦然。若确需文字表述和样品表示并用,则成交后卖方必须承担交货品质既符合文字描述又符合样品表示的多重责任。

三、品质机动幅度与品质公差

在国际贸易中,卖方交货品质必须严格与买卖合同规定的品质要求相符。但是,一些货物由于生产、储存和运输过程中客观上存在自然损耗,一些货物则受生产工艺及其自身特点等诸多因素的影响,难以保证卖方整批交付货物的品质与合同规定的内容完全一致。因此,如果将这些货物的品质规定得缺乏弹性,或把品质指标描述得绝对化,必将给卖方的相符性交货带来困难。为此,订立合同时可在品质条款中添加一些较为灵活的品质表示,卖方所交货物品质只要处于所约定的品质变动范围之内,即可以认为交货品质与合同规定相符,买方将无权拒收。业务中,常见的做法有订立品质机动幅度条款和引用业界品质公差规定两种。

(一) 品质机动幅度

品质机动幅度是指在贸易合同中允许交易货物的一项或几项特定品质指标可在一定幅度内浮动,主要适用于初级产品及某些工业制成品中的品质指标表示。具体做法包括规定范围、极限和上下差异幅度三种。

1. 规定范围

即对某项货物的一些品质指标允许有一定幅度的机动范围,卖方在该品质范围内的交货都视为品质相符性交货。

例 2-14:色织条格布,阔度 41/42 英寸(Yarn-dyed Gingham,Width 41/42″)

例 2-15:番茄酱,28/30 浓缩度(Tomato Paste,28/30 Concentration)

2. 规定极限

指规定某些货物的品质指标上下极限数值,如最大、最高和最多的数值(Maximum/Max.),最小、最低和最少的数值(Minimum/Min.)。卖方可在合同规定的品质指标极限数值内交货。

例 2-16:活黄鳝,每条 75 克以上(Live Yellow Eel,75g and up per piece)

例 2-17:鱼粉,蛋白质 55% 以上(Fish Meal,Protein 55% min)

脂肪最高 9%(Fat 9% max)

水分最高 11%（Moisture 11% max）

盐分最高 4%（Salt 4% max）

砂分最高 4%（Sand 4% max）

3. 规定上下差异幅度

即在规定交易货物某一具体品质指标的基础上，规定必要的上下变化幅度。有时为了考虑弹性包装的需要，对其中的一些品质指标也可规定一些上下差异。

例 2-18：灰鸭毛含绒量 18%，允许上下 1%（Grey duck feather soft nap 18%，Allowing 1% more or less 或 ±1% allowed）

例 2-19：冻猪后腿肌肉，成品包装，去皮、骨和皮下脂肪，尽可能少留剩余脂肪，每块净重不低于 2.20 千克，为保证每箱净重为 25 千克，允许其中有一块肉的重量低于此标准（One piece of lower weight is to be allowed）。

（二）品质公差

品质公差（Quality Tolerance）是指经国际行业公会或业界所公认的、允许特定货物在某一品质指标方面存在一定范围内的差异。在大批量的工业品生产过程中，即便基于自动化、数字化生产平台，有时也无法非常精确地实现全部产品品质指标的完全一致性，因此，在整批产品的品质指标方面存在一定的误差是难以避免的，如手表走时每天误差若干秒，某一圆形物体的直径误差若干毫米等。这种误差若为某一国际同行业界所公认，便成为“品质公差”。卖方交货品质只要在此范围内，即可认为与合同的品质约定相符。

由于品质公差大多已为国际行业公会所公认，买卖双方可以不必再在合同中加以明确表述。但如果国际行业公会对某些货物的特定品质指标并无明确公认的“品质公差”规定，或买卖双方对品质公差理解不一致，或需要扩大品质公差范围，那么，买卖双方就应该在合同中具体规定品质公差的内容，即由买卖双方共同认可的误差。

不论是品质机动幅度的约定还是品质公差的引用，卖方在其规定的范围内进行的交货行为都属于相符品质交货，且一般均按合同单价计价，不做价格调整。但经买卖双方协商同意，也可对品质机动幅度或品质公差范围内交货品质的实际状况按比例计算增减价格，并在合同中订立“增减价条款”。

例 2-20：我国对外出口芝麻时，在合同中规定：中国芝麻，水分（最高）8%；杂质（最高）2%；含油量（湿态、乙醚浸出物）以 52% 为基础。如实际装运货物的含油量升高或降低 1%，价格相应增减 1%，不足整数部分，按比例计算。

China Sesame seed，Moisture（max）8%；Admixture（max）2%；Oil content（wet basis ethyl ether extract）52% basis. Should the oil content of the goods actually shipped be 1% higher or lower，the price will be accordingly increased or decreased by 1%，and any fraction will be proportionally calculated.

四、合同中的品质条款

如前所述，货物品质的表示方法可有诸多选择，买卖双方拟采用的货物品质表示方法不同，合同中的品质条款内容表述也各不相同。在“凭样品买卖”时，合同中须订明凭以达成交易的样品名称和编号，必要时还要列出寄送的日期。在采用凭文字表述货物品质的方法时，应针对不同交易的具体情况在买卖合同中明确规定货物的名称、规格、等级、标准、牌名、商标或产地名称等内容。尤其在以说明书和图样表示货物品质时,还应在合同中列明说明书、图样的名称与份数等内容。

例 2-21:凭样品买卖:样品号 NT002,长毛绒玩具熊,尺码,24 英寸(Sample NT002, Plush Toy Bear, Size 24″)

例 2-22:凭品牌和商标买卖:光明牌婴儿奶粉(Bright Brand Infant Milk Powder)

例 2-23:凭标准和规格买卖:柠檬酸钠(枸橼酸钠),符合 1980 年版英国药典标准;纯度不低于 99%(Sodium Citrate, In conformity with B. P. 1980;Purity:Not less than 99%)

例 2-24:凭规格买卖:动圈式传声器,型号 CD－28;频率范围(Hz) 80－12 000;灵敏度(MV/pa)1.7;输出阻抗(Ω)600;指向性为心形;外形尺寸(mm)38×40×200;重量(g) 420[Dynamic Microphone, Type:CD－28;Freq. Range(Hz):80－12 000;Sensitivity(MV/pa):1.7;Output Impedance(Ω):600;Directivity:Cardioid;Dimensions(mm):38×40×200;Weight(g):420]

例 2-25:凭规格和等级买卖:母黄狼整只皮裙子,24 英寸/28 英寸,一级品(Female Weasel Skin Plates Whole Made, 24″/28″;First grade)

例 2-26:凭规格和说明书买卖:1515A 型多梭箱织机,详细规格如所附文字说明与图样(Multi-shuttle Box Loom Model 1515A, detail specifications as per attached, description and illustrations)

国际交易合同中的品质条款是买卖双方交接货物时进行品质评价的依据,在载有品质机动和增减价规定时还是计价和计收货款的凭据。卖方所交货物的品质如果与合同规定不符,卖方将要承担违约的法律责任,买方则有权向卖方提出赔偿因此遭受的损失的要求,或要求解除合同。为了防止国际交易中的品质纠纷,合同中的品质条款表述应尽量简洁单一、明确具体,避免不必要的多重反映和笼统含糊。在规定品质指标时尽量避免使用诸如“大约”“左右”“合理误差”等含义不清的用词或文句,所涉及的品质指标数据应力求明确,而且要切合实际,避免订得过高或过低、过繁或过细。若卖方交货中客观上面临着货物品质的差异性,合同双方则还需在交易合同的品质条款中添加品质机动的相关描述。

第三节 货物的数量

在国际货物买卖中,货物的数量是其中的主要交易条件之一,数量条款也是国际交易合同中必不可少的内容,是买卖双方交接货物和清算货款的数量依据。而且,不同的交易货物数量有时还会影响到买卖双方对价格、包装、装运、保险等其他交易条件的选择。影响买卖双方进行货物成交数量决策的因素有很多。对于卖方而言,诸如国际营销战略意图、拥有的货物生产供应能力、货物的包装、运输和支付条件及目标市场的需求状况、市场供求与竞争结构、货物价格的变动趋势、买方的资信与经营实力等,都是卖方在确定货物成交数量时需要考虑的重要因素。对于买方而言,所在当地市场的需求规模、需求结构、拥有的支付能力等将是其决定交易数量时所要考虑的主要因素。除此以外,买卖双方所在国家的进出口贸易总体政策、国别贸易政策、商品贸易管理政策、产业发展政策等也会影响到其交易数量。

一、度量衡制度

在国际货物交易中,各国采用的度量衡制度不尽相同,除了使用的计量方法不同,计量单位也不尽相同,即便是由同一计量单位表示,内含的实际数量有时也会有明显差异。如重量单位吨有公制的公吨(Metric Ton)、英制的长吨(Long Ton)、美制的短吨(Short Ton)之分,分别等于1 000千克、1 016.047千克、907.185千克。了解和熟悉不同的度量衡制度关系到交易货物计量单位的准确使用。

目前,国际贸易中通常使用的度量衡制度有四种,它们分别是公制(Metric System)、美制(U.S. System)、英制(British System)和国际单位制(International System of Units)。其中,国际单位制是在公制基础上发展起来的,于1960年的国际标准计量组织大会通过,已为越来越多的国家所采用,标志着计量制度的日趋国际化和标准化,可以对全球计量单位的统一和国际贸易的进一步发展起到积极的推动作用。

我国所采用的是以国际单位制为基础的法定计量单位。《中华人民共和国计量法》第3条中明确规定:“国家采用国际单位制。国际单位制计量单位和国家选定的其他计量单位为国家法定计量单位。”在对外贸易业务中,除了合同规定需采用公制或英制、美制计量单位之外,通常应使用我国《计量法》规定的法定计量单位。而且,一般情况下不允许进口非法定计量单位的仪器设备,如有非法定计量单位下的特殊进口需要,则须经有关标准计量管理机构批准后,方可进口使用非法定计量单位的仪器设备。

二、数量的计量

(一) 计量方法与计量单位

在国际货物交易中,使用的数量计算与表示方法大致可以分为六大类: ① 按重量(weight)计量; ② 按容积(capacity)计量; ③ 按个数(numbers)计量; ④ 按长度(length)计量; ⑤ 按面积(area)计量; ⑥ 按体积(volume)计量。在实际业务中,究竟采用何种具体的计量方法,要视度量衡制度规定、交易货物的类型与性质、包装方式与种类、运输方式、通关要求、市场习惯等决定。

与上述六类数量的计量方法相对应,分别有不同的计量单位名称及适用的货物,具体可粗略地概括如下:

1. 重量单位

常用计量单位: 千克(kilogram或kg)、吨(ton或t)、公吨(metric ton或m/t)、公担(quintal或gm.)、克(gram或gm)、磅(pound或lb.)、盎司(ounce或oz)、长吨(long ton或l/t)、短吨(short ton或s/t)。

适用货物范围: 多见于对天然产品及部分工业制成品的计量。如羊毛、棉花、谷物、矿产品、油类、沙盐、药品等。

2. 容积单位

常用计量单位: 公升(litre或l.)、加仑(gallon或gal.)、蒲式耳(bushel或bu.)等。

适用货物范围: 主要适用于谷物类及部分流体、气体物品的计量。如小麦、玉米,原油、煤油、汽油、酒精、啤酒、天然瓦斯等。

3. 个数单位

常用计量单位：只(piece 或 pc.)，件(package 或 pkg.)，双(pair)，台、套、架(set)，打(dozen或 doz.)，罗(gross 或 gr.)，大罗(great gross 或 g. gr.)，令(ream 或 rm.)，卷(roll 或 coil)，辆(unit)，头(head)。有些货物也可按所使用的包装单位进行计量，如箱(case)、包(bale)、桶(barrel，drum)、袋(bag)等。

适用货物范围：一般日用工业制品及杂货类货物。如文具、纸张、玩具、成衣、车辆、活牲畜等。

4. 长度单位

常用计量单位：码(yard 或 yd.)、米(metre 或 m.)、英尺(foot 或 ft.)、厘米(centi-metre 或 cm.)。

适用货物范围：纺织布匹、绳索、电线电缆等。

5. 面积单位

常用计量单位：平方码(square yard 或 yd^2)、平方米(square metre 或 m^2)、平方英尺(square foot 或 ft^2)、平方英寸(square inch)。

适用货物范围：皮制商品、塑料制品等。如塑料篷布、塑料地板、皮革、铁丝网等。

6. 体积单位

常用计量单位：立方码(cubic yard 或 yd^3)、立方米(cubic metre 或 m^3)、立方英尺(cubic foot 或 ft^3)、立方英寸(cubic inch)。

适用货物范围：化学类气体、木材等。

(二) 重量的计算

在国际货物交易中，很多初级产品都采用按重量指标进行计量和计价的方法，计算重量的常见指标及其计算方法主要有以下几种：

1. 按毛重(gross weight)计

毛重是指交易货物本身的重量加皮重(tare)，也即货物连同内外包装的重量。有些单位价值不高的货物(例如，用麻袋包装的大米、蚕豆等农产品)交易可采用毛重计量，即以毛重作为计算交易数量和价款的基础，这种计重方法在国际贸易中被称作“以毛作净”(gross for net)。需要注意的是，当采用毛重计量时，为便于成交货款的计算，不仅要在交易的货物数量表述中明确“以毛作净”，在交易价格的表述中也同样需要标明“以毛作净”，例如，“每公吨500美元，以毛作净”(US $500 per metric ton，gross for net)。

2. 按净重(net weight)计

在国际货物交易中，按重量指标交易的货物大多采用以净重计量的方法。净重是指交易货物本身和内包装的合计重量，即货物毛重扣除货物外包装皮重后的重量。计算皮重的具体方法有四种：

(1) 实际皮重(real tare or actual tare)。即将整批交易货物及其外包装逐一过秤度量，得出每一件交易货物的外包装重量和总重量。

(2) 平均皮重(average tare)。从全部交易货物中随机抽取几件货物，对其外包装重量进行过秤，并计算出平均皮重，据此再乘以货物总件数，便可计算出全部交易货物的外包装重量。

（3）习惯皮重（customary tare）。一些货物的外包装已经趋向标准化，无论是包装所使用的材料还是包装的规格都已形成了固定的标准规范，外包装的重量也已被业界公认既定，不需再进行过秤度量，这时，以既定的单件外包装重量乘以货物的总件数即可得到全部货物的外包装重量。

（4）约定皮重（computed tare）。买卖双方事先约定交易货物的外包装方式和单件货物的外包装重量，进而可求得该批交易货物的总皮重。

去除皮重存在多种不同的处理方法，因此，买卖双方可依交易货物的特点以及商业习惯等，事先商定并在交易合同中做出明确具体的规定。

3. 按公量计（conditioned weight）

在计算货物重量时，对于羊毛、生丝、棉花等一些经济价值不低但水分含量极不稳定的货物，直接采用常规的过秤度量方法不能完全准确地反映其真实的重量，需要使用科学仪器抽去货物中所含的水分，而后基于标准水分重量的添加求得交易货物的重量，该重量即为公量。

公量 = 干量 + 标准水分量

= 实际重量 ×（1 + 标准回潮率）/（1 + 实际回潮率）

4. 按理论重量计（theoretical weight）

对于规格一致、体积相同的货物，由于比重既定一致，因此，每件交易货物的重量也大致相等，并可根据件数直接计算出交易货物的总重量。理论重量适用于有固定规格和固定体积的货物，如马口铁、钢板等。

5. 按法定重量（legal weight）和净净重（net net weight）计

法定重量是海关依法征收从量税时，作为征税基础的计量指标与方法，通常是由纯货物的重量加上直接接触货物的包装材料（如内包装等的重量）。而从法定重量中扣除内包装的重量及其他包含杂物（如水分、尘芥）的重量后，则成为净净重，净净重这一计量指标与方法也主要服务于海关征税。

在国际货物交易合同中，如果相关条款已明确交易货物按照重量计量和计价，但对采用何种具体方法计算重量和价格未做进一步明确规定，根据国际贸易惯例，应按净重来计量和计价。

三、数量的机动

在国际货物交易中，有些货物是可以加以精确计量的，如金银、药品、生丝、T恤、皮鞋、汽车、电视机、电脑、手机等，但也有一些货物受自身特性、生产、运输或包装条件及计量工具的限制，在实际装运交货时不易精确把握。如散装谷物、油类、水果、粮食、矿砂、钢材等，卖方装运交货数量往往难以完全符合合同约定的某一具体数量。为了便于国际货物交易合同的顺利履行，减少因交货数量不符引发的争议，买卖双方通常需要在合同中对交货数量做出机动的规定，允许卖方的交货数量可以在一定范围内灵活掌握。

（一）溢短装规定

数量机动一般是通过交易合同中记载溢短装条款（More or Less Clause）来实现的。所谓溢短装条款,就是在规定具体交易数量的同时,在合同中另行规定允许多装或少装的一定百分比以及多装或少装的选择权与计价方法,卖方交货数量只要在溢短装条款允许增减的范围内,即为符合合同的交货数量规定。

例如,某交易合同规定成交煤炭5 000 公吨,卖方可溢装或短装5%(5 000 m/t,with 5% more or less at seller's option),按此规定,卖方实际交货数量的区间为4 750 m/t ~5 250 m/t,卖方在此数量区间内装运交付煤炭,买方不能提出任何交货数量异议。

溢短装条款也可称为增减条款,在使用时,可简单地在增减幅度前加上"±"符号,如成交煤炭5 000 m/t ±5%。交易合同允许有溢短装时,具体增减数量大多明确由卖方决定(at seller's option),但有时特别是在由买方派船装运时,也可规定由买方决定(at buyer's option)。在采用租船运输时,为了充分利用船舱容积,便于船长能够根据轮船的运载能力等具体情况考虑实际装运数量,也可授权船方掌握并决定装运增减量(at carrier's option or at ship's option)。

案例研讨 2-2　交货义务与数量的机动幅度

我国某公司向日本出口一笔煤炭,合同规定:"成交中国动力煤炭10 000 m/t,US $85 per metric ton,5% more or less,at seller's option,合同金额为USD 850 000.00,增减部分按合同价格结算。"货物运抵日本后,经日本海关检查发现煤炭实际交货数量为10 700 公吨。据此,日商提出多交了700 公吨,要求降价5%,日商的主张能否成立?

提示:在合同订有溢短装条款时,卖方可在多装或少装的比例范围内选择交货数量,在此数量范围内的交货均视为符合合同要求。

(二)惯例规定

在信用证这一特定交易背景下,也可以使用"约"数来表示实际交货数量允许一定幅度的增减,即在某一具体交易数量之前加"约"数文字表述。例如,约 100 000 码(about 100 000 yard)。根据《跟单信用证统一惯例(600 号出版物)》(Uniform Customs and Practice for Documentary Credits》,以后简称《UCP600》)第 30 条 A 款规定,凡"约/大约(approximately or about)"或类似意义的词语用于涉及信用证金额或信用证规定的数量或单价时,应解释为允许有关金额、数量或单价可有 10% 的增减。但支取的金额不能超过信用证记载的金额。

由于"约"数的含义在国际贸易中有不同解释,也容易引起纠纷,一般不宜采用。除信用证交易方式外,如果买卖双方一定要使用"约"数条款时,双方应事先在合同中明确允许数量增减的百分比。

此外,《UCP600》第 30 条 B 款还规定,除非信用证规定货物数量不得增减,只要支取的金额不超过信用证金额,则可有 5% 的数量增减幅度。但当信用证规定的数量按包装单位或以个数、件数计量时,则此增减幅度不适用。

案例研讨 2-3　信用证交易方式下的"约"量

我国某外贸公司向科威特K公司出口冻羊肉50吨,每吨CIF价2 000美元,合同规定数量可增减10%。买方K公司按时开来信用证,证内规定：数量约(about)50吨,总金额100 000美元。我外贸公司发货时,按合同和信用证规定,实际装运55吨,缮制的商业发票表明：数量55吨,总金额110 000美元。当我外贸公司持单办理议付时,却遭到银行拒付。试问：按《UCP600》规定,银行是否有权拒付?

提示：根据《UCP600》规定,数量的"约"量表示可以允许交货数量有10%的增减,但信用证所载金额为可支付的最高限额,多交时以不超过信用证金额为前提。

在数量机动幅度范围内,无论多装货物还是少装货物,一般都按合同单价结算货款。但是,由于数量是计算货款的基础,数量机动幅度的运用在一定程度上关系着买卖双方的商业利益。就卖方而言,在市场价格下跌时,大多愿意按照最高约定数量交货；在市场价格上涨时,则往往尽量争取少交货物。这样,若仍按合同单价计算货款,会对买方形成不利。相反,若由买方决定交货数量增减,按合同单价计算货款就会对卖方不利。为了防止拥有数量增减选择权的当事方利用数量机动幅度,根据市场行情变动情况故意多装或少装货物以获取额外收益,买卖双方可在合同中规定,多装或少装数量的价款按装运日或卸货日或双方商定日期某指定市场价(如某交易所的收盘价)来计算。

四、合同中的数量条款

按照合同规定的数量如数交付货物是卖方的基本义务。许多国家法律都明文规定,卖方交货数量必须与合同规定相符,否则买方有权提出索赔,甚至拒收货物。按照《公约》规定,卖方必须按合同数量条款的规定如数交付货物。如果卖方交货数量多于约定数量,买方对卖方多交部分货物可以行使选择权,即可以收取也可以拒绝收取多交部分货物的全部或一部分；如果卖方实际交货数量少于约定数量,卖方应在规定的交货期届满之前完成不足数量的货物补交,但不得使买方遭受不合理的不便或承担不合理的开支,而且,买方依然保留要求损害赔偿的任何权利。可见,如何更为合理明确地订立合同的数量条款对于卖方来说显得更加重要。

通常情况下,合同中的数量条款主要包括成交货物的具体数量和计量单位,有的合同则还会规定确定交易数量的具体方法或依据,如本节前述的溢短装条款等。为了避免买卖双方在合同履行中产生交货数量的争议,合同中的数量条款应当完整准确,数据记载具体明确,计量单位使用规范合法,且买卖双方对计量单位的实际含义保持一致理解。如:"Chinese Peanut,60 000M/T,Gross for Net,5% More or Less at Seller's Option at Contract Price.""Fish Meal,Total 50 Metric Tons,in 1 000 Gunny Bags,Gross for Net ±5% Allowed,at the Seller's Option,Based on the Contract Price."若采用对方习惯使用的计量单位时,要注意换算的准确性,以保证实际交货数量与合同数量的相符。

第四节　货物的包装

在国际货物交易中，除了少数不必包装便可直接装入运输工具中的散装货(Bulk Cargo or Cargo in Bulk)，以及在形态上自成件数，无须包装或略加捆扎即可成件交付的裸装货(Nude Cargo)以外，绝大多数货物都需要经过适当的包装才能装运交付。同时，货物的包装是货物在储运、流通过程中保护品质完好和数量完整的重要条件，适当适合的货物包装对保护、保存货物，美化、宣传货物及方便货物的贮存、运输、销售和使用都起着重要作用。出口货物包装也是提高货物在国际市场的竞争能力，扩大销售，增加售价的有效手段。在实际业务中，包装按其在流通过程中的主要功能不同，可分为运输包装和销售包装两大类，无论是哪一类包装方式，对出口货物的包装都应力求做到科学、经济、牢固、适用、美观、适销相结合。

一、运输包装

运输包装(Transport Packing)又称大包装、外包装(Outer Packing)。它是按照货物自身特点和运输方式、路径等方面的要求，将交易货物装入特定容器或以特定方式成件或成箱地进行包装。运输包装一方面能够保护交易货物在长时间和远距离的运输过程中不被损坏和散失，另一方面也能方便交易货物的搬运、储存和运输，提高储运和装卸效率。

(一) 运输包装的种类

根据运输包装类型，可以分为单件包装和集合包装。在单件包装中，依据所用包装材料和包装方法的不同，可将运输包装划分为以下几大类：

1. 箱(case)类包装。不能紧压的货物通常需装入箱内。按不同的箱体材料，箱类包装又可以进一步分为木箱(wooden case)、板条箱(crate)、纸箱(carton)、瓦楞纸箱(corrugated carton)、漏孔箱(skeleton case)等包装。

2. 包(bundle 或 bale)类包装。凡可以紧压的货物，如羽毛、羊毛、棉花、布匹、生丝等，可以先经机压打包压缩体积，然后再以棉布、麻布等包裹，外加箍铁或塑料绳，捆包成件。

3. 袋(bag)类包装。粉状、颗粒状和块状的农产品及化学原料通常用袋类包装。按不同的制袋材料，袋类包装又可分为麻袋(gunny bag)、布袋(cloth bag)、塑料袋(plastic bag)、纸袋(paper bag)等包装。为提高该类包装的牢固度，近年来多采用纸塑复合、多层塑料复合和编织袋等进行包装。

4. 桶(drum 或 cask)类包装。对于液体、半液体及粉状、粒状货物，通常可采用桶类包装。按不同的桶体材料，桶类包装又可细分为木桶(wooden cask)、铁桶(iron drum)、塑料桶(plastic drum)等包装。

此外，还有瓶(bottle)、罐(can)、坛(demijohn 或 carboy)和篓(basket)、甏(jar)、钢瓶(cylinder)类等运输包装。

运输包装除上述各种单件包装类别之外，还有集合运输包装。它是指将一定数量的单件包装组合成一件大的包装或装入一个大的包装容器内，集合运输包装包括集装箱

(container)、托盘(pallet)、集装袋(flexible container)等。在大批量交易和现代化运输条件下,集合运输包装方式越来越普遍。

对于运输包装的选择,必须要适应货物自身的特性,体现各种不同运输方式的要求;同时,还必须考虑有关国家的法律规定和客户的要求,方便于各环节有关人员进行操作,并在保证包装牢固的前提下节省费用。

(二) 运输包装的标志

运输包装标志是指为了方便实施货物运输、装卸及储存保管,便于识别货物和防止货物人为损坏而在货物外包装上刷写的标志。按运输包装标志的作用可将其分为运输标志、识别标志、指示性标志和警告性标志等。

1. 运输标志

运输标志(Shipping Mark 或 Mark),俗称"唛头",通常是由一个简单的几何图形和一些字母、数字及简单的文字组成,使交易货物在装卸、运输、保管过程中能够容易被有关人员识别,也便于核对单证,以防错发、错运、错收和混淆,及时顺利地装卸、运送和交付交易货物。运输标志通常刷印在运输包装上较为明显的部位,根据刷印的具体位置不同还可有正唛和侧唛①之分。"唛头"可由买卖双方中的任一方提供,但由卖方提供在实际业务中较为常见,若在交易合同没有明确由哪一方提供"唛头",则应由卖方来承担"唛头"的设计。

为了便于电子计算机技术在运输和单证流转方面的应用,避免运输标志内容过多、过繁,可能造成差错和困难,影响顺利交货,联合国欧洲经济委员会简化国际贸易程序工作组在国际标准化组织和国际货物装卸协会的支持下,制定了标准化的运输标志,并向国际贸易界推荐使用。经标准化后的现代运输标志由四个要素按照一定次序排列构成。

(1) 收货人或买方的代号、名称首字或其简称。

(2) 参考号码。与本次交易相关的重要号码,如买卖合同号码、订单号码、信用证号码、发票号码等。

(3) 目的地。货物运抵的最终目的港或目的地的名称。如货物运至的目的港或目的地有同名的,还应注明所在国家或地区名称;如需经由某港口或某地转运,还需表明转运地名称,如"经×××港转运"(Transhipment via...)。

(4) 件数号码。包装货物的每件货物的顺序号和总件数。例如,"No. 1/100""No. 2/100",直到"No. 100/100"。

标准化运输标志之所以不再强调和使用几何图形或其他图形,是为了便于刻唛、刷唛,节省时间和费用,也是为了便于在制单和信息传递中使用电子数据、打字机、电传机和电子通信设备等。

例如:

GMAC ——收货人
08BO769 ——订单号
SOUTHAMPTON ——目的港
C/NO.1-10 ——货物批件号

① 正唛位于包装正面及其对面,侧唛位于包装的两个侧面。

2. 指示性标志

指示性标志(Indicative Mark)是根据货物的特性,对一些容易破碎、残损、变质的商品,在搬运、装卸操作和存放保管条件方面所提出的要求和注意事项,用图形或文字或二者结合表示的标志。例如,"怕湿""向上""小心轻放"和"禁用手钩"等。

为了统一各国运输包装指示标志的图形与文字,国际标准化组织(ISO)、国际航空运输协会(IATA)和国际铁路货运会议(RID)分别制定了包装、储运的指示性标志,并建议各会员国予以采纳。我国制定了运输包装指示性标志的国家标准,所用图形与国际上通用的图形基本一致。图 2-1 所列举的是一些常见的指示性标志:

(1) 易碎物品
运输包装件内装易碎品,因此搬运时应小心轻放。

(2)禁用手钩
搬运运输包装时禁用手钩。

(3) 向上
表明运输包装件的正确位置是竖直向上。

(4) 怕晒
表明运输包装件不能直接被太阳照射。

(5) 怕辐射
包装物品一旦受辐射便会完全变质或损坏。

(6) 怕雨
包装件怕雨淋。

(7) 重心
表明一个单元货物的重心。

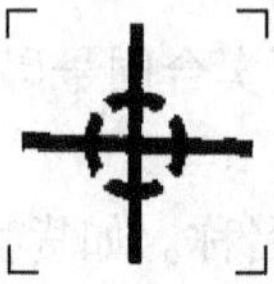

(8) 禁止翻滚
不能翻滚运输包装。

(9) 此面禁用手推车
搬运货物时此面禁放手推车。

(10) 堆码层数极限
相同包装的最大堆码层数,n 表示层数极限。

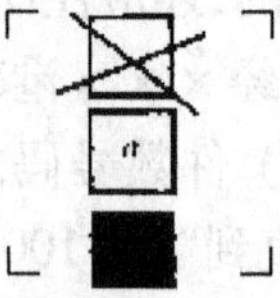

(11) 堆码重量极限
表明该运输包装件所能承受的最大重量极限。

(12) 禁止堆码
该包装件不能堆码并且其上也不能放置其他负载。

图 2-1 指示性标志示例

3. 警告性标志

警告性标志(Warning Mark)又称危险品标志(Dangerous Cargo Mark),是指在装有爆炸品、易燃物品、腐蚀物品、氧化剂和放射物质等危险货物的运输包装上用图形或文字或二者混合表示各种危险品的标志。此类标志旨在警告有关装卸、运输和保管人员按货物的特性采取相应的防范和防护措施，以保障人身和货物的共同安全。

为保证危险货物国际运输的安全，联合国国际海事组织、国际铁路合作组织和国际民航组织等分别制定了国际海上、铁路、航空危险货物运输规则。我国也明确规定，危险品出口的运输包装上，应分别依照上述规则刷写必要的危险品警告性标志。图 2-2 所列举的是一些常见的警告性标志：

爆炸品标志
（符号：黑色；底色：橙红色）

爆炸品标志
（符号：黑色；底色：橙红色）

爆炸品标志
（符号：黑色；底色：橙红色）

易燃气体标志
（符号：黑色或白色；
底色：正红色）

不燃气体标志
（符号：黑色或白色；
底色：绿色）

有毒气体标志
（符号：黑色；底色：白色）

易燃液体标志
（符号：黑色或白色；
底色：正红色）

易燃固体标志
（符号：黑色；
底色：白色红条）

自燃物品标志
（符号：黑色；
底色：上白下红）

遇湿易燃物品标志
（符号：黑色或白色；底色：蓝色）

氧化剂标志
（符号：黑色；底色：柠檬黄色）

有机过氧化物标志
（符号：黑色；底色：柠檬色）

剧毒品标志
（符号：黑色；底色：白色）

有毒品标志
（符号：黑色；底色：白色）

有害品标志
（符号：黑色；底色：白色）

感染性物品标志
（符号：黑色；底色：白色）

一级放射性物品标志
（符号：黑色；
底色：白色，附一条红竖线）

二级放射性物品标志
（符号：黑色；底色：上黄下白，
附二条红竖线）

三级放射性物品标志
（符号：黑色；底色：上黄下白，
附三条红竖线）

腐蚀品标志
（符号：上黑下白；
底色：上白下黑）

杂类标志
（符号：黑色；
底色：白色）

图 2-2 警告性标志示例

4. 识别标志

识别标志（Identification Mark）又称附属标志（Subsidiary Mark）。除了上述运输包装标志外，在货物的外包装表面一般还需刷制每件货物的品名、货号、装箱数量及配比、毛重、净重、包装容器的体积和货物的产地标识，有时列入运输标志的许可证号、信用证号、型号、色泽等，以便相关业务人员进行操作时能够清楚识别和区分。这些标志习惯上称作其他标志，一般刷印在非唛头部位的外包装其他空白位置。需要注意的是，其中的磅、码、产地标志一般必须刷制，且刷制的品名、货号等内容必须与单据上的记载应保持完全一致，否则货物因为单货不符会遭到进口国海关的扣留。

例如：Safety Boots	品名：安全靴
Art No. JL808TS	货号：JL808TS
COLOUR：NAVY/GREY	色泽：深蓝/灰色
QTY. 12PRS	数量：12 双
G. W. 27KGS	毛重：27 千克
N. W. 21. 6KGS	净重：21.6 千克
MST. 50cm × 35cm × 78cm	体积：50cm × 35cm × 78cm
Made in China	产地：中国制造

二、销售包装

销售包装（Selling Packing）又称小包装（Small Packing）、内包装（Inner Packing）、直接包装（Immediate Packing），是在商品加工制造完成后以适当的材料或容器进行的初次包装。销售包装除了保护商品的品质外，还有美化商品、宣传推广、便于陈列展销，吸引顾客和方便消费者识别、选购、携带、使用等作用，从而能够促进销售，提高商品的价值。而对于一些特殊商品而言，只有进行了销售包装，商品的生产过程才真正告一段落，如相机胶卷、罐头食品等。

（一）销售包装的种类

根据商品的特征和形状，销售包装可采用不同的包装材料、造型结构与式样和包装规格。常见的销售包装有以下几种：

1. 挂式包装。可在商店货架上悬挂展示货物的包装，通常需在包装上设计和制作独特的结构，如吊钩、吊带、挂孔、网兜等，可充分利用货架的空间陈列商品。

2. 堆叠式包装。可以实现商品垂直堆放的包装，该种包装的顶部和底部都设有吻合装置，能使商品在上下堆叠过程中可以相互咬合，其特点是堆叠稳定性强，可以有效节省货位，常用于听装的食品罐头或瓶装、盒装商品。

3. 便携式包装。包装外观造型和长宽高搭配比例的设计制作均适合消费者携带使用的包装，如有提手装置的纸盒、塑料拎包等。

4. 一次用量包装。又称单份包装、专用包装或方便包装，以一次性独享消费使用为目的的简单包装。如一次用量包装的药品、饮料、调味品、面巾纸等。

5. 易开包装。包装容器上有严密的封口结构，使用者不需另备工具即可容易地开启。易开包装又分为易开罐、易开瓶和易开盒等。

6. 喷雾包装。在气密性容器内，当打开阀门或压按钮时，内装物由于推进产生的压力能喷射出来的包装。如香水、空气清新剂、清洁剂等产品包装。

7. 配套包装。将消费者在使用上有关联的商品搭配成套，装在同一容器内的销售包装。如工具配套袋、茶叶和茶具的混合包装盒、U 盘与驱动光盘拼装盒、手机与电池、耳机拼装盒等。

8. 礼品包装。专作为购买者赠送礼品使用的销售包装。礼品包装的造型应美观大方，有较强的艺术性，有的还使用彩带、花结、吊牌等。包装的装潢除了能给消费者留下深刻印象外，还必须具有保护商品的良好性能。使用礼品包装的范围极广，如糖果、化妆品、工艺品、滋补品和玩具等。

（二）销售包装的装潢和文字说明

商品销售包装上的装潢和文字说明，是美化商品、宣传商品、吸引消费者，使消费者了解商品特性和妥善使用商品的必要手段。装潢、图案和文字说明通常直接印刷在商品的销售包装外表，也有在商品上粘贴、加标签、挂吊牌等方式。

对于销售包装的装潢，通常包括图案与色彩。包装装潢应美观大方，富于艺术吸引力，并突出商品的特性。同时，为了促进和扩大出口，包装装潢还需适应进口国或货物销售地区的民族习惯和爱好。譬如一些国家或地区的民众偏爱某些图案，东南亚人偏爱象，日本人偏爱鸭子，伊朗人偏爱狮子；但也有些国家的民众讨厌某些图案，英国人讨厌象、山羊，法国人讨厌黑桃，意大利人讨厌菊花，日本人讨厌荷花，美国人讨厌熊，等等。销售包装上的文字说明从其功能上可以分为宣传性、介绍性、提示性、诱导性、祝愿性文字等，通常包括商品名称、商标品牌、数量规格、成分构成与使用说明等内容。文字说明应与装潢画面紧密结合、和谐统一，以达到树立产品及企业形象、加大宣传和促销力度的目的，如打字机包装上的“不打不相识”，枕头包装上的“祝您做个好梦”，“不含任何人工添加剂”等。使用的文字说明或粘贴、悬挂的商品标签、吊牌等,还应注意不违反有关国家的标签管理条例的规定。例如,北美一些国家规定包装装潢文字必须使用目标国法定的官方语言,如美国的官方语言是英语、加拿大的官方语言是英语和法语、墨西哥的官方语言是西班牙语和英语。

(三) 物品条码标志

物品条码(Product Code)是一种产品代码,它是由一组粗细及间隔不等的平行线条,以及相应的数字共同组成的标记。条码标志不仅能够促进和扩大商品在各国商场内的销售,而且使得货物的分类和输送更为迅速、准确,极大地方便了货物的储存和运输,为发展立体化仓库,实现仓储自动化管理创造了条件。条码是商品能够流通于国际市场的一种通用的国际语言和统一编号,是商品进入超级市场和大型百货商店的先决条件。随着物品条码管理在世界范围内的广泛使用,在出口商品包装上使用条码标志已成为一种普遍要求。

国际上通用的条码规范种类较多,主要有以下两种:① 美国统一代码委员会编制的 UPC 条码(Universal Product Code);② 由欧洲 12 国成立的欧洲物品编码协会,后改名为国际物品编码协会编制的 EAN 条码(European Article Number)。目前使用 EAN 物品标识系统的国家(地区)众多,EAN 系统已成为国际公认的物品编码标识系统(如图 2-3 所示)。

图 2-3　EAN-13 物品编码图例

无论何种条码规范,物品条码中的线条和间隙空间组合都代表了一定的信息,通过光电扫描阅读装置输入相应的计算机网络系统,即可判断出该商品的生产国别或地区、生产厂家、品种规格和售价等一系列有关该产品的信息。国际上使用最为广泛的 EAN 码由 12 位数字的国别、企业、产品代码和 1 位校验码组成。前 3 位数字为国别码,中间 4 位数字为厂商号,后 5 位数字为产品代码(如图 2-4 所示)。商品条形码的标准尺寸为 37.29mm × 26.26mm,放大倍率是0.8～2.0。当印刷面积允许时,应选择 1.0 倍率以上的条形码,以满足识读要求。

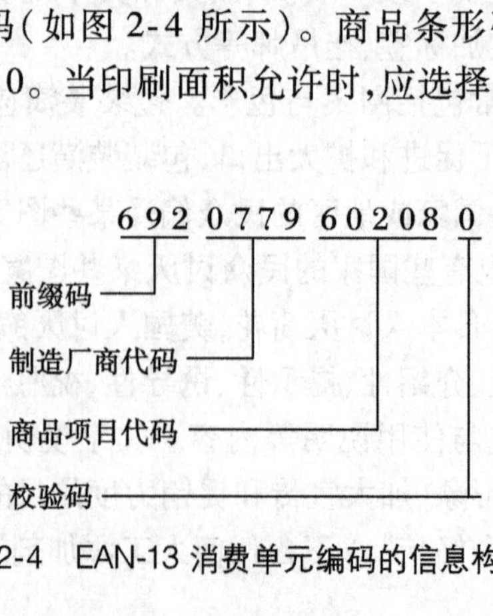

图 2-4　EAN-13 消费单元编码的信息构成

我国于1988年批准成立了中国物品编码中心(http://www.ancc.org.cn),该中心于1991年4月代表中国加入国际物品编码协会,成为其中的正式会员,统一组织、协调、管理我国的条码工作。目前,国际物品编码协会分配给我国商品的国别号为“690”“691”“692”“693”“694”“695”。另外,该协会分配给中国澳门“958”、中国香港“489”、中国台湾“471”。

我国国家质量技术监督局还在1998年9月颁布了《商品条码管理办法》,并于同年12月1日正式施行。根据该《办法》,凡依法取得营业执照的生产者、销售者均可以申请注册厂商识别代码。获准注册厂商识别代码的申请者,由中国物品编码中心发给《中国商品条码系统成员证书》,取得中国商品条码系统成员资格。系统成员对其注册的厂商识别代码和相应的商品条码享有专用权,不得擅自转让他人使用。任何单位或个人不得冒用盗用他人注册的厂商识别代码。系统成员应按规定的时间要求及时办理变更、续展等手续。逾期未办理续展手续的,其厂商识别代码及系统成员资格将被注销,不得继续使用。已被注销厂商识别代码的生产者、销售者,需要使用商品条码的,应当重新申请注册厂商识别代码。

除了上述的运输包装和销售包装外,衬垫物(filling and lining materials)也是包装的重要组成部分,衬垫物能够起到防震、防碎、防潮、防锈等方面的作用。充当包装衬垫物的材料较为广泛多样,包括纸屑、纸条、防潮纸和各种发泡塑料衬垫物等。值得注意的是,一些国家对衬垫物的使用做了明确限制,如:我国出口包装不准用报纸之类的材料作为衬垫物;美、日、加拿大、新西兰、毛里求斯等则禁止用稻草、干草、木丝、报纸做包装填充物。

三、定牌、无牌和中性包装

定牌、无牌和中性包装也是国际贸易实践中较为常见的做法。在我国对外贸易活动中,应贸易伙伴的特定要求,一些企业在出口业务中也会采用这些做法。

定牌(Indicated Brand)是指根据买方的要求,卖方在出口货物和/或包装上使用买方指定的商标或牌名的做法,在我国称之为贴牌(Original Equipment Manufacturer,OEM)。卖方采用定牌做法主要是为了利用买主(包括生产厂商、大百货公司、超级市场和专业商店)的经营能力、营销网络体系及其企业商誉或名牌声誉,以提高出口货物的售价,扩大出口销售数量。但也应注意,外商利用定购定牌商品来排挤使用卖方商标的货物销售,从而不利于卖方商品在国际市场上创建自主名牌。而且,对卖方而言,定牌做法也存在着知识产权连带责任的风险,因此,在此类业务中,卖方应主动考虑在合同中记载因买方提供商标牌号引发的知识产权侵权的除外责任条款。

无牌(No Brand)是指根据买方要求,在卖方出口商品和/或包装上不刷制任何商标或牌名的做法。它主要适用于一些尚待进一步深加工的半制成品,如供印染用的棉坯布,或供加工成批服装用的呢绒和绸缎等,其目的主要是避免业务环节重复和产生浪费,降低费用和成本。也有的无牌做法是为了打破某些进口国家与地区的关税和非关税壁垒及适应转口贸易的特殊需要。除了承担深加工的国外生产商和转口贸易商之外,国外一些大型百货公司、超级市场向卖方订购低值易耗的日用消费品时,也有要求采用无牌包装方式的。其原因是,无牌商品无须广告宣传,可节省广告费用,降低销售成本分摊,从而可达到薄利多销的目的。

在实际业务中,除非另有约定,采用定牌和无牌做法时,我国对外出口货物和/或包装上均须标明“中国制造”字样。

中性包装(Neutral Packing)是指在商品及其内外包装上都不注明生产国别的包装。中性包装可进一步分为定牌中性和无牌中性两类。定牌中性是指在商品和/或包装上使用买方指定的商标/牌名,但不注明生产国别。无牌中性是指在商品和包装上均不使用任何商标/牌名,也不注明生产国别,在我国也俗称为“白牌”,一般需经买方重新包装后才可正式上市。采用中性包装,大多是为了绕开原产地规则和国别配额等限制措施,适应拓展国外市场的特殊需要,在转口贸易业务中较为多见。但需引起重视的是,近年来中性包装的做法在国际上屡遭非议,转口贸易中也面临着越来越多的反规避压力。

四、合同中的包装条款

在国际货物买卖中,货物的包装也是买卖合同中的主要交易条件之一。提供约定的或通用的商品包装,是卖方的主要义务之一。根据《联合国国际货物销售合同公约》第35条(1)款的规定,“卖方须按照合同规定的方式装箱或包装”;卖方在交付货物时,如未能按照合同规定的方式装箱或包装,将构成卖方交货违约。在合同未约定包装方式时,“货物应按同类货物通用的方式装入容器或包装,如无此种通用方式,则应按足以保全和保护货物的方式装入容器或包装”,否则也将形成包装不符。因此,为明确双方当事人的责任,通常都应在买卖合同中对商品的包装做出明确和具体的规定。

正因为包装是国际货物买卖合同的重要内容,买卖双方必须认真洽商,并在合同中做出明确具体的规定。合同中包装条款的内容一般包括:包装材料、包装方式、每件包装中所含物品的数量或重量(即包装规格)。例如:

(1) 纸箱装,每箱20千克净重(In cartons of 20 kilos net each)。

(2) 空格木箱装,每箱净重约12千克,每颗包纸(In crates of about 12kg net, each fruit wrapped with paper)。

(3) 布包,每包20匹,每匹42码(In cloth bales each containing 20 pcs. of 42 yds.)。

(4) 布包,每包60套,每套塑料袋装(In cloth bales of 60 sets, each set packed in a poly bag)。

(5) 铁桶装,每桶净重185~190千克(In iron drums of 185~190 kg net each)。

(6) 纸板桶装,每桶净重60千克(In cardboard drums of 60 kilos net each)。

(7) 单层新麻袋,每袋约50千克(In new single gunny bags of about 50kg each)。

(8) 布袋装,内衬聚乙烯袋,每袋净重25千克(In cloth bags, lined with polythene bags of 25 kg net each)。

(9) 每台装1个纸箱,810纸箱装40英尺集装箱装运(Each set packed in one export carton, 810 cartons transported in one 40ft container)。

(10) 木夹板包装,每令410张,每包45令(In wooden bale 410 sheets/ream, 45 sheets/ream)。

在实际业务中,除非买卖双方对包装方式的具体内容经事先充分交换意见或由于长时期的业务交往已取得一致认识,应尽量避免在合同中对包装条款做笼统描述,例如,避免使用“适合海运包装”(Seaworthy Packing)、“习惯包装”(Customary Packing)或“卖方惯用包装”(Seller's Packing)等措辞,毕竟此类规定缺乏统一解释,容易引发纷争。

出口货物的包装业务中虽然还涉及唛头刷制这一重要内容，但按照国际贸易习惯，唛头一般由卖方决定，因此，并无必要一定在合同中做具体规定。不过因买方要求，也可在合同中做出具体规定，若买方要求在合同订立以后由其提供唛头，则应在合同中进一步规定买方提供唛头的最后时限，并订明若到时尚未收到有关唛头通知，卖方可自行决定。

包装费用一般包括在货价以内(packing charges included)，由卖方先行垫付。但对于包装技术性较强的货物，在买方提出特殊包装要求时，除非事先已在合同中明确包装费用包括在货价内，否则，特殊包装下超出的包装费用应由买方负担，并应在合同中具体规定负担的费用和支付办法。如买卖双方商定全部或部分包装材料由买方负责供应，合同中应同时规定包装材料最迟到达卖方的时限和逾期到达的责任。

【本章总结】

1. 货物可以从其主要用途、主要原材料、主要成分、外观形态与色泽、吉祥物或褒义词、影响力的人名、制作工艺或过程、特定产地等角度进行命名。拟定合同的品名条款时，需明确具体、表达清楚，依据国际商品分类规范，同时考虑减少关税计征、运费计收支出的需要。

2. 国际交易货物的品质有实物或实物样品表示及文字表达描述两大类，其中，以实物表示品质属于“看货成交”，以实物样品表示品质包括凭卖方样品和凭买方样品两种，依据样品对卖方交货的品质约束可将样品分为标准样品和参考样品。在以文字表达描述货物品质时，可采用规格、等级、标准、商标和牌号、产地、说明书和图样等具体表示方法。无论以哪一种或哪几种方法表示交易货物品质，卖方都必须承担按品质表示方法内含品质水平进行交货的义务。买卖双方可商定品质的机动幅度，或者引用国际行业公会的品质公差规定，对于实际交货品质的上下差异也可进行增减价调整。合同中的品质条款应该具体明确、切合实际、简洁单一，避免过高、过低、过繁或过细，合理运用品质机动和品质公差规定。“凭样品买卖”时，合同中需订明样品的相关信息和提交要求等。

3. 与交易数量相关的度量衡制度包括公制、美制、英制和国际单位制。国际交易中经常使用的数量计算与表示方法有重量、容积、个数、长度、面积、体积六大类，重量计量又可以分为毛重、净重、公量、理论重量及法定重量和净净重。按照合同规定的数量如数交付货物是卖方的基本义务，买方对卖方多交部分货物可以收取也可以拒收，对少交货物部分则可以要求补交，并保留索赔权利。卖方可通过订立溢短装条款和引用国际惯例解释来实现交货数量的机动，在数量机动范围内的交货都视为数量的相符性交货。合同中的数量条款主要包括成交货物的具体数量和计量单位，数据记载具体明确，计量单位使用规范合法，必要时可以引用溢短装条款和国际惯例解释来增加交易数量的机动。

4. 货物包装包括运输包装和销售包装两大类，运输包装又可以分为单件包装和集合包装。印刷在运输包装外表的运输标志包括运输标志、指示性标志、警告性标志和识别标志。其中，运输标志由收货人、参考号码、目的地(港)、件数号码组成，便于业务操作中识别核对，一般由卖方决定；指示性标志基于货物特性对其搬运、装卸操作和存放保管条件给出提示；警告性标志旨在警告危险品的装卸、运输和保管中的有关人员加强防范和防护；识别标志通过记载货物基本信息便于在业务中识别和区分货物。对于物品条码生产国别或地区、生产厂家、品种规格和售价等一系列有关该产品电子信息的集合，我国采用EAN条码，由13位数字分别代表国别、企业、产品代码和校验码。国际货物交易中的包装还有定牌、无牌和中性包装做法,定牌由买方指定商标牌号,无牌则在内外包装上无任何商标牌号,中性包装不注明生产国别、厂商。合同中包装条款主要包括包装材料、包装方式、包装规格等,需在合同中加以具体明确。

【关键概念】

1. 品质　2. 凭样品买卖　3. 标准样品
4. 品质公差　5. 公量　6. 溢短装条款
7. 唛头　8. 定牌　9. 中性包装

【思考与习训】

1. 合同中约定品名条款的意义何在?在规定品名条款应该注意什么问题?

2. 凭样品成交时应注意哪些问题?

3. 表示商品品质的方法有哪些?

4. 在国际货物买卖中,如何正确掌握成交数量?

5. 货物运输标志的主要内容和作用是什么?

6. 如卖方按每箱150美元的价格售出某商品的1 000箱,合同规定“数量允许有5%上下,由卖方决定”。试问:(1) 这是一个什么类型的合同条款表述?(2) 卖方最多可装多少箱?(3) 如实际装运1 040箱,买方应付货款多少?

7. 某公司出口生丝10公吨,标准回潮率为11%,其实际回潮率则从10公吨货物中抽取部分样品进行测算,假设抽取10千克,用科学方法去掉10千克羊毛中的水分,若净剩8千克羊毛,请求其公量。

8. 我方某出口公司对美出口电冰箱4 500台,合同规定,pyw-A、pyw-B、pyw-C三种型号各1 500台,不得分批装运。待我方发货时,发现pyw-B型电冰箱只有1 450台,而其他两种型号的电冰箱存货充足,考虑到pyw-B数量短缺不大,我方便以50台pyw-A代替pyw-B装运出口。对方以交货数量与合同不符为由向我方索赔,问:我方是否应该理赔?为什么?

9. 合同规定水果罐头装入箱内,每箱30听。卖方按合同规定如数交付了货物,但其中有一部分是装24听的小箱,买方以包装不符合同规定为由拒收整批货物,卖方则坚持买方应接受全部货物,理由是经买方所在地的公证人证实:不论每箱是装24听或30听,其市场价格完全相同。结果买方提起诉讼。你认为法官应如何判决?依据何在?

10. 菲律宾某公司与上海某自行车厂洽谈进口业务,打算从我国进口上海“永久(FOREVER)”牌自行车1 000辆。但要求我方改用“SWORD(剑)”牌商标,并在包装上不得注明“Made in China”字样。问:我方是否可以接受?在处理此项业务时,应注意什么问题?

【实验内容与要求】

1. 收集若干国内外出口货物的名称,并对其命名方法及市场效果做出评价与比较。

2. 阅读出口贸易合同或售货确认书,对其中记载的品名、品质、数量、包装等条款加以理解领会。

【重要链接】

1. 联合国国际贸易法委员会:《联合国国际货物销售合同公约(1980)》(The United Nations Convention on Contracts for the International Sale of Goods,CISG).

2. 联合国国际贸易法委员会: http://www. uncitral. org.

3.《中华人民共和国合同法(1999)》,http://www. npc. gov. cn.

4. 中国产品网: http://www. pe168. com.

5. 中华人民共和国商务部－中国商品网: http://ccn. mofcom. gov. cn.

6. 中华人民共和国国家市场监督管理总局: http://www. samr. gov. cn.

7. 中国国家标准化管理委员会: http://www. sac. gov. cn.

8. 中国计量网: http://www. chinajl. com. cn.

9. 中国计量在线: http://www. chinajlonline. org.

10. 中国包装设计网: http://bz. cndesign. com.

第三章

国际贸易术语

【教学目的和要求】

通过本章学习,理解国际贸易术语的含义和性质,掌握贸易术语的种类和常用贸易术语下买卖双方责任、费用和风险的划分;了解有关贸易术语方面的国际贸易惯例及几种常用贸易术语在使用中应注意的问题;掌握在实际业务中选择贸易术语的原则。

导入案例

对国际贸易术语理解错误引发的纠纷案

2017 年 10 月 20 日,温州某公司(以下简称“温州公司”)与英国某公司(以下简称“英国公司”)签订手提袋出口合同,约定 CIF 弗利克斯托。货物于 2018 年 1 月 16 日到达目的港,但英国公司在收到温州公司寄出的清关资料后,要求货物必须送到该公司位于曼彻斯特营业地的仓库,否则就要弃货。双方协商不成,温州公司向中国贸促会(中国国际商会)温州调解中心(以下简称“温州调解中心”)求助。温州调解中心经审核资料,向英国公司制发调解征询函,英国公司回复称,双方通过电子邮件确认合同后己方曾提出货发至营业地曼彻斯特,所以温州公司不能将货运至目的港口就了事,还应当负责清关后通过陆运运至曼彻斯特。温州公司则辩称,双方合同上写得很清楚,就是 CIF 弗利克斯托,其并未同意后来英国公司提出的货发至曼彻斯特的要求。

经过几轮的交涉,案情逐渐清晰,既然合同做了明确的约定,就应当遵照履行。至于英国公司提出的发货到曼彻斯特的要求是在合同成立并生效后提出的,属于合同的变更,需要对方同意才能产生约束力,而该案中温州公司并未同意该项要求,故应当依照合同中约定的 CIF 弗利克斯托来确认双方的权利义务,那么该案的关键就是如何理解 CIF 贸易术语项下的权利义务内容了。经过温州调解中心几次向英国公司释明 CIF 和合同变更所需满足的条件,英国公司强硬的态度有了软化,最终,在调解中心把查阅到的国际贸易术语解释通则的文件和查阅网址发给英国公司后,英国公司放弃了此前一直坚持的要求温州公司支付在弗利克斯托港口的清关费用、港口运输至曼彻斯特仓库的运费及代理费等费用。最终英国公司放弃了要求温州公司在曼彻斯特交货的要求并及时办理了清关手续,一场关于国际贸易术语和合同变更理解有误的国际贸易纠纷就此了结。

在国际贸易中,准确理解并适用贸易术语对于顺利完成交易、保障自身权益至关重要。如实践中常用的 CIF 或 FOB,这两项贸易术语对于买卖双方的主要义务、对货物的控制程度、无单放货的风险、责任和风险的转移均不尽相同，无论是出口方还是进口方，都需要考虑其中潜在的风险，尽量选择对自己有利的贸易术语。当然，任何贸易术语都不是静态的存在，还需结合合同约定、付款方式等进行选择，将风险发生的可能性降到最低。

资料来源：中国国际贸易促进委员会浙江省委员会（http://www.ccpitzj.gov.cn/col/col1229574285/index.html）

第一节　国际贸易术语概述

在国际货物买卖过程中，有关交易双方责任和义务的划分是一个十分重要的问题。为了明确交易双方在货物交接过程中有关责任、风险和费用的划分，交易双方在洽商交易和订立合同时通常都要商定采用何种贸易术语。贸易术语是国际货物买卖合同中不可缺少的重要内容，是价格条款重要的组成部分。因此，从事国际贸易的人员必须了解和掌握各种贸易术语及其有关的国际贸易惯例，以便正确选择和使用各种贸易术语。

一、贸易术语的含义和作用

（一）贸易术语的含义

贸易术语（Trade Terms），又称贸易条件、价格术语（Price Terms），它是用一个简短的概念（如 Free On Board）或三个字母的缩写（如“FOB”），在货物销售合同中用来说明运输方式、价格构成及买卖双方有关费用、风险和手续等责任划分，以确定买卖双方在交货和接货过程中应承担的义务。

完整的国际贸易报价包含四个部分。例如，中国北京某进口公司从新加坡进口一批化工产品，报价为：EUR 8 400/MT CIF TIANJIN，CHINA（每公吨 8 400 欧元 CIF 天津，中国）。其中，CIF TIANJIN，CHINA 就是贸易术语。

（二）贸易术语的作用

贸易术语是在国际贸易的长期实践中形成的。它的使用可以简化交易磋商的内容，缩短成交的过程，节省业务费用，从而有利于交易的达成，并促进国际贸易的发展。它的具体作用体现在以下几点。

1. 简化交易洽商过程和加速合同的订立

由于每种贸易术语都有其特定的含义，因此，买卖双方只要商定按何种贸易术语成交，即可明确彼此在交接货物方面应承担的责任、费用和风险。这就简化了交易手续，缩短了洽商交易的时间，从而有利于买卖双方迅速达成交易和订立合同。

2. 有利于买卖双方核算价格和成本

由于贸易术语表示价格构成因素，所以，买卖双方确定成交价格时，必然要考虑采用的贸易术语中包含哪些从属费用，如运费、保险费、装卸费、关税、增值税和其他费用，这就有利于买卖双方进行比价和加强成本核算。

3. 有利于买卖双方解决履约当中的争议

买卖双方商订合同时，如对合同条款考虑欠周，使某些事项规定不明确或不完备，致使履约中产生的争议不能依据合同的规定解决，在此情况下，可以援引有关贸易术语的一般解释来处理。所以，熟练掌握国际贸易中的各种贸易术语，有利于妥善解决贸易争端。

二、与贸易术语有关的国际贸易惯例

早在19世纪初，贸易术语就开始在国际货物贸易中使用了。但是，由于各种贸易术语在使用初期没有统一的解释，这给国际贸易的开展带来不便，也容易使贸易商产生误解甚至争议；因此，商业团体、国际组织、学术机构为了消除分歧，试图统一对贸易术语的解释，这些解释逐渐被国际贸易界所承认和采用，并得到法律界的认可，从而形成国际贸易惯例。目前，在国际上影响较大的有关贸易术语的国际惯例主要有以下三种。

（一）《1932年华沙—牛津规则》

《1932年华沙—牛津规则》（Warsaw-Oxford Rules 1932）是由国际法协会专门解释CIF这一贸易术语而制定并颁布实施的。该协会于1928年在波兰的华沙举行会议，制定了有关CIF贸易合同的《1928年华沙规则》。随后，在1932年英国牛津会议上对该规则进行了修订，同时将规则更名为《1932年华沙—牛津规则》。该规则全文共21条，主要就CIF合同下贸易双方的责任、费用和风险划分及货物所有权转移进行了解释。这一规则是当时最有影响的，对促进国际贸易顺利开展起了重要作用。但是，由于国际商会将其内容引入《Incoterms®》，并随着《Incoterms®》的不断修订而完善了对CIF的解释，因此《1932年华沙—牛津规则》实际上已很少使用。

（二）美国对外贸易定义

1919年美国的9个商业团体制定了《美国出口报价及其缩写条例》（The U.S. Export Quotations & Abbreviation）。在1941年又对它进行了修订，并改称《1941年美国对外贸易定义修订本》，于1941年7月30日生效。1990年再次对该定义进行了修订，称为《1990年修订的美国对外贸易定义》（Revised American Foreign Trade Definitions 1990）。该惯例对六种术语进行了解释。

表3-1 《1990年美国对外贸易定义修订本》解释的六种贸易术语

贸易术语（英文）	贸易术语（中文）
1. ExWorks	工厂交货（指定地点）
2. FOB（Free on Board）	在运输工具上交货（指定装运地）分为六种
3. FAS（Free Along Side）	在运输工具边交货（指定装运地）
4. CFR（Cost and Freight）	成本加运费（指定目的地）
5. CIF（Cost, Insurance and Freight）	成本加保险费、运费（指定目的地）
6. DEQ（Delivered Ex Quay）	进口港码头交货（指定目的港）

该定义在美洲国家采用较多，由于它对贸易术语的解释，特别是对第2种和第3种术语的解释与《国际贸易术语解释通则2010》有较大的差别，鉴于美洲国家长期以来的习惯做

法，贸易商在与这些国家进行交易时应加以注意和区别，谨慎对待。

（三）国际贸易术语解释通则® 2020（Incoterms® 2020）

《国际贸易术语解释通则® 2020》（International Rules for the Interpretation of Trade Terms 2020，简称 lncoterms® 2020），它是国际商会为了统一对各种贸易术语的解释而制定的，最早的《国际贸易术语解释通则》产生于 1936 年，后来经过多次修订和完善，现行的《Incoterms® 2020》自 2020 年 1 月 1 日起生效。在各有关贸易术语的解释规则中，《Incoterms® 2020》包括的内容最多，标志着国际贸易惯例的最新发展，在国际上应用的范围最广、影响最大。《2020 通则》依然把国际贸易术语分为 11 种，按照所适用的运输方式划分为适用于任何运输方式和适用于水上运输方式两大类，如表 3-2 所示。

表 3-2 《Incoterms® 2020》11 种贸易术语的分类及其适用的运输方式

类别	术语缩写	贸易术语（英文）	贸易术语（中文）	适用的运输方式
第一类	EXW	Ex Works	工厂交货	任何运输方式或多种运输方式
	FCA	Free Carrier	货交承运人	
	CPT	Carriage Paid To	运费付至目的地	
	CIP	Carriage and Insurance Paid	运费/保险费付至目的地	
	DAP	Delivered At Place	目的地交货	
	DPU	Delivered at PlaceUnloaded	目的地交货并卸货	
	DDP	Delivered Duty Paid	完税后交货	
第二类	CFR	Cost and Freight	成本加运费	海运及内河水运
	CIF	Cost, Insurance and Freight	成本保险费加运费	
	FAS	Free Alongside Ship	装运港船边交货	
	FOB	Free On Board	装运港船上交货	

《lncoterms® 2020》通则是在《Incoterms® 2010》的基础上修正和补充而成的，所以，对二者加以比较，了解其异同，有助于对新规则的理解和运用。具体变化如下：

1. FCA 术语引入了新的附加机制

修订后的《国际贸易术语解释通则》中 FCA 术语下就提单问题引入了新的附加机制。根据该新引入的附加选项，买方和卖方同意买方指定的承运人在装货后将向卖方签发已装船提单，然后再由卖方向买方做出交单（可能通过银行链）。《2010 通则》中 FCA 术语中存在的一个主要问题是该术语的效力在货物装船前就已经随货交承运人而截止，这就导致卖方无法获得已装船提单。但是在一般情况下，已装船提单是银行在信用证项下的常见单据要求，因此对 FCA 规则的修订充分考虑到这一市场上的实际情况。

2. 明确列明买卖双方所要分摊的费用项目

各个贸易术语项下买卖双方的费用承担在 A9（卖方承担）和 B9（买方承担）中详细载明，该部分为每一个贸易术语都提供了“一站式费用清单”。也就是说除了在具体规定有关义务的条款中对承担该义务产生的费用成本进行分配以外，还新加入将买方卖方各自承担的费用成本一并汇总的部分。例如，在FOB贸易术语项下，取得交付或运输相关单据产生的成本除在说明该项义务的A6/B6部分载明外，在汇总费用承担的A9/B9部分也有载明。

3. CIP贸易术语下默认投保险别的提高

CIF和CIP术语中的最低保险范围的规定也有所不同。《2020通则》将CIP贸易术语的默认投保险别从《2010通则》下的最低险别提高到最高险别。CIF术语继续要求卖方购买符合《协会货物保险条款》(C)条款要求的货物保险。但是，在适用CIP术语的贸易中，最低保险范围已经提高到《协会货物保险条款》(A)条款的要求(即"一切险"，不包括除外责任)。

4. DPU术语替代DAT术语

DAT(Delivered at Terminal运输终端交货)是指当卖方在指定港口或目的地的指定运输终端将货物从抵达的载货运输工具上卸下，交由买方处置时，即为交货，而"运输终端"一词含义模糊，而修改后的DPU(Delivered at Place Unloaded目的地交货并卸货)克服了这一问题，卖方可以在运输终端以外的场所交付货物，而不仅仅局限于运输终端。这就使得买卖双方选择DPU贸易术语时，不用再另外约定卸货地点在哪里，不会因为运输终端不明确而发生争议，选择术语会更加灵活，符合买卖双方的需求。

5. FCA、DAP、DPU和DDP允许买方/卖方使用自己的运输工具

Incoterms2010规定，使用FCA(货交承运人)、DAP(目的地交货)、DPU(目的地交货并卸货)和DDP(完税后交货)术语的必须选择第三方承运人进行运输。

但随着国际贸易的发展，许多主营国际贸易的大公司都具备了自己运输货物的工具和条件。所以Incoterms2020规定，买卖双方若选用上述术语，可以使用自有运输工具。这样修订之后可以满足买卖双方不同的需求。但是需要注意的是，双方承担的运输义务、责任是不变的。

6. 明确规定了与安全有关义务的分配规则

Incoterms2010中仅在A2/B2及A10/B10中提及了安保要求，但随着国际贸易的不断发展，该要求已经不能满足如今的贸易现状。Incoterms2020在每个贸易术语项下的A4"运输合同"及A7"出口清关"部分都明确规定了与安全有关义务的分配规则。同时，因该义务而增加的成本费用，也在A9/B9费用划分条款中做了更明确的规定。

《2020通则》依然把国际贸易术语分为11种，按照所适用的运输方式划分为适用于任何运输方式和适用于水上运输方式两大类，如表3-2所示。

第二节 六种主要贸易术语

在国际贸易中，仅适用于海运并在装运港交货的三种术语最为常用，分别是FOB、CFR和CIF。随着集装箱运输和多式联运方式的不断普及，FCA、CPT和CIP术语在国际贸易中使用得越来越多。因此，熟悉这六种主要贸易术语的含义、买卖双方的义务及在使用中应注意的问题，显得特别重要。

一、FOB 术语

Free on Board(... named port of shipment)即“船上交货(……指定装运港)”,是指卖方在合同规定的装运期内在指定的装运港把货物交至买方指定的船上即完成交货,买方须承担自该交货点起货物的全部费用、风险、灭失或损坏,另外要求卖方办理货物的出口结关手续。该术语仅适用于海运或内河运输。

(一) 买卖双方的义务划分

1. 卖方义务

(1) 提供符合合同规定的货物;

(2) 如适用时,办理出口清关手续,取得出口许可证和/或其他有关证件、支付出口关税和/或有关出口费用;

(3) 在合同规定的期限内在指定装运港将货物交至买方指定的船上,并给予买方充分的通知;

(4) 承担货物在装运港装上船以前的一切费用和风险;

(5) 提供商业发票,以及合同可能要求的其他与合同相符的证据。

2. 买方义务

(1) 按合同规定支付价款;

(2) 租船/订舱,支付运费,将船名、装船点和要求交货的时间(船期)通知卖方;

(3) 承担货物在装运港装上船以后的一切费用和风险;

(4) 如适用时,办理进口清关手续,取得进口许可证和/或其他有关证件,支付进口关税和/或有关进口费用;

(5) 收取符合合同规定的货物和单据。

(二) 采用 FOB 术语时需要注意的事项

1. 风险划分界限的变更

在《Incoterms® 2000》及以前的版本中都规定,FOB 是以装运港船舷(Ship's Rail)作为划分风险的界限,当货物越过船舷时风险转移,卖方完成交货。但考虑到在现代的作业中,货物由起重机械吊装上船的比例逐渐减少,以及“链式销售”,如卖方出售的是业已装上船或在途运输的货物的情况不断增加,《Incoterms® 2010》不再规定以“船舷为界”,而规定以货物“装到船上”,风险才由卖方转移给买方,在新的《2020 通则》中沿用了这一规定。这是需要当事人予以注意的。

2. 船货衔接的问题

在 FOB 合同中,买方必须负责租船或订舱,并将船名、装货地点(船位)及要求交货的时间适时通知卖方,而卖方则须负责在合同规定的装船期和装运港,将货物装上买方指定的船只。这里有个船货衔接的问题。买方在合同规定的期限内安排船只到合同指定的装运港,卖方货未备妥而未能及时装运,则卖方应承担由此造成的空舱费(Dead Freight)或滞期费(Demurrage)。反之,如果买方未能给予卖方有关船名、装船点和要求交货时间的通知,或其指定的船只未按时到达,或未接收货物,或较买方所通知的交货时间提早停止装货,则买方承担自约定交货日期或交货期限届满之日起,有关货物灭失或损坏的一切风险,以及由此而发生的一切额外费用。因此,在 FOB 合同中,买卖双方对船货衔接事项,除了在合同中明确规定外,双方应加强联系,密切配合,防止船货脱节。同时,卖方发货后应及时用电信方式向买方发出装船通知。

如按 FOB 成交的货物数量不大,只需部分舱位而用班轮装运时,买方可委托卖方代办各项装运手续,但买方负责偿付卖方代办上述手续而产生的全部费用,订不到舱位的风险也由买方负担。

3. 个别国家对 FOB 的不同解释

《1941 年美国对外贸易定义修订本》也对 FOB 术语进行了解释。Free On Board 的 On Board 就《Incoterms® 2020》中的 FOB 术语而言,专指海洋或内河运输的“船舶上”,但就《1990 年美国对外贸易定义修订本》中的 FOB 术语而言,On Board 一词泛指各种运输工具(如火车、卡车、驳船、船舶、飞机)上,而不限于海洋船舶上。具体而言,《1990 年美国对外贸易定义修订本》将 FOB 术语分为六种,其中前三种是在出口国内陆发货地点的内陆运输工具上交货,第四种是在出口地点的内陆运输工具上交货,第五种是在装运港船上交货,第六种是在进口国指定内陆地点交货。其中第五种,即指定的装运港船上交货(FOB vessel),才与《Incoterms® 2020》中的 FOB 含义大体相同,但出口方不负责出口清关、取得出口许可证和缴纳出口税费。

为了避免争议,在与美国和其他美洲国家出口商按 FOB 术语洽谈进口业务时,应注意在合同中约定所采用的国际惯例,即明确 FOB《Incoterms® 2020》,将贸易术语改成如下格式“FOB +装运港+ Incoterms® 2020”。如果合同不做约定,则要注意《1990 年美国对外贸易定义修订本》对 FOB 的不同解释。

4. 装船费用的负担问题

在按 FOB 条件成交时,卖方要负责支付货物装上船之前的一切费用。但各国对于“装船”的概念没有统一的解释,有关装船的各项费用由谁负担,各国的惯例或习惯做法也不完全一致。如果采用班轮运输,船方管装管卸,装卸费计入班轮运费之中,由负责租船的买方承担;而采用程租船运输,船方一般不负担装卸费用,这就必须明确装船的各项费用由谁负担。为了说明装船费用的负担问题,双方往往在 FOB 术语后加列附加条件,这就形成了 FOB 的变形,主要包括以下几种:

(1) FOB Liner Terms(FOB 班轮条件)。指装船费用按照班轮的做法来解决,即装船责任和费用由买方承担。

(2) FOB Under Tackle(FOB 吊钩下交货)。指卖方承担将货物交到买方指定的船只的吊钩下的责任和费用,吊装入舱及其他各项责任和费用由买方承担。

(3) FOB Stowed(FOB 理舱费在内)。指卖方承担将货物装入船舱和理舱的责任和费用。理舱指对入舱后的货物进行垫隔和整理。

(4) FOB Trimmed(FOB 平舱费在内)。指卖方承担将货物装入船舱和平舱的责任和费用。平舱费指对入舱后的散装货物如煤炭、粮谷等进行平整的费用。

(5) FOB Stowed and Trimmed(FOB 理舱和平舱费在内),简写为 FOBST。指由卖方承担包括理舱费和平舱费在内的各项装船费用。有的货物既需要理舱又需要平舱。

以上 FOB 术语的变形,只是为了明确装船费用由谁负担的问题而产生的,并不改变

FOB 术语的交货地点及风险划分的界限。

案例研讨 3-1　裁决结果截然不同的两个 FOB 合同贸易纠纷案

洋葱头案：某公司出口洋葱头，FOB 大连。装船前检验合格。但是，到目的港卸货时发现部分洋葱头腐烂。买方就该货损向卖方索赔，遭到拒赔，引发贸易纠纷，双方同意将该争议案件提交仲裁。仲裁机构调查发现：洋葱头装船后，由于船舶的通风设备失灵，导致货损，裁决卖方可以拒赔。

燕麦种子案：某公司出口燕麦种子，FOB 天津新港，合同规定燕麦种子的发芽率不得低于 90%，装运前燕麦种子发芽率超过 90%，合格。目的港检验结果显示该批种子的发芽率不足 50%，不合格。买方就该货损向卖方索赔，遭到拒赔，引发贸易纠纷，双方同意将该争议案件提交仲裁。仲裁机构调查发现：由于卖方未能于该批燕麦种子包装前对包装物（麻袋）进行充分的熏蒸处理，麻袋上残留虫卵，主运输途中虫卵孵化，啃噬了燕麦种子胚芽，致损，裁决卖方应该赔偿。

提示：FOB 术语下买卖双方以货物装到船上为界划分风险，如果导致货损的原因是偶然的，货物装船后的风险由买方负责，如果导致货损的原因是必然的，而且该原因在货物装船之前就已经存在，则由卖方负责。

二、CIF 术语

Cost，insurance and freight（... named port of destination）即“成本、保险费加运费（……指定目的港）”。是指当货物在指定装运港装上船后，卖方即完成交货。货物灭失或损坏的风险在货物于装运港装船时转移向买方。卖方须自行订立运输合同，支付将货物装运至指定目的港所需的运费和费用。该术语仅适用于海运或内河运输。

（一）买卖双方义务的划分

1. 卖方义务

（1）提供合同规定的货物；

（2）如适用时，办理出口清关手续，取得出口许可证和/或其他证件，支付出口关税和/或其他费用；

（3）租船/订舱，支付运费，在合同规定装运期限内在装运港将货物交至运往指定目的港的船上，并给予买方充分的通知；

（4）办理货运保险，支付保险费；

（5）承担货物装上船以前的一切费用和风险；

（6）提供商业发票、保险单和证明已交货的通常运输单据。

2. 买方义务

（1）按合同规定支付价款；

（2）承担货物在装运港装上船以后的一切费用和风险（运费、保险费除外）；

（3）如适用时，办理进口清关手续，取得进口许可证和/或其他证件，支付进口关税和/或其他费用接受单据；

（4）收取符合合同规定的货物和单据。

（二）采用 CIF 术语时需要注意的问题

1. CIF 合同属“装运合同”

卖方安排船运、购买保险，取得提单及保险单后，将其交付买方，货物所有权即转移至买方。如货物在运输途中发生灭失或损坏，则由买方向有关方面索赔。卖方的责任并不因其负有缔结运输契约及保险契约的义务而延伸到目的港。换言之，货物装上船后的风险及运费、保险费以外的一切费用都由买方负担。因此，根据《Incoterms® 2020》，CIF 术语的交货点/风险点与 FOB 术语完全相同，买卖双方对于货物风险的负担以装运港船上为分界点。采用 CIF 术语订立的合同和 FOB 一样，属“装运合同”。

2. 卖方租船订舱的责任

CIF 项下卖方负责租船/订舱，支付运费。根据《Incoterms® 2020》，卖方只负责按“通常的条件”（on usual terms）租船或订舱，使用装运有关货物的“通常类型的船舶”（by the usual vessel），经“惯常行驶的航线”（by the usual route）装运货物。因此，除非合同另有规定，否则买方无权提出关于限制船舶的国籍、船型、船龄等要求。

3. 卖方办理保险的责任

在 CIF 合同中，由卖方办理投保手续。但卖方是为了买方的利益办理货运保险的，保障货物装船后在运输途中的风险。卖方只需按协会货物保险条款或其他类似的保险条款中最低责任的保险险别投保，如《协会货物条款》的 C 险或中国保险条款的平安险（FPA），如果买方有要求，并由买方负担费用，卖方应在可能情况下投保战争、罢工、暴动和民变险。

关于投保金额，《Incoterms® 2020》规定：如无相反的明示协议，最低保险金额应为合同规定的价款加成 10%，即 CIF 价的 110%，并应采用合同货币。

4. 卸货费用的负担问题

根据按 CIF 的含义，海运费由卖方负担，因此，装运港的装载费用总是由卖方承担。根据《Incoterms® 2020》，CIF 项下卸货费除非已包括在海运费内，或在支付海运费时已由船公司收讫，否则将由买方承担。若货物用班轮运输，则 CIF 项下卖方支付的运费已经含有卸货费，即实际上卖方承担了目的港的卸货费；如货物系用租船运输，船方是否承担装卸责任，即运费中是否包括装卸费用，需由租船合同另行规定。通常在 CIF 后加列有关卸货费由谁负担的附加条件，以明确责任，这就产生了 CIF 的变形，常见的 CIF 术语的变形有以下几种：

（1）CIF Liner Terms（CIF 班轮条件）。指卸货费用按照班轮的做法来办，即由卖方或船方负担。

（2）CIF Landed（CIF 卸至岸上）。指由卖方承担将货物卸到码头上的各项有关费用，包括驳船费和码头费。

（3）CIF Ex Tackle（CIF 吊钩下交接）。指卖方承担将货物从船舱吊起卸到船舶吊钩所及之处的码头上或驳船上的费用，驳船的费用和货物从驳船卸到岸上的费用，由买方负担。

（4）CIF Ex Ship's Hold（CIF 船底交接）。指货物运达目的港后，自船舱底起吊直至卸到码头的卸货费用均由买方负担。

上述 CIF 条件的变形，只是为了进一步明确卸货费由谁负担，并不改变交货地点和风险划分的界线。

5. 象征性交货问题

从交货方式来看，CIF 是一种典型的象征性交货(Symbolic Delivery)。所谓象征性交货，是相对实质性交货(Physical Delivery)而言的。实质性交货是指卖方须将货物实际交给买方或其代理人，即卖方只有将合同约定的货物置于买方实际控制之下才算完成交货，卖方只能凭所交付的货物而非单据索要货款，买方根据所收取的货物而非单据支付货款。而象征性交货的特点是卖方凭单交货，买方凭单付款，卖方只要按照合同约定的时间、地点完成装运，并提交合同规定的包括货物运输单据在内的全套合格单据就完成了交货，卖方就有权凭提交的单据向买方索要货款，交单(Tender of Documents)视同交货(Delivery of the Goods)，或者说买方只要收到卖方提交的全套合格单据就必须支付货款，而不论货物是否到达目的地(港)。

案例研讨 3-2　CIF 术语风险界限及其象征性交货的性质

某出口公司按 CIF 伦敦向英商出售一批核桃仁，由于该商品季节性较强，双方在合同中规定，买方须于 9 月底前将信用证开到，卖方保证货运船只不迟于 12 月 2 日驶抵目的港。如货轮迟于 12 月 2 日抵达目的港，买方有权取消合同，如货款已收，卖方必须将货款退还买方。这一合同的性质还属于 CIF 合同吗？为什么？

提示：以 CIF 术语成交的合同是象征性交货合同，只要卖方按合同要求将货物装船并提交了合格的单据，就算完成了交货，不保证货物到达时间及货物必然到达目的港。

三、CFR 术语

Cost and freight(... named port of destination)即“成本加运费(……指定目的港)”。是指卖方在装运港将货物装上指定船只，即完成交货。卖方负责订立运输合同并安排运送货物，支付将货物运至指定目的港所需的费用。但交货后货物灭失或损坏的风险及由于意外引起的任何额外费用，则由买方负担。CFR 是象征性交货，属于装运合同。该术语仅适用于海运或内河运输。

(一) 买卖双方义务的划分

1. 卖方义务

(1) 提供合同规定的货物；

(2) 办理出口清关手续，取得出口许可证和/或其他证件，支付出口关税和/或其他费用；

(3) 租船/订舱，支付运费，在合同规定装运期限内在装运港将货物交至运往指定目的港的船上，并给予买方充分的通知；

(4) 承担货物装上船以前的一切费用和风险；

(5) 提供商业发票、保险单和证明已交货的通常运输单据。

2. 买方义务

(1) 按合同规定支付价款；

(2) 承担货物在装运港装上船以后的一切费用和风险(运费除外)；

(3) 办理进口清关手续,取得进口许可证和/或其他证件,支付进口关税和/或其他费用接受单据;

(4) 收取符合合同规定的货物和单据。

(二) 采用 CFR 术语时需要注意的问题

按照 CFR 术语成交,需要特别注意的问题是卖方在货物装船之后必须及时向买方发出装船通知以便买方办理投保手续。在《Incoterms® 2020》中规定:"卖方必须向买方提供后者为取得保险所需的信息。"所谓"必须",是指提供的装船通知在时间上是"毫不迟延"的,在内容上是"所需"的,可满足买方办理保险的需要。卖方发出的装船通知内容一般包括装船数量、发票金额、船名、预定起航日期、预定抵达日期等事项。如果卖方因遗漏或不及时向买方发出装船通知,而使买方未能及时办妥货运保险,则要由卖方承担风险。

CIF 术语中述及的关于租船或订舱的责任和在目的港卸货费用负担的问题,同样适用于 CFR 术语。为明确卸货费用负担,也可采用 CFR 术语的变形,例如:CFR 班轮条件(CFR liner terms)、CFR 舱底交接(CFR ex ship's Hold)、CFR 吊钩下交货(CFR ex tackle)和 CFR 卸到岸上(CFR landed)。如同 CFR 术语的变形一样,CFR 的变形只是为了明确卸货费由谁负担,并不影响交货地点和风险转移的界限。

案例研讨 3-3　由两则 CFR 合同纠纷引发的思考

服装案例:中国某公司出口一批服装,CFR 新加坡,可撤销信用证付款。中国出口商及时将货物装运出口,正准备向银行议付货款时,收到了银行的信用证撤销通知书,同时得知买方倒闭了,货物在主运输途中由于船舶触礁沉没被毁。由于卖方没有投保,买方也没有投保,最终,卖方货款两空。

钢材案例:中国某公司进口一批钢材,CFR 上海,不可撤销信用证付款。比利时出口商及时向银行提交了表面符合信用证要求的单据,议付了货款,随后,银行通知中国公司付款赎单。但是,中国公司付款赎单后,未能够于预计船舶到港时间收到货物。买方这时多方追查,结果得知出口商与船公司勾结,利用 CFR 是象征性交货的特点,签发虚假提单,诈骗货款。等到买方发觉时,比利时出口商早已逃之夭夭,提单所载明的船公司名下只有两艘船,而且其中一艘已经报废。买方最终从船公司得到的赔偿远远不能弥补买方的货款损失和诉讼费用。

提示:在 CFR 术语下,卖方没有投保义务,容易遭遇货款两空的损失。卖方可要求开立不可撤销信用证、投保卖方利益险等方法避免风险,同时由于用 CFR 术语订立的合同属于象征性交货的合同,要防范资信不良的卖方与船公司甚至出口检验机构勾结,利用单据欺诈买方。

FOB、CFR、CIF 三个贸易术语是国际贸易实践中最常用的术语,掌握了这三种术语的内容和特点,也有助于了解其他贸易术语。这三种术语的异同点如表 3-4 所示。

表 3-4 FOB、CFR、CIF 异同点

相同点	交货方式相同:都是象征性交货,即卖方凭单交货、买方凭单付款					
	运输方式相同:都适用于海运或内河运输					
	交货地点相同:都在出口国装运港口					
	风险转移点相同:都在装运港船上					
不同点	运输责任/费用		办理保险/费用		装船后卖方是否及时通知买方	
	FOB	买方	FOB、CFR	买方	FOB、CFR	及时通知
	CFR、CIF	卖方	CIF	卖方	CIF	一般通知

案例研讨 3-4 从一则案例看内陆地区产品出口中贸易术语的选择

美国某贸易公司(以下简称进口方)与我国江西某进出口公司(以下简称出口方)签订合同购买一批日用瓷具,价格条件为 CIF LOSANGELES,支付条件为不可撤销的跟单信用证,出口方需要提供已装船提单等有效单证。出口方随后与宁波某运输公司(以下简称承运人)签订运输合同。8 月初出口方将货物备妥,装上承运人派来的货车。途中由于驾驶员的过失发生了车祸,耽误了时间,错过了信用证规定的装船日期。得到发生车祸的通知后,我出口方即刻与进口方洽商要求将信用证的有效期和装船期延长半个月,并本着诚信原则告知进口方两箱瓷具可能受损。美国进口方回电称同意延期,但要求降价 5%。我出口方回电据理力争,同意受震荡的两箱瓷具降价 1%,但认为其余货物并未损坏,不能降价。但进口方坚持要求全部降价。最终我出口方还是做出让步,受震荡的两箱降价 2.5%,其余降价 1.5%,为此受到货价、利息等有关损失共计达 15 万美元。

事后,出口方作为托运人又向承运人就有关损失提出索赔。对此,承运人同意承担有关仓储费用和两箱震荡货物的损失;利息损失只赔 50%,理由是自己只承担一部分责任,主要是由于出口方修改单证耽误时间;但对于货价损失不予理赔,认为这是由于出口方单方面与进口方的协定所致,与己无关。而出口方认为货物降价及利息损失的根本原因都在于承运人的过失,坚持要求其全部赔偿。3 个月后经多方协商,承运人最终赔偿各方面损失共计 5.5 万美元。出口方实际损失 9.5 万美元。

提示:CIF 术语在内陆地区出口中并不适用,对于更多采用多式联运或陆路出口的内陆地区来说 CIP 比 CIF 更合适。另外迅速发展的集装箱方式和货运代理业务的普及等,也为内陆地区出口使用 CIP 等货交承运人的贸易术语提供了便利的条件。

四、FCA 术语

Free carrier(... named place)即“货交承运人(……指定地点)”,是指卖方在指定地点将货物交给买方指定的承运人,并办理出口清关手续,即完成交货。买方要自费订立从指定地点起运的运输契约,并及时通知卖方。该术语可适用于任何运输方式,也可适用于多式联运。

(一) 买卖双方义务的划分

1. 卖方义务

(1) 在合同规定的时间、地点,将合同规定的货物置于买方指定的承运人控制下,并及时通知买方。

(2) 承担将货物交给承运人控制之前的一切费用和风险。

(3) 自负风险和费用,取得出口许可证或其他官方批准证件,并办理货物出口所需的一切海关手续。

(4) 提交商业发票或具有同等作用的电子信息,并自费提供通常的交货凭证。

2. 买方义务

(1) 签订从指定地点承运货物的合同,支付有关的运费,并将承运人名称及有关情况及时通知卖方。

(2) 根据买卖合同的规定受领货物并支付货款。

(3) 承担受领货物之后所发生的一切费用和风险。

(4) 自负风险和费用,取得进口许可证或其他官方证件,并且办理货物进口所需的海关手续。

(二) 采用 FCA 术语时需要注意的问题

1. 关于承运人和交货地点

FCA 条件下,通常是由买方安排承运人,与其订立运输合同,并将承运人的信息通知卖方。这里所说的承运人可以是拥有运输工具的实际承运人,也可以是运输代理人或其他人。由于 FCA 术语适用于任何运输方式,它的交货点要据不同的运输方式和不同的指定交货地而定。

(1) 如在卖方所在处所交货,当货物被装上买方指定的承运人提供的收货运输工具时,卖方即完成交货义务。

(2)如在买方指定的地点交货,当货物在卖方送货的运输工具上(未卸下),被交由买方指定的承运人处置时,卖方即完成交货义务。

由此可见,上述第(1)种情况下,FCA 的交货点是在卖方所在处所(工厂、工场、仓库等)由承运人提供的收货运输工具上;在第(2)种情况下,FCA 的交货点是在买方指定的其他地点(铁路终点站、启运机场、货运站、集装箱码头或堆场、多用途货运终点站或类似的收货点)卖方的送货运输工具上。《Incoterms® 2020》特别建议交易双方尽可能清楚地写明指定交货地内的交付点。

2. 风险转移的问题

在采用 FCA 术语成交时,买卖双方的风险划分是以货交承运人为界,当卖方按合同规定,在卖方所在处所将货物装上承运人的收货运输工具,或者,在其他指定交货地,在卖方的送货运输工具上,将货物置于承运人处置时,货物灭失或损坏的风险即转移至买方。但是如果买方在订立运输契约后,没有及时向卖方发出通知,使卖方无法按时完成交货义务,只要货物已被特定化,风险可以提前转移。即在规定的交付货物的约定日期或期限届满之日起风险转移,而不是货交承运人时转移。

3. 关于责任和费用的划分

FCA 适用于包括多式联运在内的各种运输方式,卖方交货的地点也因采用的运输方式不同而异。有时,卖方须在出口国的内陆(如车站、机场或内河港口)办理交货。不论在何处交货,根据《Incoterms® 2020》的解释,卖方都要自负风险和费用,取得出口许可证或其他官方批准证件,并办理货物出口所需的一切海关手续。这一规定对于一些出口国的内地口岸就地交货和交单结汇的做法是十分适宜的。

案例研讨 3-5　FCA 贸易术语交货地点不同对卖方交货义务的影响

某年,中国 A 公司从新加坡 B 公司以 FCA(新加坡某内陆城市)进口一批食糖,合同约定适用《Incoterms® 2020》。买方 A 公司如期将租用的货车派至指定交货地点(即卖方 B 所在地)。A 请求 B 装车,后者以手头订单多、人手不足等为由,拒绝装车。A 只好雇用当地人装车,货刚刚装上车,还未来得及做好防护措施,突然天降大雨,致使部分货物脏包,减损了货物的商业价值。买方 A 可否要求卖方 B 支付装车费并赔偿货损?

提示:本案中合同约定的交货地点在 B 公司所在地,根据通则 FCA 条件下对卖方交货义务的规定和对风险界限的划分,卖方应负责将货物装到买方安排的运输工具上,才能完成其交货的任务。

五、CPT 术语

Carriage and insurance paid to(... named place of destination)即"运费付至(……指定目的地)",是指卖方负责订立运输合同,在合同规定的时间内将货物交给承运人(在多式联运情况下,则交给第一承运人)处置时,即完成交货任务。该术语可适用于任何运输方式,也可适用于多式联运。

(一) 买卖双方义务的划分

1. 卖方义务

(1) 订立将货物运往指定目的地的运输合同,并支付有关运费;

(2) 在合同规定的时间、地点,将合同规定的货物置于承运人控制之下,并及时通知买方;

(3) 承担将货物交给承运人控制之前的风险;

(4) 自负风险和费用,取得出口许可证或其他官方批准证件,并办理货物出口所需的一切海关手续,支付关税及其他有关费用;

(5) 提交商业发票和自费向买方提供在约定目的地提货所需的通常的运输单据,或具有同等作用的电子信息。

2. 买方义务

(1) 接受卖方提供的有关单据,受领货物,并按合同规定支付货款;

(2) 承担自货物在约定交货地点交给承运人控制之后的风险;

(3) 自负风险和费用,取得进口许可证或其他官方证件,并办理货物进口所需的海关手续,支付关税及其他有关费用。

(二) 采用 CPT 术语时需要注意的问题

CPT 合同也属于装运合同,是象征性交货。卖方交货后要及时通知买方,卖方承担货物交给承运人之前的一切风险,买方则承担自货物交付承运人处置时起货物灭失或损坏的一切风险。

在 CPT 术语下,卖方将货物交给承运人后应及时向买方发出装运通知,以便买方办理保险和在目的地受领货物。卖方只承担从交货地到指定目的地的正常运费,包括装卸费,其他费用则由买方负担。

六、CIP 术语

Carriage and insurance paid to(... named place of destination)即运费,保险费付至(……指定目的地),是指卖方将货物交给承运人处置时,即完成交货。但卖方除了须承担在 CPT 术语下同样的义务外,还须订立保险合同,并支付保险费。该术语可适用于任何运输方式,也可适用于多式联运。

(一)买卖双方义务的划分

1. 卖方义务

(1)订立将货物运往指定目的地的运输合同,并支付有关运费;

(2)在合同规定的时间、地点,将合同规定的货物置于承运人控制之下,并及时通知买方;

(3)订立保险合同,并支付保险费;

(4)承担将货物交给承运人控制之前的风险;

(5)自负风险和费用,取得出口许可证或其他官方证件,并办理货物出口所需的一切海关手续,支付关税及其他有关费用;

(6)提交商业发票和自费向买方提供在约定目的地提货所需的通常的运输单据,或具有同等作用的电子信息。

2. 买方义务

(1)接受卖方提供的有关单据,受领货物,并按合同规定支付货款;

(2)承担自货物在约定交货地点交给承运人控制之后的风险;

(3)自负风险和费用,取得进口许可证或其他官方证件,并办理货物进口所需的海关手续,支付关税及其他有关费用。

(二)采用 CIP 术语时需要注意的问题

按 CIP 术语成交,卖方负责办理货运保险,并支付保险费,但货物从交货地点运往目的地运输途中的风险由买方承担。所以,卖方的投保仍属于代办性质。根据《2020 通则》的解释,除非另有约定或者特定贸易惯例,卖家须自付费用取得货物保险,该货物保险须符合《伦敦保险协会货物保险条款》(LMA/IUA)A 款或任何适于货物运输方式的类似保险条款。当买方要求,且能够提供给卖方信息时,如果能够投保,卖方必须提供任何额外的保险,由买方负担费用。最低保险金额一般按 CIP 合同规定的价格另加 10%(即 110%),以合同货币投保。

FCA、CPT 和 CIP 三种贸易术语是分别在 FOB、CFR、CIF 三种传统术语的基础上发展起来的,其责任划分的基本原则是相同的,都是象征性交货,都具有装运合同性质,均由卖方办理出口清关手续,买方负责进口报关,卖方双方所承担运输和保险责任相互对应。但三者也有区别,具体如表3-5所示。

表3-5　FOB、CFR、CIF和FCA、CPT、CIP的区别

不同点	术语	
	FOB、CFR、CIF	FCA、CPT、CIP
运输方式不同	海运或内河运输	任何运输方式或多种运输方式
风险转移的地点不同	货物在装运港装上船	货交承运人处置
交货地点不同	装运港船上	卖方处所承运人提供的运输工具上;其他收货点卖方的送货运输工具上
运输单据不同	已装船的海运清洁提单	海运提单、铁路运单、航空运单、多式联运单据
装卸费的负担不同	使用贸易术语变形来明确装卸费用由何方负担	装卸费包括在运费中,由支付运费的一方承担

与FOB、CFR和CIF装运港船上交货的术语相比较,FCA、CPT和CIP货交承运人的术语更加灵活,在出口业务中,以集装箱船、滚装船或多式联运方式运输货物的情形下:① 减少了承担的风险范围;② 提前转移风险并取得运输单据,提前办理结汇,有利于卖方资金周转。因此,随着集装箱运输和国际多式联运的广泛运用和发展,FCA、CPT和CIP三种术语的使用越来越多。

第三节　其他五种贸易术语

一、EXW术语

Ex works(... named place)即"工厂交货(……指定地)",是指卖方在其所在地(如工场、工厂或仓库等)将货物置于买方处置时,即完成交货。卖方不负责将货物装上买方备妥的车辆,也不负责出口清关。买方负担自卖方所在地受领货物至目的地所需的一切费用和风险。该术语可适用于任何运输方式,也可适用于多式联运。

"货物置于买方处置时"的通常做法是将"货物特定化","货物特定化"是把处于可交货状态的货物无条件地划拨于合同项下的行为,在实际业务中一般是在货物的包装上打唛头,或打上适当的标记,向买方发通知等,交货时间届满,风险即可转移。自货物已置于买方的处置之下时起,买方应当承担与货物相关的一切风险和费用。因此,EXW术语是卖方承担最小义务,而买方承担最大义务的术语。

(一) 买卖双方义务的划分

按照EXW术语成交,买卖双方各自承担的基本义务可归纳如下:

1. 卖方义务

(1) 在合同规定的时间、地点,将合同要求的货物置于买方的处置之下;

(2) 承担将货物交给买方处置之前的一切费用和风险;

(3) 提交商业发票或具有同等作用的电子信息。

2. 买方义务

(1) 在合同规定的时间、地点，受领卖方提交的货物，并按合同规定支付货款；

(2) 承担受领货物之后的一切费用和风险；

(3) 自负费用和风险，取得出口和进口许可证或其他官方批准证件，并办理货物出口和进口的一切海关手续。

(二) 采用 EXW 术语时需要注意的问题

1. 货物的装运和费用问题

卖方对买方没有装货的义务，即使实际上卖方也许更方便办理。如果卖方装货，也是由买方承担相关风险和费用。当卖方更方便装货时，FCA 一般更为合适，因为 FCA 要求卖方承担装货义务，以及与此相关的风险和费用。

2. 货物的包装和费用问题

买方应在签约时，根据运输的情况，提出对货物包装的具体要求，并就包装费用负担问题做出规定。如果对此未做约定，则卖方按照行业惯例进行包装即可。

3. 办理出口手续的问题

卖方只有在买方要求时，才有责任协助买方办理出口，即卖方无义务安排出口通关。因此，在买方不能直接或间接地办理出口清关手续时，不建议使用该术语。

4. 关于纳税和申报问题

买方仅有限度地承担向卖方提供货物出口相关信息的责任。但是，卖方则可能出于缴税或申报等目的，需要这方面的信息。

这一术语代表在下列地点交货的情况：工厂、农场、矿山、仓库。按这一条件交货，在性质上类似于国内贸易。因为卖方只承担上述地点以内的风险、责任、费用等，不涉及出境、入境、运输、保险等事项。

案例研讨 3-6　EXW 术语下风险转移争议

中国卖方与国外买方签订了一份以 EXW 为条件的散装粮食合同，双方约定 9 月底买方派代理到卖方所在地仓库提货。但直到 9 月 30 日买方代理也未前来提货。在国庆节期间，卖方仓库管理人员疏于管理，导致仓库失火，该仓库的散装粮食绝大部分受损。国庆节后，买方代理前来提货，中国卖方声称，由于买方未按时提货属于违约行为，加之所交货物已灭失，货物风险已提前转移给了买方，卖方对此项损失不负任何责任。试分析该损失应该由谁承担，并说明理由。

提示：依据《Incoterms® 2020》，当买方未在约定时间和地点提货，则须从约定交货日期或期限届满之日时起，承担货物灭失或损坏的一切风险，但以货物已清楚地确定为合同项下为限(货物已特定化)。

二、FAS 术语

Free alongside ship(… named port of shipment)即“船边交货(……指定装运港)”，是指卖方在装运港将货物放置码头船边或驳船上靠船边，即完成了交货。买方须承担自该时刻起的一切费用和货物灭失或损坏的风险。FAS 术语仅适用于海运或内河运输。

(一) 买卖双方义务的划分

按照 FAS 术语成交,买卖双方各自承担的基本义务可归纳如下:

1. 卖方义务

(1) 在合同规定的时间和装运港口,将合同规定的货物交到买方所派船只的旁边,并及时通知买方。

(2) 承担货物交至装运港船边的一切费用和风险。

(3) 自负费用和风险,取得出口许可证或其他官方批准证件,并且办理货物出口的一切海关手续。

(4) 提交商业发票或具有同等作用的电子信息,并且自负费用提供通常的交货凭证。

2. 买方义务

(1) 订立从指定装运港口运输货物的合同,支付运费,并将船名、装货地点和要求交货的时间及时通知卖方。

(2) 在合同规定的时间、地点,受领卖方提交的货物,并按合同规定支付货款。

(3) 承担受领货物之后所发生的一切费用和风险。

(4) 自负费用和风险,取得进口许可证或其他官方批准证件,并且办理货物进口的一切海关手续。

由于卖方承担在特定地点交货前的风险和费用,而且这些费用和相关作业费可能因港口惯例不同而变化,《Incoterms® 2020》特别建议双方尽可能清楚地写明指定的装运港内的装货点。

当货物装在集装箱里时,卖方通常将货物在集装箱码头移交给承运人,而非交到船边。这时 FAS 术语不适用,而应当使用 FCA 术语。

(二) 采用 FAS 术语时需要注意的问题

1. "船边交货"的要求

在 FAS 术语下,船边通常指船舶装卸设备的吊货机或岸上装卸索具可触及的范围。当装货港口拥挤或大船无法靠近时,卖方征得买方同意将交货条件改为"驳船上交货"(Free on Lighter),此时,卖方的责任仅到货物越过驳船船舷时为止,驳船费及其风险可由买方承担。

2. 对 FAS 的不同解释

按照《1990 年美国对外贸易定义修订本》的解释,FAS 是 Free Along Side 的缩写,是指在运输工具旁交货。因此,在同美洲国家进行贸易时,应使用 FAS Vessel,以明确表示是在装运港"船边交货"。但是,出口方不负责出口清关、取得出口许可证和缴纳出口税费。

为了避免争议,在与美国和其他美洲国家出口商按 FAS 术语洽谈进口业务时,应注意在合同中约定所采用的国际惯例,如果合同不做约定,则要注意《1990 年美国对外贸易定义修订本》对 FAS 的不同解释。

3. 要注意船货衔接问题

在 FAS 条件下,从装运港至目的港的运输合同要由买方负责订立,买方要及时将船名和要求装货的具体时间、地点通知卖方,以便卖方按时做好备货出运工作。卖方也应将货物交至船边的情况及时通知买方,以利于买方办理装船事项。当买方没有及时向卖方发出关于装运船舶、装运地及交货时间等通知,或所指定的船舶没有按时抵达装运港,或船舶按时抵达却无法完成装货工作或提前停止装货时,在货物完成特定化后风险和费用可以提前转移。

三、DAP 术语

Delivered at place(… named place of destination)即“目的地交货(……指定地)”,是指卖方在指定目的地将还在运输工具上可供卸载的货物交由买方处置时,即为交货。卖方承担将货物运至指定地点的一切风险和费用(除进口费用外)。DAP 术语是实际性交货,属于到达合同。该术语可适用于任何运输方式,也可适用于多式联运。

“目的地交货”是指卖方在指定目的地将还在运输工具上可供卸载的货物交由买方处置时,即为交货。卖方承担将货物送到指定地点的一切风险。但值得注意的是,即使是在目的港或最终目的地交货,没有相反规定,卖方不负责卸货费用和进口通关的费用及关税。

(一) 买卖双方义务的划分

1. 卖方义务

(1) 提供合同规定的货物;

(2) 办理出口清关手续,取得出口许可证和/或其他证件,支付出口关税和/或其他费用;

(3) 订立运输合同,将货物运至约定港口或目的地指定运输终端;

(4) 承担货物运至目的地,将货物装载于可供卸载的运输工具上交由买方处置之前的一切费用和风险;

(5) 卖方按照买方请求,在买方承担一切风险和费用的情况下,及时向买方提供货物进口或运输至最后目的地所需的文件和信息,并给予协助。

(6) 提供商业发票、官方及其他正式出口的文件和运输单据。

2. 买方义务

(1) 按合同规定支付价款;

(2) 承担收货时起一切关于货物损坏灭失的风险,支付交货之时起与货物有关的一切费用;

(3) 办理进口清关手续,取得进口许可证或其他官方证件,支付进口关税和/或其他费用接受单据;

(4) 收取符合合同规定的货物和单据。

(二) 采用 DAP 术语时需要注意的问题

1. 以合同条款明确规定卸货费用的承担

尽管《Incoterms® 2020》明确规定了 DAP 术语下卸货费用的划分,但是,由于 DAP 术语还不为很多人熟悉,而且在一些港口存在关于卸货费用的惯例,因此术语本身的规定不能完全避免由此而产生的纠纷和损失,所以买卖双方最好在合同中明确规定卸货费用的承担。

2. 进口清关手续的办理问题

采用 DAP 术语,卖方承担出口清关手续和费用,但不负责进口清关手续或者进口税,如果买卖双方约定由卖方办理进口清关手续、支付进口关税或者其他费用,则应采用 DDP 术语。

案例研讨 3-7　DAP 贸易术语下的卖方风险和卸货费用的负担

中国清远公司出口一批货物，DAP 术语成交，不可撤销信用证付款，2 月 20 日交货。1 月下旬，中国清远公司的货物装船驶向目的港。此时，买方要求货装船后卖方将全套提单空邮买方，以便买方及时凭以办理进口通关手续，中国清远公司照办。由于海上风浪过大，船舶迟了几天才到达目的港，遭到买方降价要挟，经过争取对方才未予以追究。货物到达目的港后，对卸货费用由谁负担的问题双方发生了争议。最终中国清远公司负担卸货费用，但中国清远公司却蒙上了不小的损失。

提示：对于出口方来说，D 组术语的费用最高，风险、责任最大，业务环节最多，贸易情况最为复杂，交货时间难以掌控。因此，卖方如果要选用 D 组术语，就必须充分了解这组术语的风险，并采取相应的措施将风险降低到最低的限度。

四、DPU 术语

DPU 是《2020 通则》新推出的贸易术语，替代《2010 通则》中的 DAT 术语，强调了目的地可以是任何地方，而不仅仅局限于"运输终端"的现实。DPU 英文全称是 Delivered at Place Unloaded，"目的地卸货后交货（……指定目的地）"，是指当货物在指定目的地，或该指定目的地内的约定交货点已从抵达的运输工具之上被卸载，且已被交由买方处置即完成交货。卖方承担将货物运送到指定目的地并将其卸下的一切风险。因此在本术语下，交货和货物到达目的地是相同的。

（一）买卖双方义务的划分

1. 卖方义务

（1）卖方承担用运输工具把货物运送到达目的地，并将货物卸载到目的地指定的终点站交付给买方之前的所有风险和费用，包括出口货物时报关手续和货物装船所需的各种费用和风险。

（2）提供符合合同规定的货物。

（3）办理出口手续。

（4）办理货物运输。

（5）移交有关货运单据或数字信息。

2. 买方的主要义务

（1）按照合同规定支付价款。

（2）应卖方要求，并由其负担风险和费用，买方必须给予卖方一切协助，帮助卖方在需要办理海关手续时取得货物进口所需的进口许可证或其他官方许可。

（3）必须承担按照规定交货时起货物灭失或损坏的一切风险。

（4）一旦买方有权决定在约定期限内的时间和/或在指定的目的港受领货物，买方必须就此给予卖方充分通知。

（5）必须接受按照规定提供的提货单或运输单据。

（6）必须支付任何装运前检验的费用，但出口国有关当局强制进行的检验除外。

（二）采用 DPU 术语时需要注意的问题

1. 关于 DPU 与 DAP 的区别

根据《2020 通则》的解释，按照 DPU 术语成交，卖方要承担将货物运到合同规定的地点，并将货物从抵达的载货运输工具上卸下之前的风险、责任和费用。因此，卖方应当确保其可以在指定地点安排卸货。如有困难，或双方不希望由卖方承担卸货的风险和费用，则不宜使用 DPU 术语，而应使用 DAP 术语成交。

2. 注意卖方责任的限度

DPU 的产生旨在替代《2010 通则》中 DAT 术语。而 DAT 术语又是在《2000 通 DPU 的产生旨在替代《2010 通则》中 DAT 术语。而 DAT 术语又是在《2000 通则》中的 DEQ 的基础上修改产生的。采用 DEQ 术语成交，卖方在目的港码头交货，卖方承担的责任仅限于将货物运至目的港，并卸至码头，而不负责再将货物由码头搬运到其他地方。采用 DAT 术语时交货地点不再受码头的限制，但卖方承担的责任仍只是将货物交到合同规定的运输终端，卸货后完成交货。在这一点上，DPU 与 DAT 基本相同。如果双方希望由卖方再将货物从卸货地点搬运到进口国内的另外的地点，并承担其间的风险和费用，则应当使用后面要讲到的 DDP 术语。

3. 精准确定目的地的交货点

《2020 通则》建议交易双方尽可能清楚地约定目的地的交货点。因为按照惯例的规定，卖方采用 DPU 术语成交时有义务签订运输合同将货物运往约定目的地的交货地点，其所承担的风险和费用均在此交货时转移给买方。如果对具体的交货点没有做出明确的约定，则由卖方自己选择合适的交货点，这就有可能给双方带来不必要的麻烦。

五、DDP 术语

Delivered duty paid(... named place of destination)即完税后交货(……指定目的地)，是指卖方在指定目的地将仍处于抵达的运输工具上，但已完成进口清关，且可供卸载的货物交给买方处置时，即完成交货。该术语适用于任何运输方式，也适用于多式联运。

（一）买卖双方义务的划分

1. 卖方义务

（1）提供合同规定的货物；

（2）办理进出口清关手续，取得出口许可证和/或其他证件，支付相关费用；

（3）订立运输合同，将货物运至约定港口或目的地指定运输终端，并承担卸货的责任和费用，将货物置于买方的处置之下，并给予买方充分的通知；

（4）承担货物运至目的地交由买方处置之前的一切费用和风险；

（5）提供商业发票、官方及其他正式出口的文件和运输单据。

2. 买方义务

（1）按合同规定支付价款；

（2）承担收货时起一切关于货物损坏灭失的风险，支付交货之时起与货物有关的一切费用；

（3）协助卖方办理货物的清关手续，取得进口所需的进口许可证或其他官方证件；

(4) 收取符合合同规定的货物和单据。

(二) 采用 DDP 术语时需要注意的问题

DDP 术语下卖方责任最大,卖方承担将货物运至目的地的一切风险和费用,并且有义务完成货物出口和进口清关、支付所有出口和进口的关税并办理所有海关手续。除非买卖合同中另行明确规定,任何增值税或其他应付的进口税由卖方承担。如果卖方无法获得办理进口清关所需的进口许可证或其他进口文件,则不应使用 DDP 术语。

第四节　贸易术语的选用

《Incoterms® 2010》对各种贸易术语条件下卖方双方承担的基本义务都做出了明确的规定。但是,在实际业务中,选择何种贸易术语,则要根据具体的交易情况而定,既要有利于买卖双方交易的达成,又要避免承担过大的风险。

一、贸易术语与合同条款的关系

贸易术语是一种国际惯例,其本身不是法律,对贸易双方不具有强制性,买卖双方有权在合同中做出与某项惯例不符的另行规定。国际贸易惯例可以明示或默示地约定合同当事人,而合同条款又可以明示地排除国际贸易惯例的适用。也就是说,当合同规定与贸易惯例发生冲突时,本着法律优先于惯例的原则,以合同条款为准。例如,买卖双方约定以 CIF 成交,但在合同中又规定了卖方必须将货物按时完好无损地运达目的港,买方才接受货物,支付货款。这就意味着,卖方要承担运输途中货物损坏、灭失和延误的风险,这一规定显然与国际贸易惯例对 CIF 的解释不符。

INCOTFRMS®的范围只限于销售合同(买卖合同)中买卖双方关于货物交付和收取过程中的义务规定,而不涉及买卖双方为履行销售合同而与有关方订立的运输合同、保险合同和支付与融资合同。另外,如买卖双方愿意采用《Incoterms® 2020》的术语,均以在合同中明确援引《Incoterms® 2020》为妥。例如:"CIF New York Incoterms® 2020"。

二、《Incoterms® 2020》11 种贸易术语的关键点

《Incoterms® 2020》的每种贸易术语以关键点为分界划分买卖双方在货物交付和收取过程中的清关、运输、保险等方面义务及费用的负担,具体归纳如表 3-5 所示:

表 3-5　《Incoterms® 2020》11 种贸易术语的关键点

分类	贸易术语	交货地点	风险转移	办理运输	办理保险	出口报关	进口报关
任何运输方式或多种运输方式	EXW	商品所在地或产地	在指定地点交由买方处置时	买方	买方	买方	买方
	FCA	出口国仓库、车站、机场、CY/CFS 或码头	承运人或运输代理人处置货物后	买方	买方	卖方	买方
	CIP			卖方	卖方	卖方	买方
	CPT			卖方	买方	卖方	买方

续表

分类	贸易术语	交货地点	风险转移	办理运输	办理保险	出口报关	进口报关
	DAP	进口国国内目的地指定地点	抵达目的地的运输工具上,且已做好卸载准备时	卖方	卖方	卖方	买方
任何运输方式或多种运输方式	DPU	进口国国内目的地指定地点	抵达目的地的运输工具上卸下,交由买方处置时	卖方	卖方	卖方	买方
	DDP	进口国国内目的地指定地点	买方在目的地指定地点收货后	卖方	卖方	卖方	卖方
	FAS	指定的装运港船边	货物到达船边	买方	买方	卖方	买方
海运及内河水运	FOB			买方	买方	卖方	买方
	CFR	指定装运港	货物装上船	卖方	买方	卖方	买方
	CIF			卖方	卖方	卖方	买方

其中,除 DAP、DPU 和 DDP 三种术语在进口地交货外,其他术语都是在出口国交货。EXW 术语为产地交货,而 DAP、DPU 和 DDP 三种术语为目的地交货,签订的合同属于“到达合同”。卖方必须将货物运至进口国目的地,所承担的费用和风险在到达交货地点时才转移给买方。以“F”或“C”开头的术语为“象征性”交货,签订的合同均为“装运合同”。以“F”开头的术语,卖方承担的风险和费用均在交货地点同时转移给买方;以“C”开头的术语,风险在交货时转移,而费用则在目的港(地)转移。

三、选用贸易术语应考虑的因素

(一) 运输条件

买卖双方采用何种贸易术语,首先应考虑采用何种运输方式运送。在本身有足够运输能力或安排运输无困难,而且经济上又合算的情况下,可争取按由自身安排运输的条件成交(如按 FCA、FAS 或 FOB 进口,按 CIP、CIF 或 CFR 出口);否则,则应酌情争取按由对方安排运输的条件成交(如按 FCA、FAS 或 FOB 出口,按 CIP、CIF 或 CFR 进口)。

(二) 货源情况

国际贸易中货物品种很多,不同类别的货物具有不同的特点,它们在运输方面各有不同要求,故安排运输的难易不同,运费多少也有差异。这是选用贸易术语应考虑的因素。此外,成交量的大小,也直接涉及安排运输是否有困难和经济上是否合算的问题。当成交量太小,又无班轮通航的情况下,负责安排运输的一方势必会增加运输成本,故选用贸易术语时也应予以考虑。

(三) 运费因素

运费是货价构成因素之一,在选用贸易术语时,应考虑货物经由路线的运费收取情况和运价变动趋势。一般来说,当运价看涨时,为了避免承担运价上涨的风险,可以选用由对方安排运输的贸易术语成交,如按 C 组术语进口,按 F 组术语出口。在运价看涨的情况下,如因某种原因不得不采用按由自身安排运输的条件成交,则应将运价上涨的风险考虑到货价中去，以免遭受运价变动的损失。

（四）运输途中的风险

在国际贸易中，交易的商品一般需要通过长途运输，货物在运输过程中可能遇到各种自然灾害、意外事故等风险，特别是在遇到战争或正常的国际贸易遭到人为障碍与破坏的时期和地区，则运输途中的风险更大。因此，买卖双方洽商交易时，必须根据不同时期、不同地区、不同运输路线和运输方式的风险情况，并结合购销意图来选用适当的贸易术语。

（五）办理进出口货物清关手续有无困难

在国际贸易中，关于进出口货物的清关手续，有些国家规定只能由清关所在国的当事人安排或代为办理，有些国家则无此项限制。因此，如某出口国政府规定，买方不能直接或间接办理出口清关手续，则不宜按 EXW 条件成交，而应选用 FCA 条件成交；若进口国当局规定，卖方不能直接或间接办理进口清关手续，则不宜采用 DDP，而应选用 D 组的其他术语成交。

【本章总结】

1. 在一般货物贸易中，贸易术语明确了贸易双方的责任、费用和风险的划分界限，进入价格条款，贸易术语确定了合同的性质，国际上有较大影响的关于国际贸易的惯例有《1932 年华沙—牛津规则》《1941 年美国对外贸易定义修订本》和《Incoterms® 2020》，其中《Incoterms® 2020》在国际上应用范围最广、影响最大。

2. 国际商会颁布的《国际贸易术语解释通则® 2020》中规定了 11 种贸易术语，特别是对国际贸易中最常使用的装运港船上交货的贸易术语即 FOB、CFR、CIF 和货交承运人的贸易术语 FCA、CPT、CIP 及新增加的 DPU 术语的操作技巧和风险防范进行了详细的阐述。

3. 在实际业务中，选择恰当的贸易术语对国际贸易买卖合同的商定和履行具有重要意义，选择贸易术语要根据具体的交易情况而定，既要有利于买卖双方交易的达成，又要避免承担过大的风险。

【关键概念】

1. 贸易术语	2. 国际贸易惯例	3. INCOTERMS
4. FOB Under Tackle	5. FOBST	6. CIF Liner Terms
7. DPU	8. 象征性交货	9. 实质性交货

【思考与习训】

1. 简述国际贸易术语的性质和作用。
2. 有人称“CIF 价”为到岸价，你认为这种称法正确吗？为什么？
3. FOB、CFR、CIF 术语的异同点主要有哪些？
4. 简述 CPT 和 CIP 术语下买卖双方的责任，使用 CPT 和 CIP 术语时应注意哪些问题？
5. 具体说明 DAP 和 CIP 术语的区别。
6. 从美国按 FOB 条件进口货物一批，应该注意哪些问题？
7. 中国 F 公司按 EXW 条件对外出口一批电缆。但在交货时，买方派车接运货物时，买卖双方就装车问题发生争议。买方认为卖方应负责装车及装车费用，而卖方有不同意见。问：买方要求卖方装车是否合理？

8．我国北京A公司拟向美国纽约B公司出口某商品50 000箱，B公司提出按FOB新港条件成交，而A公司则提出采用FCA北京的条件。试分析A公司提出上述成交的原因。

9．国内一出口企业应邀向美国进口商报价出口苹果罐头一批，采用DPU NewYork术语，交货期为当年2月28日前。不料因海运途中耽搁，货物于3月3日才到达纽约港。问：上述海运耽搁应由何方负责？

10．中国B公司按每公吨240美元FOB Vessel New York从美国一公司进口200公吨钢材。B公司如期开出68 000美元的信用证，但美商来电要求增加信用证金额至70 000美元，不然有关出口税捐及签证费用应由中国B公司另行电汇。问：这是什么道理？应如何解决？

11．某年某出口公司对加拿大魁北克某进口商出口核桃仁一批，合同规定价格为每吨4 800加元CIF魁北克，装运期不得晚于10月31日，不得分批和转运，并规定货物应于11月30日前到达目的地，否则买方有权拒收。加方于9月25日开来信用证，我方于10月5日装船完毕，但船到加拿大东岸时已是11月25日，此时魁北克已开始结冰。承运人担心船舶驶往魁北克后出不来，便根据自由转船条款指示船长将货物全部卸在哈利法克斯，然后从该港改装火车运往魁北克。待这批核桃仁运到魁北克已是12月2日。于是进口商以货物晚到为由拒绝提货，提出除非降价20%以弥补其损失。几经交涉，最终以我方降价15%结案，我公司共损失36万加元。请问该合同是否为CIF合同？卖方应该吸取什么教训？

12．我国某出口公司于2000年2月向日本出口30吨甘草膏，每吨40箱共1 200箱，每吨售价为1 800美元，FOB天津新港，共54 000美元，即期信用证，装运期为2月25日之前，货物必须装集装箱。该出口公司在天津设有办事处，于是在2月上旬便将货物运到天津，由天津办事处负责订箱装船。不料货物在天津存仓后的第三天，仓库午夜着火，是夜风大火烈，抢救不及，1 200箱甘草膏全部被焚。办事处立即通知内地公司总部并要求尽快补发30吨，否则无法按期装船。结果该出口公司因货源不济，只好要求日商将信用证的有效期和装运期各延长15天。请分析此案应吸取的教训。

【实验内容与要求】

1．收集使用主要六种贸易术语的贸易合同，分析不同贸易术语下的进出口业务流程和所使用的单据的差异性，掌握不同贸易术语使用的关键点和注意点。

2．阅读与贸易术语有关的三种国际惯例，收集与贸易术语使用有关的国际贸易案例六个，分析所运用的规则和如何进行风险防范。

【重要链接】

1．中华人民共和国商务部商务培训网：http://training.mofcom.gov.cn.

2．新浪网：《司考疑难考点讲解——国际贸易术语》，http://edu.sina.com.cn/exam.

第四章 FOURTH

国际贸易商品检验与通关

【教学目的和要求】

通过本章学习，熟练掌握国际贸易商品检验检疫和进出口通关的基本理论、基本概念和基础知识；掌握国际贸易商品检验检疫和进出口通关的实际操作方法和技巧；掌握进出口税费的计算方法。通过课堂模拟通关与商检过程，培养学生处理具体业务的应变能力。

导入案例

进出口危险化学品及其包装检验与海关监管

2021 年 3 月，H 海关发现 A 公司申报出口“免洗洗手液(含有 75% 乙醇)”时未对货物报检。A 公司提供的《危险特性分类鉴别报告》显示，该批货物是列入《危险化学品目录》的危险化学品。H 海关认为 A 公司涉嫌违反规定对法检商品未予报检。A 公司辩称，“免洗洗手液(含有 75% 乙醇)”不在《出入境检验检疫机构实施检验的进出口商品目录》内，不属于“法检商品”，无须向海关报检，如海关对其处罚于法无据。H 海关依据《中华人民共和国进出口商品检验法实施条例》第四十六条之规定，对该企业科处 1 万元(商品货值金额 10%)罚款。

受理法院认为，根据《中华人民共和国进出口商品检验法实施条例》第四十六条规定，进出口商品的收货人、发货人、代理报检企业或者出入境快件运营企业、报检人员不如实提供进出口商品的真实情况，取得出入境检验检疫机构的有关证单，或者对法定检验的进出口商品不予报检，逃避进出口商品检验的，由出入境检验检疫机构没收违法所得，并处商品货值金额 5% 以上 20% 以下罚款。

本案中，涉案货物“免洗洗手液(含有 75% 乙醇)”的《危险特性分类鉴别报告》显示，该货物属于列入《危险化学品目录》的危险化学品，即属于法定检验商品。企业出口危险化学品未向海关报检的行为已构成违法，海关可以依法对其进行处罚。

本案也表明，进出口危险化学品是否属于法检商品，是海关监管危险化学品的前提和基础。因此，对法检范围的准确理解至关重要。对此，有关法律、行政法规已作出了较为明确的规定。法检商品包括列入必须实施检验的进出口商品目录的进出口商品和法律、行政法规规定的其他必须实施检验的进出口商品。

根据商检法及其实施条例，出口危险货物包装容器的生产企业，应当向海关申请包装容器的性能鉴定。包装容器经海关鉴定合格并取得性能鉴定证书的，方可用于包装危险货物。出口危险货物的生产企业,应当向海关申请危险货物包装容器的使用鉴定。使用未经鉴定或者经鉴定不合格的包装容器的危险货物,不准出口。

资料来源:中华人民共和国海关总署(http://www.customs.gov.cn)

第一节 商品的检验(检疫)

一、商品检验的意义和内容

(一)商品检验的意义

商品检验(Commodity Inspection)是指商品的产方、买方或者第三方在一定条件下,借助于某种手段和方法,按照合同、标准或国内外有关法律、法规、惯例,对商品的质量、规格、重量、数量、包装、安全及卫生等方面进行检查,并做出合格与否或通过验收与否的判定或为维护买卖双方合法权益,避免或解决各种风险损失和责任划分的争议,便于商品交接结算而出具各种有关证书的业务活动。

商检工作是使国际贸易活动能够顺利进行的重要环节,即商品检验是进出口货物交接过程中不可缺少的一个重要环节;它是一个国家为保障国家安全,维护国民健康,保护动物、植物和环境而采取的技术法规和行政措施。为了加强对进出口商品的检验工作,我国颁布了《中华人民共和国进出口商品检验法》。该法第五条规定,我国商检机构和国家商检部门应对进出口商品实施检验;凡未经检验的进口商品,不准销售、使用;凡未经检验合格的商品,不准出口。

(二)商品检验的内容

1. 进出口商品的质量检验

进出口商品质量检验也称品质检验,是指运用各种检验手段,包括感官检验、化学检验、仪器分析、物理测试、微生物学检验等,对进出口商品的品质、规格、等级等进行检验,确定其是否符合进出口贸易合同、标准等规定。质量检验的范围很广,是检验工作的主要项目。质量检验的内容主要有:① 外观质量;② 内在质量;③ 特定质量检验项目。

2. 进出口商品的数量或重量检验

商品的数量或重量是贸易合同中的重要内容,因其直接涉及该笔贸易的成交金额与最终结算,与双方的利益最为直接,因此,数量或重量检验是检验工作的主要内容之一。国际贸易中常用的计重方式有以下几种:① 毛重(Gross weight);② 净重(Net weight);③ 以毛作净(Gross for Net)。

3. 进出口商品的包装检验

包装检验是根据外贸合同、标准和其他有关规定,对进出口商品的外包装和内包装及包装标志进行检验,主要有如下检验项目:① 核对外包装上的商品包装标志(标记、号码等)是否与进出口贸易合同相符。② 对进口商品主要检验外包装是否完好无损,包装材料、包装方式和衬垫物等是否符合合同规定要求。对外包装破损的商品,要另外进行验残,查明货损责任方及货损程度。对发生残损的商品,要检查其是否由包装不良所引起。③ 对出口商品的包装检验,除包装材料和包装方法必须符合外贸合同、标准规定外,还应检验商品内外包装是否牢固、完整、干燥、清洁,是否适于长途运输和保护商品质量、数量的习惯要求。商检机构对进出口商品的包装检验,一般抽样或在当场检验,或进行衡器计重的同时结合进行。

4. 进出口商品的装运技术检验

根据对外贸易关系人的申请,或依据有关法律、法规的规定,检验检疫机构对出口商品的装载条件、装载技术等内容进行检验鉴定,主要有如下检验项目:① 船舱检验。船舱检验包括干货舱检验、油舱检验、冷藏舱检验,以确认船舱对所装货物的适载性。② 进出口集装箱鉴定。检验机构对装运易腐烂变质食品的集装箱实施强制性检验,以保证出口食品的卫生质量。对其他进出口集装箱,凭对外贸易关系人的申请,办理鉴定业务。③ 监视装载。监视装载简称监装,是检验机构对出口商品装货进行的监视鉴定工作。对货物监装时,首先要对装运出口货物的船舱进行检验,或对集装箱进行检验,确认其适货性。同时审核承运人的配载计划是否符合货运安全的需要;监督承运人按照商品的装载技术要求进行装载,并出具监视装载证书。④ 积载鉴定。积载鉴定是根据对外贸易关系人的申请,检验机构对出口商品装载情况进行的鉴定。鉴定时应审核承运人的配载计划是否合理,注意其安全、稳固性,防止货物互相抵性、串味等;检查装船技术措施是否符合保护货物的质量、数量完整和安全的要求,如是否有良好的加固、隔离、衬垫、通风措施等,据实出具鉴定证明。⑤ 货载衡量鉴定。货载衡量是对贸易成交将要运输的商品进行测量体积和衡定重量的工作,它是由承运人或托运人申请检验部门办理的鉴定业务。其主要目的是计算运输中的运费,同时,为订舱、配载提供准确的货物体积和重量数据,以便保证船舶合理配载、安全平稳。

5. 出入境动植物检疫

为防止动物传染病、寄生虫病和植物危害性病、虫、杂草及其他有害生物传入、传出国境,保护农、林、牧、渔业和人体健康,保障我国国际贸易活动正常进行,按照《中华人民共和国进出境动植物检疫法》第二条规定,对进出境的动植物、动植物产品和其他检疫物,装载动植物、动植物产品和其他检疫物的装载容器、包装物,以及来自动植物疫区的运输工具,依法实施检疫。

依据动植物检疫法第五条规定,我国禁止下列各类物品进境:① 动植物病原体(包括菌种、毒种等)、害虫及其他有害生物;② 动植物疫情流行的国家和地区的有关动植物、动植物产品和其他检疫物;③ 动物尸体;④ 土壤。

6. 出入境卫生检疫

按照《中华人民共和国国境卫生检疫法》第四条与《中华人民共和国国境卫生检疫法实施细则》第四条的规定,入境、出境的人员、交通工具、运输设备以及可能传播检疫传染病的行李、货物、邮包等物品,都应当接受检疫,经国境卫生检疫机关许可,方准入境或者出境。入境出境的微生物、人体组织、生物制品、血液及其制品等特殊物品,也应当主动接受检疫。经卫生检疫机关许可,方准带入或带出,海关凭卫生检疫机关签发的有关证明放行。

7. 进出口商品残损鉴定

进出口商品鉴定业务原来叫作对外贸易公证鉴定业务，它的范围和内容十分广泛。凡是以第三者的地位、公正科学的态度、运用各种技术手段和工作经验，检验、鉴定各种进出口商品的品质、规格、包装、数量、重量、残损等实际情况与使用价值，以及运载工具、装运技术、装运条件等事实状态，是否符合合同（契约）标准和国际条约的规定、国际惯例的要求，通过独立的检验、鉴定和分析判断，做出正确的、公正的检验、鉴定结果和结论，或提供有关的数据，签发检验、鉴定证书或其他有关的证明，都属于进出口商品鉴定业务范围。

二、商品检验的时间和地点

（一）检验权

检验权指对货物的质量、数量、包装等内容是否合格享有的最终评定的权利。买方检验权是一种法定的检验权，它服从于合同的约定，买卖双方通常都在合同中对如何行使检验权的问题做出规定。在实际业务中，检验权的归属通常与检验的时间、地点紧密相关。

（二）检验的时间与地点

关于检验的时间与地点，分别有以下几种规定：

1. 出口国产地检验

发货前，由卖方检验人员会同买方检验人员对货物进行检验。卖方只对商品离开产地前的品质负责。离产地后运输途中的风险，由买方负责。

2. 装运港（地）检验

货物在装运前或装运时由双方约定的商检机构检验，并出具检验证明，作为确认交货品质和数量的依据。这种规定，称为以“离岸品质和离岸数量”为准。

3. 目的港（地）检验

货物在目的港（地）卸货后，由双方约定的商检机构检验，并出具检验证明，作为确认交货品质和数量的依据。这种规定，称为以“到岸品质和到岸数量”为准。

4. 买方营业处所或用户所在地检验

对于那些密封包装、精密复杂的商品，不宜在使用前拆包检验，或需要安装调试后才能检验的产品，可将检验推迟至到达用户所在地后，由双方认可的检验机构检验并出具证明。

5. 出口国检验，进口国复检

按照这种做法，装运前的检验证书作为卖方收取货款的出口单据之一，但货到目的地后，买方有复验权。如经双方认可的商检机构复验后，发现货物不符合合同规定，且系卖方责任，买方可在规定时间内向卖方提出异议和索赔，直至拒收货物。

上述检验时间和地点的规定，各有特点，应视具体的商品交易性质而定。但对大多数一般商品交易来说，“出口国检验，进口国复验”的做法最为方便而且合理，因为这种做法一方面肯定了卖方的检验证书是有效的交接货物和结算凭证，另一方面又确认买方在收到货物后有复验权，这符合各国法律和国际公约的规定。我国对外贸易中大多采用“出口国检验，进口国复验”的做法。

三、商品检验机构与商检证书

（一）检验检疫机构

1. 国际上的检验检疫机构

世界上大多数主权国家通常都设有专业的检验检疫机构。这些机构从组织的性质上来分,有官方的,有同业工会、协会或民间私人经营的,也有半官方的;从经营的业务范围来分,有综合性的,也有专业性的。检验检疫机构的名称也多种多样,如检验检疫机构、公证行等。其中有些比较著名的检验机构由于其检验比较公正、合理、科学,已被许多国家所认可,其鉴定结果亦成为商品进入国际市场的通行证。例如,瑞士通用公证行、美国食品药品管理局、美国保险人实验室、法国国家实验室检测中心等。

2. 我国的检验检疫机构

国家市场监督管理总局是国务院主管全国质量、计量、出入境商品检验、出入境卫生检疫、出入境动植物检疫和认证认可、标准化等工作,并行使行政执法职能的直属机构。目前,在我国从事进出口商品检验工作的机构主要有:由原国家出入境检验检疫局设在各地的出入境检验检疫机构;中国进出口商品检验总公司及其在全国各省、自治区、直辖市设立的分公司;我国设立的专门从事动植物、药品、食品卫生、衡量器具、交通运输工具等检验或检疫机构。此外,在一些国家或地区,我国商检机构还设立了独资或合资的检验机构,另外,我国也与不少的国家或地区建立了委托代理业务关系或达成了合作协议。

补充阅读 4-1　美国食品药品管理局

FDA 是美国食品药品管理局(U. S. Food and Drug Administration)的英文缩写,隶属于美国卫生教育福利部,负责全国药品、食品、生物制品、化妆品、兽药、医疗器械及诊断用品等的管理。FDA 是一个由医生、律师、微生物学家、药理学家、化学家和统计学家等专业人士组成的致力于保护、促进和提高国民健康的政府卫生管制的监控机构。通过 FDA 认证的食品、药品、化妆品和医疗器具对人体是确保安全而有效的。在美国等近百个国家,只有通过了 FDA 认可的材料、器械和技术才能进行商业化临床应用。

FDA 在美国乃至全球都有巨大影响,有“美国人健康守护神”之称。全世界的药品商和食品商对其又爱又怕,它的信誉和专业水准深得很多专家和民众的信赖。其严格的检测和评估在提供良好保障的同时也引起不少药商和食品商的非议,指责其束缚了发明创新,是阻挠民众获得特效药的最大障碍,并游说国会削减 FDA 的权限。

使用 FDA 证书时需要注意:① FDA 注册是没有证书的,产品通过在 FDA 进行注册,将取得注册号码,FDA 会给申请人一份回函(有 FDA 行政长官的签字),但不存在 FDA 证书一说。② FDA 是一个执法机构,而不是服务机构。如果有人说他们是 FDA 下属的认证实验室,那么他至少是在误导消费者,因为 FDA 既没有面向公众的服务性认证机构与实验室,也没有所谓的“指定实验室”。FDA 作为联邦执法机构,不可以从事这种既当裁判又当运动员的事。FDA 只会对服务性的检测实验室的 GMP 质量进行认可,合格的颁发合格证书,但不会向公众"指定"或推荐特定的一家或几家。③ FDA 注册是一定需要一位美国代理人的,中国申请人在进行 FDA 注册时必须指派一名美国公民(公司/社团)作为其代理人,该名代理人负责进行位于美国的过程服务,是联系 FDA 与申请人的媒介。

(二)检验检疫证书

检验检疫证书(Inspection Certificate)是检验机构对进出口商品进行检验、鉴定后签发的证明检验结果的书面文件。

1. 检验检疫证书的作用

① 证明卖方所交货物在品质、数量、包装等方面是否符合买卖合同规定; ② 买方要求索赔或提出拒收的依据; ③ 证明货物在装卸、运输过程中的实际情况,明确货物残损、短少的责任归属; ④ 卖方向银行结算货款的单据之一; ⑤ 海关验关放行的有效证件之一; ⑥ 某些出口商品计价或计费的依据; ⑦ 核定关税或减免关税的依据。

2. 检验检疫证书的种类

国际货物买卖中的检验证书种类繁多,在实际业务中,常见的检验证书主要有以下几种: ① 品质检验证书(Inspection Certificate of Quality)。即证明进出口商品品质、规格的证书。② 重量检验证书(Inspection Certificate of Weight)。即证明进出口商品重量的证书。③ 数量检验证书(Inspection Certificate of Quantity)。即证明进出口商品数量的证书。④ 兽医检验证书(Veterinary Inspection Certificate)。即证明动物产品在出口前已经过兽医检验,符合检疫要求的证书。⑤ 卫生检验证书(Sanitary Inspection Certificate)。即证明食用动物产品、食品在出口前已经过卫生检验,可供食用的证书。⑥ 消毒检验证书(Disinfection Inspection Certificate)。即证明动物产品在出口前已经过消毒处理,符合安全及卫生要求的证书。⑦ 产地检验证书(Inspection Certificate of Origin)。即用来证明出口商品原生产地的证书,通常包括一般产地证、普惠制产地证、野生动物产地证等。⑧ 价值检验证书(Inspection Certificate of Value)。即证明出口商品价值的证书,通常用于证明发货人发票所载的商品价值正确、属实。⑨ 验残检验证书(Inspection Certificate on Damaged Cargo)。即证明进口商品残损情况、估算残损贬值程度、判定致损原因的证书。

四、合同中的检验条款

进出口合同中商品检验检疫条款,一般包括检验权的规定、检验或复验的时间和地点、检验机构、检验项目和检验证书等内容。具体条款订立方法,举例如下:

例 4-1:买卖双方同意以装运港(地)中国出入境检验检疫局签发的质量和重量检验证书作为信用证项下议付所提交的单据的一部分,买方有权对货物的质量和重量进行复验,复验费由买方负担。但若发现质量和/或重量与合同规定不符时,买方有权向卖方索赔,并提供经卖方同意的公证机构出具的检验报告。索赔期限为货物到达目的港(地)后 180 天内。(It's mutually agreed that the Certificate of Quality and Weight issued by the China Exit and Entry Inspection and Quarantine Bureau at the port/ place of shipment shall be part of the documents to be presented for negotiation under the relevant L/C. The buyers shall have the right to reinspect the quality and weight of the cargo. The reinspection fee shall be borne by the buyers.

If the quality and/ or weight be found not in conformity with of the contract, the buyers are entitled to lodge with the sellers a claim which should be supported by survey reports issued by a recognized surveyor approved by the sellers. The claim, if any, shall be lodged within 180 days after arrival of the goods at the port/ place of destination.)

例 4-2：双方同意以制造厂(或某公证行)出具的质量和数量/重量检验证书作为有关信用证项下付款的单据之一。货到目的港(地)卸货后××天内经中国出入境检验检疫局复验，如发现质量或数量/重量与本合同不符时，除属保险公司或承运人负责者之外，买方凭中国出入境检验检疫局出具的检验证书，向卖方提出退货或索赔。所有退货或索赔引起的一切费用(包括检验费)及损失，均由卖方负责。在此情况下，如抽样是可行的，买方可应卖方要求，将有关货物的样品寄交卖方。

It is mutually agreed that the Certificate of Quality and Quantity/Weight issued by the Manufacturer (or ... Surveyor) shall be part of the documents for payment under the relevant L/C. In case the quality、quantity or weight of the goods be found not in conformity with those stipulated in this contract after reinspection by the China Exit and Entry Inspection and Quarantine Bureau within ... days after discharge of the goods at the port/place of destination , the Buyers shall return the goods to or lodge claim against the Sellers for compensation of losses upon the strength of Inspection Certificate issued by the said Bureau, with the exception of those claims for which the insurers or the carriers are liable. All expenses (including inspection fees) and losses arising from the return of the goods or claims should be borne by the sellers. In such case, the Buyers may, if so requested, send a sample of the goods in question to the Sellers, provided that the sampling is feasible.

进出口业务中，在签订对外贸易合同时，必须十分重视订好合同中的商品检验条款。

第二节　进出口货物的通关

一、海关监管的基本制度

海关是国家主权的象征，体现国家的权力和意志。《海关法》第二条规定：“中华人民共和国海关是国家的进出关境(简称进出境)监督管理机关。海关依照本法和其他有关法律、行政法规，监管进出境的运输工具、货物、行李物品、邮递物品和其他物品(简称进出境运输工具、货物、物品)，征收关税和其他税、费，查缉走私，并编制海关统计和办理其他海关业务。”

(一) 海关的性质

1. 海关是国家行政机关

海关是国务院直属机构，是对内对外代表国家依法独立行使管理权的国家行政机关，是国家上层建筑的组成部分，海关的权力授自于国家。海关对外维护国家的主权和利益，对内体现国家、全社会的整体利益。

2. 海关是国家行政执法监督管理机关

海关实施监督管理的范围是进出关境及与之有关的活动，监督管理的对象是所有进出关境的运输工具、货物、物品。关境是世界各国海关通用的概念,适用于同一海关法或实行同一关税制度的领域。

补充阅读4-2　关境与国境

一般情况下,关境等于国境。但在有些国家关境不等于国境。国境是指一个国家行使全部国界主权的国家空间,包括领陆、领海、领空。第二次世界大战后,关税同盟和自由区、自由港大量出现,国境等于关境的原则被突破,国家政治国境和关境有时不完全一致。几个国家结成关税同盟,组成一个共同关境,实施统一的海关法规和关税制度,其成员国的货物在彼此之间的国境进出不征收关税,此时关境大于其成员国的各自国境。自由港、自由区虽在国境之内,但从征收关税看,它可以被视为在该国境之外,进出自由港(区)可以免征关税,此时关境小于国境。针对原来被殖民统治的国家或地区,《关税及贸易总协定》第24条规定,经对其实行殖民的国家的同意并用发表声明和证实等方法,可以单独成为《关税及贸易总协定》的成员。此条对关境定义为:在对外贸易方面独立实行关税和贸易管理制度的地区,即所谓的单独关境。香港便是通过这种形式,于1986年由英国发表声明,作为单独关境地区为《关税及贸易总协定》的一个成员。中国也同时发表声明,承诺在1997年7月1日香港回归中国后,保持其自由港地位,使其成为一个单独关税地区,可以"中国香港"的名义继续成为《关税及贸易总协定》的一个成员。此时,中国的国境大于关境。从1981年起,有关文件或教材中陆续出现"关境"的概念。中国现行关境是适用《中华人民共和国海关法》的中华人民共和国行政管辖区域,不包括香港、澳门和台澎金马三个单独关境地区。

3. 海关监督管理是国家行政执法活动

根据《海关法》和其他有关的法律、法规,海关的监督管理是保证国家有关法律、法规实施的行政执法活动。其他法律包括《宪法》《进出口商品检验法》《固体废物污染环境防治法》等。行政法规由国务院制定。海关实务属于中央立法事权,地方人民代表大会和人民政府不得制定海关法律规范,地方性法规、规章不是海关执法的依据。

(二)海关的基本任务

海关的四项基本任务分别是:监管进出境的运输工具、货物、行李物品、邮递物品和其他物品,征收关税和其他税费,查缉走私,编制海关统计。

1. 监管

监管是四项任务的基础。监管根据对象的不同,可分为货物监管、物品监管和运输工具监管。海关除了以审单、查验、放行等方式对进出境运输工具、货物、物品的进出境活动实施监管外,还要执行或监督执行国家其他对外贸易管理制度的实施,如进出口许可制度、外汇管理制度、进出口商品检验检疫制度、文物管理制度等的实施,从而在政治、经济、文化道德、公众健康等方面维护国家利益。

2. 征税

关税是国家财政收入的重要来源,也是国家宏观经济调控的重要工具。海关征税工作的基本法律依据是《海关法》《关税条例》。

3. 查缉走私

走私是指进出境活动的当事人或相关人违反《海关法》及有关法律、行政法规,逃避海关监管,偷逃应纳税款,逃避国家有关进出境的禁止性规定或者未经海关许可并且未缴应纳税款、交验有关许可证件,擅自将保税货物、特定减免税货物及其他海关监管货物、物品、进境的境外运输工具在境内销售的行为。

海关是打击走私的主管机关,查缉走私是海关的一项重要任务。为严厉打击走私犯罪活动,根据党中央、国务院的决定,我国组建了海关缉私警察队伍,专门打击走私犯罪,负责对走私犯罪案件的侦查、拘留、执行逮捕和预审工作。

4. 编制海关统计

海关统计是以实际进出口货物作为统计和分析对象,通过搜集、整理、加工处理进出口货物报关单或经海关核准的其他申报单证,对进出口货物的品种、数(重)量、价格、国别(地区)、经营单位、境外目的地、境内目的地、境内货源地、贸易方式、运输方式、关别等项目分别进行统计和综合分析,以全面、准确地反映对外贸易的运行态势,及时提供统计信息和咨询,实施有效的统计监督,开展国际贸易统计的交流与合作,促进对外贸易的发展。

1992 年 1 月 1 日,海关总署以国际通用的《商品名称及编码协调制度》为基础,编制了《中华人民共和国海关统计商品目录》,把税则与统计目录的归类编码统一起来,规范了进出口商品的命名和归类,使海关统计进一步向国际惯例靠拢,满足了我国对外开放和建立社会主义市场经济体制的需要。

(三) 海关的机构设置

中华人民共和国海关是国家的进出关境监督管理机关,实行垂直管理体制,在组织机构上分为三个层次:第一层次是海关总署;第二层次是广东分署,天津、上海 2 个特派员办事处,41 个直属海关和 2 所海关学校(上海海关学院和秦皇岛海关学校);第三层次是各直属海关下辖的 562 个隶属海关机构。此外,在布鲁塞尔、莫斯科、华盛顿及香港等地设有派驻机构。中国海关现有关员(含海关缉私警察)48 000 余人。目前,共有国家批准的海、陆、空一类口岸 253 个,此外还有原来省级人民政府批准的二类口岸近 200 个。

1. 海关总署

海关总署是中国海关的领导机关,是中华人民共和国国务院下属的正部级直属机构,统一管理全国海关。海关总署内设 15 个部门,并管理 6 个直属事业单位、4 个社会团体和 3 个驻外机构。中央纪委监察部在海关总署派驻纪检组监察局。

2. 直属海关

直属海关是指直接由海关总署领导,负责管理一定区域范围内海关业务的海关。目前我国共有 41 个直属海关,除香港、澳门、台湾地区外,分布在全国 31 个省、自治区、直辖市。直属海关就本关区内的海关事务独立行使职权,向海关总署负责。直属海关承担着在关区内组织开展海关各项业务和关区集中审单作业,全面有效地贯彻执行海关各项政策、法律、法规、管理制度和作业规范的重要职责,在海关三级业务职能管理中发挥着承上启下的作用。

3. 隶属海关

隶属海关是指由直属海关领导,负责办理具体海关业务的海关。隶属海关共有 562 个。

4. 海关缉私警察机构

1998年,海关总署、公安部联合组建走私犯罪侦查局,设在海关总署。走私犯罪侦查局(后更名为海关总署辑私局)既是海关总署的一个内设局,又是公安部的一个序列局,实行海关总署和公安部双重领导,海关领导为主的体制。

(四) 海关监管的基本制度

1. 海关的报关管理制度

(1) 报关管理制度的概念

报关管理制度是指海关依法对报关单位和报关员的报关资格和报关行为进行审核、批准和监督管理的海关管理制度,报关管理制度又分为报关单位管理制度和报关员管理制度。

① 报关单位是指依法在海关注册登记,具有办理相关报关业务的资格的公司、企业。报关单位包括报关企业和进出口货物收发货人。

② 报关员是指依法取得报关从业资格,并在海关注册登记,向海关办理进出口货物报关业务的人员。报关员不是自由职业者,只能受雇于一个依法向海关注册登记的进出口货物收发货人或者报关企业,并代表该企业向海关办理报关业务。

(2) 报关管理制度的作用

报关管理制度是完成海关各项工作任务的重要保证;报关管理制度是维护国家进出口经济贸易活动正常秩序的重要保证;报关管理制度是报关单位及其报关员的报关行为准则,遵守《海关法》及相关法律、行政法规的规定,是报关单位和报关员的基本义务,否则其将承担相应的法律责任。

(3) 我国报关管理制度的发展

① 从1951年开始,实行国家对外贸易管制政策,《中华人民共和国暂行海关法》开始实施。

② 1980年,海关恢复和实行对外贸易公司进出口货物全国统一的报关制度,开始启用新的"进口货物报关单"和"出口货物报关单"。

③ 1985年2月,海关总署发布了《中华人民共和国海关对报关单位实施注册登记制度的管理规定》。该规定是我国海关第一个较为完善的全国统一的报关管理制度,它的出台,是我国海关报关制度基本形成的重要标志之一。

④ 1987年7月1日,《中华人民共和国海关法》颁布实施,首次以国家法律的形式对报关注册登记、报关企业、代理报关企业、报关员的管理做了规定,为我国报关管理制度的发展和完善提供了坚实的法律基础。

⑤ 2001年1月1日起,新修订的《海关法》以法律的形式明确规定了向海关办理报关纳税手续的企业及人员的主体资格,报关企业及其委托人的法律地位和法律责任,企业的报关注册登记,报关从业人员资格,报关企业和报关人员的业务守则等内容,将我国的报关管理制度进一步法制化和规范化。

2. 对外贸易管制制度

(1) 对外贸易管制的含义

对外贸易管制是指一国政府为了国家的宏观经济利益、国内外政策需要及履行所缔结或加入国际条约的义务,确立实行各种制度、设立相应管理机构和规范对外贸易活动的总称。我国贸易管制分类形式主要包括货物进出口贸易管制、技术进出口贸易管制和国际服务贸易管制三种。

(2) 对外贸易管制的目的及特点

对外贸易管制的目的是保护本国经济利益,发展本国经济,推行本国的外交政策,进一步实现国家职能。对外贸易管制政策是一国对外政策的体现,贸易管制会因时因势而变化。同时,海关监管是实现贸易管制的重要手段,报关是海关确认进出口货物合法性的先决条件。

(3) 我国对外贸易管制的法律体系

我国对外贸易管制制度是一种综合管理制度,主要由海关监管制度、关税制度、对外贸易经营者管理制度、进出口许可制度、出入境检验检疫制度、进出口货物收付汇管理制度及贸易救济制度等构成。

对外贸易管制的法律渊源不包括地方性法规、地方性规章、各民族自治区政府的地方条例和单行条例。我国目前所签订生效的各类国际条约,虽然不属于我国国内法的范畴,但就其效力而言可视为我国的法律渊源之一。

二、一般进出口货物的报关程序

(一) 一般进出口货物的含义及范围

1. 一般进出口货物的含义

一般进出口货物是指在货物进出境环节缴纳了应征的进出口税费,并办结了所有必要的海关手续,海关放行后不再进行监管的进出口货物。一般进出口货物的特征为: (1) 在进出境时缴纳进出口税费; (2) 进出口时提交相关的许可证件; (3) 海关放行即办理结关手续。

2. 一般进出口货物的范围

实际进出口的货物,除特定减免税货外,都属于一般进出口货物的范围,包括10种货物:(1) 一般贸易进口货物。(2) 一般贸易出口货物。(3) 转为实际进口的保税货物、暂准进境货物或转为实际出口暂准出境货物。(4) 易货贸易、补偿贸易的进出口货物。(5) 不准予保税的寄售代销贸易货物。(6) 承包工程项目实际进出口货物。(7) 外国驻华商业机构进出口陈列用样品。(8) 外国旅游者小批量订货出口的商品。(9) 随展览品进出境的小卖品。(10) 免费提供的进口的货物: ① 外商在经济贸易活动中赠送的进口货物; ② 外商在经济贸易活动中免费提供的试车材料等; ③ 我国在境外的企业、机构向国内单位赠送的进口货物。

(二) 一般进出口货物的报关程序

一般进出口货物报关的程序不需要经过前期阶段,也不需要经过后续阶段,只需要经过进出境阶段,包括四个环节: 进出口申报、配合查验、缴纳税费、提取或装运货物。

1. 进出口申报

进出口申报是指报关单位在规定的地点、期限,采用电子数据报关单和纸质报关单形式,向海关报告实际进出口货物的情况,并接受海关审核的行为。

(1) 申报的地点

一般进出口货物报关的地点通常为: ① 进口货物应当在进境地海关申报; ② 出口货物

应当在出境地海关申报；③ 经过收发货人申请，海关同意，进口货物可在指运地申报，出口货物可在起运地申报；④ 保税、特定减免税货物、暂准进境货物，因故改变使用目的从而改变货物的性质为一般进口货物时，向货物所在地主管海关申报。

（2）申报的期限

一般进出口货物申报的期限为：① 进口货物：运载进口货物的运输工具申报进境之日起14天内（期限的最后一天是法定节假日或星期日的，顺延到节假日或星期日后的第一个工作日）。超期3个月由海关变卖处理（运输工具申报进境之日起）。不宜长期保存的货物，根据实际情况随时处理。② 出口货物：货物运抵海关监管区后、装货的24小时以前。③ 经电缆、管道或其他方式进出境的货物，按照海关规定定期申报。

（3）申报日期

申报日期指申报数据被海关接受的日期。无论是以电子数据报关单方式申报，还是以纸质报关单申报，海关接受申报数据的日期即为申报日期。① 采用先以电子数据报关单申报，后提交纸质报关单，或仅以电子数据报关单方式申报的，申报日期为海关计算机系统接受申报数据时记录的日期；② 电子数据报关单被退回，重新申报的，申报日期为海关接受重新申报的日期；③ 海关已经接受电子数据报关单，送人工审核，需对部分内容进行修改，收发货人修改并重新发送的，申报日期仍为海关原接受申报的日期；④ 先以纸质报关单申报，后补报电子数据，或只提供纸质报关单申报的，海关工作人员在报关单上做登记处理的日期为海关接受申报的日期。

（4）滞报金

未按规定期限申报，由海关征收滞报金，滞报金按日计征，起始日和截止日均计入滞报期间。计征起始日为运输工具申报进境之日起第15日为起始日，海关接受申报之日为截止日。① 电子数据申报后，未在规定期限提交纸质报关单，被海关撤单需重新申报产生滞报的，计征起始日以自运输工具申报进境之日起第15日为起始日，以海关重新接受申报之日为截止日；② 进出口货物收发货人申报并经海关审核，必须撤销原电子数据报关单重新申报产生滞报的，滞报金的征收以撤销原电子数据报关单之日起第15日为起始日，以海关重新接受申报之日为截止日；③ 运输工具申报进境之日起超期过3个月未向海关申报的，由海关变卖处理，收货人申请发还余款的，要扣除相关的费用（例如仓储费、滞报金等），滞报金的征收以运输工具申报进境之日起第15日为起始日，以该3个月期限的最后一日为截止日。

案例研讨4-1　滞报天数的确定方法

运载进口货物的运输工具5月9日申报进境，收货人于5月15日向海关传送报关单电子数据，海关当天受理申报并发现场交单通知。收货人于5月27日提交纸质报关单时，发现海关已于5月26日撤销电子数据报关单，遂于5月30日重新向海关申报，海关当天受理申报并发出现场交单通知，收货人于5月31日提交纸质单证。以上日期均不涉及法定节假日，如何确定滞报天数？

【案例提示】未按时提交纸质报关单，以运输工具申报进境之日起第15日为起始日，以海关重新接受申报之日为截止日。5 月 9 日加 14 天，5 月 23 日为申报的截止日，5 月 24 日为滞报的起始日，海关于 5 月 30 日重新接受申报，5 月 30 日为滞报的截止日。

2. 配合查验

(1) 海关查验

海关查验是指海关为确定进出境货物收发货人向海关申报的内容是否与进出口货物的真实情况相符，或者为确定进出境货物归类、价格、原产地等，依法对进出口货物进行实际核查的执法行为。查验地点通常为海关监管区或装卸现场；特殊情况下海关可以派员到监管区外进行查验。查验时间为海关以书面形式提前通知，正常工作日；特殊情况下经申请也可以在其他时间查验。

(2) 配合查验

① 负责搬运货物、开箱、封箱；② 回答提问，提供有关单证；③ 协助海关提取需要做进一步检验、化验或鉴定的货样，收取海关开具的取样清单；④ 确认查验结果，在《海关进出境货物查验记录单》上签字。

(3) 货物损坏及赔偿

海关的赔偿范围仅限于实施查验过程中(之前和之后损坏，海关不赔偿)，由于海关关员的责任造成被查验货物损坏的直接经济损失。以下情况海关不赔偿：① 搬运货物、开箱、封箱不慎造成损坏的；② 易腐、易失效货物在海关正常工作时间内变质失效的；③ 正常磨损；④ 在海关查验之前已经损坏的或海关查验之后发生的损坏；⑤ 由于不可抗拒的原因造成的货物损失等。同时注意，进出口货物收发货人或其代理人在海关查验时对货物是否受损坏未提出异议，事后发现损坏的，海关不负责赔偿。

3. 缴纳税费

经海关审核报关单，并查验货物无误后，海关根据申报的货物计算税费，打印纳税缴款书和收费票据。凭海关签发的缴税通知书和收费单据在限定的时间内(收到缴款书后 15 日内)向指定银行缴纳税费，或在网上进行电子支付。

4. 提取或装运货物

(1) 海关进出境现场放行和货物结关

经上述过程后，海关对进出口货物做出结束海关进出境现场监管的决定，允许进出口货物离开海关监管场所。由海关在提货凭证或出口装货凭证上加盖海关放行章。实行无纸通关的海关，货物的收发货人根据海关发出的海关放行报文，自行打印放行凭证。

进出口货物办结海关手续，结束海关监管表示已经履行完与进出口有关的一切义务。海关现场放行：一般进出口货物，海关放行后就可以进入生产和流通领域，放行就是结关。保税货物、暂准进口货物、特定减免税货物，放行并不等于结关，海关在一定时期内还需进行监管。

(2) 提取或装运货物

凭加盖有海关放行章戳记的进口提货凭证提取进口货物；凭加盖有海关放行章戳记的出口装货凭证办理货物装上运输工具离境的手续。

(3) 申请签发进出口收付汇证明联

进出口货物收发货人或其代理人在办理完毕提取进口货物或装运出口货物的手续后，如有需要，可以向海关申请签发有关货物的进口、出口证明。海关在签发证明的同时通过电子口岸执法系统向有关单位传送相关数据进行备案。

补充阅读 4-3　上海进出口商品检验鉴定市场

2017 年 2 月 13 日，记者从上海市政府新闻发布会获悉，2016 年上海出入境检验检疫局立足上海自贸区先发优势，采取简化行政审批、降低企业成本，服务重点区域、重要产业、重点工程等“三简三降三服”措施，不断将“放管服”改革向纵深推进。

据介绍，上海出入境检验检疫局把服务上海自贸试验区作为重中之重，完成国务院总体方案和深化方案中涉及检验检疫部门的 24 项任务，累计出台支持自贸试验区发展制度举措 77 项，制定配套文件 132 个，其中 15 项制度为结合地方产业发展和企业需求推出的自主改革举措，30 项制度为全国首创。

围绕服务重要产业，上海出入境检验检疫局助推国际邮轮、检验检测认证等战略产业发展。创新邮轮维修和过境食品配送监管制度，推动面向亚太地区的国际邮轮食品配送中心选址上海。通过推动“检验检测认证示范区”建设，助力高技术服务业健康发展。目前，上海进出口商品检验鉴定市场年营收 90.1 亿元，占全国的 36.8%。

在服务重点工程方面，上海出入境检验检疫局为中国商飞“大飞机”工程提供零部件快速通关、CCC 认证产品诚信监管等专项服务。对迪士尼项目采取一站式服务，截至 2016 年 9 月，共完成 63 个、2.55 亿美元进口游乐设备及物资的检验，检疫引种植物 90 余属 19 300 余株。

第三节　进出口税费的计算和缴纳

一、完税价格的审定

完税价格是指海关根据有关规定对进出口货物进行审定或估定后通过估价确定的价格，它是海关征收关税的依据。

《中华人民共和国海关法》第五十五条对关税完税价格做出了基本规定，内容是：“进出口货物的完税价格，由海关以该货物的成交价格为基础审查确定。成交价格不能确定时，完税价格由海关依法估定。”“进口货物的完税价格包括货物的货价、货物运抵中华人民共和国境内输入地点起卸前的运输及其相关费用、保险费；出口货物的完税价格包括货物的货价、货物运至中华人民共和国境内输出地点装载前的运输及其相关费用、保险费，但是其中包含的出口关税税额，应当予以扣除。”“进出境物品的完税价格，由海关依法确定。”《海关法》关于完税价格的这些规定，是海关审查确定关税价格的基本规范。

对于关税完税价格的审定，《海关法》第五十五条的规定，进出口货物的完税价格，由海关以该货物的成交价格为基础审查确定。这里明确规定以成交价格为基础，是要求关税完税价格更能反映市场的实际状况，更符合实际。因而，在海关审定进出口货物完税价格办法中指出，正确审定完税价格是为了防止伪报、瞒报进出口货物价格，防止借此行为偷逃关税，保护公平竞争和维护纳税人的合法权益；对于实际成交价格，则将其界定为是一般贸易项下进口或出口货物的买方为买该项货物向卖方实际支付的价格。所以，海关要求进出口货物的收发货人或其代理人应当如实申报进出口货物的真实价格，提供证明所申报价格真实、完整、正确的文件资料，必要时，还应当向海关提供反映买卖双方关系和成交活动的一切有关情况。同时，海关为审查申报价格的正确性，也有权检查买卖双方的有关合同、发票、账册、单据、业务函电、文件和其他资料。

对于关税完税价格的估定，按照《海关法》第五十五条的规定，在成交价格不能确定时，完税价格由海关依法估定。所以，海关估价是指海关为了征收关税而根据统一的价格准则来审查定进出口货物的价值，即估定进出口货物应当缴纳关税的价值。实际上，海关估价就是由海关估定进出口货物的完税价格。

二、关税的种类

（一）进口税

进口税（Import duty）是进口国家的海关在外国商品输入时，对本国进口商所征收的关税。这种进口税在外国商品直接进入关境或国境时征收，或外国商品由自由港自由贸易区或保税区等提出，运往进口国的国内市场销售，在办理海关手续时根据海关税则征收，通常称为一般进口税。征收目的是提高进口商品的成本，削弱其竞争力，限制进口。

（二）出口税

出口税（Export duty）是出口国的海关在本国商品输往国外时，对出口商征收的关税。出口商通常会向商品输入国的消费者转嫁出口关税，因此，出口关税的征收一般会提高本国商品在国外市场的销售价格，削弱其竞争力，从而影响商品出口。征收目的是提高本国商品的出口成本和在国外市场的售价，降低其在国际市场的竞争能力，限制出口，保护资源，以满足国内市场的需要和防止向国外倾销。

（三）过境税

过境税又称为通过税、转口税，是由海关对通过本国国境运往别国的外国商品课征的关税。最初征收过境税的主要目的是增加财政收入，随着国际贸易及国际货物运输的发展，过境税的征收越来越妨碍本国交通运输业的发展，影响到本国银行、保险、仓储等方面收入的增加。因此，目前大部分国家已经废除了过境税，只征收少量的签证费、印花费、登记费和统计费等。

（四）进口附加税（特别关税）

进口附加税（Import surcharge）是海关对进口商品在征收正常的进口税外，额外加征的关税，属于临时性措施。征收目的是应付国际收支危机，维持进出口平衡；防止外国商品低价倾销；对某个国家实行歧视或报复等。主要包括反倾销税、反补贴税、报复税、惩罚税等。

三、进出口税费的计算

（一）进口关税的计算

目前我国对进口关税采用的计征标准有从价关税、从量关税和复合关税三种。

1. 从价关税

从价关税是以进口货物的完税价格作为计税依据，以应征税额占货物完税价格的百分比作为税率，货物进口时，以此税率和实际完税价格相乘计算应征税额。单一使用从价税的国家：阿尔及利亚、埃及、巴西、墨西哥、中国。

从价税的计算公式为：

应征税额 = 完税价格 × 进口从价税税率

计算程序：第一步，确定货物的完税价格（即确定货物的 CIF 报价）；第二步，根据汇率适用原则将外币计算为人民币；第三步，按照公式换算应该征收的税款。

计算举例 4-1　从价关税的计算方法

内地某公司向香港购进日本皇冠轿车 10 辆，成交价格合计为 FOB 香港 120 000.00 美元，实际支付运费 5 000 美元，保险费 800 美元。已知该轿车的汽缸容量 2 000cc，适用中国银行的外汇折算价为 1 美元 = 人民币 6.839 6 元，计算应征进口关税。（原产国日本适用最惠国税率 25%）。

【解析】

第一步：确定货物的完税价格（即确定货物的 CIF 报价）

审定完税价格为 125 800 美元（120 000.00 美元 +5 000 美元 +800 美元）

第二步：根据汇率适用原则将外币折算为人民币

将外币价格折算成人民币，为 860 421.68 人民币元；

第三步：按照公式计算应该征收的税款

应征进口关税税额 = 完税价格 × 进口关税税率

=860 421.68 ×25% =215 105.42（人民币元）

2. 从量关税

从量关税是以进口商品的数量、体积、重量等计量单位计征关税的方法。计税时以货物的计量单位乘以每单位应纳税金额即可得出该货物的关税税额。完全采用从量税的发达国家是瑞士。从量关税计算公式为：

应征税额 = 进口货物数量 × 单位税额

计算程序为：第一步，确定货物的实际进口数量，如果进口计量单位与计税的单位不同，应该进行换算；第二步，按照公式计算应该征收的税款。

计算举例 4-2　从量关税的计算方法

国内某公司从香港购进原产日本柯达彩色胶卷 50 400 卷（宽度 35 毫米，长度不超 2 米），成交价格合计为 CIF 境内某口岸 10.00 港币/卷，已知适用中国银行的外汇折算价为 1 港币 = 人民币 0.881 5 元；以规定单位换算表折算，规格“135/36”1 卷 =0.057 75 平方米，计算应征进口关税。（原产地日本适用最惠国税率 26 人民币元/平方米）。

【解析】

第一步：确定货物的实际进口数量，如果进口计量单位与计税的单位不同，应该进行换算确定其实际进口量。50 400 卷×0.057 75 平方米/卷 =2 910.6 平方米

第二步：按照公式计算应该征收的税款。

应征进口关税税额 = 货物数量 × 单位税额

=2 910.6 平方米×26 人民币元/平方米 =75 675.60(人民币元)

3. 复合关税

复合关税是对某种进口商品混合使用从价税和从量税计征关税，使用混合税的国家有美国、欧盟各国、加拿大、澳大利亚、日本、印度、巴拿马。计算公式为：

进口关税税额 = 进口货物数量 × 单位税额 + 完税价格 × 进口从价税税率

计算程序：第一步，根据完税价格审定办法、规定，确定应税货物的完税价格；第二步，根据汇率使用原则，将外币折算成人民币；第三步，按照计算公式正确计算应征税款。

计算举例4-3　复合关税的计算方法

国内某公司从日本购进该国企业生产的广播级电视摄像机 40 台，其中有 20 台成交价格为 CIF 境内某口岸 4 000 美元/台，其余 20 台成交价格为 CIF 境内某口岸 5 200 美元/台，已知适用中国银行的外汇折算价为 1 美元 = 人民币 6. 839 6 元，计算应征进口关税。（原产国日本关税税率适用最惠国税率，经查关税税率为：完税价格低于 5 000 美元/台的，关税税率为单一从价税 35%；CIF 境内某口岸 5 000 美元/台以上的，关税税率为 12 960 元从量税再加 3% 的从价关税）。

【解析】

第一步：根据完税价格审定办法、规定，确定应税货物的完税价格。

确定后成交价格合计为 80 000 美元(每台 4 000 美元的 20 台)和 104 000 美元(每台 5 200 美元的 20 台)

第二步：根据汇率适用原则，将外币折算成人民币。

将外币价格折算成人民币为 547 168.00 人民币元和 711 318.40 人民币元

第三步：按照计算公式正确计算应征税款。

20 台单一从价进口关税税额 = 完税价格 × 进口关税税率

=547 168.00 ×35% =191 508.80(人民币元)

20 台复合进口关税税额 = 货物数量 × 单位税额 + 完税价格 × 关税税率

=(20 ×12 960 元/台) +(711 318.40 ×3%) =259 200.00 +21 339.55 =280 539.55(人民币元)

40 台合计进口关税税额 = 从价进口关税税额 + 复合进口关税税额

=191 508.80 +280 539.55 =472 048.35(人民币元)

(二) 出口关税税款的计算

出口关税是出口国海关根据关税税则对出口商品所征收的关税，从量税的计算与进口

商品相同。计算出口从价关税税额的基本公式为：

出口关税税额 = 完税价格 × 出口关税税率

出口货物完税价格 = FOB − 出口关税 = FOB/(1 + 出口关税税率)

即出口货物是以FOB价成交的,应以该价格扣除出口关税后作为完税价格；如果以其他价格成交,则应换算成FOB价后再按上述公式计算。计算程序：第一步,按照归类原则确定税则归类,将应税货物归入适当的税号；第二步,根据审定完税价格的有关规定,确定应税货物的成交价格；第三步,根据汇率适用规定,将外币折算成人民币；第四步,按照计算公式正确计算应征出口关税税款。

计算举例4-4　出口从价关税的计算方法

国内某企业从广州出口硅铁一批,申报成交价格为FOB广州黄埔港9 060.25美元,其适用中国银行的外汇折算价为1美元 = 人民币6.571 8元,计算出口关税。

【解析】

第一步：确定税则归类,该批硅铁归入税号7202.2100,出口税率为25%。

第二步：审定FOB为9 060.25美元。

第三步：将外币价格折算成人民币为59 542.15元。

第四步：应征出口关税税额 = [成交价格 ÷ (1 + 出口关税税率)] × 出口关税税率

= [59 542.15 ÷ (1 + 25%)] × 25% = 47 633.72 × 25% = 11 908.43(人民币元)

（三）反倾销税的计算

反倾销税(Anti-dumping Duties),就是对倾销商品所征收的进口附加税。当进口国因外国倾销某种产品,国内产业受到损害时,征收相当于出口国国内市场价格与倾销价格之间差额的进口税。反倾销税的基本公式为：

反倾销税税额 = 完税价格 × 反倾销税税率

计算程序：第一步,按照归类原则确定税则归类,将应税货物归入恰当的税目税号；第二步,根据反倾销税有关规定,确定应税货物所适用的反倾销税税率；第三步,根据完税价格审定办法、规定,确定应税货物的完税价格；第四步,根据汇率使用原则,将外币折算成人民币；第五步,按照计算公式正确计算应征反倾销税税款。

计算举例4-5　反倾销税的计算方法

国内某公司从韩国购进0.7毫米的冷轧钢板200吨,成交价格为CIF天津560美元/吨,生产商是韩国东部制钢株式会社。已知外币折算率1美元 = 人民币7.2元(根据有关规定,韩国东部制钢株式会社出口到我国的冷轧钢板为倾销商品,应征14%反倾销税),计算应征反倾销税税额。

【解析】反倾销税税额 = 完税价格 × 反倾销税税率

= (560 × 7.2 × 14%) × 200 = 112 896.00(人民币元)

(四)其他税费的计算

1. 滞纳金的计算

关税滞纳金是在关税缴纳期限内未履行其关税给付义务的纳税人,被海关课以应纳税额一定比例的货币。《中华人民共和国进出口关税条例》第三十七条规定,纳税义务人应当自海关填发税款缴款书之日起15日内向指定银行缴纳税款。纳税义务人未按期缴纳税款的,从滞纳税款之日起,按日加收滞纳税款万分之五的滞纳金。滞纳金的计算公式为:

关税滞纳金金额=滞纳关税税额×0.5‰×滞纳天数

代征税滞纳金金额=滞纳代征税税额×0.5‰×滞纳天数

计算举例4-6 滞纳金的计算方法

某公司进口货物应缴纳关税80 000元、消费税70 000元、增值税10 000元,海关于2015年6月30日(周四)填发税款缴款书,该公司于2015年7月25日(周一)缴纳税款。计算海关应征的滞纳金。

【解析】根据已知条件,滞纳天数确定如下:2015年6月30日(周四)填发税款缴款书,纳税人最迟应当于2015年7月15日(周五)缴纳税款,7月16日之后至7月25日共10天。

滞纳金=(80 000+70 000+10 000)×0.5‰×10=800(人民币元)

2. 滞报金的计算

《中华人民共和国海关法》第二十四条的有关规定,进口货物的收货人应当自运输工具申报进境之日起十四日内,出口货物的发货人除海关特准的外应当在货物运抵海关监管区后、装货的二十四小时以前,向海关申报。进口货物的收货人超过前款规定期限向海关申报的,由海关征收滞报金。滞报金的计算公式为:

滞报金=进口货物完税价格×0.5‰×滞报天数

进口货物的成交价格,因有不同的成交条件而有不同的价格形式,常用的价格条款有FOB、CFR、CIF三种。因此,完税价格可能是以下几种:

完税价格=CIF价格

完税价格=(FOB价+运费)/(1-保险费率×保险加成率)

完税价格=CFR价/(1-保险费率×保险加成率)

计算举例4-7 滞报金的计算方法

载有进出口A企业从国外购买的进口货物的某海轮于2015年6月14日(周二)向天津海关申报进境,但A企业于2015年7月7日(周四)才向海关申报该批进口货物。该批货物的CIF天津价格是150 000美元。假设当时中国人民银行公布的基准率为1美元=6.831 9元人民币。求A企业应缴纳的滞报金。

【解析】由于A企业应最迟于2015年6月28日(周二)向海关申报进口货物,而实际申报日期是2015年7月7日(周四),所以滞报期为9天。

滞报金 = 进口货物完税价格 × 0.5‰ × 滞报天数
= 150 000 × 6.831 9 × 0.5‰ × 9 = 4 611.5(人民币元)

四、出口退税的计算

(一) 出口退税的含义

出口退税是对出口货物退还或免征增值税、消费税的一项税收政策。出口退税的货物一般应具备5个条件,一是必须属于已征或应征增值税、消费税的产品;二是必须报关离境;三是必须从境外收汇;四是必须有退税权的企业出口的货物;五是必须在财务上做出口销售。出口退税的企业包括外贸企业含工贸企业、工业企业和特定出口退税企业。特定出口退税企业出口退税方法与外贸企业基本相同。

(二) 出口退税的依据

出口退税指有进出口经营权的外贸企业对其自营或委托出口的货物实行出口退税办法。要准确地计算出口退税,必须正确地确定计税依据和适用退税率。

1. 计税依据

出口退税的计税依据,指按照出口货物适用退税率计算应退税额的计税金额或计税数量。

(1) 外贸企业出口货物退增值税的计税依据为出口产品购进金额。如果出口货物一次购进一票出口,可以直接从专用发票上取得;如果一次购进多票出口或多次购进多票出口,不能具体到哪一票业务时,可以用同一产品加权平均单价乘以实际出口数量计算得出。如果出口货物是委托加工产品,其退税计税依据为用于委托加工的原材料购进金额和支付的加工费金额。

(2) 外贸企业出口货物退消费税的计税依据为,出口消费税应税货物的购进金额或实际出口数量。可根据出口情况,从消费税缴款书中直接取得或计算得出。

2. 退税率

出口退税的退税率是根据出口货物退税计税依据计算应退税款的比例,包括增值税退税率、消费税退税率或单位产品退税额。由于消费税退税率或单位产品退税额与征税完全相同,这里主要介绍增值税退税率。

1994年税制改革后,我国出口产品的增值税退税率与征税税率是一致的,但在执行中发现存在少征多退、退税额增长速度远远大于征税增长速度、退税规模超出财政负担能力等问题。为了既支持外贸事业发展,又兼顾财政紧张的实际情况,国务院先后两次调低了出口货物的退税率。自1996年1月1日起(含1月1日),报关离境的出口货物按照下列税率计退增值税:① 煤炭、农产品出口退税率为3%;② 以农产品为原料加工生产的工业品和除煤炭、农产品以外按13%税率征收增值税的货物(如小农具、农药、化肥等),以及从小规模纳税人收购的符合退税条件的货物(农产品除外),出口退税率为6%;③ 按17%税率征收增值税的一般工业品,出口退税率为9%;④ 外贸企业委托生产企业加工收回后出口的货物,其支付的工缴费部分的退税率为14%。

需要注意的是,根据出口退税的“从低退税”原则,考虑到征税中存在的实际问题,对出口的农产品，如果专用发票注明的税率是17%，也只按3%的退税率计算退税；对出口的以农产品为原料加工生产的工业品和一般工业品，如果专用发票注明的税率是13%，则分别按3%和6%的退税率计算退税。

（三）一般贸易出口货物退税的计算

目前外贸出口货物退税方式包括“先征后退”和“免、抵、退”税。

“先征后退”是指生产企业自营出口或委托代理出口的货物，一律先按照增值税暂行条例规定的征税率征税，然后由主管出口退税业务的税务机关在国家出口退税计划内按规定的退税率审批退税。“先征后退”办法按照当期出口货物离岸价乘以外汇人民币牌价出口退税计算应退税额。

“离岸价”是装运港船上交货价，但这个交货价属于象征性交货，即卖方将必要的装运单据交给买方按合同规定收取货款，买卖双方风险划分都是以货物装上船为界限。因此，FOB价是由买方负责租船订舱，办理保险支付运保费。如果企业以到岸价格作为对外出口成交的，在货物离境后，应扣除发生的由企业负担的国外运费、保险费佣金和财务费用；以CFR价成交的，应扣除运费。一般贸易出口退税计算公式如下：

当期应纳税额 = 当期内销货物的销项税额 + 当期出口货物离岸价 × 外汇人民币牌价 × 征税率 − 当期全部进项税额

当期应退税额 = 出口货物离岸价格 × 外汇人民币牌价 × 退税税率

以上出口退税计算公式的有关说明：① 当期进项税额包括当期全部国内购料、水电费、允许抵扣的运输费、当期海关代征增值税等税法规定可以抵扣的进项税额。② 外汇人民币牌价应按财务制度规定的两种办法确定，即国家公布的当日牌价或月初、月末牌价的平均价。计算方法一旦确定，企业在一个纳税年度内不得更改。③ 企业实际销售收入与出口货物报送单、外汇核销单上记载的金额不一致时，税务机关按金额大的征税，按出口货物报关单上记载的金额退税。④ 应纳税额小于零的，结转下期抵减应交税额。

计算举例4-8　出口退税的计算方法

某鞋厂2014年3月出口鞋30 000打，其中：① 28 000打以FOB价成交，每打200美元，人民币外汇牌价为1∶8.283 6元；② 2 000打以CIF价格成交，每打240美元，并每打支付运费20元、保险费10元、佣金2元，人民币外汇牌价为1∶8.283 6元。当期实现内销鞋19 400打，销售收入34 920 000元，销项税额为5 936 400元，当月可予抵扣的进项税额为10 800 000元，鞋的退税率为13%。用“先征后退”方法计算应交税额和应退税额。

【解析】

第一步：计算出口自产货物销售收入。

出口自产货物销售收入 = 离岸价格 × 外汇人民币牌价 +（到岸价格 − 运输费 − 保险费 − 佣金）× 外汇人民币牌 = 28 000 × 200 × 8.283 6 + 2 000 ×（240 − 20 − 10 − 2）× 8.283 6 = 49 834 137.60（人民币元）

第二步：计算当期应纳税额。

当期应纳税额 = 当期内销货物的销项税额 + 当期出口货物离岸价格 × 外汇人民币牌价 × 征税率 - 当期全部进项税额 = 5 936 400 + 49 834 137.60 × 17% - 10 800 000 = 3 608 203.39(人民币元)

第三步：计算当期应退税额。

当期应退税额 = 当期出口货物离岸价格 × 外汇人民币牌价 × 退税税率 = 49 834 137.60 × 13% = 6 478 437.89(人民币元)

五、进出口税费的缴纳与退补

(一) 税款缴纳

税款缴纳指纳税人在何时何地以何种方式向海关交纳关税。我国目前纳税的方式主要是以进口地纳税为主，也有部分企业经海关批准采取属地纳税方式。主要的缴纳凭证为：① 进出口关税、进口环节税，适用海关专用缴款书；② 滞纳金，适用海关专用缴款书；③ 追征、补征，适用海关专用缴款书；④ 退税，适用收入退还书。

(二) 税款退还

纳税义务人或其代理人缴纳税款后，由海关将原缴纳关税税款的全部或部分返回给原纳税人的制度称为关税退还制度。以下情况海关核准可予以办理退税手续：① 已缴纳进口关税和进口环节税税款的进口货物，因品质或者规格原因原状退货复运出境的；② 已缴纳出口关税的出口货物，因品质或者规格原因原状退货复运进境，并已经重新缴纳因出口而退还的国内环节有关税收的；③ 已缴纳出口关税的货物，因故未装运出口申报退关的；④ 散装进出口货物发生短卸、短装并已征税放行的，如果该货物的发货人、承运人或者保险公司已对短卸、短装部分退还或者赔偿相应货款的，纳税义务人可以向海关申请退还进口或者出口短卸、短装部分的相应税款；⑤ 进出口货物因残损、品质不良、规格不符的原因，由进出口货物的发货人、承运人或者保险公司赔偿相应货款的，纳税义务人可以向海关申请退还赔偿货款部分的相应税款；⑥ 因海关误征，致使纳税义务人多缴税款的。

进出口货物的退税期限及要求：① 进出口货物的收发人或他们的代理人，在缴纳税款后发现多缴税款的，自缴纳税款之日起 1 年内，向海关申请退税，逾期海关不予受理；② 海关应当自受理退税申请之日起 30 日内查实并通知纳税义务人办理退还手续，纳税义务人应当自收到通知之日起 3 个月内办理有关退税手续。

(三) 税款追征和补征

退补税是指海关短征和纳税人短缴与漏缴的税款，由海关照章进行追征和补征的行为。追征和补征的范围：① 进出口货物放行后，海关发现少征或者漏征税款的；② 因纳税义务人违反规定造成少征或者漏征税款的；③ 海关监管货物在海关监管期内因故改变用途按照规定需要补征税款的。

追征和补征的期限和要求：① 进出口货物完税后，由于海关方面的原因，造成的少征或者漏征税款，海关应当自缴纳税款或者货物放行之日起 1 年内，向收发货人或者他们的代理人补征；② 因收发货人或者他们的代理人违反规定而造成的少征或者漏征，海关在 3 年内可以追征。

（四）延期纳税

纳税义务人因不可抗力或者国家税收政策调整不能按期缴纳税款的，应当在货物进出口前向办理进出口申报手续所在地直属海关提出延期缴纳税款的书面申请并随附相关材料，同时还应当提供缴税计划。延期交纳税款的期限，自货物放行之日起最长不超过6个月。逾期缴纳税款的，自延期缴纳税款期限届满之日起至缴清税款之日止按日加收滞纳税款万分之五的滞纳金。

（五）强制执行

纳税义务人未在关税缴纳期限内缴纳税款，即构成关税滞纳。为保证海关征收关税决定的有效执行和国家财政收入的及时入库，《中华人民共和国海关法》第六十条赋予海关对滞纳关税的纳税义务人强制执行的权利。如纳税义务人、担保人超过三个月仍未缴纳税款，经直属海关关长或者其授权的隶属海关关长批准，海关可以采取强制扣缴、变价抵缴等强制措施。强制扣缴即海关书面通知从纳税义务人开户银行或者其他金融机构的存款中扣缴税款。变价抵缴即海关将应税货物依法变卖，以变卖所得抵缴税款。扣留并依法变卖其价值相当于应纳税款的货物或者其他财产，以变卖所得抵缴税款。

【本章总结】

1. 进出口商品检验是由国家设立的检验机构或向政府注册的独立机构，对进出口货物的质量、规格、卫生、安全、数量等进行检验、鉴定，并出具证书。国家规定，重要进出口商品非经检验发给证件的，不准输入或输出。检验机构负责对进出口商品的品质、规格、重量、数量、包装、安全性能、卫生方面的指标及装运技术和装运条件等项目实施检验和鉴定，以确定其是否与贸易合同、有关标准规定一致，是否符合进出口国有关法律和行政法规的规定。

2. 进出口报关是进出口货物收发货人、进出境运输工具负责人、进出境物品所有人或者他们的代理人向海关办理货物、物品或运输工具进出境手续及相关海关事务的过程，包括向海关申报、交验单据证件，并接受海关的监管和检查等。报关的流程是进出口货物收发货人、运输负责人、物品所有人或其代理人按照海关的规定，办理货物、物品、运输工具进出境及相关海关事务的手续和步骤。

3. 税费缴纳是进出口货物收发货人或其代理人接到海关发出的税费缴纳通知后，以支票、本票、汇票、现金的形式，到海关指定的银行办理税费款项的缴纳手续，由银行将税费款项缴入海关专门账户的工作程序。进出口税费减免是海关按照国家政策、《海关法》和其他有关法律、行政法规的规定，对进出口货物的关税和进口环节海关代征税给予减征或免征。

【关键概念】

1. 商品检验　2. 检验权　3. 检验条款　4. 直通放行
5. 绿色通道制度　6. 完税价格　7. 从价税　8. 从量税
9. 复合税　10. 出口退税

【思考与习训】

1. 简述合同中检验条款的规定方法。

2. 简述实施绿色通道制度出口货物的放行流程。

3. 简述一般进出口货物的报关程序。

4. 内地某公司向香港购进日本皇冠牌轿车10辆,成交价格合计为FOB香港120 000.00美元,实际支付运费5 000美元,保险费800美元。已知汽车的规格为4座位,汽缸容量2 000CC,外汇折算率1美元=6.2元人民币,关税为30%,计算应征进口关税税额。

5. 某公司出口锌砂300吨到韩国,经海关审定成交价格FOB天津为600美元/吨。锌砂的出口关税税率为30%。已知外币折算率1美元=6.2元人民币,计算应征出口关税税额。

6. 某进口货物的成交总价为CFR上海10 000美元,运费为每千克5美元,净重100千克,毛重110千克,保险费率为3‰,汇率为1美元=6.27元人民币,关税税率为25%。请计算应征关税税额。

7. 某贸易公司于某年10月17日(周五)申报进口一批货物,海关于当日开出税款缴款书,其中关税税款为24 000元人民币,增值税税款为35 100元人民币,消费税税款为8 900元人民币。该公司实际缴纳税款日期为11月13日(周四)。计算该公司应缴纳的所有滞纳金。

8. 某年11月,内地某公司与香港一公司签订了一份进口香烟生产线合同。设备是二手货,共18条生产线,由A国某公司出售,价值100多万美元。合同规定,出售商保证设备在拆卸之前均在正常运转,否则更换或退货。设备运抵目的地后,某公司发现这些设备在拆运前早已停止使用,在目的地装配后也因设备损坏、缺件根本无法马上投产使用。但是,由于合同规定如要索赔需商检部门在"货到现场后14天内"出证,而实际上货物运抵工厂并进行装配后就已经超过14天,无法在这个期限内向外索赔。这样,工厂只能依靠自己的力量进行加工维修。经过半年多时间,花了大量人力物力,也只开出了4套生产线。请对该案例进行分析。

【实验内容与要求】

1. 查阅中国进出口食品与药品检验的资料,并对两者检验的标准进行比较分析与评价。

2. 阅读进出口货物通关所需要的相关单据,归纳整理通关单据制作审核注意的问题。

【重要链接】

1. 国家市场监督管理总局:https://www.samr.gov.cn.
2. 中国检验检疫电子业务网:http://www.eciq.cn.
3. 中华人民共和国海关总署:http://www.customs.gov.cn.
4. 一关通网:http://www.ygtcn.com.
5. 全关通信息网:http://www.qgtong.com.
6. 中国电子口岸:http://www.chinaport.gov.cn.

FIFTH

第五章

国际贸易运输

【教学目的和要求】

通过本章学习，理解国际货物运输的主要方式，熟练掌握海运中班轮和租船运输的知识；掌握班轮运费计算的标准及海洋运输中使用的主要单据；掌握合同中货物交付/装运条款的解读和拟定技巧，特别是分批装运和转运条款；掌握与运输条款相关的各种国际法规和惯例。

国际货物运输是国际贸易中必不可少的一个环节。在国际贸易中，只有通过运输，按照约定的时间、地点和条件把商品交给对方，合同才最终履行完毕。国际货物运输具有线长面广、环节多、时间性强、情况复杂、风险较大等特点，因此谨慎选择合理的运输方式、洽订合适的运输条款和正确缮制运输单据，有利于按时、按质、按量完成国际货物的运输任务，实现货物的交付。

导入案例

国际货物运输无单放货的责任认定

原告南洋商贸按照被告青岛万达提供的入货通知，将涉案货物交给其运输。青岛万达作为被告万达运通（货运代理公司）的代理人签发了涉案货物的全套正本提单。该批货物提单载明：托运人为南洋商贸，承运人为万达运通，青岛万达为万达运通的授权签单代理人。

为完成上述货物的运输事宜，被告将货物交付给作为实际承运人的德翔海运公司运输，托运人为青岛万达，收货人为寰亚国际物流公司（物流代理公司）。南洋商贸为能顺利出运该批货物，向青岛万达支付了货物的起运港杂费。涉案货物装船时的价值共计 324 055 美元。诉讼中，南洋商贸请求法院判令：两被告赔偿货物损失 1 977 869.69 元人民币及利息。

两被告辩称，原、被告之间不存在海上货物运输的合同关系。本案涉及的成交方式为 FOB，订舱人应当是南洋商贸的买方或该买方指定的代理人，由于寰亚国际物流公司涉嫌盗窃、诈骗等原因，原告南洋商贸在本案中有不可推卸的责任。两被告当庭陈述，其已将涉案货物交付给了寰亚国际物流公司，涉案货物全套正本提单均未收回，目前为南洋商贸所持有。被告主张，寰国际物流公司涉嫌刑事犯罪，已向香港警方报警。

此案经青岛海事法院审理后，一审判决：被告万达运通向原告南洋商贸赔偿货物损失 324 055 美元及其利息,驳回南洋商贸其他诉讼请求。之后,山东省高级人民法院二审裁定维持原判。法院审理认为:第一,万达运通与南洋商贸之间存在海上货物运输合同关系。南洋商贸在一审中提交的对账单、汇款凭证和发票能够证实,其向青岛万达支付了涉案货物在起运港所产生的费用。因此,可认定南洋商贸将货物交给了青岛万达。青岛万达作为万达运通的代理,接收货物后签发了提单,南洋商贸是正本提单上记载的托运人。

以上事实表明,南洋商贸符合我国海商法中关于第二种交货托运人的定义。万达运通主张,本案货物买卖合同的价格条款为 FOB,货物的买方委托寰亚国际物流公司订舱。万达运通主张上述事实,仅导致南洋商贸不符合海商法中关于第一种契约托运人的定义。但在南洋商贸符合第二种交货托运人定义的情况下,南洋商贸仍为涉案海上运输合同的托运人,与作为承运人的万达运通之间存在海上运输合同关系。

被告万达运通应当承担赔偿责任。依照海商法第四十六条第一款的规定,"承运人对集装箱装运货物的责任期间,是指从装货港接收货物时起至卸货港交付货物时止,货物处于承运人掌管之下的全部期间。在承运人的责任期间,货物发生灭失或者损坏,除本节另有规定外,承运人应当负赔偿责任。"涉案提单项下的货物运抵目的港后,万达运通在涉案货物全套正本提单均由南洋商贸持有情形下,指示实际承运人将货物交付给案外人寰亚国际物流公司,导致涉案货物被他人占有和控制。万达运通上述行为,违反了海商法第七十一条关于"提单是承运人据以交付货物的保证"之规定。

万达运通作为承运人,违反了凭正本提单交付货物的义务,使得南洋商贸对提单项下的货物失去了控制权。因此,万达运通公司应当赔偿南洋商贸由此产生的货物损失。万达运通不能以寰亚国际物流公司涉嫌盗窃、诈骗,南洋商贸的买方信息不真实等事由,免除其在海上货物运输合同项下,凭正本提单交付货物的义务。

上述案例中,万达运通在未收回由其签发的、由南洋商贸持有的正本提单的情形下,将货物交付给案外人,违反了凭单交货的法定义务,应当承担赔偿责任。万达运通声称"南洋商贸被案外人诈骗"。但是,如果万达运通履行了凭单交货的法定义务,南洋商贸则不会因涉案货物失去控制而遭受货物损失。因此,万达运通应当依照法律规定赔偿南洋商贸的损失。随着我国"一带一路"倡议和海洋强国战略的不断发展,国际海上货物运输纠纷案件,必将日益增加。通过本案的裁判,对国内卖方及承运人最具价值的启示,就是无论采用何种贸易术语,以及如何操作租船订舱事宜,在签发正本提单的情况下,只有凭正本提单交付货物才能免除法律风险。采用 FOB 条款订立国际贸易合同,若放弃在正本提单中记载为"托运人"的权利,必须持有货物的全套正本提单,这是国内卖方防范国际贸易风险的法律底线。

资料来源:青岛海事法院(http://qdhsfy.sdcourt.gov.cn/qdhsfy/394029/index.html)

第一节　运输方式

国际货物运输有海运、陆运、空运、国际多式联运等多种运输方式,国际货物运输中,首先要了解各种运输方式的特点及其营运,并结合货物的特点、交货时间、自然条件、运费水平、货物数量、装卸地点等因素选择合理的运输方式。

一、海洋运输

海洋运输(Maritime Transportation)是国际货物各种运输方式中最重要的运输方式。国际贸易中80%的国际货物运输量是通过海洋运输完成的。海洋运输具有以下突出的优点:

1. 载运量大

海运船舶的载运量远远超过火车、汽车、飞机的载运量。一艘万吨级船舶的载重量大约相当于5-6节列车的载重量,当今一般杂货船的载重量都为5万吨左右,一艘油轮的载重量可以达到60万吨。

2. 运费低廉

因为海运量大、航程远,分摊于每货运吨的运输成本就少,因此,运价相对低廉。海洋运输的单位货物运输成本大约相当于铁路运输的1/5,公路运输的1/10,航空运输的1/30。

3. 通过能力大

海洋运输可以利用四通八达的天然航道,它不像火车、汽车受轨道和道路的限制,如遇特殊情况(政治、军事及自然灾害和意外事故等)还可以改道航行。

4. 对货物的适应性强

海船货舱容积大,可运载体积庞大的货物如石油井台、火车、机车车辆等超重超大货物,其他运输方式无法装运的,船舶一般都可以装运。

但是同时海洋运输也存在不足之处:由于商船体积大,水流的阻力造成运输速度慢,从我国港口到欧洲主要港口的海运需要20多天时间;海洋运输易受气候和自然条件的影响,遇险的可能性大,船舶航行日期也不易准确预计。因此,海运不适合运输鲜活、易腐和时效要求高的货物。

(一) 班轮运输(Liner Shipping)

班轮运输又称定期船运输,指船在固定的航线上,停靠固定的港口,并按事先公布的固定运价收取运费的海洋运输方式。

1. 班轮运输的特点

(1)“四固定”:固定船期、固定航线、固定挂靠港口和相对固定的运费费率。

(2)“一负责”:由于货物由班轮公司负责配载装卸,装卸费包括在运费中,班轮公司和托运人之间不计算滞期费和速遣费。

(3) 船货双方的权利、义务与责任豁免,以船方签发的提单条款为依据。

(4) 班轮承运货物的品种、数量比较灵活,货运质量较有保证,且一般采取在码头仓库交接货物,故为货主提供了较便利的条件。

班轮运输主要用于运量较少,不足一整船的工业制成品、半制成品和其他价值较高的产品、邮件等杂货的运输。班轮船舶通常具有良好的技术质量,船员技术水平高,且在班轮停靠的港口班轮公司一般都有自己的专用码头、仓库和装卸设备,因此能够提供较高的运输质量;班轮承运人一般采取码头仓库交接货物的做法,并负责办理货物的装卸作业和全部费用,因此手续简便,为货方提供了诸多便利。同时,班轮运输"四固定"的特点,为买卖双方洽谈运输条件提供了必要依据,使买卖双方有可能事先根据班轮船期表,商定交货期、装运期及装运港,并且根据班轮运费表事先核算运费和附加费用,从而比较准确地进行比价和核算货物价格。

补充阅读 5-1　全球九大班轮公司

1. Maersk 马士基(丹麦)。总部设在丹麦哥本哈根,在全球 100 多个国家设有数百间办事机构,雇员 6 万多名,服务遍及世界各地。马士基物流于 20 世纪 80 年代末进入中国,目前在我国已有 16 个办事机构。(http://www.mearsk.com/Pages/default.aspx)

2. MSC 地中海航运(瑞士)。在世界九大集装箱航运公司中排名第二,业务网络遍布世界各地。(http://www.mscgva.ch)。3. CMA-CGM 达飞轮船(法国)。总部设在法国马赛,世界排名第三的集装箱全球承运人。目前,在全球 126 个国家和地区设立了 420 家分公司和办事机构。(http://www.cma-cgm.com/the-group/about-us/presentation)

4. COSCO 中远(中国)。作为以航运、物流为核心主业的全球性企业集团,中远在全球拥有近千家成员单位、8 万余名员工。中国远洋在综合排名中名列第四。(http://www.coscon.com/home.screen)

5. Hapag-Lloyd 赫伯罗特(德国)。赫伯罗特是德国运输公司组成的一个货柜航运公司,它成立于 1970 年,是目前世界前五大船公司之一,提供全球化的集装箱服务,在 100 多个国家拥有约 500 家分支机构。(http://www.hapag-lloyd.com/zh/home.html)

6. Evergreen 长荣海运。长荣海运服务网络遍布全球 80 多个国家,服务据点多达 240 余处。(http://www.evergreen-marine.com/tw/)

7. AMERICAN PRESIDENT LINES 美国总统轮船。美国总统轮船原来是一家有 150 年历史的美国船公司,后来在 1997 年的时候被 NOL(东方海皇)吞并,但还是用 APL 的牌子。NOL 的总部在新加坡,业务遍及全球 140 个国家,是全球九大班轮企业之一。(http://www.apl.com/)

8. China Shipping(GROUP)Company 中国海运。中国海运(集团)总公司(简称中国海运)成立于 1997 年,总部设在上海。(http://www.cnshipping.com/)

9. NYK(Nippon Yusen Kaisha)日本邮船。自 1885 年成立以来,日本邮船在经历了无数挑战之后稳步成长起来,并已成功跻身世界顶尖船公司之列。(http://www.nykline.com.cn/nyk_cn/cnindex.html)

2. 班轮运费的计算

班轮运费(Freight)是班轮承运人为承运货物收取的费用,由基本运费(Basic Freight)和附加运费(Surcharge)组成。而计算运费的单价(或费率)则称班轮运价。班轮运价具有相对稳定性,即在一定时期(如半年、一年或更长时期)内保持不变。

班轮运价表(Liner's Freight Tariff)一般包括货物分级表、各航线费率表、附加费率表、冷藏货及活牲畜费率表等。目前,我国海洋班轮运输公司使用的是“等级运价表”,即将承运的货物分成若干等级(一般分为 20 个等级),每一个等级的货物有一个基本费率。其中 1 级费率最低,20 级费率最高。

班轮运费由基本运费和附加运费两部分构成。基本运费是指货物从装运港到卸货港所应收取的基本费用,它是构成全程运费的主要部分。基本运费的计算标准通常采用以下几种:

(1) 按货物毛重,又称重量吨(Weight Ton)计收运费,运价表内用“W”表示。

(2) 按货物的体积/容积,又称尺码吨(Measurement Ton)计收,运价表中用“M”表示。

(3) 按毛重或体积计收,由船公司选择其中收费较高的作为计费吨,运价表中以“W/M”表示。

(4) 按商品价格计收,又称为从价运费,运价表内用“A. V. ”或“Ad. Val”表示。从价运费一般按货物的 FOB 价格的百分之几收取。

(5) 在货物重量、尺码或价值三者中选择最高的一种计收,运价表中用“W/M or ad val.”表示。

(6) 按货物重量或尺码选择其高者,再加上从价运费计算,运价表中以“W/M plus ad val. ”表示。

(7) 按每件货物作为一个计费单位收费,如活牲畜按“每头”(per head),车辆按“每辆”(per unit)收费。

(8) 临时议定价格。即由货主和船公司临时协商议定,以“Open”表示。通常适用于承运粮食、豆类、矿石、煤炭等运量较大、货值较低、装卸容易、装卸速度快的农副产品和矿产品。议价货物的运费率一般较低。

在实际业务中,基本运费的计算标准以按货物的毛重(W)和按货物的体积(M)或按重量、体积选择(W/M)的方式为多。贵重物品较多的是按货物的 FOB 总值(A. V.)计收。

上述计算运费的重量吨和尺码吨统称为运费吨(Freight Ton),又称计费吨,现在国际上一般都采用公制(米制),其重量单位为公吨(Metric Ton,缩写为M/T),尺码单位为立方米(Cubic Meter,缩写为 M)。计算运费时 1 立方米作为 1 尺码吨。

附加运费是班轮运输公司用于弥补在运输过程中因特殊原因而增加的额外开支或蒙受的损失。附加运费一般按照基本运费的百分比计收。附加运费名目繁多,而且会随着航运情况的变化而变动。在班轮运输中常见的附加运费有下列几种:

(1) 超重附加费(Extra Charges on Heavy Lifts)。是指由于货物单件重量超过一定限度而加收的一种附加费。

(2) 超长附加费(Extra Charges on Over lengths)。是指由于单件货物的长度超过一定限度而加收的一种附加费。

(3) 选卸附加费(Additional Optional Discharging Port)。对于选卸货物(Optional Cargo)需要在积载方面给以特殊的安排,这就会增加一定的手续和费用,甚至有时会发生翻船。由于上述原因而追加的费用,称为选卸附加费。

(4) 直航附加费(Additional Direct)。如一批货达到规定的数量,托运人要求将一批货物直接运达非基本港口卸货。船公司为此加收的费用,称为直航附加费。

(5) 转船附加费(Transshipment Additional)。如果货物需要转船运输,船公司必须在转船港口办理换装和转船手续。由于上述作业所增加的费用,称为转船附加费。

(6) 港口附加费(Port Additional)。由于某些港口的情况比较复杂,装卸效率较低或港口收费较高等原因,船公司因此加收一定的费用,称为港口附加费。

(7) 燃油附加费 BAF (Bunker Adjustment Factor)或 BS(Bunker Surcharge)或 FAF(Fuel Adjustment Factor)。指因船舶燃油价格上涨加收的附加费。这是附加费的一个主要类别,几乎各航线都有这种附加费。在集装箱运输情况下,燃油附加费以每个集装箱多少美元来征收。

(8) 货币贬值附加费(Devaluation Surcharge or Currency Adjustment Factor, CAF.)。指因运费使用的货币贬值而收取的附加费。货币贬值附加费是在基本运费和其他附加费的基础上计算的。

(9) 变更卸货港附加费(Additional for Alteration of Destination)。指货主要求改变货物原来规定的目的港,在有关当局(如海关)准许、船方又同意的情况下所加收的附加费。

(10) 绕航附加费(Deviation Surcharge)。指由于运输航线上发生了战争、运河关闭或航道阻塞等意外情况,为了船、货安全,船舶绕取其他航道/线航行,延长了运输距离,船公司开支增大,为此船公司向托运人加收的临时性附加费用。

班轮海洋运费计算的公式为:

$$F = F_b + \sum s$$

其中: F—总运费; F_b—基本运费; s—某一项附加费。

基本运费是运费吨与相应的航线费率的乘积,即

$$F_b = fQ$$

其中: f—相应的航线费率; Q—运费吨。

附加运费是各项附加费的总和,即

$$\sum s = s_1 + s_2 + s_3 + \cdots + s_n$$

附加运费有的是基本运费的一个百分比,有的是按照一定的单位计收的一个具体数字,如超重、超长附加费;货币贬值附加费则是在基本运费和其他附加费的基础上计算的。

计算举例 5-1 班轮运费的计算

上海运往肯尼亚蒙巴萨港口门锁一批计 100 箱。每箱体积为 20cm × 30cm × 40cm。每箱重量为 25 公斤。已知中国—东非航线的等级费率如表 5-1 所示。

表 5-1 中国—东非航线等级费率表(港币: 元)

货名	计算标准	等级(CLASS)	费率(RATE)
农业机械	W/M	9	404.00
棉布及棉织品	M	10	443.00
小五金及工具	W/M	10	443.00
玩具	M	20	1 120.00
基本港口: 路易港(毛里求斯)、达累斯萨拉姆(坦桑尼亚)、蒙巴萨(肯尼亚)等			

【计算】上海运往肯尼亚蒙巴萨港100箱门锁的班轮总运费。

解答：

第一步，查阅货物分级表。

门锁属小五金，查阅货物分级表，小五金属于10级货，计费标准为W/M。

第二步，计算和比较货物的体积和重量。

100箱的体积为：$(20cm \times 30cm \times 40cm) \times 100 = 24\ 000cm^3 \times 100 = 2.4m^3$。

100箱的重量为：25公斤 × 100 = 2.5公吨。

由于2.4立方米的计费吨小于2.5公吨，因此计收标准为重量吨。

第三步，查运价表。

在"中国—东非航线费率表"中10级货自上海至肯尼亚蒙巴萨为443港元，最后查"附加费率表"，了解到当时燃油附加费为30%。蒙巴萨港口拥挤附加费为10%。

第四步，计算。

根据公式计算：

$$
\begin{aligned}
F &= F_b + \sum s \\
&= 443 \times 2.5 \times (1 + 30\% + 10\%) \\
&= 1\ 107.5 \times (1 + 30\% + 10\%) \\
&= 1\ 550.50\text{（港元）}
\end{aligned}
$$

（二）租船运输（Charter Shipping）

租船运输又称不定期船（Tramp）运输，是指租船人向船公司租赁船舶，用于货物运输的海洋运输方式。它与班轮运输有很大差别。在租船运输业务中，船舶航行的时间、航线、停靠的港口及运费（包括运费中是否包含装卸费）均在装运前由租船人和船公司通过协商，以签订租船合同来加以确定。租船运输主要适用于粮谷、矿砂、煤炭、石油、木材等大宗货物的运输。

租船运输的方式包括：

1. 定程租船（Voyage Charter）。又称航次租船，是指由船舶所有人负责提供船舶，在指定港口之间进行一个航次或数个航次，承运指定货物的租船运输。定程租船按其租赁方式的不同可分为：① 单航次租船（Single Voyage Charter）；② 来回航次租船（Round Voyage Charter）；③ 连续航次租船（Consecutive Voyage Charter）；④ 包运合同（Contract of Affreightment），又称大合同单航次租船。

定程租船运费包括：

（1）定程租船运费。定程租船运费的计算方式与支付时间，需由租船人与船东在所签订的程租船合同中明确规定。其计算方式主要有两种：一种是按运费率（Freight Rate），即规定每单位重量或单位体积的运费额，同时规定按装船时的货物重量（Taken Quantity）或按卸船时的货物重量（Delivered Quantity）来计算总运费；另一种是整船包价（Lumpsum Freight），即规定一笔整船运费，船东保证船舶能提供的载货重量和容积，不管租方实际装货多少，一律照整船包价付费。费率高低取决于市场的供求关系，但也与运输距离、货物种类、装卸率、港口使用、装卸费用的划分和佣金高低有关。特别要注意的是，定程租船应付运费的时间是船东收到运费的日期，而不是租船人付出运费的日期。

（2）定程租船的装卸费。定程租船运输情况下，有关货物的装卸费用由租船人和船东协商确定后在定程租船合同中做出具体规定。具体做法主要有以下四种：

① 船方负担装货费和卸货费，又可称为“班轮条件”（Gross Terms，Liner Terms 或 Berth Terms）。

② 船方管装不管卸（Free Out，FO）。即船方负担装货费，但不负担卸货费。

③ 船方管卸不管装（Free In，FI）。即船方负担卸货费，而不负担装货费。

④ 船方装和卸均不管（Free In and Out，FIO），即船方既不负担装货费，也不负担卸货费。这种情况下，理舱费和平舱费习惯上也由租方负担，称为“船方不管装卸、理舱和平舱”（Free In and Out，Stowed and Trimmed，FIOST）条款。

2. 定期租船（Time Charter）。简称“期租”，是指由船舶所有人将船舶出租给承租人，供其使用一定时期的租船运输。在租期内，租船人可以用船舶运输货物，也可以从事班轮运输或程租船运输，还可以转租他人，租期结束后还船。期租的时间可长可短，从几个月到若干年不等，有的甚至用到船报废为止。

定期租船方式下，租船人负担船舶的燃料费、港口费、拖轮费等运营费用；船东负担船舶的维修、保险、配备船员的给养等固定费用。

3. 光船租船（Bareboat Charter）。船舶所有人只负责提供空船，不负责提供船员，承租人自行配备船长、船员，提供工资给养，负责船舶营运管理和航行各项事宜。在租期内，承租人实际上对船舶有着支配权和占有权。

这种光船租船，实际上属于单纯的财产租赁，与上述定期租船和定程有所不同，船舶所有人除收取租金外，不负任何责任，也不承担任何费用，这种租船方式在当前国际贸易中很少使用。

三种租船方式的不同点如表 5-2 所示。

表 5-2　三种租船方式的比较

比较项目	定程租船	定期租船	光船租船
租船基础	航程	航期	航期
船舶承租人的权利	小	大	最大
航次成本的负担	船舶所有人	承租人	承租人
固定开支的负担	船舶所有人	船舶所有人	承租人
运费、滞期费和速遣费的计算	都计算	只算租金	只算租金
租船合同的性质	劳务合同	半劳务半租赁合同	租赁合同
使用情况	最为常见	多见	少见

注：航次成本包括船舶燃料费、港口费、装卸费、垫舱物料费等；固定费用包括船员的工资、伙食给养、船舶维修保养、船舱保险等。

补充阅读 5-2　怎样办理租船？

租船主要是通过租船中介在租船市场上进行。租船市场(chartering market)可以是一个具体的市场，也可以是一个"虚拟的"市场，例如，"中国国际海运网"上的租船市场。"租船中介"有两类，一类是代表船东的船舶经纪人(Shipping Broker)，一类是代表租船人的租船代理人(Chartering Agent)，但很多情况下租船代理人兼有二者的性质。在实践中，租船中介一般就是经营该业务的货代。

租船的中心工作是磋商租船合同，租船合同的磋商与贸易合同的磋商一样，也由询盘、发盘、还盘、接受四个环节构成。不同点是在磋商的过程中使用标准合同。发盘时，发盘人指出选择的标准合同代码，指明对特定条款所做的增删和修改；受盘人如有异议，也只要列指出对相关条款的修改即可。

国际上常用的航次租船标准合同有：波罗的海国际航运公会(BIMCO)制定的《统一杂货租船合同》(Uniform General Charter)，代号"金康"(GENCON)；北美谷物出口协会制定的《巴尔的摩 C 式》(Baltime Berth Charter Party Steamer, Form C)，代号"NORGRAIN"等。

国际上常用的定期租船标准合同有：波罗的海国际航运公会(BIMCO)制定的《统一定期租船合同》(Baltic and International Maritime Conference Uniform Time Charter)，代号"BALTIME"；美国纽约土产交易所(New York Produce Exchange, NYPE)制定的《定期租船合同》(Time Charter)，又称为"NYPE"(纽约土产格式)，代号"Produce Form"等；国际上常用的光船租船标准合同有"贝尔康"(BARECON)。

二、铁路运输

在国际货物运输中，铁路运输(Rail Transport)是一种仅次于海洋运输的主要运输方式，海洋运输的进出口货物，也大多是靠铁路运输进行货物的集中和分散的。

铁路运输有许多优点：一般不受气候条件的影响，可保障全年的正常运输，而且运量较大，速度较快，有高度的连续性，运输过程中可能遭受的风险也较小。同时铁路运输也具有一定的缺点。铁路建设初期投资大，建设工期长，工程艰巨、复杂，需要消耗大量原材料且占用土地面积大。

铁路运输可分为国际铁路货物联运和国内铁路货物运输。

(一) 国际铁路货物联运

使用一份统一的国际联运票据，由铁路承运人负责经过两国或两国以上铁路的全程运送，并由一国铁路向另一国铁路移交货物时，不需发货人和收货人参加，这种运输称为国际铁路货物联运。

采用国际铁路货物联运需要不同国家铁路部门紧密配合，这只有通过缔结相关的国际条约才能实现。目前世界上这样的国际条约有两个：

1. 1980 年《国际铁路货物运送公约》(1980 Convention Concerning International carriage of Goods by Rail, COTIF)。1890 年欧洲各国在瑞士首都伯尔尼举行的各国铁路代表大会上制定了《国际铁路货物运送规则》，后来在 1938 年修改后改称为《国际铁路货物运送公约》

（简称《国际货约》），又称《伯尔尼货运公约》。1980 年，伯尔尼会议将它与《国际铁路旅客和行李运送公约》合二为一，但习惯上仍称《国际货约》。目前《国际货约》共有 33 个成员，主要是西欧国家，也包括部分西亚和北非国家。

2.《国际铁路货物联运协定》。1951 年 4 月 1 日，我国同苏联开办铁路联运，同年 11 月，苏联和东欧各国签订《国际铁路货物联运协定》（简称《国际货协》）。1954 年 1 月，我国参加了《国际货协》，开办了国际铁路联运。接着朝鲜、蒙古国和越南也参加了国际铁路联运。直到 1990 年 10 月，由于德国的统一，民主德国终止《国际货协》。随后东欧形势发生剧变，匈牙利、捷克也于 1991 年 1 月起终止《国际货协》。目前，原独联体（Commonwealth of Independent States，CIS）及其他原《国际货协》成员国家之间的国际铁路货物联运业务仍然沿用该协定。

目前，我国与俄罗斯、哈萨克斯坦、蒙古国、朝鲜、越南、阿富汗，部分西欧、北欧和中东地区之间的贸易主要采用国际铁路联运的方式运送。

通过国际铁路货物联运出口货物的一般程序如下：

（1）托运与承运。发货人在托运货物时，向车站提供货物运单和运单副本，车站接到运单后，审核通过，即交给签证车站在运单上签证表示受理托运。发货人按指定的日期将货物运到指定的货位，装车完毕，发站在货物运单上加盖承运日期，即为承运。

（2）发运。即货物进站、请车、拨车、装车、加固和密封。

（3）取得运单和运单副本。运单是发货人与铁路之间的运输契约，运单副本是贸易双方结算货款的依据。

（二）国内铁路运输

国内铁路运输是指仅在本国范围内按《国内铁路货物运输规程》的规定办理的货物运输。我国出口货物经铁路运至港口装船及进口货物卸船后经铁路运往各地，均属国内铁路运输的范畴。

我国内地对香港的铁路运输由内地段铁路运输和港段铁路运输组成，由中国进出口贸易运输公司各地分支机构和香港中国旅行社联合组织，其操作过程可概括为“租车过轨、两票运输”。具体做法是：

1. 发货人在内地车站将货物托运到深圳北站，以深圳外运分公司为收货人；
2. 深圳外运分公司作为发货人的代理人，在口岸与铁路部门办理票据交接，并向铁路局租车，报关后将货物过轨至香港；
3. 货车过轨后，由深圳外运分公司在香港的代理——香港中旅货运有限公司，向香港海关报关，并向香港铁路公司重新起票办理港段铁路运输；
4. 货物到达目的地后，由香港中旅货运有限公司将货物卸车交给实际收货人。

我国内地与澳门没有铁路直通，因此内地各省市运往澳门的货物，先由铁路部门办理国内运输运至广州南站，以广东外运分公司为收货人；货物到达后，由广东外运分公司办理水运或公路中转手续，将货物转运至澳门目的地。

三、航空运输

航空运输（Air Transport）是一种现代化的运输方式，它与海洋运输、铁路运输相比，具有运输速度快、安全准确,可以节约运包装、保险、利息等费用,且不受地面条件的限制等特点。目前,我国的进出口商品中,进口采用空运的有电脑、成套设备中的精密部件、电子产品等;出口商品中主要有丝绸、纺织品、海产品、水果和蔬菜等。

(一)航空运输的营运方式

1. 班机运输(Scheduled Airline)

班机运输是指在固定航线上,按照固定时间、固定始发站、到达站和途经站进行货物运输的方式。选择班机运输可以预知货物的起运和到达时间,并准确核算运费,交货也比较有保障,因此成为多数贸易商首选的航空货运形式。但是班机运输一般为客货混载,因而舱位有限,不能满足大批量货物及时发出的要求,往往只能分批运输,使得班机运输在货物运输方面存在很大的局限性。

2. 包机运输(Chartered Carrier)

包机运输是指包租整架飞机或由几个发货人(或航空货运代理公司)联合包租一架飞机来运送货物。因此,包机又分为整包机和部分包机两种形式,前者适用于大宗货物运输,后者适用于多个发货人,但货物到达站又是同一地点的货物运输。包机的运费比班机低,但运送时间较班机长。另外,包机会受到目的站所在国政府的限制。例如,关于降落地点,一般要向当地政府有关单位申请批准。

3. 集中托运(Consolidation)

集中托运是指航空货运公司把若干单独发运的货物(每一货主的货物要出具一份航空运单)组成一整批货物,用一份总运单(附分运单)整批发运到预定目的地,由航空公司在那里的代理人收货、报关、分拨后交给实际收货人。集中托运的运价比国际空运协会公布的班机运价低7%~10%,在航空运输中使用较为普遍。

4. 航空急件传送方式(Air Express Service)

航空急件传送是目前国际航空运输中最快捷的运输方式。它不同于航空邮寄和航空货运,而是由一个专门经营此项业务的机构与航空公司密切合作,由专人用最快的速度在货主、机场、收件人之间传送急件,特别适用于急需的药品、医疗器械、图纸资料、货样及单证等的传送,被称为"桌到桌运输"(Desk to Desk Service)。

(二)航空运输的运价

航空运输货物的运价是指从启运机场至目的机场的运价,不包括其他额外费用(如提货、仓储费等)。运价一般是按重量(公斤)或体积重量(6 000 立方厘米折合1公斤)计算的,而以两者中高者为准。

航空运费针对航空运输货物的不同性质与种类,规定有一般货物运费(General Cargo Rate,GCR)、特种货物运费(Special Cargo Rate,SCR)、等级货物运费(Class Cargo Rate,CCR)。特种货物运费是航空公司向长期货主提供的低于一般货物运费的竞争性运费,一般是批量大、季节性强、单位价值小的货物。等级货物运费是在一般货物运费的基础上增减一定百分比的运费,用于规定地区的动物、贵重物品、弹药、报纸、书刊等少量货物的运输。

(三)国际航空运输有关公约

航空业有跨国的特征,因而航空货物运输的发展必然伴随着调整其统一实体法规范的国际公约的产生与发展。这其中较有影响力的国际航空运输公约有:《华沙公约》(1929

年)、《海牙议定书》(1955 年)、《瓜达拉哈拉公约》(1961 年)、《危地马拉议定书》(1971 年)、《蒙特利尔第一号附加议定书》(1975 年)等。

在上述文件中《华沙公约》是最基本的,其他各项公约和议定书都是对《华沙公约》的补充或修改,所以它们又被合称为华沙体系。它们一方面彼此相关,另一方面却又相互独立,而《华沙公约》的缔约国并不自然成为以后其他议定书的参加国,也不一定受其管辖。在上述公约和议定书中,以《华沙公约》和《海牙议定书》的适用最为广泛,已经为世界大多数国家所认可。

四、集装箱运输和国际多式联运

(一) 集装箱运输

集装箱运输(Container Transport)是以集装箱作为包装和运输单位进行货物运输的现代化运输方式。以集装箱为运输单位,可以组织多种运输方式,进行大量、快速、廉价、安全的国际货物运输。目前集装箱运输已经成为国际上普遍采用的一种重要的运输方式,适用于海洋运输、铁路运输及国际多式联运。

1. 集装箱班轮运输的特点

与传统的杂货班轮运输比较,集装箱班轮运输有许多优点:

(1) 装卸效率高。传统班轮每小时大约只能装卸 35 吨货物,集装箱班轮每小时可装卸 400 吨货物,极大地提高了码头的利用率和吞吐量。

(2) 运输速度快。集装箱班轮运输大大简化了计量、整理、保管、检验、交接等手续,从而提高了货运速度,减少了商品流通占用资金的时间。

(3) 能有效地利用运输工具的载重量和容积。

(4) 货损货差少,节省包装费用。集装箱相当于一个坚固的外包装,不怕日晒雨淋、中途偷窃,从而减少了货损货差。另外,由于有集装箱的保护,箱内货物的包装可大大简化。

(5) 有利于开展国际多式联运。

(6) 运输成本低,运输质量高。

上述特点,决定了集装箱班轮运输可以降低营运、仓储、包装、运输、保险、索赔理赔等成本,提高运输质量。

2. 集装箱的种类和规格

国际标准化组织为统一集装箱的规格,推荐了 3 个系列 13 种规格的集装箱,而在国际航运上运用的主要有 3 种规格:IC 型 8′×8′×20′,简称 20 英尺集装箱(可装货物约 17.5 公吨,可装货物体积约 25 立方米);IA 型 8′×8′×40′,简称 40 英尺集装箱(可装货物约 25 公吨,可装货物体积约 55 立方米);IAA 型 8.6′×8′×40′简称 40 英尺高箱(可装货物约 25 公吨,可装货物体积约 65 立方米)。为了便于统计、计算集装箱运输的货运量,目前国际上都以 20 尺集装箱作为计算衡量单位,以 TEU(Twenty foot Equivalent Unit)表示,意即“相当于 20 尺单位”。在统计不同型号的集装箱时,按集装箱的长度换算成 20 尺单位(TEU)加以计算。

为适应运输各类货物的需要,集装箱除通用的干货集装箱外,还有罐式集装箱、冷藏集装箱、框架集装箱、平台集装箱、通风集装箱、牲畜集装箱、散装集装箱、挂式集装箱等种类。

3. 集装箱运输货物的装箱方式

集装箱运输有整箱货(Full Container Load,FCL)和拼箱货(Less Than Container Load,LCL)之分。

(1) 整箱货是由发货人负责装箱、计数、积载并加铅封的货运。凡是一批货物的数量达到一个或者一个以上集装箱内容积的75%,或者集装箱负荷重量的95%,即可作为整箱货装。集装箱的货由货方在工厂或者仓库装箱,装箱后直接运到集装箱堆场(Container Yard,CY)后由承运人托运。整箱货的拆箱,一般由收货人办理,但也可以委托承运人在货运站拆箱。但是承运人不负责箱内的货损、货差,除非货方举证确属承运人责任事故的损害,承运人才负责赔偿。承运人对整箱货,以箱为交接单位,只要集装箱围标与收箱时相似和铅封完整,承运人就完成了承运责任,整箱货运提单上,要加上“委托人装箱、计数并机铅封”(Shippers Load Count and Seal,SLCAS)的条款,即所谓的“不知条款”(Un-Known Clause)。

(2) 拼箱货指装不满一整箱的小票货物。这种货物通常是由承运人分别揽货并在集装箱货运站(Container Freight Station,CFS)或内陆站集中,而后将两票或两票以上的货物拼装在一个集装箱内,同样要在目的地的集装箱货运站或内陆站拆箱分别交货。对于这种货物,承运人要负担装箱与拆箱作业,装拆箱费用仍向货方收取。承运人对拼箱货的责任,基本上与传统杂货运输相同。

4. 集装箱运输货物的交接方式

在集装箱运输中,船货双方的交接方式有以下几种:

(1) 门到门(Door to Door)。托运人在工厂和仓库,将由他负责装箱的集装箱交承运人验收,承运人负责将集装箱运至收货人的工厂或仓库交箱的全程连续运输,称为“门到门”运输。

(2) 门到场(Door to CY)。从发货人的工厂或仓库,将集装箱运至目的港的集装箱堆场。

(3) 门到站(Door to CFS)。从发货人的工厂或仓库,将集装箱运至目的地或卸货港的集装箱货运站。

(4) 场到门(CY to Door)。从装箱港的集装箱装卸区,将集装箱运至收货人的工厂或仓库。

(5) 场到场(CY to CY)。从装箱港的集装箱堆场将集装箱运至目的港的集装箱堆场。

(6) 场到站(CY to CFS)。从装箱港的集装箱堆场将集装箱运至目的港的集装箱货运站。

(7) 站到门(CFS to Door)。从起运地或装箱港的集装箱货运站,将集装箱运至收货人的工厂或仓库。

(8) 站到场(CFS to CY)。从起运地或装箱港,将集装箱运至目的地或卸货港的集装箱装卸区集装箱后方堆场。

(9) 站到站(CFS to CFS)。从起运地或装箱港的集装箱货运站将集装箱运至目的地或卸箱港的集装箱货运站。

集装箱运输还有不同的交接方式,如“整箱交、整箱接”(FCL/FCL),“拼箱交、拼箱接”(LCL/LCL),“整箱交、拆箱接”(FCL/LCL),“拼箱交、整箱接”(LCL/FCL)。在不同交接方式下,集装箱运输经营人和货方承担的责任和义务是不同的,见表5-3。

表5-3　集装箱的交接地点和交接方式

集装箱交接方式	使用交接地点
FCL/FCL	"Door to Door" "CY to CY" "Door to CY" "Door to CY"(一个发货人,一个收货人)
LCL/LCL	"CFS to CFS"(多个发货人,多个收货人)
FCL/LCL	"CY to CFS" "Door to CFS"(一个发货人,多个收货人)
LCL/FCL	"CFS to Door" "CFS to CY"(多个发货人,一个收货人)

5. 集装箱运输的费用

集装箱运输的费用构成和计算方法与传统的运输方式不同。集装箱运输除了海运运费(Ocean Freight)外,还包括内陆或装运港市内运输费(Inland Transport Charge)、拼箱服务费(LCL Service Charge)、堆场服务费(Terminal Handling Charge,THC)、集装箱及其设备使用费(Charge of Container and Other Equipment)等。

集装箱海运运费是由船舶运费和一些相关的杂费所组成的。目前,有下列两种计费方法:

(1) 按件杂货基本费率加附加费。这是按照传统的按件杂货计算方法,以每运费吨为计算单位,一般适用于拼箱货,在班轮运价表上注明LCL价格,但还要加收拼箱服务费。

(2) 按包箱费率。这是以每个集装箱为计费单位。包箱费率视船公司和航线等不同因素而有所不同。常用集装箱整箱交货的情况,常见的包箱费率有以下三种形式:

① FAK(Freight for All Kinds)。又称"均一费率",即不管是什么货物都按一个费率计算。其优点是计算简单。

② FCS(Freight for Class)。指按货物等级制定的费率,等级的划分与杂货班轮相同,也是20级,但不像杂货班轮那样一级一个费率,而是将20级分成三组或四组(如1~7级、8~10级、11~15级、16~20级四组),分别制定三个或四个费率。

③ FCB(Freight for Class & Basis)。指不仅按货物等级(Class),还按计费标准(Basis)制定的费率。例如,同样是8~10级货,还按体积(M)和重量(W)分别制定不同的费率。FCB适用于拼箱货。如同是8~10级货物,20英尺集装箱按重量计为1 500美元,按尺码计为1 450美元。

经营集装箱运输的船公司为了保证营运收入不低于成本,通常还有最低运费的规定。所谓最低运费,即指起码运费。在拼箱货的情况下,最低运费的规定与班轮运输中的规定基本相同。即在费率表中都制定了最低运费,任何一批货运其运费金额低于规定的最低运费额时,则按最低运费金额计收。在整箱货的情况下,由货主自行装箱,如箱内所装货物没有达到规定的最低计费标准时,则亏舱损失由货主负担。各船公司都分别按重量吨和尺码吨给不同类型与用途的集装箱规定了最低的装箱吨数,并以两者中高者作为装箱货物的最低运费吨。因此,提高集装箱内积载技术,充分利用集装箱容积,有利于节省运输费用。

(二) 国际多式联运

1. 国际多式联运的含义和构成条件

国际多式联运(International Multimodal Transport 或 International Combined Transport,美

国称为 International Intermodal Transport）是在集装箱运输的基础上产生和发展起来的一种综合性的连贯运输方式，它一般是以集装箱为媒介，把海、陆、空各种传统的单一运输方式有机地结合起来，组成一种国际的连贯运输。

《联合国国际货物多式联运公约》对国际多式联运所下的定义是："国际多式联运是指按照多式联运合同，以至少两种不同的运输方式，由多式联运经营人把货物从一国境内接运货物的地点运至另一国境内指定交付货物的地点。"根据此项定义，说明构成多式联运应具备下列条件：

（1）必须有一个多式联运合同，合同中明确规定多式联运经营人和托运人之间的权利、义务、责任和豁免。

（2）必须是国家间两种或两种以上不同运输方式的连贯运输。

（3）必须使用一份包括全程的多式联运单据。

（4）必须是国际货物运输。

（5）必须由一个多式联运经营人对全程运输负总的责任。

（6）必须是全程单一运费费率，其中包括全程各段运费的总和、经营管理费用和合理利润。

国际多式联运汇集了各种运输方式的优点，达到了较为完善的运输效果。多式联运责任统一，手续简便，各运输环节紧凑、连贯，中转迅速，货主可尽早结汇，加快了资金周转，减少利息支出。

补充阅读 5-3　多式联运合同和多式联运经营人

多式联运合同（Multimodal Transport Contract）是指多式联运经营人与托运人之间订立的凭以收取运费、负责完成或组织完成国际多式联运的合同。它明确规定了多式联运经营人和托运人之间的权利、义务、责任和豁免。

多式联运经营人（Multimodal Transport Operator）是指本人或通过其代表订立多式联运合同的任何人，他是事主，而不是发货人的代理人或代表，也不是参加多式联运的承运人的代理人或代表，并且负有履行合同的责任。他可以充任实际承运人，办理全程或部分运输业务，也可以是无船承运人（Non-vessel Operating Common Carrier，NVOCC），即将全程运输交由各段实际承运人来履行。

2.《联合国国际货物多式联运公约》

《联合国国际货物多式联运公约》（United Nations Convention on International Multimodal Transport of Goods，1980）是世界上第一个关于多式联运的公约，它是在联合国贸发会议的主持下起草，于 1980 年 5 月在日内瓦召开的联合国国际多式联运公约会议上，经参加会议的 84 个贸发会议成员国一致通过的。我国参加了公约的起草并在最后文件上签字。

继《汉堡规则》之后制定的《联合国国际货物多式联运公约》旨在调整多式联运经营人和托运人之间的权利、义务关系及国家对多式联运的管理。该公约在对多式联运经营人的赔偿责任要件、赔偿责任基础、赔偿责任限制权利及其丧失、非合同赔偿责任、诉讼时效的管辖等方面都有着与《汉堡规则》大体相似的规定。

五、大陆桥运输

（一）大陆桥运输的特点

大陆桥运输(Land Bridge Transport)是指使用横贯大陆的铁路(公路)运输系统,作为中间桥梁,把大陆两端的海洋连接起来的集装箱连贯运输方式。国际贸易货物使用大陆桥运输具有运费低廉、运输时间短、货损货差率小、手续简便等特点,大陆桥运输是一种经济、迅速、高效的现代化运输方式。

（二）大陆桥运输的路线

大陆桥运输是集装箱运输开展以后的产物,始于 1967 年,发展到现在已形成西伯利亚大陆桥、欧亚大陆桥和北美大陆桥三条大陆桥运输路线。

1．西伯利亚大陆桥

西伯利亚大陆桥,是利用俄罗斯西伯利亚铁路作为桥梁,把太平洋远东地区与波罗的海和黑海沿岸及西欧大西洋口岸连接起来。这是世界上最长的运输陆桥。

2．欧亚大陆桥

欧亚大陆桥于 1992 年投入运营,东起我国连云港,经陇海线、兰新线,接北疆铁路,出阿拉山口,最终抵达荷兰鹿特丹、阿姆斯特丹等西欧主要港口。

3．北美大陆桥

北美大陆桥包括两条路线：一条是从西部太平洋口岸至东部大西洋口岸的铁路(公路)运输系统；另一条是西部太平洋口岸至南部墨西哥湾口岸的铁路(公路)运输系统。

（三）美国的 OCP 运输

使用北美大陆桥运输通常在买卖合同中规定 OCP 条款。根据该条款,发货人按 OCP 费率支付运费,将货物运抵指定的美国西海岸港口。卸船后由收货人委托的中转商(转运公司)持提单向班轮公司提货,而后按优惠的 OCP 费率通过内陆运输运往指定目的地。

“OCP”是 Overland Common Points 的缩写,意即“内陆公共点地区”,简称“内陆地区”。其含义是：根据美国费率规定,以美国西部九个州为界,也就是以洛基山脉为界,其以东地区,均为内陆地区范围,这个范围很广,约占美国全国三分之二的地区。按 OCP 运输条款规定,凡是经过美国西海岸港口转往上述内陆地区的货物,如按 OCP 条款运输,就可享受比一般直达西海岸港口更低的优惠内陆运输费率,一般低 3% ~ 5%。反之,凡从美国内陆地区起运经西海岸港口装船出口的货物同样可按 OCP 运输条款办理。同时,按 OCP 运输条款,还可享受比一般正常运输更低的优惠海运运费,每吨低 3 ~ 5 美元。

采用 OCP 运输条款时必须满足以下条件：

1．货物最终目的地必须属于 OCP 地区范围内,这是签订运输条款的前提。

2．货物必须经由美国西海岸港口中转。因此,在签订贸易合同时,有关货物的目的港应规定为美国西海岸港口,即为 CFR 或 CIF 美国西海岸港口条件。

3．在提单备注栏内及货物唛头上应注明最终目的地,如 OCP × × 城市。

例如,我国出口至美国一批货物,卸货港为美国西雅图,最终目的地是芝加哥。西雅图是美国西海岸港口之一,芝加哥属于美国内陆地区城市,此笔交易就符合 OCP 规定。经双方同意,就可采用 OCP 运输条款。在贸易合同和信用证内的目的港可填写“CIF Seattle

(OCP)”。除在提单上填写目的港西雅图外,还必须在备注栏内注明“内陆地区芝加哥”字样,即“OCP Chicago”。

六、其他运输方式

(一)公路运输

公路运输(Road Transportation)是一种现代化的运输方式,它不仅可以直接运进或运出对外贸易货物,而且也是车站、港口和机场集散进出口货物的重要手段。

公路运输具有机动灵活、速度快和方便等特点。公路运输适用于路途短、数量不多的货物运输,是货物进出码头、车站、机场的重要手段。它是连接铁路、水路、航空等运输方式不可缺少的条件,尤其是在实现“门到门”运输中,更离不开公路运输。但公路运输也有一定的不足之处,如载货量有限,运输成本高,运输风险也比较大。

(二)内河运输

内河运输(Inland Water Transportation)是水上运输的重要组成部分,它是连接内陆腹地与沿海地区的纽带,在运输和集散进出口货物中起着重要的作用。

我国拥有四通八达的内河航运网,长江、珠江等主要河流中的一些港口已对外开放,同一些邻国还有国际河流相通,这就为我国进出口货物通过河流运输和集散提供了十分有利的条件。

(三)邮政运输

邮政运输(Parcel Post Transport)是一种较简便的运输方式。各国邮政部门之间订有协定和公约,通过这些协定和公约,各国的邮件包裹可以互相传递,从而形成国际邮包运输网。

国际邮政运输具有国际多式联运和“门到门”运输的性质,托运人只需按邮局章程一次托运、一次付清足额邮资,取得邮政包裹收据(Parcel Post Receipt),就算完成了交货。邮政运输对包裹的重量、体积有一定的限制,所以,邮政运输适用于重量轻、体积小的货物的传递。如仪器、机器零件、金银首饰、样品、工程图纸等量轻体小的零星贵重物品。

(四)管道运输

管道运输(Pipeline Transportation)是指利用管道将货物从一国运送到另一国的运输方式。管道运输是随着石油工业的发展而产生和发展起来的。管道运输不受地面气候影响,可连续运送,货损货差率低,经营管理简单,成本低廉。但只适合原油、成品油、天然气、化学品等少数几种货物,初期投入巨大,只能单向运输。

目前,世界上各类运输管道干线总里程约180多万公里,其中输气管道占50%以上,输油管道占40%左右。美、俄和OPEC成员国的管道运输最发达。

第二节 运输单据

运输单据是承运人收到承运货物后签发给托运人的证明文件,它是交接货物、处理索赔与理赔及向银行结算货款或进行议付的重要单据。在国际货物运输中,运输单据的种类很多,其中包括海运提单、铁路运单、承运货物收据、航空运单、多式联运单据和邮政收据等,现将主要运输单据简述如下：

一、海运提单

（一）海运提单的性质和作用

海运提单（Ocean Bill of Lading，B/L），简称提单，是指由船长或船公司或代理人签发的，证明已收到特定的货物，并允诺将货物运到特定目的地并交付给收货人的凭证。海运提单也是收货人在目的港据以向船公司或其代理提取货物的凭证。海运提单的性质和作用可以概括为以下三个方面：

1. 货物收据（Receipt for the Goods Shipped）

提单是承运人（或其代理人）出具的货物收据，证明承运人已收到或接管提单上所列的货物。提单的货物收据功能是提单最原始且最基本的功能。

2. 物权凭证（Property Documents）

提单是货物所有权的凭证，提单在法律上具有物权证书的作用，船货抵达目的港后，收货人在目的港提取货物时，必须提交正本提单。提单可以通过背书转让，从而转让货物的所有权。提单的合法持有人可以凭提单向银行办理抵押贷款或叙做押汇。

实践中，出于各种原因，承运人如将货物交付给只持有提单副本，甚至根本没有提单的贸易商，被视为"副本提单放货"或"无提单放货"。这两种做法都是错误的，承运人交货义务并不因此解除，正本提单持有人出现并要求提货时，承运人须承担赔偿责任。

3. 运输契约的证明（Evidence of the Contract of Carriage）

提单是承运人与托运人之间订立的运输契约的证明。提单条款明确规定了承、托双方之间的权利和义务，责任与豁免，是处理承运人与托运人间的争议的法律依据。

案例研讨 5-1　提单的物权性质及其货物的交付

中国甲电子公司从日本购进一批电路板，银行 A 为甲开立了一份不可撤销的信用证。货物装船后，航运公司 B 签发了正本提单情况下，向航运公司 B 代理人出具保函，办理提货手续，银行 A 按"跟单信用证统一惯例"之规定将货款支付给日本卖方通知行，但甲没向银行 A 付款赎单，于是，银行 A 以航运公司 B 未正本提单交货为由提起诉讼。被告认为，甲已向其出具保函，原告应向甲追索信用证下款项，而不应起诉被告。问：

1. 提单的法律性质如何？
2. 被告应否承担无正本提单交货的责任？
3. 被告能否以甲出具的保函对抗原告的诉讼？

提示：国际惯例认为提单具有物权凭证性质。承运人只能将货物交与向其提示正本提单者。保函是提货人与承运人之间的双方民事行为，只约束双方当事人，不得对抗包括提单合法持有人在内的第三人。

（二）海运提单的格式和内容

提单的格式很多，每个船公司都有自己的提单格式，但基本内容大致相同，一般包括提单正面的记载事项和提单背面印就的运输条款。

1. 提单正面的内容

提单正面的记载事项,分别由托运人和承运人或其代理人填写,通常包括下列事项:

(1) 托运人;

(2) 收货人;

(3) 被通知人;

(4) 收货地或装货港;

(5) 目的地或卸货港;

(6) 船名及航次;

(7) 唛头及件号;

(8) 货名及件数;

(9) 重量和体积;

(10) 运费预付或运费到付;

(11) 正本提单的份数;

(12) 船公司或其代理人的签章;

(13) 签发提单的地点及日期。

2. 提单背面的条款

在班轮提单背面,通常都有印就的运输条款,这些条款是确定承运人与托运人之间及承运人与收货人和提单持有人之间的权利和义务的主要依据。各船公司签发的提单,其背面条款规定不一,一般首要条款中要规定所适用的国际公约,以便在发生争议时作为依据。有关提单的国际公约主要有:

(1) 1924 年签署的《关于统一提单的若干法律规则的国际公约》,简称《海牙规则》(The Hague Rules)。该公约于 1931 年生效,共 16 条,是海上货物运输领域影响最为广泛的国际公约。《海牙规则》主要规定了承运人的义务、承运人的免责和责任限制、货物灭失或损坏的通知时间与诉讼时效、托运人的义务等内容。

(2) 1968 年签署的《布鲁塞尔议定书》,简称《维斯比规则》(The Visby Rules)。该公约于 1977 年生效,共 17 条,也是目前国际海上货物运输方面的重要公约。该公约主要是对《海牙规则》的适用范围、赔偿金额、集装箱运输的赔偿计算单位及承运人的责任限制、提单的证据效力等内容做出了修改,但对于诸如承运人的不合理免责条款等实质性问题没有改动。

(3) 1978 年签署的《联合国海上货物运输公约》,简称《汉堡规则》(The Hamburg Rules)。该公约于 1992 年生效,共 34 条,对《维斯比规则》做了全面、实质性的修改,扩大了承运人的责任范围,对托运人和承运人的权益都做了较为公平、合理的调整,对国际贸易、国际航运等业务的发展都产生了较大的影响。

(4) 2009 年签署的《联合国全程或部分国际海上货物运输公约》,简称《鹿特丹规则》(The Rotterdam Rules),共 96 条。其制定的目的是取代现有的《海牙规则》《海牙—维斯比规则》以及《汉堡规则》,以真正实现海上货物运输规则的国际统一。《鹿特丹规则》是一个现代的、统一的包含海上国际货物运输但不仅仅局限于港口到港口的货物运输的国际货物运输公约。除了为门到门的货物运输提供法律支持及在船货两方的权利义务之间寻求新的平衡点以外，该公约还包含许多革新性的特征，如电子运输单据、批量合同、控制权等新的内容。《鹿特丹规则》生效实施后，无疑将对国际航运、国际贸易实务和惯例及航运立法等产生重大影响。

（三）海运提单的种类

海运提单可以从各种不同角度予以分类，主要有以下几种：

1. 根据货物是否已装船，分为已装船提单和备运提单

（1）已装船提单（On Board B/L; Shipped B/L）是指承运人已将货物全部装进货舱或装在甲板（如集装箱）后，船长或承运人或者授权的代理人凭大副收据所签发的提单。根据国际商会《Incoterms®》的规定，凡是以 CIF、CFR 条件成交的买卖合同，卖方应提供已装船提单。在以跟单信用证为结算方式的国际贸易中，根据国际商会《UCP600》第 20 条 a 款规定，如信用证要求海运提单作为运输单据，银行将接受注明货物已装船或已装指名船舶的提单。所以，在国际贸易中，已装船提单被广泛使用。

（2）备运提单（Received for Shipment B/L）又称收讫待运提单，是指承运人已收到托运货物等待装运期间所签发的提单。这种提单上面没有装船日期，也无载货的具体船名，将来货物能否装运，何时装运，都很难预料，买方一般不愿意接受该种提单，因此，在信用证无特殊规定的情况下，银行不接受备运提单。

但当货物装船以后，承运人或其代理人在备运提单上加注装运船名及装船日期并签署后，备运提单即成为已装船提单。

2. 根据提单上对货物外表状况有无不良批注，可分为清洁提单和不清洁提单

（1）清洁提单（Clean B/L）是指货物在装船时"表面状况良好"，承运人在签发提单时未加注任何货损、包装不良等批注的提单。货物表面状况一般是货物包装情况；如没有包装，则是指货物本身的外表状况，并不包含货物的内在质量。"清洁"一词并不需要在运输单据上出现，即使信用证要求运输单据为"清洁单据"。

（2）不清洁提单（Unclean B/L; Foul B/L）是指承运人在签发的提单上明确加注货物外表情况不良，或者货物存在缺陷或包装破损等批注的提单，如提单上批注"×件损坏"（... packages in damaged condition）、"铁条松散"（iron strap loose or missing）等。根据《UCP600》第 27 条 c 款，银行只接受清洁运输单据，清洁提单也是提单转让时所必备的条件。因此，为了安全收汇，在货物装船时，如果发现问题应及时采取措施，对不良的包装或货物进行整修或调换，力求取得清洁提单。

但是，并非提单有批注即为不清洁提单。国际航运公会于 1951 年规定，下列三种内容的批注不能视为不清洁：第一，不明白地表示货物或包装不能令人满意，如只批注"旧包装""旧箱""旧桶"，等等；第二，强调承运人对于货物或包装性质所引起的风险不负责任；第三，否认承运人知悉货物内容。这三项内容已被大多数国家和航运组织所接受。另外，在使用集装箱运输的联运提单中，如果是整箱货，承运人一般要在提单上加注"发货人装箱并计数"（Shipper's Load & Count）字样，以表示自己对此不负责任。该种批注也不视为不清洁批注。

3. 根据提单收货人抬头的不同，可分为记名提单、不记名提单和指示提单

（1）记名提单（Straight B/L）是指提单上的收货人栏内填明特定收货人名称，只能由该

特定收货人提货。这种提单不能通过背书方式转让给第三方,避免了因转让带来的风险,但也失去了其代表货物可转让流通的便利,故其在国际贸易中很少使用。

(2) 不记名提单(Bearer B/L)是指提单收货人栏内没有指明任何收货人,只注明提单持有人(Bearer)字样,承运人应将货物交给提单持有人。谁持有提单,谁就可以提货或转让。不记名提单无须任何背书手续就可以转让,流通性极强。但由于在提单遗失时,谁持有谁就可以提货,风险性很大,故其在国际贸易中很少使用。

(3) 指示提单(Order B/L)是指提单上的收货人栏填写"凭指定"(to order)或"凭××人指定"(to order of)字样。如果提单的收货人一栏只填写"to order",则称为托运人指示提单,即"to the order of the shipper",在托运人未指定收货人或受让人之前,货物仍然属于托运人。如果提单的收货人一栏填写"to the order of"则称为记名指示提单,这种情况下由记名的指示人指定收货人或者受让人。记名指示人可以是银行也可以是贸易商。指示提单有利于出口商、银行控制物权;对买方也有利,买方可以持这种提单提货,也可以通过转让提单来出售货物,还可以办理抵押贷款。因此,指示提单在国际贸易中使用最多。

指示提单可经过背书转让,背书的方式又有"空白背书"和"记名背书"之分。前者是指背书人(提单转让人)在提单背面签名,而不注明被背书人(提单受让人)名称;后者是指背书人除在提单背面签名外,还列明被背书人名称。记名背书的提单受让人如需再转让,必须再加背书。目前在实际业务中使用最多的是"凭指定"并经空白背书的提单,习惯上称其为"空白抬头、空白背书"提单。

4. 按运输方式分类,可分为直达提单、转船提单和联运提单

(1) 直达提单(Direct B/L)是指轮船中途不经过换船而驶往目的港所签发的提单。装直达船可节省费用、减少风险并及早提货。凡合同和信用证规定不准转船者,必须使用这种直达提单。

(2) 转船提单(Transshipment B/L)是指从装运港装货的轮船,不直接驶往目的港,而需在中途换装另外船舶所签发的提单。在这种提单上要注明"转船"或"在××港转船"字样。但由于转船往往会增加费用、风险,而且货物在中转港停留的时间不易掌握,对收货人极为不利,因此一般信用证规定不得转船。

(3) 联运提单(Through B/L)是指经过海运和其他运输方式联合运输时由第一程承运人所签发的包括全程运输的提单。联运提单虽包括全程运输,但签发联运提单的各程承运人只承担他负责运输的一段航程内的货损责任。

5. 根据提单内容的繁简,可分为全式提单和略式提单

(1) 全式提单(Long Form B/L)是指提单背面列有承运人和托运人权利、义务的详细提单。

(2) 略式提单(Short Form B/L)又叫简式提单,是指提单背面无条款,而只列出提单正面的必须记载事项的提单。这种提单一般都列有"本提单货物的收受、保管、运输和运费等项,均按本公司提单上的条款办理"字样。此外,租船合同项下所签发的提单,通常也是略式提单,在这种略式提单上应注明:"所有条件根据×年×月×日签订的租船合同。"

简式提单与全式提单在法律上具有同等效力。《UCP600》第20条a款规定:除非信用

证另有规定,银行可以接受简式提单。

6. 根据提单使用效力,可分为正本提单和副本提单

(1)正本提单(Original B/L)是指提单上有承运人、船长或其代理人签名盖章并注明签发日期的提单。这种提单在法律上是有效的单据。正本提单上必须标明"正本"(Original)字样。

(2)副本提单(Copy B/L)是指提单上没有承运人、船长或其代理人签字盖章,而仅供工作上参考之用的提单。在副本提单上一般都标明"Copy"或"Non-negotiable"(不作流通转让)字样,以示与正本提单有别。

7. 其他种类提单

(1)集装箱提单(Container B/L)是指以集装箱装运货物所签发的提单。集装箱提单有两种形式:一种是在普通的海运提单上加注"Containerized"字样;另一种是使用"多式联运提单",这种提单内容增加了集装号码(Container Number)和封号(Seal Number)。使用多式联运提单,应在信用证上注明"多式联运提单可以接受"(Combined Transport B/L Acceptable)或类似的条款。

(2)舱面提单(On Deck B/L)是指承运货物装在船舶甲板上,并在提单上注明"On Deck"字样的提单,故又称为甲板货提单。由于货物装在甲板上风险较大,除非经买方同意,否则买方一般不接受甲板货提单。如果承运人未经托运人同意,擅自将货物装在甲板上,则货损货差由承运人负责。即使买方同意将货物装在甲板上,一般托运人都要向保险公司加保甲板险。

但在集装箱运输下,按照惯例将集装箱的箱板认作船体的延伸,将集装箱装在甲板上不作为甲板货,在集装箱提单上亦无须注明"On Deck"字样。

(3)过期提单(Stale B/L)是指错过规定的交单日期或者晚于货物到达目的港日期的提单。第一种情况是指由于航线较短或银行流转速度比较慢,以至货物到达目的港时,收货人尚未收到提单,造成提货受阻。对于这种情况,目前的解决办法是采用非转让的海运单或用电子提单来代替,以加快货物的流转。但由于海运单无法流通,这也影响了货物的再出售。第二种情况是指卖方超过提单签发日期后21天才交到银行议付的提单,这种过期提单影响买方及时提货、转售并可能造成其他损失,为防止买方因此而拒绝付款,根据《UCP600》第14条c款的规定,如信用证无特殊规定,银行将拒绝接受这种过期提单。

(4)倒签提单(Antedated B/L)是指承运人应托运人的要求,签发提单的日期早于实际装船日期的提单。使用倒签提单的目的是符合信用证对装船日期的规定,便于在该信用证项下结汇。承运人签发倒签提单的做法,掩盖了提单签发时的真实情况,将面临承担由此而引起的风险责任。

(5)预借提单(Advanced B/L)是指因信用证规定装运日期和议付日期已到,而货物因故未能及时装船或尚未装船完毕,托运人出具保函,让承运人签发已装船的清洁提单,这种提单称为预借提单,预借提单是非法的。

案例研讨 5-2　凭保函签发清洁提单引起的争议

我国T公司向荷兰M公司出售一批纸箱装货物,以FOB条件成交,目的港为鹿特丹港,由M公司租用H远洋运输公司的货轮承运该批货物。同年5月15日,该合同货物在青岛装船。当船方接收货物时,发现其中有28箱货外表有不同程度的破碎,于是在该提单上批注:"该批货物有28箱外表破碎。"当船方签发提单,欲将批注转注提单时,卖方T公司反复向船方解释说买方是老客户,不会因为一点点包装问题提出索赔,要求船方不要转注收货单上的批注,同时向船方出具了下列保函:"若收货人以包装破碎货物受损为由向承运人索赔时,由我方承担责任。"船方接受了上述保函,签发了清洁提单。该货船起航不久,接到买方M公司的指示要求其将卸货港改为法国的马赛港,收货人变更为法国的F公司。经过一个月的航行,载货船到达马赛港,船舶卸货时法国收货人F公司发现该批货物有40多箱包装严重破碎,内部货物不同程度受损,于是以货物与清洁提单记载不符为由,向承运人提出索赔。后经裁定,承运人向法国收货人赔偿20多万美元的损失。此后,承运人凭保函向卖方T公司要求偿还该20多万美元的损失,但T公司以装船时仅有28箱包装破碎为由,拒绝偿还余下的十几箱损失,于是承运人与卖方之间又发生了争执。

提示:该案例主要涉及海运提单的性质和作用等法律问题。本案例中,承运人没有在提单上对货物的不良包装加以批注,从而导致丧失公约或法律赋予的可能免除其责任的权利,也没有履行其应尽的义务,签发了清洁提单,进而由此引发了一系列的风险。

二、海运单

海运单(Sea Waybill,SWB)是证明海上运输合同和货物由承运人接管或装船,以及承运人保证据以将货物交付给单证所载明的收货人的一种不可流通的单证,因此又称"不可转让海运单"(Non-negotiable Sea Waybill)。海运单不是物权凭证,故而不可转让。收货人不凭海运单提货,而是凭到货通知提货。因此,海运单收货人一栏应填写实际收货人的名称和地址,以利货物到达目的港后通知收货人提货。

海运单与海运提单的区别是:① 海运提单有收据、运输合同和物权凭证三个性质;海运单只有前面两种性质,没有物权凭证性质。海运单的收货人仅凭到货通知和身份证明就可以提货,与空运单和铁路运单一样。② 提单有记名提单、不记名提单和指示提单之分,后两种可以流通转让;海运必须写明收货人,不能流通转让。③ 提单一般在货物装船后签发,有三份正本;海运单可以在货物装船后签发,也可以在收到货物时签发,通常只有一份正本。

与海运提单相比,海运单具有提货方便、费用节省、便于防止假单据欺诈、便于利用电子传输系统等优点。这使得海运单的使用范围逐渐扩大。与海运单有关的国际惯例是1990年国际海事委员会制定的《国际海事委员会海运单统一规则》(CMI Uniform Rules for Sea Waybills,1990)。

三、铁路运输单据

铁路运输可分为国际铁路联运和通往港澳的国内铁路运输两种方式，前者使用国际铁路联运运单，后者使用承运货物收据。

（一）国际铁路联运运单

国际铁路联运运单（International through Rail Waybill）是国际铁路联运的主要运输单据，它是参加联运的发送国铁路与发货人之间订立的运输契约，其中规定了参加联运的各国铁路和收、发货人的权利和义务，对收、发货人和铁路都具有法律约束力。当发货人向始发站提交全部货物，并付清应由发货人支付的一切费用，经始发站在运单和运单副本上加盖始发站承运日期戳记，证明货物已被接妥承运后，即认为运输合同已经生效。

运单正本随同货物到达终到站，并交给收货人，它既是铁路承运货物出具的凭证，也是铁路运输部门与货主交接货物、核收运杂费和处理索赔与理赔的依据。运单副本于运输合同缔结后交给发货人，是卖方凭以向收货人结算货款的主要证件。

（二）承运货物收据

承运货物收据（Cargo Receipt）是对港澳铁路运输中所使用的一种运输单据，它既是承运人出具的货物收据，也是承运人与托运人签订的运输契约。该收据包括内地段和港段两段运输，是代办运输的外运公司向出口人签发的货物收据，也是承运人与托运人之间的运输契约，同时还是出口人办理结汇手续的凭证。

四、航空运单

航空运单（Air Waybill）是承运人与托运人之间签订的运输契约，也是承运人或其代理人签发的货物收据。航空运单还可作为承运人核收运费的依据和海关查验放行的基本单据。但航空运单不是代表货物所有权的凭证，也不能通过背书转让。收货人提货不是凭航空运单，而是凭航空公司的提货通知单。在航空运单的收货人栏内，必须详细填写收货人的全称和地址，而不能做成指示性抬头。

航空运单依签发人的不同可分为主运单（Master Air Waybill）和分运单（House Air Waybill）。前者是由航空公司签发的，后者是由航空货运代理公司签发的，两者在内容上基本相同，法律效力相当，对于收、发货人而言，只是承担货物运输的当事人不同。

五、多式联运单据

多式联运单据（Multimodal Transport Document，MTD）是指证明多式联运合同及证明多式联运经营人接管货物并负责按照合同条款交付货物的单据。多式联运公约规定，多式联运单据是多式联运合同的证明，也是多式联运经营人收到货物的收据和凭以交付货物的凭证。根据发货人的要求，它可以做成可转让的，也可以做成不可转让的。它应由多式运输经营人或经他授权的人签署。多式联运单据在使用的形式上与“联运提单”有相似之处，但性质上却有较大区别，两者的主要区别在于：

（1）适用的范围不同：联运提单限于由海运与其他运输方式所组成的联合运输时使用，而多式联运单据可用于海运与其他运输方式的联运，又可用于不包括海运的其他运输方式的联运,但必须是由两种或两种以上不同运输方式的联运。

(2) 签发人不同:多式联运单据的签发可以是不拥有运输工具,但有权控制运输并对全程运输负责的多式联运经营人或其授权的人签发;而联运提单由拥有运输工具的海上承运人或其代理人或船长签发。

(3) 签发人的责任不同:多式联运单据的签发人对货物负有全程运输的责任,而联运提单的签发人仅对自己运输区段负责。

(4) 签发时间和地点不同:在多式联运方式下,多式联运经营人或其代理人在内陆货运站、码头堆场、发货人的工厂或仓库接收货物后即可签发多式联运单据。而联运提单习惯上在装货港货物装上船舶后签发,属于已装船提单。

为了促进国际多式联运的开展,国际商会曾制定了《联合运输单据统一规则》,该规则对多式联运单据做了明确具体的规定。

六、邮政收据

邮政收据(Parcel Post Receipt)是邮政运输的主要单据,它既是邮局收到寄件人的邮包后所签发的凭证,也是收件人凭以提取邮件的凭证,当邮包发生损坏或丢失时,它还可以作为索赔和理赔的依据,但邮包收据不是物权凭证。

邮寄证明(Certificate of Posting)是邮政局出具的证明文件,据此证实所寄发的单据或邮包确已寄出和作为邮寄日期的证明。有的信用证规定,出口商寄送有关单据、样品或包裹后,除要出具邮政收据外,还要提供邮寄证明,作为结汇的一种单据。

专递收据(Courier Receipt)是特快专递机构收到寄件人的邮件后签发的凭证。

根据《跟单信用证统一惯例》规定,如信用证要求邮政收据或邮寄证明,银行将接受的邮政收据或邮寄证明表面上有信用证规定的寄发地盖戳并加注日期,该日期即为装运或发运日期;如信用证要求专递或快递机构出具的单据,银行将接受快递单据的表面注明专递或快递机构的名称并盖戳、签字并经证实,表明取件或收件日期,此日期即为装运日期或发运日期。除非信用证特别规定由指定的专递或快递机构出具的单据,银行将接受由任何专递或快递机构开立的单据。这种专递和快递采用先进的运输工具和方式,实行"门到门(Door to Door)"和"桌到桌(Desk to Desk)"的服务,所以银行接受快递的单据。

第三节　合同中的装运条款

国际货物买卖合同的装运条款通常对交货时间、装运地、目的地、分批装运、转运、装运通知、滞期、速遣条款等内容做出具体的规定。明确、合理地规定装运条款,是保证买卖合同顺利履行的重要条件。

一、装运时间

装运时间又称装运期,是指卖方将合同规定的货物装上运输工具或交给承运人的期限。

装运时间是国际货物买卖合同的主要交易条款,在合同签订以后,卖方能否按规定的时间装运，直接关系到买方能否及时收取货物，以满足其生产、消费或转售的需要。根据《公约》第 33 条规定，卖方必须严格按规定时间交付货物，不得任意提前和延迟。否则，如造成违约，则买方有权拒收货物，解除合同，并要求卖方赔偿其损失。

在国际贸易中，交货时间(Time of Delivery)和装运时间(Time of Shipment)是两种不完全相同的概念。在使用 FOB、CIF、CFR 及 FCA、CIP、CPT 六个象征性交货贸易术语下，卖方在装运港或装运地，将货物装上船只或交付给承运人监管，就算已完成交货。因此，按照上述贸易术语订立的合同，交货和装运的概念是一致的，可以把二者当作同义语。但若采用 DAT、DAP 等实质性交货的术语达成交易，则交货时间是指货物运到目的地交给买方的时间，装运时间是指卖方将货物装上船或其他运输工具的时间。所以，按照 D 字头术语成交的合同，交货和装运则是两个完全不同的概念，二者不能相互代替使用，以免引起不必要的纠纷。

随着国际贸易和运输方式的发展，国际惯例的最新解释是：装船(Loading on board vessel)、发运(Dispatch)、收妥待运(Accepted for Carriage)、邮局收据日期(Date of Post Receipt)、收货日期(Date of Pickup)等，以及在多式联运方式下承运人的“接受监管”(Taking in Charge)，均可理解为装运日。

(一) 对装运时间的规定方法

1. 规定明确、具体的装运时间

例如：“7 月份装运”(Shipment during July)、“装运期不迟于 7 月 31 日”(Shipment not later than July 31st)、“9 月底或以前装运”(Shipment at or before the end of Sep.)。此种规定方法明确、具体，使用较为广泛。

2. 规定收到信用证后若干天装运

例如：“收到信用证后 45 天内装运”(Shipment within 45 days after receipt of L/C)。这种方法对卖方履行合同不利，尽管约束了信用证的开证期，但装运时间取决于信用证的开抵时间而使卖方处于被动。因此，这种方法必须在合同中规定买方最迟的开证日期，“买方必须不迟于某月某日将信用证开到卖方”(The relevant L/C must reach the seller not later than...)的限制性条款。对某些进口管制较严的国家或地区，或专为买方制造的特定商品，或对买方资信不够了解，为防止买方不履行合同而造成损失，可采用此种规定方法。

3. 规定近期装运术语

这是指使用一些术语，例如“立即装运”(Immediate Shipment)、“即期装运”(Prompt Shipment)、“尽快装运”(Shipment as Soon as Possible)等，以此确定装运期。

这种规定方法往往是在卖方备有现货、买方要货的情况下使用。由于这些术语在国际上并无统一的解释，因此，除非买卖双方达成共识，否则避免使用。国际商会制定的《UCP600》第 3 条也明确规定不宜使用此类词，如果使用，银行将不予置理。

(二) 规定装运时间考虑的因素

1. 货源情况

货源是履行出口合同的基础。在出口业务中，装运(交货)期必须与库存情况、生产周期、生产安排的可能性等相协调。对于交货数量大的货物，一般宜采用跨月交货。

2. 运输情况

在合同规定我方安排运输时,对装运(交货)期的规定,要考虑我国与对方国家间的运输能力、航线、港口条件等情况。有直达航线且航次较多时,装运期可短一些。无直达航线,或虽有直达航线,但航次少的,装运期需要长些。对有些国家或地区,需要避开雨季和冰冻期。

3. 商品情况

规定装运时间,要考虑商品本身特点、加工、包装、检验和国内运输等情况。

二、装运港(地)和目的港(地)

装运港(Port of Shipment)是指货物起始装运的港口。目的港(Port of Destination)是指最终卸货的港口。在国际贸易中,装运港(地)一般由卖方提出,经买方同意后确认;目的港(地)一般由买方提出,经卖方同意后确认。

(一)装运港(地)和目的港(地)的规定方法

在买卖合同中,装运港和目的港的规定方法有以下几种:

1. 在一般情况下,装运港和目的港分别规定一个。如,装运港:上海(Port of Shipment: Shanghai),目的港:伦敦(Port of Destination: London)。

2. 实际业务中,也可分别规定两个或两个以上的装运港或目的港。如,装运港:新港/上海(Xingang/Shanghai);大连/青岛/上海(Dalian/Qingdao/Shanghai)。目的港:伦敦/利物浦(London/Liverpool)。

3. 在磋商交易时,如明确规定装运港或目的港有困难,可以用选择港(Optional Ports)。规定选择港有两种方式:一种是在两个或两个以上港口中选择一个,如CIF伦敦选择港汉堡或鹿特丹(CIF London, optional Hamburg/Rotterdam),或者CIF伦敦/汉堡/鹿特丹(CIF London/Hamburg/Rotterdam);另一种是笼统规定某一航区为装运港或目的港,如"地中海主要港口",即最后交货则选择地中海的一个主要港口为目的港。

(二)规定装运港(地)和目的港(地)的注意事项

1. 要注意装运地(港)与目的地(港)的具体条件

在选择装运地(港)或目的地(港)时,应考虑当地管理制度和办法、社会治安状况、是否堵塞和拥挤、气候变化情况、有无冰封期、有无直达班轮、装卸设施的好坏、装卸效率的高低和运输装卸费用的大小等。注意上述条件有利于做出正确的抉择和采取相应的对策。

2. 要注意装卸地(港)与目的地(港)有无重名的问题

在世界范围内,海运港口重名的很多。例如:波特兰(Portland)港,在美国和其他国家有同名港,且在美国的东部和西部各有1个波特兰港;澳大利亚和加拿大均有悉尼(Sydney)港;而维多利亚(Victoria)港,在世界上有12个之多;在黎巴嫩和利比亚各有1个黎波里(Tripoli)港。为了防止在交接货物中发生差错,在进出口合同中,除列明港口名称外,还应注明该港口所在国家和地区的名称。

3. 应按就近的原则选定装运地(港)与目的地(港)

为了加速货运和节省运输费用,一般地说,装运港(地)应尽可能靠近货源地,目的港(地)应尽可能靠近用货部门,以利于缩短运输里程、节约运输能力、减少中间环节,从而降低运输成本。

4. 装运地(港)与目的地(港)的规定应当明确

对国外装运港或目的港的规定,应力求具体明确。在磋商交易时,如国外商人笼统地提出以“欧洲主要港口”或“非欧洲主要港口”为装运港或目的港时,不应轻易接受。因为欧洲或非欧洲港口众多,究竟哪些港口为主要港口,并无统一解释,应避免采用此种规定方法。

三、分批装运和转运

分批装运和转运都直接关系到买卖双方的利益,因此,买卖双方应根据需要和可能在合同中做出具体的规定。一般来说,合同中如订明允许分批装运和转运,对卖方交货比较主动。

(一) 分批装运

分批装运(Partial Shipment),又称分期装运(Shipment by Installment),是指一个合同项下的货物分若干批或若干期装运。在大宗货物或成交数量较大的交易中,买卖双方根据交货数量、运输条件和市场销售等因素,可在合同中规定分批装运条款。

根据《UCP600》第 31 条 a 款规定:“除非信用证另有规定,允许分批装运。”因此,为了避免不必要的争议,争取早出口、早收汇,防止交货时发生困难,除非买方坚持不允许分批装运,原则上应明确在出口合同中订明“允许分批装运”(partial shipment to be allowed)。

根据《UCP600》第 31 条 b 款规定:“运输单据表面上注明货物是使用同一运输工具装运并经同一路线运输的,即使每套运输单据注明的装运日期不同及/或装运港、接受监管地不同,只要运输单据注明的目的地相同,也不视为分批装运。”

该惯例第 32 条对定期、定量分批装运还规定:“信用证规定在指定时期内分期支款及/或装运,其中任何一期未按期装运,除非信用证另有规定,则信用证对该期及以后各期均告失效。”因此,在买卖合同和信用证中规定分批、定期、定量装运时,卖方必须严格按照合同和信用证的有关规定办理。

(二) 转运(Transshipment)

根据《UCP600》第 19 条规定:“转运是指在从信用证规定的发运接受监管或装运地至最后目的地的运输过程中,从一运输工具卸下,再装上另一运输工具(不论是否为不同运输方式)的行为。”一般来说,允许转运对卖方比较主动,但转运要增加费用支出。而货物在转运时有可能增加损耗或散失,而且易使运程延迟,因此买方一般不愿意接受转运条款,所以是否允许转运或在何地转运,买卖双方要在合同中明确规定。

按《UCP600》对“转运”的解释,其实真正通过信用证能禁止的“转运”,实际上仅指海洋运输过程中港至港除集装箱、拖车或驳船以外的货物运输。

《UCP600》规定,除非信用证另有规定,可准许转运。为了明确责任和便于安排装运,买卖双方是否同意转运及有关转运的办法和转运费的负担等问题,应在买卖合同中订明。

(三) 合同中的分批、转运条款

国际货物买卖合同中的分批、转运条款通常是与装运时间条款结合起来规定的。合同中分批、转运条款举例如下:

1. Shipment during October/November 2016 in two equal monthly shipment, with transshipment allowed. (2016 年 10/11 月分两批平均装运,每月一批,允许转运。)

2. Shipment on or before 15th November 2016, from Dalian to London by container vessel, partial shipments and transshipment to be permitted.（2016 年 11 月 15 日前装运，从大连至伦敦，集装箱装运，允许分批和转运。）

3. Shipment by 15th August, to be transshipped at Hong Kong.（8 月 15 日前装运，在香港转船。）

案例研讨 5-3 分批装运误解产生的纠纷

山东某公司向国外出口一批花生仁，国外客户开来不可撤销信用证，证中的装运条款规定："Shipment from Chinese port to Singapore in May, Partial shipment prohibited."山东公司因货源不足，先于 5 月 15 日在青岛港将 200 公吨花生仁装"东风"轮，取得一套提单；后又在烟台联系到一批货源，在山东公司承担相关费用的前提下，该轮船又驶往烟台港装了 300 公吨花生仁于同一轮船，5 月 20 日取得有关提单。然后在信用证有效期内将两套单据交银行议付，银行以分批装运、单证不符为由拒付货款。试问：银行的拒付是否合理？为什么？

提示：分批装运是指一个合同项下的货物，分若干批或若干期装运。运输单据表面上注明货物是使用同一运输单据装运并经同一路线运输的，即使每套运输单据注明的装运日期不同，以及/或装运港、接受监管地不同，只要运输单据注明的目的地相同，也不视为分批装运。

四、装运通知

卖方在将货物装上船后，应及时向买方发出已装船通知（Shipping Advice），以确保买方能及时安排接船接货及在必要的时间及时投保。

按照国际贸易的一般做法，在按 FOB 条件成交时，卖方应在约定的装运期开始以前，一般是 30 天或 45 天，向买方发出货物备妥通知，以便买方及时派船接货。买方接到卖方发出的备货通知后，应按约定的时间，将船名、船舶到港受载日期等通知卖方，以便卖方及时安排货物出运和准备装船。卖方应在货物装船后，按约定时间，将合同、货物的品名、件数、重量、发票金额、船名及装船日期等项内容电告买方，以便买方办理保险并做好接卸货物的准备，及时办理进口报关手续。

应当特别强调的是，买卖双方按 CFR 或 CPT 条件成交时，卖方交货后，及时向买方发出装运通知，具有更为重要的意义。

例 5-1：We wish to inform you that the goods under S/C No. 223 went forward per steamer "Dongfeng" on July 5th, to be transshipped in Copenhagen and are expected to reach your port in early September.（兹通知你方，第 223 号销售合同下的货物已于 7 月 5 日装"东风"号货轮运出，在哥本哈根装船，预计 9 月初抵达你港。）

例 5-2：Please deliver our Order No. 223 per s/s "Dongfeng" ETA the 15th of June at London. For delivery instructions, please contact Messers. Lombard Bros. Co., London.（请将我方第 233 号订单项下的货物装"东风"轮，该轮预计于 6 月 15 日抵达伦敦。有关交货的详情，请与伦敦的 Lombard Bros. Co. 联系。）

五、滞期、速遣条款

大宗货物的运输常常采用定程租船运输。通常在租船合同中应约定好装卸费用、装卸时间、装卸率及滞期费和速遣费条款,以促使租船人快速装运。

(一) 装卸时间

装卸时间是指允许完成装卸任务所约定的时间,它一般以天数或小时数来表示。装卸时间的规定方法很多,其中主要有下列几种:

1. 按连续日(或时)(running consecutive days/hours),指按 24 小时应为一个连续日,其中没有任何折扣。

2. 工作日(working days),指按照港口习惯,属于正常工作的日子,星期日和节假日除外。

3. 好天气工作日(weather working days),指按正常的日子星期日和节假日及因天气恶劣不能进行装卸作业时都除外,不予计算工作日。

4. 连续 24 小时好天气工作日(weather working days of 24 consecutive hours),这种规定按连续 24 小时为一个工作日,但星期日、节假日和不能装卸的坏天气都一律扣除。这种办法比较公平,船货双方均愿接受,当前国际上采用这种规定的较为普遍,我国一般采用此种规定。

(二) 装卸率

所谓装卸率,即指每日装卸货物的数量。装卸率的具体确定,一般应按照港口习惯的正常装卸速度,规定得过高或过低都不合适。规定过高,完不成装卸任务,要承担滞期费(Demurrage)的损失;反之,规定过低,虽能提前完成装卸任务,可得到船方的速遣费(Dispatch Money),但船方会因装卸率低、船舶在港时间长而增加运费,致使租船人得不偿失。因此,装卸率的规定应当本着实事求是的原则合理约定。

(三) 滞期费和速遣费

滞期费是指在规定的装卸期限内,租船人未完成装卸作业,给船方造成经济损失,租船人对超过的时间应向船方支付的一定罚金。速遣费是指在规定的装卸期限内,租船人提前完成装卸作业,使船方节省了船舶在港的费用开支,船方应向租船人就可节省的时间支付一定的奖金。按惯例,速遣费一般为滞期费的一半。

【本章总结】

1. 国际货物运输是国际贸易中不可缺少的重要环节,国际货物的运输方式很多,其中海洋运输是国际贸易中使用最为广泛的一种运输方式,根据经营方式的不同,海洋运输分为班轮运输和租船运输。班轮运输的运费由基本运费和附加运费两个部分构成,租船运输包括定程租船、定期租船和光船租赁。

2. 为了确保及时有效地完成进出口任务,在对外洽商交易、订立合同和履约的过程中,买卖双方必须根据购销意图和实际情况,合理选择运输方式,买卖双方必须就交货时间、装运地和目的地、能否分批装运和转船等问题在合同中做出明确的规定。

3. 运输单据是承运人收到承运货物签发给出口商的证明文件,它是交接货物、处理索赔和理赔及向银行结算或进行议付的重要单证。在国际货物运输中,运输单据的种类很多,主要有海运提单、海运单、铁路运单、航空运单、多式联运单据和邮政收据等。

【关键概念】

1. 班轮运输 2. 运费吨 3. 联运提单
4. 清洁提单 5. 指示提单 6. 国际多式联运
7. 转运 8. 分批装运 9. 海运单
10. 滞期费 11. 速遣费

【思考与习训】

1. 何谓班轮运输?班轮运输有哪些特点?
2. 班轮公司计收运费的标准和办法有哪些?
3. 什么是清洁提单与不清洁提单?为什么买方要求卖方提供清洁提单?
4. 海运提单按收货人抬头分类可分为几种?它们的区别是什么?
5. 多式联运单据与联运提单的主要区别是什么?
6. 何谓过期提单?过期提单的效力如何?
7. 什么叫分批装运?什么叫转运?《UCP600》对分批装运和转运问题有何规定?
8. 何谓滞期费和速遣费?在买卖合同中为什么要规定滞期、速遣条款?
9. 出口某商品10公吨,箱装,每箱毛重25公斤,体积20厘米×30厘米×40厘米,查表知该货为8级,计费标准为W/M,每运费吨的运费80美元,另征收转船附加费20%,燃油附加费10%。计算该批商品的运费。
10. 上海某公司有一批打字机需从上海出口到澳大利亚的悉尼,对外报价CFR悉尼20美元/台,客户要求改报FOB价。已知:货物用纸箱装运,每箱的尺码为44厘米×44厘米×30厘米,每箱毛重是35公斤,每箱装4台,共计800箱。计费标准W/M每运费吨110美元,货币附加费10%。试报FOB上海价多少美元一台,出口总额是多少?
11. 外贸公司A与欧洲B商订立供应某商品500MT出口合同,规定1月至4月由中国港口装上海轮运往欧洲某港口,允许卖方交货数量可增减5%。B商按时开来信用证的装运条款为1月100公吨,2月150公吨,3月150公吨,4月100公吨,每月内不得分批。A公司审查信用证后认为可以接受,遂于1月、2月分别按信用证规定如期如数将货物装船并顺利收到货款。后由于货源不足,经协商得到船公司同意,于3月10日先在青岛将货70公吨装上C船,待该轮续航到烟台时,于3月18日在烟台再装上75公吨。A公司向议付银行办理议付时,提交了分别于青岛和烟台装运的共计145公吨的两套提单,当议付行将单据寄到开证行索偿时,遭到开证行的拒付,理由是:信用证规定3月装运150公吨,不准分批,而现在仅装了145公吨,而且分别是在青岛、烟台两地装运的,与信用证规定不符。试分析开证行拒付的理由是否于法有据。

【实验内容与要求】

1. 阅读不同运输方式下的英文运输合同,对其中的各项条款对所使用的国际运输规则加以理解和领会。

2. 浏览主要国际货运运输公司的网站，了解国际主要航运路线的运输安排和相关运费的计算。

3. 收集英文海运提单，理解运输单据的内容，翻译提单条款，并能够根据已知的材料填写提单的各个项目。

【重要链接】

1. 中远集团网站：http://www.cosco.com/cn.

2. 国际商会：《跟单信用证统一规则》(UCP600)。

3.《中华人民共和国合同法》，中国法制出版社，2012 年。

4. 中国国际货运代理协会：《国际海上货运代理理论与实务》，中国对外经济贸易出版社，2005 年。

5. 中国国际货运代理协会：http://www.cifa.org.cn.

6. 国际货运代理网：http://www.fiata.net.

7. 中国国际货运网：http://www.webcargo.com.cn.

8. 国际海运网：http://www.shippingchina.com.

SIXTH

第六章
国际贸易运输保险

【教学目的和要求】

通过本章学习，了解国际货物运输所面临的各种风险及由此可能产生的损失和费用，理解并掌握我国海运货物保险的险别及伦敦保险协会海运货物保险条款，合理运用买卖合同中的保险条款。

导入案例

关于"一切险"条款中外来原因的理解及其纠纷

某年5月18日，浙江大丰实业有限公司（原告）为其定购的一批胡桃木材向恒泰保险股份有限公司宁波分公司（被告）投保海上货物运输险，被告接受原告的投保，于当日向原告签发了保险公司的格式货物运输保险单。根据保险单的约定，保险金额为60万美元，承保条件为中国人民保险公司1981年1月1日的一切险条款。该批胡桃木材由"先锋"号货轮承运至中国宁波港，途中因遭遇恶劣天气致使部分货物落海。经中华人民共和国出入境检验检疫机构检验，实际交付的胡桃木材数量短少2 986根，经计算，原告遭受损失8万美元。原告根据保险单，要求被告支付保险赔偿金遭拒，故诉请法院判令被告向原告支付保险赔偿金8万美元及利息，并承担案件受理费。

原告认为：货物损失是因为海上风险造成的，属于其投保的中国人民保险公司海洋运输货物"一切险"的承保范围，被告应该承担赔偿责任。被告则认为：原告运输货物，投保海洋运输货物一切险，短量险除外，且未投保舱面货物险。原告受损的货物为舱面货，受损原因是被风刮入大海，其损失不在保险责任范围之内。原审宁波海事法院认为，中国人民保险公司海洋运输货物保险一切险条款的责任范围，除包括平安险和水渍险的各项责任外，还负责被保险货物在运输途中由于外来原因所致的全部或部分损失。一切险中的"外来原因"属于非列明风险。虽然舱面货的承保需要加保特别附加险的舱面货物险，但是一切险的承保范围本身就包含舱面货物遇到的海上风险。故被告恒泰保险股份有限公司宁波分公司应当在一切险的保险责任范围内对所有货物承担保险责任。被告提出原告未购买舱面货物险，保险公司不对舱面货承担保险责任的主张，无法律依据，原审不予支持。综上所述，原告的舱面货被大风浪吹落入海造成的损失在被告的保险责任范围之内，被告恒泰保险股份有限公司宁波分公司依约应当承担给付保险金的责任。

被告恒泰保险股份有限公司宁波分公司不服提起上诉。浙江省高院请示国家最高院，最高院在复函中认为，依照本案“海洋运输货物保险条款”的规定，一切险除平安险和水渍险的各项责任外，还包括被保险货物在运输途中由于外来原因所致的全部或部分损失。保险条款中还列明了保险人不负赔偿责任的五项除外责任条款。因此，“一切险”的承保风险应当为非列明风险，如保险标的的损失是因运输途中的外部因素所致，且并无证据证明该损失属于保险条款规定的除外责任之列，则应当认定保险事故属于一切险的责任范围。浙江省高院遂维持原判，驳回上诉人的诉讼请求。

第一节 海上货物运输保险的承保范围

国际货物运输一般距离长、风险大，在长途运输过程中又容易遭受各种损失，为了转嫁运输途中的风险和保证货物受损后能得到经济补偿，故需办理货物运输保险。由于国际货物买卖大部分通过海洋运输，而且陆运、空运、邮运货物保险都是借鉴海运货物保险的基本原则和做法并在此基础上发展起来的，所以海上运输保险在国际贸易中占有重要地位。海上货物运输保险人主要承保海上货物运输风险、海上损失及海上费用。正确理解海上货物运输保险承保的范围，对于投保人合理投保及发生风险之后的索赔都具有极其重要的意义。

一、海上货物运输风险

（一）海上风险

海上风险（Maritime Perils）又称为海难，包括海上发生的自然灾害和意外事故。但海上风险并不局限于海上航运过程中发生的风险，它还包括发生在与海上航运相关联的内陆、内河、内湖运输过程中发生的一些自然灾害和意外事故。

1. 自然灾害

自然灾害（Natural Calamities）是指由于自然界的变异引起的破坏力量所造成的灾害。海运保险中，自然灾害仅指恶劣气候、雷电、海啸、地震、洪水、火山爆发等人力不可抗拒的灾害。

（1）恶劣气候（Heavy Weather）。一般是指由于海上飓风（八级以上的大风）、大浪（三米以上的浪）、暴风雨等引起的船体倾斜、颠簸所造成的船体或其设备的损坏，或者由此引起的船上物品的挤压、碰撞、受潮等所导致的货物损失。

（2）雷电（Lighting）。主要是指货物在运输途中由雷电所直接造成的，或者由于雷电所引起的火灾造成的货物的灭失和损害。比如，船上的货物因雷电袭击而着火，一部分货物被烧毁，另外甲板也受到一定的损害而造成损失。

（3）海啸（Tsunami）。主要是由海底的地壳变形或者火山爆发所引起的海面的巨大涨落现象，按其成因可分为地震海啸和风暴海啸。地震海啸是伴随地震而形成的；风暴海啸是由于强大低气压通过时所引起的海水异常现象，也会引起船舶和货物的灭失和损害。

（4）地震（Earthquake）。地震是由于地壳发生急剧的自然变化使地面发生震动、倒坍、地陷、地裂等，造成保险货物的灭失和损害。陆上发生的地震可能不会影响到正在航行的船舶，但会影响到停泊在港口上的货物。比如，船舶停在港口准备装卸货物的时候，突然发生地震，这就有可能造成货物的灭失和损害。

2. 意外事故

意外事故（Accident）是指意料不到的原因所造成的事故。海运保险中，意外事故仅指船舶的搁浅、触礁、沉没、碰撞、火灾、爆炸、倾覆等。

（1）火灾（Fire）。在海上货物运输风险中，火灾属于最严重的风险之一。火灾是指由于意料之外、非经常发生的燃烧失去控制而造成的船、货的损失。不论是直接被火烧毁，还是由于烟熏、火燎等造成的货物损失均在火灾范畴之内。造成火灾的主要原因有：闪电、雷击；货物受潮受热；承运人过失；工作人员处理不当；等等。但是，货物的自燃或包装瑕疵引起的火灾不在承保范围之内。

（2）爆炸（Explosion）。一般是货物本身在运输过程中互相碰撞、挤压产生大量的气体和能量，压强增大致使自身及周围其他物体遭受损失的情况；还有船舶本身的锅炉爆炸引起的货物受损等。一些易自燃物品，如白磷，如果在运输过程中通风状况不好、保存不当，就容易发生爆炸现象。

（3）触礁（Stranding）。是指船舶在航海过程中触及海中岩礁或其他障碍物所造成的意外事故。

（4）搁浅（Grounding）。是指由于异常原因，船舶在航行过程中被海底障碍物吸附，在一定时间内不能自由移动的状态。但船舶从障碍物旁边经过而未被滞留，或船舶与障碍物的接触不是偶然原因造成的，如规律性的潮汐等不在搁浅的范畴之内。

（5）沉没（Sunk）。是指船体完全沉入水中，或虽然未完全沉入水中，但已超过吃水标准而无法继续航行，由此造成的损失均包含在沉没责任的范畴之内。

（6）碰撞（Collision）。是指船舶在航行过程中与水之外的其他物件，比如码头、流冰、船舶等发生猛烈碰撞所导致的损失。碰撞是海上货物运输风险中的一项主要风险。

（7）倾覆（Capsized）。是指船舶在航行过程中遭受意外事故，发生船体倾斜或翻倒，无法航行的状态，由此造成的损失均属于倾覆的范畴。

（二）外来风险

外来风险一般是指外来原因引起的风险，可分为一般外来风险和特殊外来风险。

1. 一般外来风险

一般外来风险是指货物在运输途中由于偷窃、雨淋、短量、渗漏、破碎、受潮、受热、霉变、串味、玷污、钩损、生锈和碰损等原因所导致的风险。

2. 特殊外来风险

特殊外来风险是指由于战争、罢工、拒绝交付货物等政治、军事、国家禁令及管制措施所造成的风险与损失。如因政治或战争因素，运送货物的船只被敌对国家扣留而造成交货不到；某些国家颁布的新政策或新的管制措施及国际组织的某些禁令也可能导致货物无法出口或进口而造成损失。

二、海上损失

被保险货物因海洋运输中的风险所导致的损失称为海损或海上损失。海损按损失程度的不同,可分为全部损失和部分损失。部分损失按性质又可分为共同海损和单独海损。

(一) 全部损失

全部损失(Total Loss)简称全损,是指被保险货物在海洋运输中遭受全部损失。从损失的性质看,全损又可分为实际全损和推定全损两种。

1. 实际全损

实际全损(Actual Total Loss,ATL)又称绝对全损,是指保险标的物在运输途中全部灭失或等同于全部灭失。在保险业务上构成实际全损的情况主要有以下几种:

(1) 保险标的物全部灭失。例如,载货船舶遭遇海难后沉入海底,保险标的物实体完全灭失。

(2) 保险标的物的物权完全丧失且已无法挽回。例如,载货船舶被海盗抢劫,或船货被敌对国扣押等,虽然标的物仍然存在,但被保险人已失去标的物的物权。

(3) 保险标的物已丧失原有商业价值或用途。例如,水泥受海水浸泡后变硬,烟叶受潮发霉后已失去原有价值。

(4) 载货船舶失踪、无音讯已达相当一段时间。在国际贸易业务中,一般根据航程的远近和航行的区域来决定失踪多长时间后可以认定为实际全损。

2. 推定全损

推定全损(Constructive Total Loss,CTL)是指保险货物的实际全损已经不可避免,或者为避免实际全损,需要支付的抢救、修理费用加上继续将货物运抵目的港的费用之和将超过保险价值。

构成被保险货物推定全损的情况有以下几种:

(1) 保险标的物受损后,其修理费用超过货物修复后的价值。

(2) 保险标的物受损后,其整理和继续运往目的港的费用超过货物到达目的港的价值。

(3) 保险标的物的实际全损已经无法避免,为避免全损所需的施救费用将超过获救后标的物的价值;保险标的物遭受保险责任范围内的事故,使被保险人失去标的物的所有权,而收回标的物的所有权,其费用已超过收回标的物的价值。

在推定全损的情况下,被保险人获得的损失赔偿有两种情况:一是被保险人获得全损的赔偿,另一种是被保险人获得部分损失的赔偿。若想获得全损的赔偿,被保险人必须无条件地把保险货物委付给保险人。

所谓委付(Abandonment),是指被保险人在保险标的处于推定全损状态时,向保险人声明愿意将保险标的的一切权益(包括财产权及一切由此而产生的权利与义务)转给保险人,而要求保险人按全损给予赔偿的一种行为。若被保险人不办理委付而保留对残余货物的所有权,则保险人将按部分损失予以赔偿。

(二) 部分损失

凡不属于实际全损和推定全损的损失均为部分损失(Partial Loss)。

在海上货物保险中,保险人对保险标的的部分损失所应承担的赔偿额的计算方法如下:

$$部分损失的赔偿金额=\frac{保险金额\times(实际完好价值-货损后的实际价值)}{实际完好价值}$$

其中,货物的实际完好价值和受损后的实际价值,一般以货物抵达目的地的市场价值为准。如果受损货物在途中被处理,不再运往目的地,则以处理地的市场价格为准。

(三) 共同海损和单独海损

1. 共同海损

共同海损(General Average)是指当船舶、货物及其他利益方处于共同危险时,为了共同的安全而由船长人为地采取合理的措施所引起的特殊牺牲和额外的费用,这种损失由受益各方按其财产价值进行分摊。例如,船舶在海上航行时遇到特大风浪,船长不得不抛弃甲板上的部分货物,以确保船、货的安全,所抛弃的货物称为共同海损牺牲。

构成共同海损有以下几个条件:

(1) 共同海损的危险必须是实际存在的,或者是不可避免的,而非主观臆测的。因为不是所有的海上灾难、事故都会引起共同海损。

(2) 必须是自愿地和有意识地采取合理措施所造成的损失或发生的费用。

(3) 必须是为船、货共同安全而采取谨慎行为或措施时所做的牺牲或引起的特殊费用。

(4) 必须是属于非常性质的牺牲或发生的费用,并且是以脱险为目的的。

2. 单独海损

单独海损(Particular Average)是指保险标的物在海上遭受承保范围内的风险所造成的部分灭失或损害,即指除共同海损以外的部分损失。这种损失只能由标的物所有人单独负担。

3. 共同海损与单独海损的区别与联系

(1) 造成损失的原因不同。共同海损是为了解除或减轻承保风险而人为造成的一种损失,单独海损是由承保风险所直接造成的船、货损失。

(2) 损失的承担责任不同。共同海损行为所做出的牺牲或引起的特殊费用,都是为使船主、货主和承运方不遭受损失而支出的,因此,不管其大小如何,都应由船主、货主和承运各方按获救的价值,以一定的比例分摊。这种分摊叫共同海损的分摊。在分摊共同海损费用时,不仅要包括未受损失的利害关系人,还须包括受到损失的利害关系人。单独海损由受损失的被保险人单独承担,但其可根据损失情况从保险人那里获得赔偿。

按照理算规则确定共同海损损失和共同海损分摊价值,是确定共同海损分摊金额的基础。在确定上述后,受益各方应分担的共同海损的金额按下列步骤和公式计算:

① 确定共同海损分摊率:

共同海损分摊率=共同海损损失的总金额/共同海损分摊价值总额

② 确定各受益方应分摊的损失金额:

受益方应分摊的损失金额=各受益方的分摊价值×共同海损分摊率

案例研讨 6-1　哪些损失属于共同海损

某货轮从天津新港驶往新加坡,在航行途中船舶货舱起火,大火蔓延到机舱,船长为了船、货的共同安全,下令往舱内灌水,火很快就扑灭,但是由于主机受损,货轮无法继续航行，于是船长决定雇用拖轮将船拖回新港修理，修好后重新驶往新加坡。这次造成的损失有：

（1）1 000 箱货被火烧毁；（2）600 箱货被水浇湿；（3）主机和部分甲板被烧坏；（4）拖轮费用；（5）额外增加的燃料和船上人员的工资。

提示：船长为了船、货的共同安全，进行救火而向船舱灌水，造成的特殊牺牲和支出的特殊费用为共同海损。

案例研讨 6-2　各部分损失属于什么类型和性质

某货轮满载货物驶离 TL 港口。开航后不久，老化的电线短路引起大火，将装在货舱 A 的毛毯完全烧毁。船到 YF 港口卸货时发现，装在同一货舱中的烟草和茶叶由于羊毛燃烧散发出的焦煳味道而遭受了不同程度的串味损失。其中，烟草由于包装较好，经过特殊的加工处理，仍保持了烟草的特性，但是等级已大打折扣。而茶叶则完全失去了其特有的芳香，只能按照廉价的填充物处理。后来，该船不幸又与另一艘货轮相撞，船舶严重受损，货舱 B 破裂，舱内进入大量海水，剧烈的震动和海水浸泡导致舱内装载的精密仪器严重受损。为了救险，船长命令用亚麻临时堵住漏洞，造成大量亚麻损失。在船舶停靠在避难港进行大修时，船方就受损精密仪器的抢修整理事宜向岸上有关专家进行了咨询，发现整理恢复费用十分庞大，已经超过了货物的保险价值。为了方便修理船舶，不得不将货舱 C 和货舱 D 部分纺织品货物卸下，在卸货时造成一部分货物钩损。试分析各部分损失属于什么类型和性质。

提示：在货舱 A，毛毯的损失属于火灾引起的实际全损。而烟草的串味损失属于火灾引起的部分损失，因为在经过特殊的加工处理后，仍可以出售。烟草的贬值就是烟草的部分损失，烟草加工处理的费用属于施救费用。茶叶的损失则属于实际全损，因为火灾造成了“保险标的丧失属性”。虽然实体还在，但是已经完全不是投保时的标的物。

在货舱 B，精密仪器的损失属于意外事故碰撞所造成的推定全损。亚麻的损失是在危急时刻为了避免更多海水漏入货舱威胁到船货的共同安全而被用来堵塞漏洞所造成的，这种损失属于共同海损，由受益方共同分摊。

灾货舱 C 和 D，纺织品所遭受的损失，是为了方便船舶修理而被迫卸下时所造成的，也属于共同海损损失。

三、海上费用

由海上运输风险所造成的海上费用主要有施救费用和救助费用两种。

（一）施救费用

施救费用（Sue and Labour Charge），也称为诉讼及营救费用，或损害防止费用，是指被保险货物在遭遇承保责任范围内的灾害事故时，被保险人（或其代理人、雇用人员或受让人）为了避免或减少货物损失，采取各种抢救与防护措施所支出的合理费用。

(二) 救助费用

救助费用(Salvage Charge)是指海上保险财产在遭遇承保范围内的灾害事故时,由保险人和被保险人以外的第三者采取救助措施并获成功,由被救方付给救助方的一种报酬。

救助费用一般都可以列为共同海损的费用项目,因为通常是在船、货各方遭遇共同危难的情况下,为了共同安全由其他船舶前来救助而支出的费用。在各国保险法或保险公司的保险条款中,一般都列有保险人对救助费用负赔偿责任的规定。

(三) 施救费用与救助费用的区别

1. 采取行为的主体不同。施救是由被保险人及其代理人等采取的行为,而救助是保险人和被保险人以外的第三者进行的。

2. 给付报酬的原则不同。无论施救有无效果,都予赔偿;而救助则是"无效果、无报酬"的。

3. 保险人的赔偿责任不同。施救费用可在保险货物本身的保额以外,再赔一个保额;而保险人对救助费用的赔偿责任则以不超过获救财产的价值为限,亦即救助费用与保险货物本身损失的赔偿金额二者相加,不得超过货物的保额。

第二节　我国海运货物运输保险的险别与条款

在我国,进出口货物运输最常用的保险条款是由中国人民财产保险股份有限公司制定的"中国保险条款"(China Insurance Clauses,CIC)。该条款按运输方式来分,有海洋、陆上、航空和邮包运输保险条款四大类。我国的货物运输保险险别,按照能否单独投保,可分为基本险和附加险两类。基本险可以单独投保,而附加险不能单独投保,只有在投保某一种基本险的基础上才能加保附加险。

一、我国海洋运输货物保险的基本险别与条款

按照《海洋运输货物保险条款》(Ocean Marine Cargo Clauses)的规定,海洋运输货物保险的基本险别分为平安险、水渍险和一切险三种。

(一) 平安险

保险公司对平安险(Free from Particular Average,F. P. A.)的承保责任范围是:

1. 被保险货物在运输途中由于恶劣气候、雷电、海啸、地震、洪水等自然灾害造成整批货物的全部损失或推定全损。当被保险人要求赔付推定全损时,须将受损货物及其权利委付给保险公司。被保险货物用驳船运往或运离海轮的,每一驳船所装的货物可视作一个整批。

2. 运输工具遭受搁浅、触礁、沉没、互撞、与流冰或其他物体碰撞及失火、爆炸等意外事故造成货物的全部或部分损失。

3. 在运输工具已经发生搁浅、触礁、沉没、焚毁意外事故的情况下,货物在此前后又在海上遭受恶劣气候、雷电、海啸等自然灾害所造成的部分损失。

4. 在装卸或转运时由于一件或数件整件货物落海造成的全部或部分损失。

5. 被保险人对遭受承保责任内危险的货物采取抢救、防止或减少货损的措施而支付的

合理费用，但以不超过该批被救货物的保险金额为限。

6. 运输工具遭遇海难后，在避难港由于卸货所引起的损失，以及在中途港、避难港由于卸货、存仓和运送货物所产生的特别费用。

7. 共同海损的牺牲、分摊和救助费用。

8. 运输契约订有“船舶互撞责任”条款的，根据该条款规定应由货方偿还船方的损失。

（二）水渍险

保险公司对水渍险（With Average 或 With Particular Average，W. A. 或 W. P. A.）的承保责任范围：除包括平安险的各项责任外，还负责被保险货物由于恶劣气候、雷电、海啸、地震、洪水等自然灾害所造成的部分损失。

（三）一切险

一切险（All Risks）的责任范围：除包括平安险和水渍险的各项责任外，还负责被保险货物在运输途中由于一般外来风险所造成的全部或部分损失。

投保人可根据货物的特点、运输路线等情况选择投保平安险、水渍险和一切险三种险别中的任意一种。

对海洋运输货物保险的三种基本险别，保险公司规定有下列除外责任（Exclusions）：

（1）被保险人的故意行为或过失所造成的损失；

（2）属于发货人责任所引起的损失；

（3）在保险责任开始前，被保险货物已存在的品质不良或数量短差所造成的损失；

（4）被保险货物的自然损耗、本质缺陷、特性及市价跌落、运输延迟所引起的损失或费用；

（5）属于海洋运输货物战争险条款和货物运输罢工险条款规定的责任范围和除外责任。

与国际保险市场的习惯做法一样，我国的海洋运输货物保险条款规定的保险责任起讫期限，也采用“仓至仓”条款（Warehouse to Warehouse Clause，W/W Clause），即保险公司的保险责任自被保险货物运离保险单所载明的起运地仓库或储存处所开始运输时生效，包括正常运输过程中的海上、陆上、内河和驳船运输在内，直至该项货物到达保险单所载明目的地收货人的最后仓库（储存处所），或被保险人用作分配、分派或非正常运输的其他储存处所为止。如未抵达上述仓库或储存处所，则以被保险货物在最后卸载港全部卸离海轮后满60天为止。如在上述60天内被保险货物需转运至非保险单所载明的目的地时，则以该项货物开始转运时终止。

以上三种基本险别的索赔时效，自被保险货物在最后卸载港全部卸离海轮后起算，最多不超过两年。

案例研讨6-3　保险公司对该批货物的损失是否赔偿

一批货物按发票总值的110%投保了平安险，载运该批货物的海轮5月3日在海面上遇到暴风雨的袭击，该货物受到了部分水渍，损失价值为1 000美元，该海轮在继续航行中又于5月8日发生触礁事故，在处理过程中，又遭到暴风雨的袭击，货物损失价值为2 000美元。

提示：运输工具如发生搁浅、触礁、沉没、焚毁四种意外事故，在此前后，由于自然灾害造成的部分损失在平安险承保范围内。

二、附加险

附加险是对基本险的补充和扩大。投保人只能在投保一种基本险的基础上才可加保一种或数种附加险。目前中国人民保险公司制定的《中国保险条款》中的附加险有一般附加险和特殊附加险两种。

(一) 一般附加险

一般附加险(General Additional Risk)所承保的是由于一般外来风险所造成的全部或部分损失，其险别共有下列11种：

1. 碰损、破碎险(Clash and Breakage)。承保被保险货物在运输过程中因震动、碰撞、受压所造成的破碎和碰撞损失。

2. 串味险(Taint of Odour)。承保被保险的食用物品、中药材、化妆品原料等货物在运输过程中因受其他物品的影响而引起的串味损失。

3. 淡水雨淋险(Fresh Water and/or Rain Damage)。承保被保险货物因直接遭受雨淋或淡水所造成的损失。

4. 偷窃、提货不着险(Theft, Piferage and Non-Delivery, T. P. N. D.)。承保被保险货物因偷窃行为所致的损失，和整件提货不着等的损失。

5. 短量险(Shortage)。承保被保险货物在运输过程中因外包装破裂或散装货物发生数量散失和实际重量短缺的损失，但不包括正常的途耗。

6. 渗漏险(Leakage)。承保被保险货物在运输过程中因容器损坏而引起的渗漏损失，或用液体储藏的货物因液体的渗漏而引起的货物腐败等损失。

7. 混杂、玷污险(Intermixture and Contamination)。承保被保险货物在运输过程中因混进杂质或被玷污所造成的损失。

8. 钩损险(Hook Damage)。承保被保险货物在装卸过程中因遭受钩损而引起的损失。对包装进行修补或调换所支付的费用也由保险公司负责赔偿。

9. 受潮、受热险(Sweat and Heating)。承保被保险货物在运输过程中因气温突变或由于船上通风设备失灵致使船舱内水汽凝结、发潮或发热所造成的损失。

10. 锈损险(Rust)。承保被保险的金属或金属制品一类货物在运输过程中因为生锈造成的损失负责赔偿。

11. 包装破裂险(Breakage of Packing)。承保被保险货物在运输途中因搬运或装卸不慎，致使包装破裂所造成的短少、玷污等损失。此外，为继续运输安全需要而产生的修补包装或调换包装所支付的费用也均由保险公司负责赔偿。

当投保险别为平安险或水渍险时，可加保上述11种一般附加险中的一种或数种险别。但如已投保了一切险，就不需要再加保一般附加险，因为保险公司对于承保一般附加险的责任已包含在一切险的责任范围内。

（二）特殊附加险

特殊附加险（Special Additional Risk）承保由于特殊外来风险所造成的全部或部分损失，共有下列 8 种：

1. 战争险（War Risk）。根据中国人民保险公司《海洋运输货物战争险条款》，海运战争险负责赔偿直接由于战争、类似战争行为和敌对行为、武装冲突或海盗行为所致的损失，以及由此而引起的捕获、拘留、扣留、禁止、扣押所造成的损失；还负责各种常规武器（包括水雷、鱼雷、炸弹）所致的损失及由于上述责任范围而引起的共同海损的牺牲、分摊和救助费用。但对使用原子或热核武器所造成的损失和费用不负赔偿责任。战争险的保险责任起讫是以水上危险（Waterborne Risk）为限，即自货物在起运港装上海轮或驳船时开始，直到目的港卸离海轮或驳船时为止。如不卸离海轮或驳船，则从海轮到达目的港的当日午夜起算满 15 天，保险责任自行终止；如在中途港转船，不论货物是否在当地卸货，保险责任以海轮到达该港或卸货地点的当日午夜起算满 15 天为止，待再装上续运海轮时恢复有效。

2. 罢工险（Strike Risk）。对被保险货物由于罢工、工人被迫停工或参加工潮、暴动等人员的行动或任何人的恶意行为所造成的直接损失，和上述行动或行为所引起的共同海损的牺牲、分摊和救助费用负责赔偿。但对在罢工期间由于劳动力短缺或不能使用劳动力造成的被保险货物的损失，包括因罢工而引起的动力或燃料缺乏使冷藏机停止工作所致的冷藏货物的损失，以及无劳动力搬运货物，使货物堆积在码头淋湿受损，不负赔偿责任。罢工险对保险责任起讫的规定与其他海运货物保险险别一样，采取“仓至仓”条款。按国际保险业惯例，已投保战争险后另加保罢工险，不另增收保险费。如仅要求加保罢工险，则按战争险费率收费。

3. 黄曲霉素险（Aflatoxin）。对被保险货物因所含黄曲霉素超过进口国的限制标准，被拒绝进口、没收或强制改变用途而遭受的损失负责赔偿。

4. 交货不到险（Failure to Deliver）。对无论由于任何原因，从被保险货物装上船舶时开始，不能在预定抵达目的地的日期起 6 个月内交货的，负责按全损赔偿。

5. 舱面险（On Deck）。对被保险货物存放舱面时，除按保险单所载条款负责外，还包括被抛弃或被风浪冲击落水在内的损失。

6. 进口关税险（Import Duty）。当被保险货物遭受保险责任范围以内的损失，而被保险人仍须按完好货物价值完税时，保险公司对损失部分货物的进口关税负责赔偿。

7. 拒收险（Rejection）。对被保险货物在进口港被进口国的政府或有关当局拒绝进口或没收，按货物的保险价值负责赔偿。

8. 货物出口到香港（包括九龙）或澳门存仓火险责任扩展条款（Fire Risk Extension Clause，F. R. E. C. —for storage of cargo at destination Hongkong，including Kowloon，or Macao）。被保险货物运抵目的地香港（包括九龙在内）或澳门卸离运输工具后，如直接存放于保单载明的过户银行所指定的仓库，本保险对存仓火险的责任至银行收回押款解除货物的权益为止，或运输险责任终止时起满 30 天为止。

被保险人不论已投保何种基本险别，均可另行加保有关的特殊附加险别。

案例研讨 6-4　战争险的保险责任

福建省某实业公司出口一批货物到拉美地区，已投保一切险和战争险。该船抵达目的港开始卸货时，当地突然发生武装冲突，部分船上货物及部分已卸到岸上的货物被毁。问保险公司应如何赔偿？

提示：战争险的保险责任仅限于水面风险。

第三节　伦敦保险协会海运货物保险条款

在世界海上保险业中，英国是一个具有悠久海运历史的发达国家，英国伦敦保险协会所制定的《协会货物条款》(Institute Cargo Clause，ICC)对世界各国有着广泛的影响。目前，世界上许多国家在海运保险业中直接采用该条款，还有许多国家在制定本国保险条款时参考其内容。我国出口企业和保险公司对国外商人的投保 ICC 的要求，一般均可接受。

一、协会货物条款的种类

《协会货物条款》最早制定于 1912 年，后来经过修订，新条款于 1982 年 1 月 1 日公布，1983 年 4 月 1 日开始实行。新条款共有六种险别：

(1) 协会货物条款(A) (Institute Cargo Clauses(A)，ICC(A))；

(2) 协会货物条款(B) (Institute Cargo Clauses(B)，ICC(B))；

(3) 协会货物条款(C) (Institute Cargo Clauses(C)，ICC(C))；

(4) 协会战争险条款(货物)(Institute War Clauses(Cargo))；

(5) 协会罢工险条款(货物)(Institute Strikes Clauses(Cargo))；

(6) 恶意损害险条款(Malicious Damage Clauses)。

在上述六种险别中，ICC(A)、ICC(B)、ICC(C)都可以单独投保。对于战争险和罢工险，如征得保险公司的同意，必要时也可以作为独立的险别投保。而恶意损害险，因其条款内容比较简单，故属于附加险别，不能单独投保。

二、协会货物保险主要险别的承保风险与除外责任

(一) ICC(A)的承保风险与除外责任

ICC(A)的责任范围最广，大体相当于我国《海洋运输货物保险条款》中的一切险。协会货物条款采用承保“除外责任”之外的一切风险的概括式规定办法，即对于“除外责任”项下所列风险保险人不予负责外，其他风险均予负责。

(二) ICC(B)的承保风险与除外责任

ICC(B)大体相当于我国《海洋运输货物保险条款》中的水渍险。根据伦敦保险协会对 ICC(B)规定，其承保风险的做法是采用“列明风险”的方法，即在条款中明确地把保险人所承保的风险一一列出。这种规定办法，既便于投保人选择投保适当的险别，又便于保险人处

理赔偿。

ICC(B)的除外责任与ICC(A)的不同之处有以下两方面：

1. ICC(A)只对被保险人的故意不法行为所造成的损失、费用不负赔偿责任外，对被保险人之外的任何个人或数人故意损害和破坏标的物或其他任何部分的损害要负赔偿责任。但在ICC(B)下，保险人对任何人的故意不法行为所造成的损失不负赔偿责任。

2. ICC(A)将海盗行为列入保险范围，而ICC (B)对海盗行为不负保险责任。

(三) ICC(C)的承保风险与除外责任

ICC(C)的承保风险较ICC(A)和ICC(B)都小得多，它仅承保"重大意外事故"的风险，而不承保自然灾害及非重大意外事故的风险，大体类似我国《海洋运输货物保险条款》中的平安险，但比平安险的责任范围小一些。

ICC(C)的除外责任与ICC(B)完全相同。

(四) 战争险的承保风险与除外责任

战争险主要承保由于下列原因造成的标的物的损失：

1. 战争、内战、革命、叛乱、造反或由此引起的内乱，交战国或针对交战国的任何敌对行为；

2. 捕获、拘留、扣留、禁止或扣押，以及这些行为的后果或这方面的企图；

3. 遗弃的水雷、鱼雷、炸弹或其他遗弃的战争武器。

战争险的除外责任与ICC(A)的"一般除外责任"及"不适航、不适货除外责任"大致相同。

(五) 罢工险的承保风险与除外责任

罢工险主要承保标的物的下列损失：

1. 罢工者、被迫停工的工人或参与工潮、暴动或民变的人员造成的损失或费用；

2. 罢工、被迫停工、工潮、暴动或民变造成的损失或费用；

3. 任何恐怖主义者或任何人出于政治目的采取的行动所造成的损失或费用。

罢工险除外责任与ICC(A)的"一般除外责任"及"不适航、不适货除外责任"大致相同。

(六) 恶意损害险的承保风险

恶意损害险属于附加险别，它所承保的是被保险人以外的其他人(如船员等)的故意破坏行动所致被保险货物的损害或灭失的风险。这种风险仅在ICC(A)中被列为承保风险的范畴，而在ICC(B)和ICC(C)中均被列为"除外责任"。因此，如被保险人要想对该风险取得保障利益，应在投保ICC(B)和ICC(C)的同时，加保恶意损害险。

三、协会货物保险的保险期限

英国伦敦保险协会海运货物保险条款和海运货物战争险条款对保险期限的规定，同上述我国海运货物保险与海运货物战争险条款对保险期限的规定大体相同，均采用"仓至仓"条款。

第四节　其他运输方式的货运保险

一、我国陆上运输货物保险险别与条款

根据《陆上运输货物保险条款》(Overland Transportation Cargo Insurance Clauses),陆上运输货物保险的基本险别分为陆运险与陆运一切险两种。适用于陆运冷藏货物的专门保险,即陆上运输冷藏货物险,其性质也属基本险。此外,还有附加险,即陆上运输货物战争险(火车)。

(一) 陆运险与陆运一切险

陆运险(Overland Transportation Risks)的承保责任范围与海洋运输货物保险条款中的"水渍险"相似。保险公司负责赔偿被保险货物在运输途中遭受暴风、雷电、洪水、地震等自然灾害,或由于运输工具遭受碰撞、倾覆、出轨,或在驳运过程中因驳运工具遭受搁浅、触礁、沉没、碰撞,或由于遭受隧道坍塌、崖崩或失火、爆炸等意外事故所造成的全部或部分损失。此外,被保险人对遭受承保责任内危险的货物采取抢救、防止或减少货损的措施而支付的合理费用,保险公司也负责赔偿,但以不超过该批被救货物的保险金额为限。

陆运一切险(Overland Transportation All Risks)的承保责任范围与海上运输货物保险条款中的"一切险"相似。保险公司除承担上述陆运险的赔偿责任外,还负责被保险货物在运输途中由于一般外来原因所造成的全部或部分损失。

以上责任范围均适用于火车和汽车运输,并以此为限。

陆运险和陆运一切险的除外责任与海洋运输货物险的除外责任相同。

陆上运输货物险的责任起讫也采用"仓至仓"责任条款。保险人负责自被保险货物运离保险单所载明的起运地仓库或储存处所开始运输时生效,包括正常运输过程中的陆上和与其有关的水上驳运在内,直至该项货物运达保险单所载目的地收货人的最后仓库(储存处所)或被保险人用作分配、分派的其他储存处所为止。如未运抵上述仓库或储存处所,则以被保险货物运抵最后卸载的车站满60天为止。

陆上运输货物险的索赔时效为:从被保险货物在最后目的地车站全部卸离车辆后起算,最多不超过两年。

(二) 陆上运输冷藏货物险

陆上运输冷藏货物险(Overland Transportation Insurance-frozen Products)是陆上运输货物保险中的一种专门保险,可以单独投保。其主要责任范围是,保险公司除负责陆运险所列举的各项损失外,还负责赔偿在运输途中由于冷藏机器或隔温设备的损坏,或者车厢内贮存冰块的溶化所造成的被保险货物解冻溶化以致腐败的损失。但对由于战争、罢工或运输延迟而造成的被保险冷藏货物腐败的损失,以及被保险冷藏货物在保险责任开始时未能保持良好状态,包括整理加工和包扎不妥,或冷冻上的不合规定及骨头变质所造成的腐败和损失则不负责任。一般的除外责任条款,也适用于本险别。

陆上运输冷藏货物险的责任自被保险货物运离保险单所载起运地点的冷藏仓库装入运送工具开始运输时生效,包括正常的陆运和与其有关的水上驳运在内,直至货物到达保险单

所载明的目的地收货人仓库为止。但是最长保险责任的有效期限以被保险货物到达目的地车站后 10 天为限(该项保险条款还规定：装货的任何运输工具,必须有相应的冷藏设备或隔离温度的设备；或供应和贮存足够的冰块使车厢内始终保持适当的温度,保证被保险冷藏货物不致因溶化而腐败,直至目的地收货人仓库为止)。

陆上运输冷藏货物险的索赔时效为：从被保险货物在最后目的地全部卸离车辆后起计算,最多不超过两年。

(三) 陆上运输货物战争险(火车)

陆上运输货物战争险(火车)(Overland Transportation Cargo War risks-by Train)是陆上运输货物保险的特殊附加险,只有在投保了陆运险或陆运一切险的基础上经过投保人与保险公司协商方可加保。对于陆运战争险,国外私营保险公司大都不予承保。但为适应外贸业务需要,我国的保险公司一般均接受加保,但目前仅限于火车运输。

加保陆上运输货物战争险后,保险公司负责赔偿在火车运输途中直接由于战争、类似战争行为和敌对行为、武装冲突所致的损失,以及由于各种常规武器包括地雷、炸弹所致的损失。但是,由于敌对行为使用原子或热核武器所致的损失和费用,以及根据执政者、当权者或其他武装集团的扣押、拘留引起的承保运程中的丧失和挫折而造成的损失则除外。

陆上运输货物战争险的责任起讫与海运战争险相似,以货物置于运输工具时为限。即自被保险货物装上保险单所载起运地的火车时开始,到保险单所载目的地卸离火车时为止。如果被保险货物不卸离火车,则以火车到达目的地的当日午夜起计算,满 48 小时为止；如在运输中途转车,不论货物在当地卸载与否,保险责任以火车到达该中途站的当日午夜起计算,满 10 天为止。如货物在此期限内重行装车续运,仍恢复有效。但需指出：运输契约在保险单所载目的地以外的地点终止时,该地即视作本保险单所载目的地。以货物卸离该地火车时为止,如不卸离火车,则保险责任以火车到达该地当日午夜起计算满 48 小时为止。

二、我国航空运输货物保险险别与条款

根据《航空运输货物保险条款》(Air Transportation Cargo Insurance Clauses),航空运输货物保险的基本险别分为航空运输险和航空运输一切险两种。此外,还有航空运输货物战争险。

(一) 航空运输险与航空运输一切险

航空运输险(Air Transportation Risks)的承保责任范围与海洋运输货物保险条款中的“水渍险”大致相同。保险公司负责赔偿被保险货物在运输途中遭受雷电、火灾、爆炸或由于飞机遭受恶劣气候或其他危难事故而被抛弃,或由于飞机遭受碰撞、倾覆、坠落或失踪等意外事故所造成的全部或部分损失。

航空运输一切险(Air Transportation All Risks)的承保责任范围除包括上述航空运输险的全部责任外,保险公司还负责赔偿被保险货物由于一般外来原因所造成的全部或部分损失。

航空运输险和航空运输一切险的除外责任与海洋运输货物险的除外责任基本相同。

航空运输货物险的两种基本险的保险责任也采用“仓至仓”条款,但与海洋运输险的“仓至仓”责任条款不同的是：如货物运达保险单所载明目的地而未运抵保险单所载明的收

货人仓库或储存处所,则以被保险货物在最后卸载地卸离飞机后满30天保险责任即告终止;如在上述30天内被保险货物需转送到非保险单所载明的目的地时,则以该项货物开始转运时终止。

(二) 航空运输货物战争险

航空运输货物战争险(Air Transportation Cargo War Risks)是航空运输货物险的一种附加险,只有在投保了航空运输险或航空运输一切险的基础上,经过投保人与保险公司协商方可加保。

加保航空运输货物战争险后,保险公司承担赔偿在航空运输途中由于战争、类似战争行为和敌对行为、武装冲突及各种常规武器和炸弹所造成的货物的损失,但不包括因使用原子或热核制造的武器所造成的损失。

航空运输货物战争险的保险责任是自被保险货物装上保险单所载明的起运地的飞机时开始,直到卸离保险单所载明的目的地的飞机时为止。如果被保险货物不卸离飞机,则以载货飞机到达目的地的当日午夜起计算,满15天为止。如被保险货物在中途转运,保险责任以飞机到达转运地的当日午夜起算,满15天为止;待装上续运的飞机,保险责任再恢复有效。

三、我国邮包运输保险险别与条款

根据《邮包保险条款》(Parcel Post Insurance Clauses)规定,邮包保险基本险别分为邮包险和邮包一切险两种。此外还有邮包战争险。

(一) 邮包险和邮包一切险

保险公司对邮包险(Parcel Post Risks)的承保责任范围:负责赔偿被保险邮包在运输途中由于恶劣气候、雷电、海啸、地震、洪水等自然灾害或由于运输工具搁浅、触礁、沉没、碰撞、出轨、倾覆、坠落、失踪,或由于失火、爆炸意外事故所造成的全部或部分损失;另外,还负责被保险人对遭受承保责任内危险的货物采取抢救、防止或减少货损的措施而支付的合理费用,但以不超过该批被救货物的保险金额为限。

邮包一切险(Parcel Post All Risks)的承保责任范围除包括上述邮包险的全部责任外,还负责被保险邮包在运输途中由于一般外来原因所致的全部或部分损失。

但是,这两种险别中,保险公司对因战争、敌对行为、武装冲突或罢工所造成的损失,直接由于运输延迟或被保险物品本质上的缺陷或自然损耗所造成的损失,以及属于发货人责任和被保险邮包在保险责任开始前已存在的品质不良或数量短差所造成的损失,被保险人的故意行为或过失所造成的损失,不负赔偿责任。

邮包险和邮包一切险的保险责任是自被保险邮包离开保险单所载起运地点寄件人的处所运往邮局时开始生效,直至被保险邮包运达保险单所载明的目的地邮局,自邮局签发到货通知书当日午夜起算,满15天终止;但在此期限内,邮包一经递交至收件人的处所,保险责任即行终止。

(二) 邮包战争险

邮包战争险(Parcel Post War Risks)是邮政包裹保险的一种附加险,只有在投保了邮包险或邮包一切险的基础上经过投保人与保险公司协商方可加保。

加保邮包战争险后，保险公司负责赔偿被保险邮包在运输过程中直接由于战争、类似战争行为和敌对行为、武装冲突或海盗行为及各种常规武器包括水雷、鱼雷、炸弹所造成的损失。此外，保险公司还负责赔偿在遭受以上承保责任范围内危险引起的共同海损的牺牲、分摊和救助费用。但保险公司不承担因使用原子或热核武器所造成的损失和费用的赔偿。

邮包战争险的保险责任是自被保险邮包经邮局收讫后自储存处所开始运送时生效，直至该项邮包运达保险单所载明的目的地邮局送交收件人为止。

必须指出的是，在附加险方面，除战争险外，海洋运输货物保险中的一般附加险和特殊附加险险别和条款均可适用于陆、空、邮运输货物保险。

第五节　合同中的保险条款

在国际货物买卖合同中，为了明确双方在货运保险方面的责任，通常都订有保险条款，其内容主要包括保险投保人、保险公司、保险险别、保险金额和保险费、保险单据的约定事项。

一、保险投保人

每笔交易的货运保险，究竟是由买方还是卖方投保，完全取决于买卖双方约定的交货条件和使用的贸易术语。

（一）FOB、CFR 或 FCA、CPT 条件成交的合同

保险条款可订为："保险由买方负责"（insurance to be covered by the buyer）。如买方委托卖方代办保险，则应明确规定保险金额、投保险别、按什么保险条款投保，以及保险费由买方负担。同时规定保险费的支付时间和方法。

（二）CIF 或 CIP 条件成交的合同

条款内容必须明确规定由卖方办理保险、投保险别、保险金额的确定方法及按什么保险条款投保，并注明该条款的生效日期。应注意避免使用"通常险"（Usual Risks）、"惯常险"（Customary Risks）或"海运保险"（Marine Clause）等笼统的规定方法。具体订法举例如下：

例 6-1：（用于海洋运输）

（Insurance：To be covered by the Seller for … % of CIF/CIP total invoice value against… ,as per and subject to the relevant ocean marine cargo clauses of the China Insurance Clause dated … ）

"保险由卖方按 CIF/CIP 发票金额的××% 投保××险、××险（险别），以×年×月×日的中国保险条款的有关海洋运输货物保险条款为准。"

例 6-2：（用于陆海联运）

（Insurance：To be covered by the Seller for… % of CIP total invoice value against Overland Transportation All Risks and All Risks as per Overland Transportation Cargo Clauses "Trains, Truck" and Ocean Marine Cargo Clauses of the China Insurance Clause dated… , including War Risks as per Overland Transportation Cargo War Risks Clauses（by Train） dated… , and Ocean Marine Cargo War Risks Clauses dated… ）

"保险由卖方按CIP发票金额的××%投保陆运(火车、汽车)一切险和海洋运输货物一切险,按×年×月×日中国保险条款有关陆上运输货物保险条款和海洋运输货物保险条款负责,包括战争险,按×年×月×日陆上运输货物战争险(火车)条款和×年×月×日海洋运输货物战争险条款负责。"

例6-3:

(Insurance: To be covered by the Seller for... % of total invoice value against... as per Institute Cargo Clauses... dated...)

"保险由卖方按发票金额的××%投保××险(险别)按伦敦保险业协会×年×月×日货物××险条款负责。"

(三) 加保附加险别的合同

保险条款订法举例如下:

(Including Risk of Clashing and Breakage.)

例6-4:"加保碰损、破碎险。"

(Including shortage in weight in excess of 0.5%.)

例6-5:"加保短量险,重量短少有绝对免赔率0.5%。"

(Including shortage in weight in excess of 0.5% on the whole consignment.)

或"加保短量险,重量短少有绝对免赔率0.5%按全部货物计算。"

二、保险公司

按CIF或CIP条件成交时,保险公司的资信情况与卖方关系不大,但与买方却有重大利害关系。因此,买方一般要求在合同中限定保险公司和所采用的保险条款,以利日后保险索赔工作的顺利进行。例如,我国按CIF或CIP条件出口时,买卖双方在合同中通常都订明:由卖方向中国人民保险公司投保,并按该公司的保险条款办理。

三、保险险别的选择

按CIF或CIP条件成交时,运输途中的风险本应由买方承担,但一般保险费则约定由卖方负担,因为货价中包括保险费。在双方未约定险别的情况下,按惯例,卖方可按最低的险别予以投保。值得注意的是,在CIF或CIP货价中,一般不包括加保战争险等特殊附加险的费用,因此,如买方要求加保战争险等特殊附加险,其费用应由买方负担。

通常情况下,出口商在投保时对保险险别的选择,通常需要对以下几个因素进行综合考虑: ① 货物的种类性质和特点; ② 货物的包装情况; ③ 货物的运输情况,包括运输方式、运输路线、运输工具等; ④ 发生在港口和装卸过程中的损耗情况等; ⑤ 目的地的政治局势。

案例研讨6-5　保险险别如何选择

G公司以CIF价格条件引进一套英国产检测仪器,因合同金额不大,合同采用简式标准格式,保险条款一项只简单规定"保险由卖方负责"。仪器到货后,G公司发现一个部件变形影响其正常使用。G公司向外商反映要求索赔,外商答复仪器出厂经严格检验,有质量合格证书,非他们的责任。后经商检局检验,认为是运输途中部件受到振动、挤压造成的。G公司于是向保险代理索赔,保险公司认为此情况属“碰损、破碎险”的承保范围,但G公司提供的保单上只保了“协会货物条款”(C),没保“碰损、破碎险”,所以无法索赔。G公司无奈只好重新购买此部件,既浪费了金钱,又耽误了时间。

提示:保险险别的选择要结合贸易合同中国际贸易术语和保险条款。

四、保险金额和保险费

(一)保险金额

按CIF或CIP条件成交时,根据保险市场的习惯做法,保险金额一般都是按CIF价或CIP价加成计算,即按发票金额再加一定的百分率。此项保险加成率,主要是买方的预期利润,一般按CIF价的10%估算。因此,如果买卖合同中未规定保险金额,则习惯上是按CIF价或CIP价的110%投保。如果买方要求保险加成超过10%,则卖方也可酌情接受。如果买方要求的保险加成率过高,则卖方应同有关保险公司商妥后方可接受。

(二)保险费

保险费(Premium)是被保险人向保险人缴纳的费用。保险费率(Premium Rate)是由保险公司根据一定时期、不同种类的货物的赔付率,按不同险别和目的地确定的。保险费则根据保险费率表按保险金计算,其计算公式是:

保险费 = 保险金额 × 保险费率

案例研讨6-6　保险费的计算

一批出口货CFR价为1 980美元,现客户来电要求按CIF价加20%投保海上一切险,我方照办。如保险费率为1%,我方应向客户补收多少保险费?

提示:CIF价格 = CFR价格/(1 - 保险加成率 × 保险费率)

保险费 = 保险金额 × 保险费率

　　　= CIF价格 × 保险加成率 × 保险费率

保险费 = CFR价格 × 保险加成率 × 保险费率/(1 - 加成投保 × 保险费率)

五、保险单据

在买卖合同中,如约定由卖方投保,通常还规定卖方应向买方提供投保单据,如被保险的货物发生承保范围内的损失,买方即可凭卖方提供的保险单据向保险公司索赔。

保险单据的形式主要有:

(一)保险单

保险单俗称“大保单”,是保险人和被保险人之间订立的正式保险合同的书面凭证。在海运货物保险中,保险人根据投保人逐笔投保逐笔签发。不同的保险公司有其自己固定格式的保险单。但在使用时,可以根据双方当事人的约定进行修改,以调整双方当事人的义务。

(二) 保险凭证

保险凭证俗称“小保单”,是保险人签发给被保险人的,用以证明保险合同已经生效的文件。在采用预约保险的情况下,经常采用保险凭证。它和保险单具有同等的作用和效力。

【本章总结】

1. 在国际贸易运输中,办理国际货物运输保险后,被保险人可以在货物遭到承保范围内的损失时,从有关保险公司及时得到经济上的补偿。

2. 海上货物保险所承保的范围包括海上风险、海上损失和费用及外来原因引起的风险损失。海上风险包括自然灾害和意外事故。海上损失按照损失的程度可分为全部损失和部分损失;按照造成损失的原因可分为共同海损与单独海损。海上风险还会造成费用上的损失,按照采取措施的主体可分为施救费用和救助费用。

3. 中国保险条款的海运货物保险总体上可分为基本险别和附加险别。基本险别包括平安险、水渍险和一切险。附加险别包括一般附加险和特殊附加险。

4. 伦敦保险协会海运货物保险条款主要包括六种:协会货物条款(A)、协会货物条款(B)、协会货物条款(C)、协会战争险条款、协会罢工险条款和恶意损害险条款。

【关键概念】

1. 单独海损　　2. 共同海损　　3. 仓至仓条款
4. 施救费用　　5. 救助费用　　6. 实际全损
7. 推定全损

【思考与习训】

1. 什么是实际全损?构成实际全损有哪几种情况?

2. 什么是推定全损?构成推定全损有哪几种情况?

3. 什么是共同海损?它与单独海损的区别是什么?

4. 海上运输货物保险承保的费用有哪些?其含义是什么?

5. 我国海洋运输保险的“仓至仓条款”对保险责任的起讫做了什么样的规定?

6. 我国某出口货物的CIF价为100美元/件,已知该商品的保险加成率为10%,保险费率为1%。试计算该商品的保险费。

7. 我国以CIF术语向美国出口一批货物,货物交运前卖方及时投保了一切险和战争险,货物在马六甲海峡附近遭遇海盗抢劫,部分货物被抢走。试分析说明:

(1) 被抢走的货物属于什么海损?为什么?

(2) 应该由买方还是卖方向保险公司索赔?为什么?

(3) 保险公司是否应该赔偿?为什么?

8. 有一份FOB合同,货物在装船后,卖方向买方发出装船通知,买方向保险公司投保了“仓至仓条款一切险”(All Risks with Warehouse to Warehouse Clause),但货物在从卖方仓库运往码头的途中,被暴风雨淋湿了10%的货物。事后卖方以保险单含有仓至仓条款为由,要求保险公司赔偿此项损失,但遭到保险公司拒绝。后来卖方又请求买方以投保人名义凭保险单向保险公司索赔,也遭到保险公司拒绝。试问:在上述情况下,保险公司能否拒赔?为什么?

9. "明西奥"轮装载着散装亚麻子驶向美国的纽约港,不幸在南美飓风的冷风区内搁浅被迫抛锚。当时,船长发现船舷有断裂危险,一旦船体裂缝漏水,亚麻子受水膨胀有可能把船板胀裂,所以船长决定迅速脱浅,于是,该船先后4次动用主机、超负荷全速后退,终于脱浅成功。抵达纽约港后,船方对船体进行全面检修,发现主机和舵机受损严重,经过理算,要求货方承担6 451 英镑的费用。货主对该项费用发生异议,拒绝付款。试问:在上述情况下,货主能否拒付?

【实验内容与要求】

1. 能够读懂投保单和保险单的内容,掌握两种单据的填写注意事项。
2. 能够依据货物运输的实际情况选择合理的险别。

【重要链接】

1. 国际货物运输方式: http://www.xmdg.com/gjmy/sucha/7/5.htm.
2. 海上运输经营知识: http://www.84518.com/info/knowmemo.asp?id =4868.
3. 国际货物运输保险: http://ww.gljxzl.com/news/Article Show.asp?ArticalID = 1351.
4. 中国海关网站: http://ww.customs.gov.cn.
5. 中华人民共和国商务部: http://mofcom.gov.cn.
6. 中华人民共和国国家外汇管理局: http://www.safe.gov.cn.

第七章

国际贸易价格与核算

【教学目的和要求】

通过本章学习，了解进出口商品价格的作价原则和作价方法；熟悉影响价格的各种因素、出口换汇成本、盈亏率的计算；熟悉成本核算的方法和不同贸易术语的价格构成，熟练掌握不同贸易术语之间的价格换算；掌握进出口报价及还价的核算，掌握佣金与折扣的应用；正确订立合同的价格条款。

第一节 作价方法

进出口商品价格的确定是买卖双方都关心的一个重要问题。为了做好此项工作，必须正确贯彻我国进出口商品的作价原则，切实掌握国际市场价格的变动趋势，充分考虑影响价格的各种因素，准确地核算成本，切实制定好买卖合同的价格条款。

一、作价原则

（一）按照国际市场价格水平作价

国际市场价格是以商品的国际价值为基础并在国际市场竞争中形成的，是容易被交易双方接受的价格，是确定进出口商品价格的客观依据。国际市场的价格水平取决于三种因素：世界主要产地的价格、世界主要消费地的价格、国际市场上某种商品的平均价格水平。

（二）要结合国别、地区政策作价

不同的国家和地区属于不同的细分市场，消费者的消费水平千差万别，国际贸易的政策与倾向也各有差别。因此，为了配合我国的外交政策，对有些国家或地区的价格，可以略低于国际价格水平出售，也可以略高于国际市场价格水平购买。

（三）要结合购销意图作价

进出口商品价格在国际市场价格水平的基础上，可根据购销意图来确定，即可略高或略低于国际市场价格。比如卖方的产品已经充斥国际市场，价格竞争很激烈，买方非常了解这种产品的市场状态，因此买方有意压低价格，鉴于市场状况，为了达成交易，卖方只能以低价销售。

二、影响价格的因素

（一）产品因素

根据产品的质量和档次的差别，贯彻“按质论价、优质优价”原则。品质的优劣，档次的高低，包装装潢的好坏，式样的新旧，商标、品牌的知名度，都会影响商品的价格。

（二）运输因素

国际货物买卖一般都要经过长途运输。由于运输距离导致货物价格中所包含的相应费用水平不一样，因此离产地较远、运输距离较长的商品，价格也相应较高。

（三）成交数量因素

按国际贸易的习惯做法，成交量的大小影响价格。即成交量大时，在价格上应给予适当优惠，如采用数量折扣的办法；反之，如成交量过小，甚至低于起订量，则可以适当提高售价。因此，商品定价时也要结合需求掌握好价差。

（四）季节因素

在国际市场上，某些节令性商品，如赶在节令前到货，抢行应市，即能卖上好价。过了节令的商品，往往售价很低，甚至以低于成本的“跳楼价”出售。因此，我们应充分利用季节性需求的变化，掌握好季节性差价，争取按对我方有利的价格成交。

（五）交货地点和交货条件因素

在国际贸易中，由于交货地点和交货条件不同，买卖双方承担的责任、费用和风险有别，确定进出口商品价格时，必须考虑这些因素。例如，同一运输距离内成交的同一商品，按CIF条件成交与按DAT条件成交，其价格应当不同。

（六）支付条件因素

支付条件是否有利，直接影响商品的价格。例如，同一商品在其他交易条件相同的情况下，采取即期信用证付款或预付货款方式，其价格方面可以考虑给予一定优惠；以托收条件付款，价格水平可以适当提高。

（七）计价货币因素

确定商品价格时，一般应争取采用对自身有利的货币成交，如采用对自身不利的货币成交时，应当把汇率变动的风险考虑到货价中去，即适当提高出售价格或压低购买价格。

此外，交货期的远近、市场销售习惯和消费者的爱好等因素，对确定价格也有不同程度的影响，须通盘考虑和正确掌握。

三、作价方法

（一）固定价格

固定价格是指在贸易合同中明确规定的具体价格。合同订立后，即使市场价格有了很大的变化，该价格也不能再有变动，买卖双方必须按价格进行货款结算。它具有明确、具体等特点，便于双方执行合同，减少双方对价格的争议。在合同中规定固定价格是一种常规做法，如果合同中不提其他价格制定方法或作其他说明，应理解为固定价格。但是，在有的合同中，出于谨慎，对固定价格会做出明确规定。例如：

No price change shall be allowed after conclusion of this contract.

合同成立后，不得改变价格。

No price increase (adjustment) shall be allowed after conclusion of this contract.

合同成立后，不得提高（调整）价格。

（二）非固定价格

非固定价格，即一般业务上所说的“活价”，适合于国际市场行情变化较快、价格涨落不定且交货期较长的货物贸易。这种作价方法可使买卖双方避免由于价格波动较大带来的风险。作价方法又可进一步细分为以下三种：

1. 待定价格

待定价格是指合同中对价格不作明确的具体规定，仅规定在将来某个时间按照某种原则来商定价格。例如，在合同中规定：

Within 15 days before shipment, both parties should negotiate and set price according to international market price.

在装船前 15 天内，参照国际市场价格水平，双方协商议定价格。

The price should be calculated by the international market prices of the date of B/L.

按提单日期的国际市场价格计算。

2. 暂定价格

暂定价格是指在合同中先订立一个初步价格，作为开立信用证和初步付款的依据，待双方确定最后价格后再进行最后清算。例如，在合同中规定：

USD 200 per m/t CIF New York. Incoterms® 2020.

Remarks: The price is estimated by average price of 3-month futures-in shipment month plus USD 8, and used for issuing credit.

每公吨 200 美元 CIF 纽约 Incoterms® 2020。

备注：该价格以装船月的 3 个月期货平均价加 8 美元计算，并以此开立信用证。

3. 部分固定价格，部分非固定价格

为了兼顾双方的利益，解决双方在采用固定价格或非固定价格方面的分歧，也可采用部分固定价格、部分非固定价格的做法，或是分批作价的办法，如交货期近的价格在订约时固定下来，余者在交货前一定期限内作价。

（三）价格调整条款

价格调整条款是指在某些货物交易中，如成套设备、大型机械等，从合同订立到履行交货所需要的时间较长，为了避免原材料和工资的变动带来的风险，先在合同中规定一个初步价格（Initial Price），在交货时或交货前一定时间，按原材料和工资变动的指数作相应调整，以确定最后价格。在合同中对调整价格的办法，应一并具体订明。这种价格制定方法的实质是出口商转嫁国内通货膨胀的风险，确保自己所得的利润。例如，在合同中规定：

The above basic price will be adjusted according to the following formula based on the wage and price indexes Published by the ×××(organization) as of ×× (month), 20 ××.

以上基础价格按下列调整公式根据×××（机构）公布的 20××年××月的工资指数和物价指数予以调整。

在价格调整条款中，通常使用下列公式来调整价格：

$$P = P_0\left(A + B\frac{M}{M_0} + C\frac{W}{W_0}\right)$$

在上述公式中：

P 代表商品交货时的最后价格；

P_0 代表签订合同时约定的初步价格；

M 代表计算最后价格时引用的有关原料的平均价格或指数；

M_0 代表签订合同时引用的有关原料的价格或指数；

W 代表计算最后价格时引用的有关工资的平均数或指数；

W_0 代表签订合同时引用的工资平均数或指数；

A 代表经营管理费用和利润在价格中所占的比重；

B 代表原料在价格中所占的比重；

C 代表工资在价格中所占的比重。

A、B、C 三者之和应为 100%，所分别代表的比例签合同时确定后固定不变。

如果买卖双方在合同中规定，按上述公式计算出来的最终价格和约定的基础价格的差额不超过约定的范围，基础价格可不予调整，则合同约定价格对双方当事人仍有约束力。

第二节　主要贸易术语价格的构成与换算

一、主要贸易术语价格的构成

国际贸易中的价格主要由进货成本、费用、预期利润三部分构成。

（一）FOB、CFR、CIF 三种术语的价格构成

1. 价格构成

<table>
<tr><td rowspan="7">CIF 价格</td><td rowspan="6">CFR 价格</td><td rowspan="5">FOB 价格</td><td rowspan="3">实际成本</td><td>生产成本</td><td>自产自销的投入</td></tr>
<tr><td>加工成本</td><td>进料或半成品加工的投入</td></tr>
<tr><td>采购成本</td><td>进货成本</td></tr>
<tr><td>国内总费用</td><td colspan="2">国内的运费、认证费、仓储费、港口杂费、报关费、业务费、银行费用等</td></tr>
<tr><td>预期利润</td><td colspan="2">一般为货价的 5%～10%</td></tr>
<tr><td colspan="4">国外运费</td></tr>
<tr><td colspan="5">国外保险费＝CIF（或 CIP）货价×（1＋保险加成率）</td></tr>
</table>

出口商品价格构成的三个部分中费用部分最为复杂，出口商品的费用可分为国内费用与国外费用两个部分。

国内费用：在以 FOB、CFR、CIF 出口时，出口商品的国内费用包括将货物装上船之前的一切费用，一般有下列项目：① 加工整理费用；② 包装费用；③ 保管费用（包括仓租、火险等）；④ 国内运输费用（出口商所在地仓库至装运港码头）；⑤ 证件费用（包括商检费、公证费、领事签证费、产地证费、许可证费、报关单费等）；⑥ 装船费（装船、起吊费和驳船费等）；⑦ 贴现利息和手续费等费用；⑧ 预计损耗（耗损、短损、漏损、破损、变质等）；⑨ 邮电费（电报、电传、邮件等费用）。

国外费用：① 国外运费（自装运港至目的港的海上运输费用）；② 国外保险费（海上货物运输保险）；③ 如有中间商，还应包括支付给中间代理商的佣金。

2. 计算公式

FOB 价格 = 进货成本价 + 国内费用 + 预期利润

CFR 价格 = 进货成本价 + 国内费用 + 国外运费 + 预期利润

CIF 价格 = 进货成本价 + 国内费用 + 国外运费 + 国外保险费 + 预期利润

（二）FCA、CPT 和 CIP 三种术语价格的构成与换算

1. 价格构成

随着集装箱运输和国际多式联运的发展，国际商会制定的 FCA、CPT 和 CIP 三种贸易术语应用广泛，它们与上述 FOB、CFR 和 CIF 三种贸易术语相类似，其价格构成也包括进货成本、费用和利润三部分。由于这些贸易术语适用的运输方式不同，交货地点和交易方式也有区别，故其产生的具体费用就不尽相同。

FCA、CPT 和 CIP 三种贸易术语涉及的国内外费用如下：

国内费用：① 加工整理费；② 包装费；③ 保管费（包括仓租、火险）；④ 国内运输用（仓库至码头、车站、机场、集装箱运输场、集装箱堆场）；⑤ 拼箱费（如货物不够一整装箱）；⑥ 证件费用（商检费、公证费、领事签证费签证、产地证费、许可证费、报关单费等）；⑦ 贴现利息和手续费等费用：⑧ 预计损耗（耗损、短损、漏损、破损、变质等）；⑨ 邮电费（如电报、电传、邮件等费用）。

国外费用：① 国外的运输费用（自出口国内陆起运地至国外目的地的运输费）；② 国外保险费：③ 如果有国外中间商介入，还应该包括支付给中间代理商的佣金。

2. 计算公式

FCA 价格 = 进货成本价 + 国内费用 + 预期利润

CPT 价格 = 进货成本价 + 国内费用 + 国外运费 + 预期利润

CIP 价格 = 进货成本价 + 国内费用 + 国外运费 + 国外保险费 + 预期利润

二、主要贸易术语价格的换算方法

（一）FOB、CFR、CIF 三种术语价格的换算

1. CIF 价格改报 FOB 或 CFR 价格

CFR 价格 = CIF 价格 × [1 − (1 + 保险加成率) × 保险费率]

FOB 价格 = CIF 价格 × [1 − (1 + 保险加成率) × 保险费率] − 国外运费

2. FOB 价格改报 CFR 或 CIF 价格

CFR 价格 = FOB 价格 + 国外运费

$$\text{CIF 价格} = \frac{\text{FOB 价格} + \text{国外运费}}{1 - (1 + \text{保险加成率}) \times \text{保险费率}}$$

3. CFR 价格改报 FOB 或 CIF 价格

FOB 价格 = CFR 价格 − 国外运费

$$\text{CIF 价} = \frac{\text{CFR 价格}}{1 - (1 + \text{保险加成率}) \times \text{保险费率}}$$

(二) FCA、CPT、CIP 三种术语价格的换算

1. CIP 价格改报 FCA 或 CPT 价格

CPT 价格 = CIP 价格 ×[1 -(1 + 保险加成率)× 保险费率]

FCA 价格 = CIP 价格 ×[1 -(1 + 保险加成率)× 保险费率] - 国外运费

2. FCA 价格改报 CPT 或 CIP 价格

CPT 价格 = FCA 价格 + 国外运费

$$\text{CIP 价格} = \frac{\text{FCA 价格} + \text{国外运费}}{1 - (1 + \text{保险加成率}) \times \text{保险费率}}$$

3. CPT 价格改报 FCA 或 CIP 价格

FCA 价格 = CPT 价格 - 国外运费

$$\text{CIP 价} = \frac{\text{CPT 价格}}{1 - (1 + \text{保险加成率}) \times \text{保险费率}}$$

第三节　佣金与折扣

在合同价格条款中,有时会涉及佣金(Commission)和折扣(Discount; Allowance)。正确地运用佣金,有利于扩大交易并调动中间商的积极性。

一、佣金

(一) 佣金的含义

在国际贸易中,有些交易是通过中间代理商进行的。中间商介绍生意或代买代卖而需收取一定的酬金,此项酬金叫佣金。凡在合同价格条款中明确规定佣金的百分比的,叫作“明佣”。如不在合同中表示佣金问题,由双方当事人另行约定,这种暗中约定佣金的做法,叫作“暗佣”。佣金直接关系到商品的价格,货价中是否包括佣金和佣金比例的大小会影响商品的价格。显然,含佣价比净价要高。

(二) 佣金的规定办法

凡价格中含有佣金的叫“含佣价”。为了明确区分净价和含佣价,一般可在贸易术语后加注“净价”(Net Price)字样。在商品价格中包括佣金时,通常的表示方法有:

1. 用文字来说明。例如:“每公吨 200 美元 CIF 旧金山,包括 2% 佣金。”(USD 200 per M/T CIF San Francisco including 2% commission)。

2. 在贸易术语后面加注 Commission 的缩写字母“C”和佣金的百分比来表示。例如:“每公吨 200 美元 CIFC 2% 旧金山”(USD 200 per M/T CIF San Francisco including 2% commission)。

3. 用绝对数来表示。例如:“每公吨付佣金 25 美元。”(USD 25. 00 commission per metric ton)

如中间商为了从买卖双方获取“双头佣金”或为了逃税,有时要求在合同中不规定佣金,而另按双方暗中达成的协议支付。佣金的规定应合理,其比率一般掌握在 1% 至 5% 之间,

不宜偏高。

(三) 佣金的计算

在国际贸易中,计算佣金的方法不一,有的按成交金额约定的百分比计算,也有的按成交商品的数量来计算,即按每一单位数量收取若干佣金计算。在我国进出口业务中,计算方法也不尽一致,按成交金额和成交商品的数量计算的都有。在按成交金额计算时,有的以发票总金额作为计算佣金的基数,有的则以 FOB 总值为基数来计算佣金。如按 CIF 价成交,而以 FOB 值为基数计算佣金时,则应从 CIF 价中减去运费和保险费,求出 FOB 值,然后以 FOB 值乘佣金率,即得出佣金额。

关于计算佣金的公式如下:

单位货物佣金额 = 含佣价 × 佣金率

净价 = 含佣价 - 佣金

上述公式也可写成:

净价 = 含佣价 - 含佣价 × 佣金率

　　= 含佣价 × (1 - 佣金率)

假如已知净价,则含佣价的计算公式应为:

$$\text{含佣价} = \frac{\text{净价}}{1 - \text{佣金率}}$$

(四) 佣金的支付方法

佣金的支付一般有两种方法:一种是由中间代理商直接从货价中扣除佣金;另一种是在委托人收清货款之后,再按事先约定的期限和佣金比率,另行付给中间代理商。在支付佣金时,应防止错付、漏付和重付等事故发生。

按照一般惯例,在独家代理的情况下,如委托人同约定地区的其他客户达成交易,即使未经独家代理过手,也得按约定的比率付给其佣金。

二、折扣

(一) 折扣的含义

折扣是指卖方按原价给予买方一定百分比的减让,即在价格上给予适当的优惠。凡在价格条款中明确规定折扣率的,叫作“明扣”;凡交易双方就折扣问题已达成协议,而在价格条款中却不明示折扣率的,叫作“暗扣”。

折扣如同佣金一样,都是市场经济的必然产物。正确运用折扣,有利于调动采购商的积极性和扩大销路。在国际贸易中,它是加强对外竞争的一种手段。

(二) 折扣的规定办法

1. 用文字说明。例如:“CIF 伦敦每公吨 200 美元,折扣 3%”(US \$200 per Metric ton CIF London including 3% discount)。此例也可这样表示:“CIF 伦敦每公吨 200 美元,减 3% 折扣”(US \$200 per metric ton CIF London Less 3% discount)。

2. 在贸易术语后面加注 Discount 的缩写字母“D”或者 Rebate 的缩写字母“R”加绝对数来表示。例如“每公吨折扣 6 美元”。又如,用“CIFD”或“CIFR” 来表示 CIF 价格中包含折扣。但是此种方法容易引起误解,故最好不使用此缩写语。

3. 用绝对数表示。例如"每公吨折扣 8 英镑"(GBP8 per M/T for Discount)。

(三) 折扣的计算

折扣通常是以成交额或发票金额为基础计算出来的。例如,CIF 伦敦,每公吨 2 000 美元,折扣 2%,卖方的实际净收入为每公吨 1 960 美元。其计算方法如下:

单位货物折扣额 = 原价(或含折扣价) × 折扣率

卖方实际净收入 = 原价 - 单位货物折扣额

(四) 折扣的支付方法

折扣一般是在买方支付货款时预先予以扣除的;也有的折扣金额不直接从货价中扣除,而按暗中达成的协议另行支付给买方,这种做法通常在给"暗扣"或"回扣"时采用。

第四节　出口报价与还价核算

一、出口报价和还价核算

(一) 出口报价的核算

出口报价的核算一般包括如下内容:成本核算、出口税收核算、运费核算、保险费核算、佣金和银行手续费核算、利润核算。

1. 成本核算

对出口商而言,成本即采购成本,一般而言供货商所报的价格就是采购成本。供货商报出的价格一般包含税收,即增值税。增值税是以商品进入流通环节所发生的增值额为课税对象的一种流转税。由于国家要鼓励出口,为了提高本国商品竞争力,往往对出口商品采取按增值税款金额或按一定比例退还的做法(也就是出口退税),因而在核算成本时应将出口退税减去。

实际采购成本(退税后的成本) = 出口商品的采购成本(含增值税) - 出口退税收入

因为:采购成本(含增值税) = 货价(净价) + 增值税额

增值税额 = 货价(净价) × 增值税率

即:采购成本(含增值税) = 货价(净价) + 增值税额 = 货价(净价) × (1 + 增值税率)

$$= 货价(净价) = \frac{采购成本(含增值税)}{(1+增值税率)}$$

又因为:出口退税额 = 货价(净价) × 出口退税率

$$出口退税额 = \frac{采购成本(含增值税)}{(1+增值税率)} \times 出口退税率$$

$$实际采购成本(退税后的成本) = \frac{采购成本(含增值税) \times (1+增值税率-出口退税率)}{(1+增值税率)}$$

例 7-1:某外贸企业购进某商品的单位购货成本是 28 人民币元,其中包括 17% 的增值税,该商品的出口退税率为 13%,计算商品的单位实际购货成本。

解:

$$实际购货成本 = 28 \times \frac{(1+17\%-13\%)}{(1+17\%)} = 24.89\ 人民币元$$

2. 出口税收核算

出口关税由海关依照海关进出口税则征收。我国出口业务中必须征收出口关税的商品种类较少。关税计算公式如下：

出口关税税额 = 出口商品完税价格 × 出口关税税率

根据我国《进出口关税条例》："出口货物的完税价格由海关以该货物的成交价格以及该货物运至中华人民共和国境内输出地点装载前的运输及其相关费用、保险费为基础审查确定。出口货物的成交价格，是指该货物出口时卖方为出口该货物应当向买方直接收取和间接收取的价款总额。出口关税不计入完税价格。"根据以上规定，我们可以将出口商品的完税价格简单地概括为"以成交价格为基础的 FOB 价减出口关税"，有人将其称为"FOB 净价"，即

出口商品完税价格 = FOB/(1 + 出口关税率)

出口关税税额 = FOB/(1 + 出口关税率) × 出口关税税率

如果出口货物以 CFR、CIF 价格成交，则要将其换算成 FOB 价格再计算完税价格。

3. 运费核算

按照 CFR、CIF、CPT 和 CIP 术语成交时，国外运费是出口报价核算的主要费用之一。国外运费的计算方法参考本书第五章"国际货物运输"的内容。

4. 保险费核算

在出口业务中，如果以 CIF（或 CIP）等价格术语成交，出口方就需要进行保险费的核算。保险费是按照货物的保险金额乘以一定的百分比（保险费率）来计算的。

保险费 = 保险金额 × 保险费率

保险金额 = CIF（或 CIP）货价 ×（1 + 保险加成率）

在进出口贸易中，根据相关的国际贸易惯例，保险加成率通常为 10%。当然，出口商也可根据进口商的要求与保险公司约定不同的保险加成率。值得注意的是，由于保险金额的计算是以 CIF（或 CIP）价格为基础的，因此，对外报价时如果需要将 CFR（或 CPT）价格变为 CIF（或 CIP）价格。

5. 佣金和银行手续费核算

佣金率是由双方商定的，一般而言，含佣价就是一笔交易的对外报价，如 FOB C3% 价。

银行手续费一般也是在报价的基础上按一定百分比计算的，例如银行手续费以 CFR 价的 0.5% 计。

6. 利润核算

利润是价格构成的三大要素之一。价格中所包含利润的多少，往往根据商品、行业、市场竞争状况及企业的价格策略等因素来决定。核算利润额时，应当注意计算的基数，可以用某一成本（生产成本、购货成本或出口成本）作为计算利润的基数，也可以用销售价格作为计算利润的基数。即

利润额 = 出口成本 × 利润率

或：

利润额 = 出口报价 × 利润率

（二）出口还价的核算

在进出口业务中，出口报价很少是一次性为客户所接受的，总要经过一番讨价还价。在收到对方还价后，进行还价核算，以便对还价做出合理反应，进行再还价或接受，就显得很重要了。出口商可以采取以下几条对策：

1. 说服客户接受原价，不作让步。追求利润是买卖双方经营的目标，利润太低，出口商自然不太愿意，但利润太高也会吓跑客户，失去成交的机会。因此，要详细了解客户的需求和市场的竞争状况，谨慎地采取这一对策。

2. 减少公司的利润以满足客户的降价要求。这虽然是最直接和最简便的方法，但它牺牲的是出口商自身的利润，因而往往是出口商最不愿意采取的对策。

3. 降低采购成本。采购成本在价格构成中占比例最大，通过降低供货价格来调整报价，达到降低报价目的则显得很重要。

4. 减少运输费用和保险费支出。目前经营外运和保险的公司较多，竞争激烈，经营灵活。通过谈判，运费和保险费也是可以调整的。

总而言之，无论采用什么对策，正确的还价核算都是必要的。

二、出口报价和还价实例分析

（一）出口报价实例分析

常用的几种贸易术语的报价可用以下公式计算：

FOB 报价＝实际成本＋国内费用＋客户佣金＋银行手续费＋预期利润

CFR 报价＝实际成本＋国内费用＋出口运费＋客户佣金十银行手续费＋预期利润

CIF 报价＝实际成本＋国内费用＋出口运费＋出口保险费＋客户佣金＋银行手续费＋预期利润

在等式右边的出口保险费、客户佣金、银行手续费和预期利润的计算以报价本身为基础时，可将要求的报价因子提出并移项，得到下列可运用于三种常见贸易术语的报价计算公式：

$$出口报价=\frac{货物实际采购成本+出口各项费用之和}{1-出口各项费用率之和-利润率}$$

例 7-2：华信公司出口一个 20 英尺集装箱的陶瓷餐茶具制品，每套陶瓷餐茶具的采购价格为 144 元/套（供货单价中包括 17% 的增值税，出口陶瓷制品的退税率为 9%），每件茶具的包装尺码为 40 厘米 ×32 厘米 ×36 厘米。出口一个 20 英尺集装箱需发生的国内费用包括：运杂费 800 元，商检费 150 元，报关费 50 元，港区港杂费 650 元，公司业务费 1 200 元；其他费用 900 元。

海洋运费：从上海至加拿大多伦多一个 20 英尺集装箱的包箱费率为 1 575 美元。

保险费：按 CIF 成交金额加 10% 投保中国人民保险公司海运货物保险条款中的水渍险、碰损破碎险和战争险，费率分别为：0.5%、0.3% 和 0.16%。

客户佣金：成交价格的 5%。

报利润：报价的 10%。

报价汇率：6.85 元人民币兑换 1 美元。

请报 FOB 上海净价及含佣价、CFR 多伦多净价及含佣价和 CIF 多伦多净价及含佣价。

解:

成本:

$$实际采购成本=\frac{采购成本(含增值税)\times(1+增值税率-出口退税率)}{(1+增值税率)}$$

$$=\frac{144\times(1+17\%-9\%)}{1+17\%}$$

$$=132.923\ 1\ 人民币元/套$$

单件包装体积: 0.4 米 ×0.32 米 ×0.36 米 =0.046 08 立方米

20 英尺集装箱包装套数: 25 ÷0.046 08 =542 套

费用:

$$国内费用=\frac{800+150+50+650+1\ 200+900}{542}人民币元$$

$$=6.918\ 8\ 人民币元$$

国外运费: 1 575 美元 ×6.85 ÷542 =19.905 4 人民币元/套

客户佣金: 报价 ×5%

利润: 报价 ×10%

保险费: CIF 报价 ×110% ×0.96%

$$FOB\ 价=\frac{实际采购成本+国内费用}{1-利润率}$$

$$=\frac{132.923\ 1+6.918\ 8}{1-10\%}人民币元=155.379\ 9\ 人民币元$$

$$=\frac{155.379\ 9}{6.85}美元=22.68\ 美元$$

$$FOBC5\ 价=\frac{实际采购成本+国内费用}{1-佣金率-利润率}$$

$$=\frac{132.923\ 1+6.918\ 8}{1-5\%-10\%}人民币元=164.519\ 9\ 人民币元$$

$$=\frac{164.519\ 9}{6.85}美元=24.02\ 美元$$

$$CFR\ 价=\frac{实际采购成本+国内费用+国外运费}{1-利润率}$$

$$=\frac{132.923\ 1+6.918\ 8+19.905\ 4}{1-10\%}人民币元=177.497\ 人民币元$$

$$=\frac{177.497}{6.85}美元=25.91\ 美元$$

$$CFRC5\ 价=\frac{实际采购成本+国内费用+国外运费}{1-佣金率-利润率}$$

$$=\frac{132.923\ 1+6.918\ 8+19.905\ 4}{1-5\%-10\%}人民币元=187.938\ 元人民币$$

$$=\frac{187.938}{6.85}\text{美元}=27.44\text{ 美元}$$

$$\text{CIF 价}=\frac{\text{实际采购成本}+\text{国内费用}+\text{国外运费}}{1-(1+\text{保险加成率})\times\text{保险费率}-\text{利润率}}$$

$$=\frac{132.9231+6.9188+19.9054}{1-(1+10\%)\times0.96\%-10\%}\text{人民币元}=179.6124\text{ 人民币元}$$

$$=\frac{179.6124}{6.85}\text{美元}=26.22\text{ 美元}$$

$$\text{CIFC5 价}=\frac{\text{实际采购成本}+\text{国内费用}+\text{国外运费}}{1-(1+\text{保险加成率})\times\text{保险费率}-\text{佣金率}-\text{利润率}}$$

$$=\frac{132.9231+6.9188+19.9054}{1-(1+10\%)\times0.96\%-5\%-10\%}\text{人民币元}=190.2995\text{ 人民币元}$$

$$=\frac{190.2995}{6.85}\text{美元}=27.78\text{ 美元}$$

故华信公司的出口报价为：每套 FOB 上海和每套 FOB C5% 深圳分别为22.69美元和24.02 美元；每套 CFR 多伦多和每套 CFRC5% 多伦多分别为 25.91 美元和 27.44 元；每套 CIF 多伦多和每套 CIF C5% 多伦多分别为 26.22 美元和 27.78 美元。

（二）出口还价实例分析

出口还价核算的公式如下：

还价核算项目的变化 = 还价后的销售收入 - 核算项目以外其他项目的费用

例 7-3：当华信公司报出陶瓷餐茶具的出口价格后（见本章出口报价实例），随即收到加拿大商人的还价，每套 CIF 多伦多的接受价格是 25 美元，其中包括 5% 的佣金，请根据还价计算：

（1）按照客户的还价，每套陶瓷餐茶具可以获利人民币多少元？总利润额为多少？利润率是百分之几？

（2）如果我方要获得 8% 的利润，进货价格和费用不变，应如何对国外客户还价？

（3）如果我方要保持 10% 的利润，其他费用不变，公司能够接受的国内供货价格应为每吨多少元人民币？（计算过程保留四位小数）

解：（1）如果该公司接受客户 CIFC5 多伦多 25 美元/套的报价，则可以获得的利润额为：

$$\text{利润额}=\text{销售收入}-\text{实际采购成本}-\text{国内费用}-\text{国外运费}-\text{保险费}-\text{佣金}$$

$$=25\times6.85-132.9231-6.9188-19.9054-25\times6.85\times(110\%\times0.96\%+5\%)$$

$$=1.1318$$

$$\text{总利润额}=1.1318\times542=613.4356\text{ 元人民币}$$

$$\text{利润率}=1.1318\div(25\times6.85)\times100\%=0.66\%$$

可见，按对方还价，华信公司出口每套陶瓷餐茶具的利润为 1.131 8 元人民币，总利润额为 613.435 6 元人民币，利润率为 0.66%。

（2）如果我方要获得 8% 的利润，进货价格和费用不变每套的价格为

$$\text{CIFC5 价}=\frac{\text{实际采购成本}+\text{国内费用}+\text{国外运费}}{1-(1+\text{保险加成率})\times\text{保险费率}-\text{佣金率}-\text{利润率}}$$

$$=\frac{132.9231+6.9188+19.9054}{1-(1+10\%)\times0.96\%-5\%-8\%}\text{人民币元}=185.8824\text{人民币元}$$

$$=\frac{185.8824}{6.85}\text{美元}=27.14\text{美元}$$

因此,我方要保持8%的利润,对国外客户的还价应在CIFC8多伦多每价格为27.14美元。

(3) 如果华信公司要保持10%的销售利润不变的话,每套陶瓷餐茶具的国内采购价格应为:

国内采购价格=销售收入-销售利润-保险费-佣金-国内费用-国外运费+退税收入

这里要特别注意的是退税收入则为:采购价格÷(1+17%)×9%。

$$\text{采购价格}=\frac{25\times6.85\times(1-10\%-1.1\times0.96\%-5\%)-6.9188-19.9054}{1-9\%/1.17}$$

$$=126.67\text{人民币元}$$

所以,华信公司接受对方报价,要保持10%的销售利润不变的话,每套陶瓷餐茶具的国内采购价格为人民币126.67元。

三、出口商品盈亏核算

在价格的掌握上,要注意加强成本核算,以提高经济效益,防止出现不计成本、不计盈亏和单纯追求成交量的偏向。尤其在出口方面,强调加强成本核算,掌握出口总成本、出口销售外汇(美元)净收入和人民币净收入的数据,并计算和比较各种商品出口的盈亏情况,更有现实意义。出口总成本是指出口商品的进货成本加上出口前的一切费用和税金。出口销售外汇净收入是指出口商品按FOB价出售所得的外汇净收入。出口销售人民币净收入是指出口商品的FOB价按当时外汇牌价折成人民币的数额。根据出口商品成本的这些数据,可以计算出出口商品盈亏率、出口商品换汇成本和出口创汇率。

(一) 出口商品盈亏率

出口商品盈亏额是出口净收入(人民币)与出口成本(人民币)的差额。简单地说,就是出口赚了多少钱。如果差额是正数,表示有盈余;如果是差额是负数,表示有亏损。出口商品盈亏率是出口盈亏额(人民币)与出口成本(人民币)的比,它反映的是出口盈亏程度。

出口商品盈亏额和盈亏率可以以单价来计算,也可以以整批货物的总价来计算。计算公式为:

出口商品盈亏额=出口净收入(人民币)-出口成本(人民币)

$$\text{出口商品盈亏率}=\frac{\text{出口净收入(人民币)}-\text{出口成本(人民币)}}{\text{出口成本}}\times100\%$$

(二) 出口商品换汇成本

出口商品换汇成本也是用来反映出口商品盈亏的一项重要指标,它是指以某种商品的出口总成本与出口所得的外汇净收入之比,得出用多少人民币换回一美元。出口商品换汇成本如高于银行同期的外汇买入价,则出口为亏损;反之,则说明出口有盈利。其计算公式如下

$$出口商品换汇成本 = \frac{出口总成本(人民币)}{出口销售外汇净收入(美元)}$$

（三）出口创汇率

出口创汇率是指加工后成品出口的外汇净收入与原料外汇成本的比率。如原料为国产的，其外汇成本可按原料的 FOB 出口价计算；如原料是进口的，则按该原料的 CIF 价计算。通过出口的外汇净收入和原料外汇成本的对比，则可看出成品出口的创汇情况，从而确定出口成品是否有盈利。特别是在进料加工的情况下，核算出口创汇率这项指标更有必要。其计算公式如下：

$$出口创汇率 = \frac{成品出口外汇净收入 - 原料外汇成本}{原料外汇成本} \times 100\%$$

例 7-4：出口碳刷 1 442 250 只，出口总价为 US $98 000 CIF 旧金山，其中运费 US $1 540，保险费 US $443。进价 574 980 元（含增值税 17%），费用定额率 6%，出口退税率 9%。当时人民币市场汇价银行美元买入价为 6.13 元。试求该批商品的盈亏率。

解：（1）出口外汇净收入（外汇折成本币）= (98 000 − 1 540 − 443) × 6.13 = 588 584.21人民币元

（2）出口总成本（本币）= 574 980 + (574 980 × 6%) − [574 980 ÷ (1 + 17%) × 9%] = 565 249.57 人民币元

（3）出口碳刷盈亏额 = 588 584.21 − 565 249.57 = 23 334.64 人民币元

（4）出口碳刷盈亏率 = 盈亏额 ÷ 出口总成本 × 100% = 23 334.64 ÷ 56 249.57 × 100% = 41.48%

即该批出口商品的盈亏率为 41.48%。

第五节　进口报价与还价核算

一、进口报价与还价核算

（一）进口报价的核算

进口商品的价格也由成本、费用和进口商的预期利润三部分构成。

1. 成本。外贸公司自营进口商品的成本是从国外采购进口商品的价格。与出口不同的是：出口商品的成本有采购成本与实际采购成本之分，进口商品没有，因为进口商品没有退税。

2. 费用。进口商品的费用也分为国内费用和国外费用。国外费用包括国外运费、保费和佣金；国内费用有进口关税、海关代征的增值税和消费税、银行贷款利息、银行手续费、商检费、报关费、港杂费、陆运费等。在核算进口商品费用时有一个特殊的地方，即以 FOB 进口，国外运费和保费都应计入费用；以 CFR 进口，国外运费已包含在进口商品的采购价格中，只有保费要计入；以 CIF 进口，国外运费和保费都已包含在进口商品的采购价格中，因此都不计入费用。

3. 进口商的预期利润。进口商的预期利润包含在对国内客户的报价中,一般以采购价格为基础计算,但也有以国内销售价格为基础计算的。

下面是三个常用贸易术语进口商品国内销售价格的构成公式:

FOB 进口货物成本 = FOB 进口合同价 + 运费 + 保险费 + 进口国内费用 + 进口税费

CFR 进口货物成本 = CFR 进口合同价 + 保险费 + 进口国内总费用 + 进口税费

CIF 进口货物成本 = CIF 进口合同价 + 进口国内总费用 + 进口税费

进口合同价格在进口合同成立之前是一种估价,是买卖双方通过磋商可以取得一致意见的合同价格,有时也是进口方争取以此为基础交易的价格。在合同成立后,就是合同写明的商品价格。

进口商品运费与保险费的计算方法与出口中运输和保险费的核算方法相同,但进口商品需要交纳进口关税和海关代征的商品流转税,如增值税、消费税等。

(二) 货物进口关税的计算

1. 进口关税的核算

进口货物应纳关税,完税价格确定后,查出适用的税率就可以直接进行计算了。其公式为:

应纳关税额 = 应纳税进口货物数量 × 完税后价格 × 适用关税税率

进口货物完税价格由海关以进口货物的成交价格为基础审核确定,一般包括货价、货物运抵中华人民共和国海关境内输入地点起卸前的运费和保费,通常以 CIF 价为基础。若货物在交易的过程中,卖方付给我方正常的折扣,则应在成交价格中扣除。

进口货物采用 CFR 价格术语成交,应加保险费组成完税价格,其公式为:

$$完税价格 = \frac{CFR}{1 - 保险费率}$$

进口货物采用 FOB 价格术语成交,应加保险费和运费组成完税价格,其公式为:

$$完税价格 = \frac{FOB + 运费}{1 - 保险费率}$$

2. 进口消费税的核算

从国外进口应税消费品,海关要征收消费税。消费税的计算执行从量税和从价税两种计算方法。

(1) 从价定率消费税征收。我国消费税采用价内税,即计税价格组成中包括消费税税额。因此,

单位货物应纳消费税税额 = 组成计税价格 × 适用消费税税率

组成计税价格 = 关税完税价格 + 关税 + 消费税

其中,关税完税价格即上述进口货物完税价格。故公式可整理为:

$$组成计税价格 = \frac{关税完税价格 \times (1 + 适用关税税率)}{1 - 适用的消费税税率}$$

(2) 从量定率消费税征收。从量定额征收消费税,以海关核定的应税消费进口数量为计税依据,计算公式为:

应纳消费税额 = 应纳税进口数量 × 适用定额税率

3. 进口增值税的计算

增值税属于价外税，其大小由组成应纳增值税价格与适用的增值税税率计算所得，即

应纳增值税额 = 组成计税价格 × 适用税率 × 应税进口数量

组成计税价格 = 关税完税价格 + 关税 + 消费税

若进口货物非应税消费品，则不征消费税。

(三) 进口还价核算

进口还价核算指进口商对国内客户的报价遭到还价后，或按国外客户的报价计算出来的进口商品的国内市场高于国内同类商品的价格时，进口商以国内客户的还价或国内市场同类商品的售价为基础，对自己的预期利润、采购成本及有关费用项目发生的变化进行核算，以确定是否能够接受国内客户的还价或国外客户的报价。进口还价核算常见的是预期利润和国外采购成本的核算。

二、进口报价与还价核算实例分析

(一) 进口报价核算实例分析

进口报价核算是为了确定给国内客户的价格或进口商品在国内市场的售价。进口报价核算的一般公式如下：

进口商品的国内销售价格 = 国外采购成本 + 进口费用 + 预期利润 = 国外采购成本 + 进口关税 + 进口消费税 + 进口代缴增值税 + 其他进口费用 + 实缴增值税 + 预期利润

由于，进口商品国内销售价格的货价部分 = 采购成本 + 增值税以外的各项费用 + 预期利润，故由此可以得到下面的进口报价核算公式：

进口商品的国内销售价格 = 进口商品国内销售价格的货价部分 × (1 + 增值税税率) = 采购成本 + 增值税以外的各项费用 + 预期利润 × (1 + 增值税税率)

例 7-5：进口商品的价格构成及核算与出口商品价格构成及核算相似。以 FOB 条件核算进口价格。

W 公司拟从德国某公司进口某种检测仪 100 台，外商报价每台 130 美元 FOB 汉堡。此次交易的有关数据为：仪器为纸箱装，每箱装 1 台，每箱毛重 20 千克，尺码为 50cm × 50cm × 54cm，海洋运费按尺码计，每运费吨运费 96 美元；按 CIF 价的 110% 投保，费率为 0.85%；银行贷款年利率为 9%，预计垫款时间为 2 个月；银行费用为国外购价格（即 FOB 价）的 0.45%；进口关税税率为 25%，增值税税率为 17%；其他费用还有：领证费 800 元人民币（整批货，下同），报关费 60 元，商检费 200 元，业务费用 10 元，国内运杂费 840 元。W 公司的预期利润率为采购价格的 20%，美元兑人民币的汇率为 1 : 6.85。请计算该仪器在国内市场的销售价格（保留四位小数）。

解：

进口商品的国内销售价格 = 进口商品国内销售价格的货价部分 × (1 + 增值税税率) = (采购价格 + 增值税以外的各项费用 + 预期利润) × 1.17

成本（以下均为人民币）：

国外采购成本：130 × 6.85 = 890.5 元/台

费用：

不含增值税的各项费用：

海洋运费：0.5×0.5×0.54×96×6.85=88.776 元/台

$$海运保险费：CIF 价格=\frac{FOB+进口运费}{1-(1+保险加成率)\times 保险费率}$$

$$=\frac{890.5+88.776}{1-1.1\times 0.85\%}=988.5186 元/台$$

海运保险费=CIF 价格×(1+保险加成率)×保险费率

=988.518 6×1.1×0.85%=9.242 6 元/台

贷款利息：890.5×9%×2/12=13.357 5 元/台

银行费用：890.5×0.45%=4.007 3 元/台

进口关税：CIF 价格×25%=988.518 6×25%=247.129 7 元/台

其他费用：(800+60+200+1 000+840)/100=29 元/台

预期利润：890.5×20%=178.1 元/台

国内销售价格=(采购价格+增值税以外的各项费用+预期利润)×1.17

=(890.5+88.776+9.2426+13.357 5+4.007 3+

247.129 7+29+178.1)×1.17

=1 460.113 1×1.17=1 708.33 元/台

(二) 进口还价核算实例分析

预期利润的核算指进口商以国内客户的还价为基础，假定其他条件不变，核算自己的预期利润会有什么变化。进口商预期利润核算的公式为：

进口商的预期利润=货价(去税价格)-采购成本-增值税以外的各项费用=国内销售价格/(1+增值税税率)-采购成本-增值税以外的各项费用

国外采购成本核算，指按照国内客户能够接受的价格，或国内市场同类商品的价格水平，在其他条件不变的情况下，核算国外采购成本有什么变化，以决定是否能够接受国外客户的报价，以及如何对国外客户还价。

国外采购成本=货价(去税收入)-增值税以外的各项费用-预期利润

例 7-6：在进口报价实例中，按外商的报价计算出来的国内市场销售价格为每台仪器 1 762 元/台。假定以此价格向国内客户报价，国内客户还价每台 1 700元(或经调查国内市场同类仪器的售价为每台 1 700 元)。请问：按国内客户 1 700 元的还价，在其他方面不变的情况下，W 公司可以获得的预期利润额为多少？预期利润率为多少？(利润率按采购价格计算，计算结果保留四位小数。)

解：进口商的预期利润=货价(去税价格)-采购成本-增值税以外的各项费用=国内销售价格/(1+增值税税率)-采购成本-增值税以外的各项费用

按国内客户还价计算总货价(去税收入)：1 700/1.17×100=145 288.145 元

根据以上数据计算 W 公司的预期利润总额：

预期利润额总额=总货价(去税收入)-总采购成本-增值税以外的各项费用

=145 288.145-89 050-8 877.6-924.26-1 335.75-

400.73-24 712.97-2 900

$=17\ 086.835$ 元

按采购价格计算 W 公司预期利润率：

预期利润率 = 利润额/采购成本 ×100% = 17 086.835/89 050 ×100% = 19.19%

与原来的预期利润率 20% 相比减少了 0.81%。

三、进口经济效益分析

进口商品经济效益主要采用进口商品盈亏率加以核算，进口商品盈亏率是指进口盈亏额和进口总成本之间的比率，即

$$进口商品盈亏率 = \frac{进口盈亏额}{进口总成本} \times 100\%$$

进口盈亏额 = 进口销售收入 - 进口总成本

$$进口商品盈亏率 = \frac{进口商品国内销售收入 - 进口总成本}{进口总成本} \times 100\%$$

例 7-7：我某外贸公司进口面料，共 800 码，进口价格为每码 6 美元 CIF 上海，进口税为 12%，其他国内费用以人民币计为：报关费为 200 元人民币，货物检验费 150 元人民币，国内运费 300 元人民币，杂费 100 元人民币，进口面料经国内加工后成衣出口总计可获净收入为 7 000 美元。若当时中国银行的外汇牌价为：USD1 = CNY6.16，则该批进口商品的盈亏率计算如下：

进口总成本 = 进口原料价格 + 各种费用

$$= 800 \times 6 \times (1 + 12\%) + \frac{(200 + 150 + 300 + 100)}{6.16}$$

$= 5\ 497.75$ 美元

进口销售收入 = 7 000 美元

进口盈亏额 = 进口销售收入 - 进口总成本

$= 7\ 000 - 5\ 497.75$

$= 1\ 502.25$ 美元

$$进口商品盈亏率 = \frac{进口盈亏额}{进口总成本} \times 100\%$$

$$= \frac{1\ 502.25}{5\ 497.75} \times 100\%$$

$$= 27.32\%$$

第六节　价格条款

一、价格条款的内容

买卖合同中的价格条款一般有单价（Unit Price）和总值（Total Amount）两个部分。有时还包括作价方法及佣金和折扣的运用。

（一）单价

商品的单价通常由四个部分组成：计价单位、单位价格金额、计价货币和贸易术语。

USD	300	per Dozen	CIF New York Incoterms® 2020
（计价货币）	（价格金额）	（计量单位）	（贸易术语）

1. 计价货币

不同国家（或地区）使用不同的货币，有的使用的货币名称相同，但币值不同，如“元”，有“美元”“加元”“日元”“港元”等。因此，在表示计价货币时，必须明确是哪一个国家的货币。同时，单价和总金额所用的货币也必须一致。

计价货币应选择可自由兑换的货币（Freely Convertible Currency）。目前世界上可自由兑换的货币主要有美元、欧元、英镑、日元等60多个国家的货币。但是，对那些交易双方的国家之间订有贸易协定和支付协定，而交易本身又属于协定范围内的，则必须使用协定规定的货币。

当今国际金融市场普遍实行浮动汇率制，各种货币的价值不是一成不变的。进出口实务中，把从成交到货款结算这段时间内汇率有上浮（或称升值）趋势的货币称为“硬币”（Hard Currency），把汇率有下浮（或称贬值）趋势的货币称为“软币”（Soft Currency）。由于买卖双方当事人都面临着货币汇率变动的风险，因此，选择何种货币具有重要意义。但在实际业务中双方都希望“收硬付软”，因此，比较常见的做法是选择相对稳定的货币。

2. 单位价格金额

单位价格金额应按双方协商一致的价格，正确填写在书面合同中。正确填写书面金额对于未来合同的执行至关重要，如金额写错，就容易引起争议，甚至会导致一些不必要的损失。

3. 计量单位

合同中的计量单位一般来说与数量条款所用的计量单位一致。同时，应注意不同的度量制度的使用。如，“吨”在不同的度量制度中有“公吨”“长吨”和“短吨”。

4. 贸易术语

贸易术语一方面表明商品价格构成，另一方面也决定了合同的性质。每种不同的贸易术语，其风险、责任和费用的划分不同，价格构成因素也各不相同，因此，买卖合同中贸易术语的采用对双方都至关重要。根据实际情况，在综合考虑的基础上选用合适的贸易术语，出口尽可能选用 CIF/CFR 或对应的 CIP/CPT 贸易术语，进口尽可能采用 FOB 或与之对应的 FCA 贸易术语。贸易术语的表示要准确、完整，不能省略术语后的地点。

（二）总值

总值又称总价，是单价同数量的乘积，也就是一笔交易的货款总金额。总值所使用的货币必须与单价的货币一致，除用阿拉伯数字填写之外，还要用文字表示，并防止计算、书写错误。例如：

Chinese Rice, F. A. Q, 100M/T, In Gunny Bags, 50KG Each, USD17 175per M/T CIF Singapore Incoterms® 2020, Total Amount USD17 500.

中国大米良好平均品质 100 公吨，麻袋装，每袋 50 公斤，175 美元/公吨，CIF 新加坡 Incoterms® 2020，总额 17 500 美元。

二、规定价格条款的注意事项

(一) 适当确定单价水平,防止偏高偏低

贯彻我国进出口商品作价原则,灵活运用差价规则,结合销售意图,确定适当的价格水平。如果出口商品价格过高,会不利于市场的开拓,甚至会导致市场的丧失;如果价格偏低,就会造成外汇收入减少。同时也必须掌握各类货物的价格弹性特征,一些价格弹性低的商品,低廉的价格并不能起到扩大销售和增加外汇收入的效果。进口合同如果价格偏高会造成外汇的浪费,影响进口经营的经济效益。

(二) 争取选择有利的计价货币或加订保值条款

计价货币的选择会直接影响进出口业务的经济效益。由于国际上一些货币的币值具有不稳定性,为了避免由于货币币值不稳定带来的风险损失,出口合同应争取采用"硬币",进口合同应尽量选用"软币",否则应考虑通过加订"保值条款"来避免货币币值变动风险。

(三) 根据货源与船源选择适当的贸易术语

根据货源的特征及我国船源的供给状况,选用适当的贸易术语,对于更好地履行合同,以及促进我国运输业的发展都有着重要的影响。

(四) 避免承担价格变动风险

尤其是对国际货物买卖中价格变动剧烈、波动幅度大的敏感性商品,在规定价格水平时,应掌握价格波动趋势。出口业务中,货物价格必须考虑价格趋涨的因素。一般说来,敏感性商品的交货期不能太长,多次分期装运的货物也不宜一次将价格固定。另外,在有溢短装的情况下,也必须对溢短装部分的价款进行明确规定。

【本章总结】

1. 价格构成和影响价格的因素是多种多样的,在对外报价时必须充分考虑制定价格的原则和影响价格的各种因素,合理制定商品价格。

2. 进出口企业制定价格的时候,要熟悉进出口商品成本并进行盈亏核算,要熟练掌握不同贸易术语的换算及佣金和折扣的计算方法。

3. 国际货物买卖合同中价格条款一般包括商品的单价和总价两项基本内容,商品的单价通常包括计量单位、单位价格金额、计价货币和贸易术语。此外,在合同中还要订明计价货币和作价方法。

【关键概念】

1. 出口商品盈亏率	2. 出口总成本	3. 出口外汇净收入
4. 出口换汇成本	5. 出口创汇率	6. 佣金
7. 折扣	8. 含佣价	9. 固定价格
10. 非固定价格	11. "软币"	12. "硬币"

【思考与习训】

1. 进出口商品作价时应掌握什么原则?考虑哪些因素?

2. 国际货物买卖有哪几种作价方法？应如何灵活运用？

3. 如何计算出口商品的盈亏率、出口商品换汇成本？

4. 在国际货物买卖合同中订立价格条款时，应该注意哪些问题？

5. 我对外出售商品一批，报价每公斤800港元CIF香港，现客户要求改报CFR价，按发票金额110%投保一切险和战争险；两者费率为0.7%，试问：在不影响收汇金额的前提下，正确的CFR价应报多少？

6. 我某出口商品每吨500美元CFRC 2%纽约。试计算CFR净价和佣金各为多少？若客户要求将佣金提高至5%，在保证出口净收入不减少的前提下，试问CFRC 5%应报何价？

7. 价格条款的基本内容是什么？在规定价格条款时应注意哪些问题？

8. 我国某出口商品报价CFRC 3% New York为：USD300 Per Set。

(1) 试计算CFR净价和佣金各为多少？

(2) 如对方要求将佣金增加到5%，我方同意，但出口净收入不变。试问CFRC 5%应如何报价？

9. 某进出口公司向爱尔兰出口一批货物，按FOB价格条款成交，每公吨1 200美元。在装运前夕，买方因派船有困难，要求卖方代为订船舱和投保一切险，保险费率为0.62%，保险加成率为10%，海运运费为每公吨15美元。试问其单价应如何调整？应用何种价格术语？价格是多少？

10. 我国对美国出口某种商品100公吨，出口价格为CIF New York USD 355.00/MT，单位运费为每公吨30美元，保险费共计225美元。商品进价为每公吨2 060人民币元(含增值税17%)，业务费用定额率为10%(以国内收购总价为基础计算)，出口退税率9%，当时银行美元买入价为6.85元。请计算该商品的出口盈亏率和换汇成本。

11. 2016年8月6日，广州天象进出口有限公司(Guangzhou Tianxiang Imp. & Exp. Co.,Ltd.)收到来自日本客户WWW. Co.,Ltd的电子邮件，内容如下：

Dear Sirs,

We are very interested in your Ladies Jacket, Style No. T208, whose shell fabric would be 100% cotton, please quote the price based on CFR TOKYO and L/C at sight.

Meanwhile, please mail a sample of ladies Jacket by′ DHL, as soon as possible. We will pay the express charge via DHL Account No. 877 888 666.

Looking forward to hearing form you.

Yours Sincerely,

Jack

天象公司立即通知夹克的供应商华丽服装有限公司寄3件女式夹克样品和报价，当日收到其报价如下：女式夹克，全棉，人民币56元/件(含税价)，增值税率为17%，12件装一个出口纸箱，纸箱尺寸为78厘米×357厘米×24厘米，每箱毛重为15公斤，净重为14公斤，月生产能力为5 000件，最低起订量为2 000件，交货时付款，工厂交货。

若2016年8月6日的美元牌价为USD1 = RMB ¥6.587 5/6.667 3；业务定额费为采购成本的5%；国内运费为RMB ¥1 000；国内其他费用为RMB ¥1 000；预计垫款时间为1个月，银行贷款年利率为6.84%；出口退税率为11%，退税款利息忽略不计；银行手续费预计为出口报价的0.5%；国外运费按 W/M 计算，每运费吨为 USD10；预期利润率为15%，请核算出口报价。（计算过程中，数值要保留到小数点后4位，最后报价保留到小数点后2位。）

12. 2015年8月6日，杭州乐乐有限公司 HANGZHOU LELE CO. LTD.（9 XUEYUAN ROAD，HANGZHOU CHINA）计划向英国的 TY CO. LTD.（12 KING STREET，LONDON，ENGLAND）进出口公司进口废纸，通过谈判双方达成如下协议：

单价：200美元/公吨，CIF上海

数量：80公吨，允许数量和金额有1%增减

包装：捆装

运输：采用4个20英尺集装箱；收到信用证后30天内装运；从伦敦到上海，允许转运，不允许分批装运。

保险：由卖方按CIF金额的110%投保一切险

支付：30%货款在签订合同后3日内电汇给卖方；70%货款采用信用证支付，付款时间为海运提单日后30天付款。

2015年8月6日的美元牌价为 USD1 = RMB6.544 7/6.574 9，银行贷款利率为6.84%，预计垫款时间为2个月；免开保证金，银行费用为进口成交额的0.5%；进口关税税率为5%，增值税税率为17%；进口其他费用为1 600元。如果预期进口利润率不低于20%（按进口价格计），则进口商的国内销售价格应该为多少？（计算过程保留到小数点后4位，最终结果保留小数点后2位）。

【实验内容与要求】

1. 了解主要六种贸易术语进出口商品价格构成，了解核算步骤及相关的计算依据，完成5笔进出口业务的报价和还价核算。

2. 查询主要进口国家的进出口商务管理部门的网站，收集商品进出口所计收的税费的资料。

【重要链接】

1. 中华商务网：http://www.chinaccm.com.
2. 中国出口商品贸易网：http://www.snet.com.cn.
3. 全球五金网（出口报价核算案例）：http://www.wjw.cn.

EIGHTH

第八章

国际贸易结算与融资

【教学目的和要求】

通过本章学习，了解国际贸易结算中支付工具、结算方式、融资方式的种类，理解并重点掌握有效汇票的构成要素、票据行为及汇付、托收、信用证结算方式各自的基本流程、具体业务类型和特点，理解国际贸易支付方式的选择依据和合同中的条款表述方式，掌握各种贸易融资方式的主要业务处理方法。

导入案例

江苏TFZT投资发展有限公司与RBS集团的信用证结算纠纷

2012年10月26日，RBS集团作为开证行开立了证号为121026/LOG/3M的不可撤销跟单信用证，并通过收报行中国建设银行江苏省分行送达TFZT公司。信用证载明金额为300万美元，受益人为江苏某市TFZT投资发展有限公司，指定兑付银行为RBS集团，信用证到期日为2013年7月23日，最迟装运日期为2013年3月27日，付款日期为提单日期之后的90天，适用规则为《跟单信用证统一惯例》最新版本(《UCP 600》)，信用证所需单据为商业发票、提单、原产地证和装箱单。信用证57A条款中列明通知行为中国银行江苏省分行。信用证开出之后，RBS集团又分别于2012年12月19日和2013年1月23日、3月29日、4月5日对信用证条款进行了四次修改，其中2012年12月19日将信用证条款46A第2项由提单修改为运输单据，2013年1月23日又将46A第2项予以删除，2013年3月29日对信用证条款47A第2项邮寄地址进行了修改，2013年4月5日将信用证到期日修改为2013年7月28日，将付款日期修改为自提单日起之后181天。信用证原证及上述修改通知书均由建行江苏省分行直接向TFZT公司进行了通知，TFZT公司亦同意接受信用证修改。2012年12月20日、2013年1月23日、2013年2月4日，TFZT公司为履行销售合同，分三次发送货物，货款分别为333 423.36美元、818 647.30美元、963 209.86美元，共计2 115 280.52美元。TFZT公司发货后，将信用证项下单据交由中行江苏省分行，委托其向RBS集团寄送单证及收款，中行江苏省分行将上述单据分三次按信用证及修改之后条款的要求寄送给RBS集团。信用证议付期到期后，RBS集团并未在规定的时间内付款。于是，TFZT公司提起诉讼，请求RBS集团支付信用证项下款项2 115 280.52美元，建行江苏分行、中行江苏分行承担连带赔偿责任，并由被告RBS集团承担本案全部诉讼费用。

本案一审认为，根据《UCP 600》，RBS 集团作为开证行应当支付信用证项下款项。建行江苏分行作为通知行、中行江苏分行作为交单行，并不负有向受益人提示信用证风险的义务，对 TFZT 公司损失不承担连带赔偿责任。对此，TFZT 公司提出了上诉。二审认为，根据《UCP 600》规定，建行江苏分行作为通知行只负有审核跟单信用证或修改的表面真实性，并将收到的信用证准确通知某投资公司。建行江苏分行通过 SWIFT 系统确认信用证及修改的表面真实性，并通知 TFZT 公司，已经履行了通知行的义务。中行江苏分行作为交单行，已经将单据寄交 RBS 集团，也履行了交单行义务。《UCP 600》并未规定通知行和交单行有审核开证行信用风险，以及审核开证人是否为银行机构，并向受益人提示的义务；本案中也无证据表明建行江苏省分行作为通知行和中行江苏省分行作为交单行在其行为上存在过错并因该过错行为导致 RBS 集团不予支付信用证项下款项的后果。遂判决驳回上诉，维持原判。

信用证作为国际贸易结算的一种重要方式，国内贸易企业遭遇信用证诈骗的情形并非少见，诸如：境外不法商人通过开立假信用证，或在信用证中设置“软条款”，或将非银行信用证伪装成银行信用证发给国内通知行，骗取我国企业发货交单等。虽然本案中开证人 RBS 集团名称与某国际著名银行的名称近似，但并非同一家机构。从国际货物买卖的货款收付实践来看，出口商面临着的结算风险包括政治风险、信用风险和外汇风险等。因此，国内贸易企业在科学选择货款结算方式的同时，尤其要注重贸易伙伴及相关当事方的资信调研与审查，熟悉国际贸易结算的国际惯例，严格遵循流程与规范要求，尽可能地控制或规避国际贸易结算风险。

资料来源：江苏法院网（http://www.jsfy.gov.cn）；爱企查（https://aiqicha.baidu.com）

第一节　支付工具

国际结算（International Settlement）是国家间办理货币收付以清算不同国家或地区当事人之间由于国际经济贸易活动等所引起的债权债务关系的活动。从银行的角度来看，国际结算表现为单据复核传递和账款划拨的过程；而从进出口贸易商的角度来看，则是货币收付和账款结清的过程。由于引起跨国货币收付的原因很多，国际结算的内容也就变得非常复杂。本章所涉及的国际结算仅限于国际贸易结算，即指国际上由于进出口商品贸易所发生的债权债务关系的收付，是建立在货物交易和钱货两清基础上的结算。

票据是国际贸易结算中最为常见和最为重要的工具，汇票是其中最早的成员，本票和支票是在汇票的基础上衍生出来的。在国际贸易结算中，汇票使用的范围和频率远远超过本票和支票。

一、汇票

（一）汇票的定义

关于汇票（bill of exchange or draft）的定义，各国票据法中的描述存在一些差异。在《英国票据法》中，汇票被定义为："一人向另一人签发的，要求即期、定期或在可以确定的将来时间向特定的人或其指定的人或来人，无条件地支付一定金额的命令。"（A bill of Exchange is an unconditional order in writing, addressed by one person to another, signed by the person giving it, requiring the person on whom it is addressed to pay on demand or at fixed or determinable future time a sum certain in money to or to the order of a specified person or to bearer.）《日内瓦统一法》则通过列出汇票所载必要项目来说明其内涵。

《中华人民共和国票据法》对汇票的定义是："汇票是出票人签发的，委托付款人在见票时或者在指定日期无条件支付确定金额给收款人或持票人的票据。"

尽管各国票据法在表述汇票定义的角度和方法上不尽相同，但总的来看，对汇票所内含的核心内容规定是一致的。

（二）汇票的必要项目

各国票据法均强调了汇票的要式性特征，即汇票应当具备必要的形式和内容。

1．注明"汇票"字样

注明"汇票"字样旨在直观地表现出与其他票据的区别。我国《票据法》和《日内瓦统一法》均规定此为必须记载事项；《英国票据法》则对此不作强制要求，实务中一般都会在票据表面做出有关汇票的说明和描述，如"Exchange for USD 5 000.00"。

2．无条件支付命令

汇票的这一记载也是区别汇票与本票的重要评判标准，具体包括两层含义：① 汇票所代表的是一种付款命令；② 支付命令必须是无条件的，凡是附带有条件的支付命令均违背了汇票定义，将使汇票无效。如"Pay to A Co. or order the sum of five thousand US Dollars"。

3．确定的金额

汇票是一种有价证券，其支付的标的是资金，因此，汇票票面所记载的金额必须是确定的，即指任何人都可以根据其表面文句记载得出相应的金额，有些汇票可能还会附带利息或汇率条款，但利息或汇率并非是有效汇票的必要记载项目。

当汇票上的金额分别以文字（大写）和数字（小写）来加以记载，且二者金额不符时，按照两大票据法的规定，以文字记载（大写）的金额为准。我国《票据法》则规定，确定的金额是汇票的绝对应载事项，并且当大小写金额记载不一致时汇票无效。

4．付款期限

付款期限又称付款时间或付款到期日，是付款人履行付款义务的日期。付款期限的规定有以下两类：

（1）即期付款，持票人提示汇票的当天即为到期日。用于即期付款的汇票称为即期汇票（sight draft or demand draft），即期汇票无须承兑。若汇票没有明确表示付款期限者，根据两大票据法的规定，即视为见票即付汇票。

（2）远期付款，用作远期付款的汇票称为远期汇票（usance draft or time draft）。付款期限可为30天、60天或90天等。远期付款汇票又可进一步细分为以下三种：

① 见票后若干天/月付款汇票。此种汇票须由持票人向付款人提示要求承兑，以便从承兑日起算，确定付款到期日并明确承兑人的到期付款责任。如“Payable at 30 days after sight”。

② 出票后若干天/月付款汇票。此种汇票须由持票人向付款人提示要求承兑，以明确承兑人的到期付款责任，如“Payable at 60 days after the date”。这种汇票在实务中演绎出了一种以提单出单日后若干天作为付款到期日的做法，如“Payable at 15 days after the B/L date”。

③ 注明确定的日期作为付款到期日。此种汇票又称为板期付款汇票，通常仍须提示承兑，以明确承兑人的到期付款责任，如“Pay to... on 6th Nov. 2015 fixed”。

5. 付款人名称和付款地点

付款人也称受票人（drawee），它是接受汇票支付命令的当事人，但不一定就是汇票最终的付款人；它可以选择拒付，也可以指定另外的担当付款人付款，因此汇票上记载的付款人应确定，以便持票人向其提示并要求承兑或付款。通常情况下，汇票的付款人和出票人应是两个不同的当事人，当汇票付款人是出票人自己时，这种汇票称为对己汇票，也即后面所要介绍的本票。

付款地点是持票人提示票据请求付款的地点。根据国际私法中的行为地原则，在付款地发生的票据行为，包括到期日的算法都适用付款地法律，因此，付款地点必须记载清楚，特别是当付款人为银行时，还需在银行名称后面加载营业地址。

6. 出票地点和出票日期

出票地点通常和出票日期连在一起记载，出票地点涉及出票行为的法律适用问题，对用于国际结算的汇票而言尤其具有重要意义。我国《票据法》规定：若汇票上未记载出票地点时，将出票人的营业处所、住所或者经常居住地视作出票地。

汇票的出票日期具有三个方面的重要作用：① 决定汇票的有效期；② 决定汇票的到期日；③ 决定出票人的行为能力。《日内瓦统一法》将出票日期列入汇票的必要项目。《英国票据法》则认为，即使没有出票日期，汇票仍然成立，但在汇票交付后，收款人应补上出票日期。我国《票据法》规定，汇票上未记载出票日期时，则汇票无效。

7. 出票人名称及其签字

票据必须经出票人签字方能成立，这是国际上公认的准则。出票人在汇票上签字后，即承担保证该汇票承兑和付款责任。如果签字是伪造的，或未经授权的当事人签字，则均视为无效。出票人若是委托他人代理签字，该委托人不论是公司、商号或个人，都应在签字前面加注有关描述性文字以作说明，如在代理签字人前面加“For, on behalf of”或“For and on behalf of”，或“Per pro”。

8. 收款人名称

收款人（payee）是汇票所记载的债权人，汇票上收款人的记载通常又称作为汇票的“抬头”，汇票的不同“抬头”写法，直接影响着汇票的流通转让性。在实务中，汇票的收款人往往只写其名称，并不强求列明地址。汇票抬头通常有三种写法：

① 限制性抬头，汇票一旦做成此种抬头后，便不得转让给他人。如“Pay to John Brown

only”“Pay to John Brown not transferable”“Pay to John Brown”,并在汇票表面注明“not transferable”。

② 指示性抬头,又称记名抬头。指示性抬头汇票可用背书和交付的方法进行转让。如“Pay to the order of John Brown”“Pay to John Brown or order”等。

③ 来人抬头,该种汇票的抬头做法无须持票人背书,仅凭交付即可实现转让。如“Pay to bearer”“Pay to John Brown or bearer”。《英国票据法》允许以来人作为汇票的收款人,但《日内瓦统一法》则不允许汇票做成来人抬头。

汇票除了必须记载上述必要项目之外,还可以有选择地记载票据法所允许的其他项目,如预备付款人、担当付款人、付款货币和分期付款、免作退票通知或放弃拒付证书、免于追索、出票条款、成套汇票等。

(三) 汇票的票据行为

票据行为是指票据流通过程中用于确定权利和义务或行使权利、履行义务的行为。票据行为有狭义与广义之分。狭义的票据行为是以承担票据上的债务为目的所做的必要形式的法律行为,包括出票、背书、承兑、参加承兑和保证等。其中出票是主票据行为,其他行为都是以出票所设立的票据为基础而衍生出来的,因此称为附属票据行为。广义的票据行为还包括票据处理中有专门定义的行为,如提示、付款、参加付款、退票、行使追索权等。

1. 出票(Issue)

出票即开立汇票,它包括两个动作：一是写成汇票并在汇票上签字；二是将汇票交付收款人。在完成出票行为之后,出票人就成为汇票的主债务人,对汇票负有担保承兑和付款的责任。如果汇票遭到退票,出票人就得受持票人的追索,并由自己来清偿债务。

2. 背书(Endorsement)

背书是以票据权利转让给他人为目的的一种行为,即通过在汇票背面签署有关文句将票据权利由背书人转移至被背书人。背书人转让出票据权利后,需向后手担保前手背书的真实性、票据的有效性及承兑和付款的责任。汇票可以经过连续背书多次转让,也可进行回头背书。

根据背书内容的不同记载,背书可以分以下类型：

(1) 特别背书：又称记名背书,背书人除了要在汇票的背面签字外,还需写明被背书人的名称。

(2) 空白背书：又称不记名背书,即背书人只在汇票的背面签名,而不载明被背书人的名称。

(3) 限制性背书：指背书指示中带有限制性规定,其目的是禁止汇票的继续转让流通或表明其他目的。凡做成限制性背书的汇票,被背书人不得将汇票再行流通或转让,而只能凭票收款。

3. 提示(Presentation)

持票人将汇票提交付款人要求承兑或付款的行为叫作提示。持票人要实现其票据权利,必须向付款人提示汇票。汇票的提示可分为两种情况：一是远期汇票向付款人提示要求承兑,即承兑提示；二是即期汇票或已承兑的远期汇票向付款人或承兑人提示要求付款,即付款提示。无论是承兑提示还是付款提示,都应在规定地点和合理时间内完成。

即期汇票只需提示一次,即做付款提示;远期汇票通常需要历经两次提示,即第一次做承兑提示,第二次则在付款到期日做付款提示。

4. 承兑(Acceptance)

承兑是指远期汇票的付款人明确表示同意按出票人的指示,于汇票到期日付款给持票人的行为。通常情况下,须先由承兑人在票面上写成“承兑(Accepted)”字样并签字、注明日期,而后再将承兑后的票据交付给持票人。按照惯例,交付可以是实际的交付,即在承兑后将汇票交给持票人,也可以是推定的交付,即只要付款人通知持票人在某日已作承兑,就算交付。

承兑人对汇票完成承兑动作后就转变成为汇票的主债务人,持票人凭承兑后的汇票拥有对承兑人的付款请求权和追索权。

5. 付款(Payment)

持票人在到期日提示汇票,经付款人或承兑人正当付款之后,汇票的效力即被解除。

其中,汇票“付款到期日”的确定依据是:即期汇票的提示日即付款到期日,见票后远期汇票和出票后远期汇票则分别从承兑日和出票日推算到期日。

关于“正当付款”,通常需要具备以下4个方面的条件:① 汇票须由付款人或承兑人支付,而不是由出票人或背书人支付;② 将汇票款项支付给持票人;③ 根据《日内瓦统一法》之规定,付款人应鉴定背书的连续性,而《英国票据法》在此基础上还要求付款人认定背书的真实性;④ 付款行为应是善意的,即付款人付款行为的做出是在营业时间内并按照正常的业务规范来进行的。

在执行付款的具体时间规定方面,两大票据法还存在着一些差异:《日内瓦统一法》规定为当日即付款无优惠日,《英国票据法》规定为习惯时间内即24小时之内。

6. 拒付/退票(Dishonor)

拒付是指持票人依票据法规定作有效提示时,遭到付款人或承兑人拒绝的行为。拒付包括拒绝承兑和拒绝付款两种情况,拒付可以是实际的,也可以是推定的。实际拒付是指持票人正式提示时,付款人或承兑人明确地拒绝付款或拒绝承兑,推定拒付是指付款人纯属虚构,或承兑人无法找到,或者其已死亡,或宣告破产,或被依法停业。

当发生拒付时,为使汇票债务人及早知道拒付的事实,并做好被追索的准备,要求持票人做成退票通知(Notice of Dishonor),并及时向其前手发出。对于未能及时向前手发出退票通知时是否仍然保留对前手的追索权,则要根据各票据法的规定来做出判断。《英国票据法》规定,持票人若不做成退票通知并及时发出,则丧失追索权;《日内瓦统一法》规定,不及时通知退票并不丧失追索权,但要负担因未及时通知而造成前手的损失;我国《票据法》规定,未按规定期限向前手发出通知时,持票人仍可以行使追索权。

7. 追索(Recourse)

在汇票遭到拒付后,持票人可对其前手提出偿还汇票金额及费用的请求,这一权利便是持票人的票据追索权。行使汇票追索权时,需按照债务顺序由后手向前手做出。

案例研讨 8-1　票据权利的保全

甲交给乙一张经付款银行承兑的远期汇票，作为向乙订货的预付款，乙在票据上背书后转让给丙以偿还原欠丙的借款，丙于到期日向承兑银行提示取款，恰遇当地法院公告该行于当天起进行破产清理，因而被退票。丙随即向甲追索，甲以乙所交货物质次为由予以拒绝，并称已于10天前通知银行止付，止付通知及止付理由也已通知了乙。在此情况下丙再向乙追索，乙以票据系甲开立为由推诿不理。丙遂向法院起诉，被告为甲、乙与银行三方。你认为法院将如何判决？

提示：合法持票人遭到主债务人（承兑人）退票后，即有权向其前手甲、乙进行追索，法院应判甲向丙清偿被拒付的汇票票款及相关利息费用，甲与乙的贸易纠纷则另案处理。

（三）汇票的种类

1．根据汇票付款期限的不同，可分为即期汇票与远期汇票

即期汇票（Sight Bill）是指要求见票即付的汇票，或者是没有规定付款期限的汇票。远期汇票（Time Bill 或 Usance Bill）是指约定在将来的或可确定的时间进行支付的汇票，这种汇票通常要先做承兑提示以明确当事人的责任。

2．根据出票人的不同，可分为银行汇票与商业汇票

银行汇票（Bank's Bill）是由银行签发并由银行作为付款人的汇票，多见于汇付业务中。商业汇票（Commercial Bill）是指银行以外的法人和其他经济组织签发的汇票，其付款人可以是银行也可以是非银行，在以托收、信用证为结算方式的贸易业务中被广泛运用。

3．根据承兑人的不同，可分为银行承兑汇票与商业承兑汇票

银行承兑汇票（Bank's Acceptance Bill）以银行信用为基础，由银行对汇票做出承兑。商业承兑汇票（Commercial Acceptance Bill）是由工商企业或个人承兑的汇票，以承兑人的商业信用为基础。

4．根据汇票支付所用货币的不同，可分为本币汇票与外币汇票

本币汇票（Home Money Bill）是指以付款人本国货币表示票面金额的汇票。外币汇票（Foreign Money Bill）是指票面金额为外国货币并在国外付款的汇票。

5．根据汇票是否附属单据，可分为光票与跟单汇票

光票（Clean Bill）是指不附有商业单据（如发票、运输单据等）的汇票，由于光票缺乏物权的配合，只代表单纯的资金请求权，所以，光票很少用于国际贸易结算。

跟单汇票（Documentary Bill）是指附有商业单据的汇票，汇票通常是商业汇票。跟单汇票将资金请求权与物权结合在一起，持票人既获得票据当事人的信用保证，又取得了所附货运单据代表的物权的保障，因而，跟单汇票成为当今进出口贸易结算的主要工具。

二、本票

（一）本票的定义

本票（Promissory Note）也称期票，各国票据法对本票定义的描述也存在一些差异。《英国票据法》将本票定义为："一人向另一人签发的，保证即期或定期或在可以确定的将来时

间,对某人或其指定人或执票来人支付一定金额的无条件的书面承诺。"(A promissory note is an unconditional promise in writing made by one person to another signed by the maker engaging to pay on demand or at a fixed or determinable future time a sum certain in money to or to the order of a specified person or to bearer.)

我国《票据法》对本票的定义是:"本票是出票人签发的承诺自己在见票时无条件支付确定的金额给收款人或者持票人的票据,本法所称本票,是指银行本票。"

(二) 本票的构成要素及其特点

本票与汇票在基本内容上有许多相似之处。本票除了写明"本票"字样外,根据《日内瓦统一法》的规定,还需记载无条件支付承诺、收款人或其指定人、付款期限、付款地点、出票日期和地点、一定金额、出票人签字等。签发本票的当事人可以是企业或个人,也可以是银行。本票也有出票、背书、保证、付款和追索等票据行为,其做法和规定也与汇票基本相似。

本票与汇票相比,具有如下不同:

(1) 本票只有出票人和收款人两个基本当事人;而汇票的基本当事人包括出票人、付款人和收款人三个。

(2) 本票是出票人无条件付款的书面承诺,即出票人本人保证自己付款;而汇票是出票人要求付款人付款的命令。

(3) 本票的主债务人是出票人,本票的出票人始终承担第一性的付款责任;而对于远期汇票,主债务人可有两个基本当事人,即承兑前的出票人和承兑后的承兑人。

(4) 远期本票无须提示承兑;而远期汇票需由持票人须向付款人提示票据要求承兑及到期付款。

(5) 本票只能开出一张;而汇票则可以被成套地签发,通常为一式二份。

三、支票

(一) 支票的定义

《英国票据法》关于支票(Cheque)的定义是:支票是以银行为付款人的即期汇票(A cheque is a bill of exchange drawn on a banker payable on demand)。具体地说,支票是银行存款户对其开立账户的银行签发的,授权该银行对某人或其指定人或执票来人即期支付一定金额的无条件书面支付命令。

我国《票据法》关于支票的定义是:支票是出票人签发的,委托办理支票存款业务的银行或者其他金融机构在见票时无条件支付确定的金额给收款人或者持票人。

(二) 支票的构成要素及其种类划分

由于支票是一种银行即期汇票,因此支票基本内容与汇票具有更多的相同之处。除了需要在票据上注明"支票"字样外,根据《日内瓦统一法》的规定,还包括无条件支付命令、付款银行名称和地点、出票人名称和签字、出票日期和地点(如未载明出票地点,则出票人名字旁的地点视为出票地)、"即期"字样(如未写明即期,则仍视为见票即付)、一定金额、收款人或其指定人等项目。同时,关于汇票的出票、背书、付款、追索权及拒绝付款证书等票据行为也同样适用于支票。

根据支票收款人的不同做法和付款批注,可将支票分为以下几种类型:

(1) 记名支票

收款人一栏载明了收款人姓名,支票须由收款人签章后方可取款,如"Pay to Smith"。

(2) 不记名支票

收款人一栏只写明"付来人(Pay to bearer)",持票人取款时无须在支票背后签章即可支取。此种支票仅凭交付而转让。

(3) 划线支票

划线支票是指支票正面画有两道平行线的支票。一般支票既可以委托银行收款入账,也可由持票人自行提取现款,而划线支票则只能委托银行代收票款入账。

划线支票还可进一步细分为普通划线支票和特别划线支票。普通划线支票是在平行线中不注明收款银行名称的支票,或者在平行线内记载"不可流通转让(Not Negotiable)"字样,收款人可通过任何一家银行代收票款入账。而特别划线支票则是在平行线中写明收款银行名称的支票。此种支票只能由平行线内所记载的指定银行收款,其他银行不能持票取款。

支票的出票人和持票人可以对支票划线,出票人作成普通划线,持票人可以将其转变成特别划线;出票人作成普通划线或特别划线,持票人可加注"不可流通转让"字样。被特别划线的银行可以再做特别划线给另一家银行代收票款。

我国《票据法》中没有支票划线制度的规定,但有对现金支票和转账支票的规定。

(4) 保付支票

保付支票是由付款银行在支票上加注"保付(Certified to Pay)"的签章,表明在支票提示时一定付款的支票。支票一经保付,付款行就成为主债务人,承担付款责任,出票人和背书人都可免于追索。保付支票的持票人可不受付款提示期的限制,在任何时候都可提示要求付款,而付款银行仍有照付的义务。

保付支票的规定主要出现在美国、日本,但日本式的保付必须在支票提示期限内方为有效。《英国票据法》《日内瓦统一法》及我国的《票据法》均无支票保付的规定。

(三) 支票的特点

虽然支票属于汇票的一种特殊形态,票据行为也有诸多相同,但二者之间还是存在着一些不同之处:

(1) 汇票出票人与付款人之间不必先有资金关系;支票要有资金关系。

(2) 汇票有即期和远期之分;支票只有即期。

(3) 汇票付款人可以是银行以外的人;支票只能是银行。

(4) 汇票主债务人在承兑前是出票人,承兑后是承兑人;支票的主债务人是出票人。

(5) 汇票有承兑、参加承兑、参加付款行为;支票则无。

(6) 汇票无保付和划线制度;支票则有。

(7) 汇票是结算、投资及信用工具;支票只用于结算。

(8) 汇票可以一式两份;支票只有单张。

第二节 国际贸易支付方式

国际支付方式是一国债务人向另一国债权人偿还债务的方式,或者说是一国债权人向另一国债务人收回债款的方式,也称作国际结算方式。按照国际支付方式构成内容和使用目的的不同,可以将其分为国际贸易结算方式和非贸易结算方式。国际贸易结算所涉及的具体方式包括汇付、托收、信用证、银行保函、国际保理等。

一、汇付

国际贸易汇付方式有广义和狭义之分。狭义的汇付(Remittance)又称汇款,是国际贸易结算中最为简便的一种方式,属于顺汇法。采用狭义汇款方式结算货款时,由买方在收货之前或之后通过银行将货款汇交给卖方。广义的汇付除了狭义汇付这一顺汇方式外,还包括托收、信用证结算两种逆汇方式。

(一)汇付方式的业务程序

汇付方式通常涉及四个基本当事人,即汇款人、汇出行、汇入行和收款人。汇款人(Remitter)即付款人,通常是贸易活动的进口方或其他经贸往来中的债务人。汇出行(Remitting Bank)是接受汇款人委托或申请后汇出款项的银行,通常是进口方或其他经贸往来中的债务人所在地的银行。汇入行(Receiving Bank)或解付行(Paying Bank),是接受汇出行委托并向收款人解付汇款的银行,通常情况下,汇入行既是汇出行的代理行,又是收款人即出口商所在地的银行。收款人(Payee)通常是贸易活动的出口方或其他经贸往来中的债权人。

采用汇付方式结算货款时,汇款人首先要向汇出行出具汇款申请书,载明收款人的名称、地址、汇款金额、具体汇款方式等,同时交付所汇款项和汇费。汇出行在接受委托后即按照申请书列明的内容缮制汇款委托书,指示汇入行将汇款解付给收款人。汇入行在收到汇款委托书和进行核对之后,将所属款项通知并解付给收款人。

根据发出汇付委托书的途径不同,汇付方式可具体划分为电汇、信汇和票汇三种方法。

1. 电汇(Telegraphic Transfer,T/T)。电汇指汇款人委托汇出行采用电报、电传、环球银行间金融电讯网络(SWIFT)等电讯手段向汇入行发出委托书,并指示汇入行将款项(汇款头寸)解付给指定的收款人。汇入行在收到电汇委托书(T/T advice)并经核对密押或“电汇证实书”(T/T confirmation)无误后即通知指定收款人取款。汇入行解付汇款头寸后,向汇出行收回垫款或邮寄付讫借记通知(Debit Advice)进行转账。电汇的汇款速度相对较快,但费用也较高。

2. 信汇(Mail Transfer,M/T)。信汇业务的基本程序与电汇相似,二者的差异在于汇出行通过邮寄航空信件方式将信汇委托书(M/T advice)发送至汇入行。汇入行在收到汇出行委托书后,经核对汇出行的签字或印鉴,将款项付给指定收款人,并对所付款项进行银行间的转账业务处理。信汇的费用较为低廉,但汇款速度相对迟缓。

电汇和信汇的业务程序如图 8-1 所示。

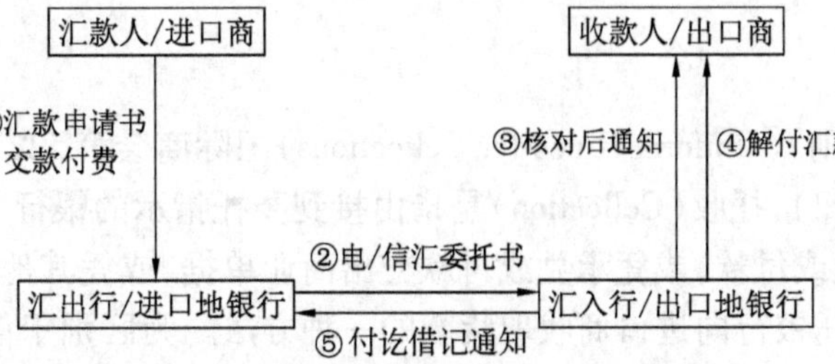

图8-1 电汇和信汇的基本业务流程

3. 票汇(Remittance by Bankers Demand Draft,D/D)。票汇是以银行即期汇票作为支付工具的一种汇款方式。即应汇款人的申请,汇出行开立银行即期汇票并交与汇款人,由汇款人自行将银行即期汇票交给收款人,同时汇出行将票根作为通知和核对的依据寄往汇入行,收款人凭票向汇入行做付款提示,汇入行在核对汇票和票根后进行解付。相对于电汇、信汇而言,票汇的速度更为缓慢。票汇的业务程序如图8-2所示。

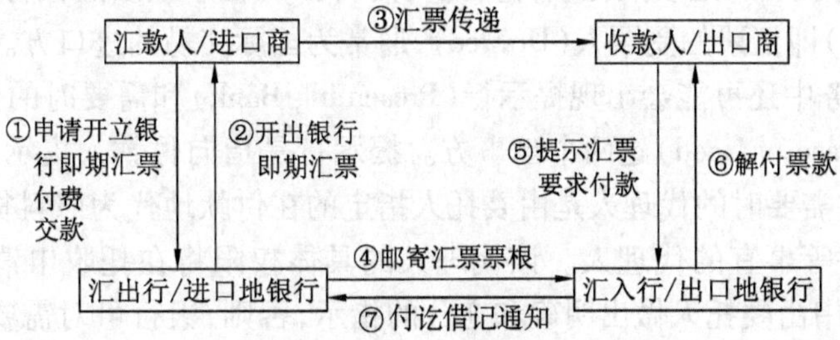

图8-2 票汇的基本业务流程

(二) 汇付方式的运用

在国际贸易结算中,汇款方式的应用主要表现在两个方面:一是货款的结算,具体包括货款预付(Payment in Advance)和货到付款(Cash on Delivery,C. O. D.);二是用于贸易派生费用诸如运输费、保险费佣金及货款余额、定金等方面的结算。

从上述汇款的基本业务流程来看,尽管有两个当事银行介入了汇款业务,但汇款人与银行之间及两个当事银行之间都是一种委托关系,银行只提供服务而不提供信用,因此,汇款方式并没有建立在银行信用基础之上。在汇款方式下,买卖双方完全是凭着对另一方的信任,向对方提供信用保证和资金融通,可见,汇款具有商业信用的性质,提供信用的一方所承担的风险较大。所以在外贸实践中,除对企业信用极为可靠的客户采用预付货款,以及交货后付款、随订单付现(Cash with Order,C. W. O.)、赊账交易(Open Account Trade,O/A)外,汇款方式更多地被应用于定金、货款尾数及佣金、费用等方面支付。

在预付货款的出口业务中,为防止国外不法商人伪造票据,或因出票行破产倒闭等原因而蒙受损失,出口商应会同本方银行对对方开来的汇票进行审查,并在收妥货款后方可对外发运货物。而对于进口商而言,同样出于减少风险的考虑,可使用凭单付汇(Remittance against Documents)的做法,即由进口商先通过当地银行将货款以汇款方式汇付给出口地汇入行银行,并指示汇入行凭出口商提供的指定单据和装运凭证解付汇款。

二、托收

按照《托收统一规则》(Uniform Rules for Collections)国际商会第522号出版物第2条的规定(以下简称URC 522),托收(Collection)是指由接到委托指示的银行办理金融单据和/或商业单据以便取得承兑或付款,或凭承兑或付款交出商业单据,或凭其他条件交出单据。简言之,托收是出口商委托银行向进口商收取货款的一种方法。为区别于信用证支付方式,我国习惯上将托收方式称作“无证托收”。国际货物贸易结算中较多地运用托收方式,但通常以跟单托收为主。

(一)跟单托收的业务程序

托收方式下的基本当事人通常有4个,即委托人、托收行、代收行和付款人。委托人(Principal)是委托银行向国外付款人收取款项的当事人,可以是开出汇票的出票人(Drawer),也可以不开立汇票,通常就是国际交易中的出口商。托收行(Remitting Bank)是接受委托人委托并商请国外银行向国外付款人代为收款的银行,通常为出口地银行。代收行(Collecting Bank)是托收行的代理人,是按照托收行委托代向付款人收取款项的银行,通常为进口地银行。付款人(Payer)即汇票的受票人(Drawee),通常为国际交易的进口方。

此外,托收业务中还可能会出现提示行(Presenting Bank)和需要时的代理人(Principal's Representative in Case of Need)这两个当事方。提示行是指向付款人提示汇票和/或单据并收取款项的银行。需要时的代理人是由委托人指定的在付款地代为照料货物存仓、转售、运回或改变交单条件等事宜的代理人。该代理人的具体权限将在托收申请书和托收委托书(Collection Order)中由委托人做出明确和充分的指示,否则,银行可对需要时的代理人发出的任何指示不予理会。

国际贸易中的托收业务可分为光票托收和跟单托收两种。光票托收是指金融单据不附带商业单据的托收,即仅把金融单据委托银行代为收款。跟单托收是指金融单据附带商业单据的托收,或者是只需商业单据而不用金融单据的托收。

跟单托收按交付货运单据条件的不同,又可进一步分为付款交单和承兑交单两种:

付款交单(Documents against Payment,D/P)是指卖方的交单须以买方的付款为条件,即出口商将汇票与货运单据一并交给银行托收时,指示代收行在进口商付清货款之后才能交出货运单据。如果进口商拒付,那么,代收行就不释放单据,因而无法提取单据项下的货物。

付款交单按支付时间不同又可具体分为即期付款交单和远期付款交单两种。即期付款交单(D/P at sight)是指在出口商通过银行向进口商提示汇票和货运单据时,进口商于见票或见单时必须立即付款,并在付清货款后方可取得货运单据。远期付款交单(D/P after sight)是指出口商通过银行向进口商提示汇票和货运单据时,进口商并不需要立即付款,而是先对汇票做出承兑,而后在汇票到期日由代收行作再次提示时进行付款,进口商在付款之后才能从代收行处取得单据,在此之前,汇票和货运单据一直由代收行代为保管。

承兑交单(Document against Acceptance,D/A)是指代收行的交单以进口商的承兑为条件,即当进口商对代收行提示的远期汇票做出承兑后,就可以从代收行处取得全部货运单据,获取货物所有权。至于货款的支付,要待承兑所确定的汇票到期日到来时才进行。

由此,我们不难发现即期付款交单、远期付款交单和承兑交单三者之间的差异:① 释放单据的条件不同。即期付款交单、远期付款交单两种方式均在进口商支付货款后释放单据，而承兑交单方式在进口商做出承兑动作后即可释放单据。② 业务处理的程序不同。即期付款交单不需要进口商做出承兑动作，远期付款交单、承兑交单都需要进口商做出承兑动作。③ 引发的风险程度不同。相对而言，承兑交单方式风险最高，且不容易控制，远期付款交单的风险位居其次，即期付款交单的风险最小。

托收是一种逆汇支付方式，跟单托收业务的办理一般按照以下程序进行，如图 8-3 所示。

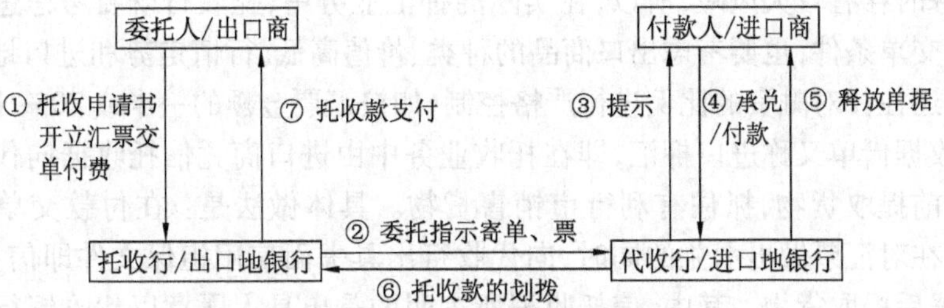

图 8-3　跟单托收的基本业务流程

跟单托收基本业务流程的说明：

① 出口商按合同规定发货后取得货运单据，填写托收申请书，将汇票及发票等商业单据一并送交托收行办理托收业务。同时，向托收行支付托收手续费和其他有关费用（除托收委托书特别注明外，一般应由发出托收的一方负担）。

② 托收行根据出口商的指示缮制托收委托书，将其同汇票、单据等一起寄交代收行，要求代收行按照委托书的指示代收货款。

③ 代收行收到汇票和单据后，应及时向进口商做付款或承兑提示。

④⑤ 在代收行做出提示后，如为即期付款交单，进口商应立即付清货款，并取得全套货运单据；如为远期付款交单，进口商应立即对汇票做出承兑，并暂由代收行保管汇票及单据，待汇票到期再做付款提示，并在进口商付清货款后交出全套单据。如为承兑交单，则在进口商完成承兑后，代收行交出全套单据，待汇票到期时再做付款提示，要求进口商付款。

⑥ 代收行收到货款后，即将货款拨付给托收行。

⑦ 托收行收到代收行拨交货款后即转交出口商或记入出口商账户。

（二）跟单托收方式的运用

按照《托收统一规则》，银行在托收业务中扮演的是委托人的代理人角色，托收行与委托人之间、托收行与代收行之间均是一种委托代理关系，它们既无保证付款人必然付款的责任，也无审核货运单据是否齐全、是否符合买卖合同的义务。在进口商拒绝付款赎单时，代收银行也无代为提货、办理进口手续和存仓保管的义务，除非事先经托收银行授权。因此，托收方式与汇付方式一样，也属商业信用性质。出口商是否能够正常获取货款，完全取决于进口商的信用，这也是托收风险的根本原因所在。

在实践中，光票托收一般被运用于货款尾数、小额贷款、贸易从属费用和索赔款项的清算，跟单托收则比较广泛地运用在国际贸易货款的结算。在跟单托收方式下，出口商和进口商分别可采用出口押汇（Collection Bill Purchased）和凭信托收据（Trust Receipt，T/R）借单两种方式向银行获得资金融通。

托收出口押汇是指由托收银行以买入出口商开立的跟单汇票向出口商融通资金的一种方式，即出口商以代表货物所有权的单据作抵押品向银行办理的一种抵押贷款。托收出口押汇具体做法是：出口商在按照出口合同规定发运货物后，开出以进口商为付款人的汇票，并将汇票及全套货运单据交托收银行委托收取货款，由托收银行买入跟单汇票及其所附单据，按照汇票金额扣除从买入汇票日至预计收到票款日的利息及手续费，将款项先行垫付给出口商。对于银行来说，就是以汇票和单据作为抵押品的一种放款。托收银行在办理托收出口押汇业务时存有较大风险，所以，在实际的押汇业务中，托收行既要考虑进出口商的资信状况、托收交单条件，也要考虑出口商品的种类、价值高低、行情走势和进口地区的政治经济情况，此外还往往对融资的比例进行严格控制，如按汇票金额的一半或70%来融资支付。

凭信托收据借单又称进口押汇，即在托收业务中由进口商凭信托收据向代收行预借单据，从而可提前提取货物，抓住有利行市销售货物。具体做法是：在付款交单的托收条件下，由进口商在对汇票做出承兑的同时，向代收行出具书面信用担保文件即信托收据，凭此借出货运单据后提取货物。其中，信托收据所表明的是出具人愿意以代收银行的受托人身份代为提货、报关、存仓、保险、出售，同时承认货物的所有权仍属于银行，货物售出后所得的货款在汇票到期日偿还给代收银行，而后收回信托收据。显然，代收行在办理这种借单业务时，承担了汇票到期而不能收到货款的风险，因此，必须全面严格审查进口商的资信及其提供的担保或抵押品。不过，当凭信托收据借单提货是经出口商授权时，则进口商到期不付款的风险概由出口商独自承担，与托收行、代收行均无关。

案例研讨 8-2　D/P 远期的风险

天津某出口公司出售一批货物给香港商人，价格条件为 CIF 香港，付款条件为 D/P 见票 30 天付款，天津公司同意港商指定香港汇丰银行为代收行。天津公司在合同规定的装运期内将货物装船，取得清洁提单，随即出具汇票，连同提单和商业发票等委托中国银行通过香港汇丰银行向港商收取货款。5 天后所装货物安全运抵香港，因当时该商品的行市看好，港商凭信托收据向汇丰银行借单，提取货物并将部分货物出售。不料因到货过于集中，货物价格迅速下跌，港商以缺少保险单为由在汇票到期时拒绝付款。你认为天津公司应如何处理此事？

提示：D/P 远期指进口商在汇票到期时付清货款后取得单据，若进口商向代收行出具信托收据预借单据，可能会产生到期收不回货款且丧失物权的商业风险，若未经出口商同意借单提货，代收行应承担相应责任。

三、信用证

根据《跟单信用证统一惯例》(Uniform Customs and Practice for Commercial Documentary Credits)国际商会第 600 号出版物(以下简称《UCP 600》)第 2 条，“信用证(letter of credit，L/C)意指一项约定，无论其如何命名或描述，该约定不可撤销并因此构成开证行对于相符提示予以兑付的确定承诺”。其中，“兑付”意指：“a. 对于即期付款信用证即期付款；b. 对于延期付款信用证发出延期付款承诺并到期付款；c. 对于承兑信用证承兑由受益人出具的汇票并到期付款。”信用证的这一陈述既适用于在正文中标明按本惯例办理的“跟单信用证”，又适用于“备用信用证”。简单地说，信用证是指开证银行应申请人的要求并按其指示，向第三者开具的载有一定金额，在一定期限内凭符合规定的单据付款的书面保证文件。目前，信用证已成为国际贸易结算中被广泛使用的最为重要的结算方式之一。

补充阅读 8-1　跟单信用证统一惯例

由国际商会制定的《跟单信用证统一惯例》是确保信用证在全球范围内作为可靠支付手段的统一规则，最初制定于 1929 年，分别于 1933 年、1951 年、1962 年、1975 年、1983 年、1993 年、2006 年历经 7 次修订。现行版本为国际商会 2006 年 10 月颁布的第 600 号出版物，即《UCP600》，并于 2007 年 7 月 1 日起正式实施。与以往任何一个版本相比，《UCP600》更加清晰和简洁，既确保了自身条款的严谨和准确，也促进了在实践中的使用便利。《UCP600》更加凸显了信用证的独立性和不可撤销性，明晰了各当事人的权利和义务，从而维护了信用证作为付款及融资工具的主导地位。

《跟单信用证统一惯例》对相关术语、业务处理及当事人的权利和义务做了统一的解释，已为世界上绝大多数国家和地区的银行所接受，成为处理信用证业务的国际惯例。在国际货物贸易的实践中，如果发生信用证业务的纠纷和争议，均按此惯例进行处理。

（一）信用证的定义和内容

根据信用证的定义描述，信用证有三个重要的基本当事方，即开证申请人、开证行和受益人。如果信用证是由开证行为其本身的业务需要主动开立的，这类信用证的基本当事人中就不存在开证申请人，而只有开证行和受益人。但在实务中，可能还会出现通知行、付款行、议付行、承兑行、偿付行、保兑行和转让行等。当然，这些当事人并非必须同时出现在一份信用证中，而是根据信用证的类型和业务要求而定。

开证申请人（Applicant），是指向银行提出申请开立信用证的人，一般为进口商，即贸易合同中的买方。开证申请人为信用证交易的发起人，应根据贸易合同条款的要求，在合理的时间内指示有关银行开出信用证，并向开证行提交开证担保和开证手续费等。对开证行提示的信用证项下单据应及时付款赎单，但对不符合信用证条款的单据可拒绝赎单。

开证行（Opening Bank 或 Issuing Bank），是指接受开证申请人的要求和指示或根据其自身的需要，开立信用证的银行，一般是进口地的银行。开证申请人与开证行的权利和义务以开证申请书为依据，开证行应根据开证申请书的条款正确、完整、及时地信开或电开信用证，信用证一经开出，开证行负有第一性付款责任。

受益人（Beneficiary），是指信用证上所指定的有权使用该证和享受权益的当事人。一般为出口商，即贸易合同中的卖方。受益人通常也是信用证的通知对象，在收到信用证后，应及时与合同核对，如发现信用证条款与合同不符，必须及时提出修改或拒绝接受。一旦接受信用证，就有备货、发货、备齐单据并在信用证规定期限内提交单据的义务。受益人获得议付款后，由于议付行不获偿付而向受益人追索时，受益人应退回货款。

通知行（Advising Bank 或 Notifying Bank），是指受开证行委托将信用证通知或转递给受益人的银行。通知行一般是出口商所在地的银行,而且通常是开证行的代理行(Correspondent Bank)。当通知行收到开证行信开或电开的信用证时,应当对印鉴或密押进行核对,合理谨慎地审核所通知信用证的表面真实性,并按照要求缮制通知书,及时、正确地通知受益人。当无法核查信用证的真实性时,可毫不迟延地告知开证行,并待查明核对无误后再通知受益人。如果通知行决定将不能确定真实性的信用证通知受益人,它必须让受益人知道该信用证存在真实性不确定的事实。

议付行(Negotiating Bank),又称押汇银行、购票银行或贴现银行。是指根据开证行的授权买入或贴现受益人提交的符合信用证规定的汇票及/或单据的银行。议付行对受益人的付款,在实务中称为押汇或议付。开证行可以在信用证中指定议付行(限制性议付),也可以在信用证中不具体指定议付行。在不指定议付行(公开议付)的情况下,所有银行均是有权议付的银行。议付行审单无误,即可垫付汇票和/或单据的款项,在扣减垫付利息和银行费用后将净款付给受益人。在信用证业务中,议付行向受益人单据议付后即成为汇票的善意持票人,它对受益人的议付款项有追索权。

付款行(Paying Bank 或 Drawee Bank),付款行是开证行授权进行信用证项下付款或承兑的银行。付款行通常是汇票的受票人,所以也称受票行。开证行一般兼为付款行,但付款行也可以是接受开证行委托的代为付款的另一家银行。付款行根据表面上符合信用证条款的单据付款,一经付款即为终局性,即使事后发现有误,对受款人也无追索权。

偿付行(Reimbursing Bank),偿付行又称信用证清算银行(Clearing Bank),是对有关代付行或议付行的索偿予以付款的银行。偿付行接受开证行的委托或授权,凭代付行或议付行的索偿电报进行偿付。偿付行并不接受和审查单据,不负单证不符之责,因此,偿付并未构成开证行的终局性付款,开证行在见单后发现单证不符时,可直接向寄单的议付行、代付行追索业已付讫的款项。

保兑行(Confirming Bank),是指应开证行请求在信用证上加具保兑的银行,通常由通知行兼任,但也可以由其他银行担任。保兑行具有与开证行相同的责任和地位。保兑行一旦在信用证上加具保兑批注后,即对受益人独立负责,承担必须付款或议付的责任。在已经付款或议付之后,不论开证行倒闭或无理拒付,都不能向受益人追索。被邀请对信用证加保兑的银行可以不保兑此信用证,但它必须不延迟地通知开证行。

承兑行(Accepting Bank),对承兑信用证项下的单据,经审单确认与信用证规定相符时,在汇票正面签字承诺到期付款的银行。承兑行可以是开证行本身,也可以是通知行或其他指定的银行。倘若承兑行在承兑汇票后倒闭或丧失付款能力,则由开证行承担最后付款责任。

转让行(Transferring Bank),在可转让信用证项下,应第一受益人的委托,将可转让信用证转开给信用证的另一受让人(即第二受益人)的银行。转让行一般为通知行,也可以是议付行、付款行或保兑行。第二受益人受让信用证后,不能再将可转让信用证转让给其他人使用,但允许回转给信用证的第一受益人,即信用证的原受益人。转让行通常在有中间商介入的信用证交易中出现。

信用证的具体内容随不同交易的需要而定,其格式也因开证行的业务习惯而不尽相同。就总体而言,信用证的内容构成通常包括国际货物买卖合同的有关条款与要求受益人提交的单据及银行的保证条款。具体可归纳为以下几个主要方面：

（1）信用证自身的总体说明：如当事人（开证人、开证行、受益人、通知行等）的名称、地址；信用证的种类（是否可撤销或保兑、可否转让）；信用证的编号，开证日期、到期日和到期地点；等等。

（2）信用证的支付方式和汇票条款：是即期付款、延期付款、承兑还是议付；信用证金额与币种（信用证金额是开证行付款责任的最高限额，有的信用证还规定有一定比率的上下浮动幅度）；交单议付的期限；汇票的种类、出票人、受票人、付款期限、出票条款及出票日期等。

（3）关于货物的描述：包括货物的名称、规格、数量、价格条件、包装及标记等。

（4）关于运输和保险的规定：装运港或起运地、卸货港或目的地、装运期限、可否分批装运、可否转运及如何分批装运、转运的规定；保险要求（保险手续办理及所需投保的金额和险别）等。

（5）单据条款：通常要求提交商业发票、运输单据和保险单据，此外，还有包装单据、产地证、检验证书等。

（6）特殊条款：视具体交易的需要而异。常见的有要求通知行加保兑；限制由某银行议付；限装某船或不许装某船；不准在某港停靠或不准选取某条航线；俟具备规定条件信用证方始生效；等等。

除此以外，信用证通常还有开证银行的责任条款，根据《跟单信用证统一惯例》开立的文句，开证行签字和密押等。

（二）信用证的性质和作用

较之汇付、托收两种结算方式，信用证结算方式有着自身特有的性质和鲜明的特征。

第一，信用证支付方式是一种银行信用，开证行担负第一性付款责任。与汇款、托收结算方式下基于商业信用的情况不同，在信用证结算方式条件下，开证银行以自己的信用做出付款保证。《UCP 600》第7条明确规定："自信用证开立之时起，开证行即不可撤销地受到兑付责任的约束。"而且，它不同于一般担保业务中保证人只负第二性的责任，即并非在进口商不付款的情况下才代为付款，开证银行始终担负第一性付款责任。所谓第一性付款责任是指信用证的开证行是第一付款责任人，出口商依据信用证条款出运货物后，凭有关合格且符合信用证要求的单据就能取得银行的付款，而无须担心进口商是否履行其付款责任。从这一意义上讲，开证行的资信是出口商外运货物后是否能如期收回货款的主要因素。

案例研讨 8-3　信用证开证行的第一性付款责任

1926年纽约公平信托公司诉道森合伙公司一案的判例：被告道森公司向巴达维亚一卖主买了一批凡尼拉豆，指示公平信托公司开立信用证，其中单据条款中包括"一份由专家们（by experts）出具的证书"，但通知行在通知信用证时误为（by expert），后因卖方弄虚作假、买方拒绝向银行偿付引出本案。最终，法院判决认为原告无权向被告索偿。请问：法院做出上述判决的依据何在？

提示：信用证是开证行所作出的付款承诺，开证行担负第一性付款责任。

第二，信用证生效之后便是一种独立于贸易合同之外的自足文件。买卖合同以货物及其交付为对象和内容，分别规定了买卖双方在交付货物中各自承担的义务。在信用证结算业务中，尽管贸易合同是进口商申请开立信用证的重要依据，但信用证一经开出，就成为一个独立的、自足的文件，即使信用证文本中提及该合同，与信用证相关的银行当事方也与该合同无关，更不受其约束。有关当事人也必须按信用证指示办理有关事项，才能获得信用证项下的应有权益。信用证交易已与贸易合同交易相分离，这就是信用证独立性的体现。

案例研讨 8-4　信用证的独立效力

某进出口公司 A 对外出口，对方来证："150M/T of Frozen Prawn, size: 6 ~ 12 pcs. per lb. for 50M/T, 13 – 15 pcs. per lb. for 100M/T."（150 吨冷冻无头对虾，每磅 6 ~ 12 只，计 50 吨；每磅 13 ~ 15 只，计 100 吨。）A 公司接证后发现信用证中关于冷冻无头对虾的规格与贸易合同不完全相符，合同中规定的是每磅 8 ~ 12 只和每磅 13 ~ 15 只。由于船期很紧，A 公司依据合同规定的产品规格安排装运和制单，A 公司这种做法会产生什么样的后果？

提示：信用证依据贸易合同条款和信用证惯例开立，信用证生效后便成为独立于贸易合同之外并构成对贸易相关当事方约束的文件。发现信用证与合同不符之处，应及时主张改证。

第三，信用证结算业务是一种单据买卖业务。《UCP 600》第 5 条强调指出："银行处理的是单据，而不是单据所涉及的货物、服务或其他行为。"受益人必须提供符合信用证要求的全套合格单据，这也是开证行承担信用证项下第一性付款责任的唯一先决条件。即根据信用证的条款，按照所收单据的表面状况进行审查，只要单据在表面上能满足"单证相符、单单一致"的"严格相符"要求，开证行就不得以任何借口推卸其付款责任。反之，只要单据种类、数量及单据记载表面上存在不符点，银行就有权拒付。可见，开证行对受益人负责付款并不是没有限度和条件的。

案例研讨 8-5　信用证的单据买卖特性

1942 年，一进口商因购买花生向亨勃罗斯银行申请开立信用证，品名为"Groundnut"，出口商在发票货名栏上使用了"Peanut"，遭到银行拒付。出口商以"Webster"字典对两个字的解释没有差异和油籽公会出具的相应证明为由要求获得付款，但依然遭到银行拒绝，理由是"字典可能有错"，后来的法院判决也认为银行拒付有理。请问为什么？

提示：信用证结算中银行所处理的是单据，银行对单据的审核及付款遵循"单证相符、单单一致"这一表面上严格相符的原则。

由上述信用证的性质可知，信用证方式在国际贸易结算中可以起到以下两个方面的主要作用：

（1）安全保证作用。由于银行信用一般优于商业信用，因此通过信用证方式就可缓解买卖双方互不信任的矛盾。那些本来彼此不熟悉或并不很了解的买卖双方，以及资信一般的中小企业，只要采用信用证方式结算货款，就能更好地控制结算风险。

（2）资金融通作用。在信用证业务中，银行不仅提供信用保证，还可以通过打包贷款、出口押汇（即议付）向受益人融通资金，也可以通过凭信托收据借单、进口押汇向开证申请人提供资金融通。

（三）信用证的业务程序

信用证的收付程序随信用证类型的不同而略有差异，但就其基本流程而言，大体要经过申请、开证、通知、议付、索偿、付款、赎单等环节。图8-4以最为常见的即期不可撤销的跟单议付信用证为例，简要说明其业务程序及各环节的操作要点。

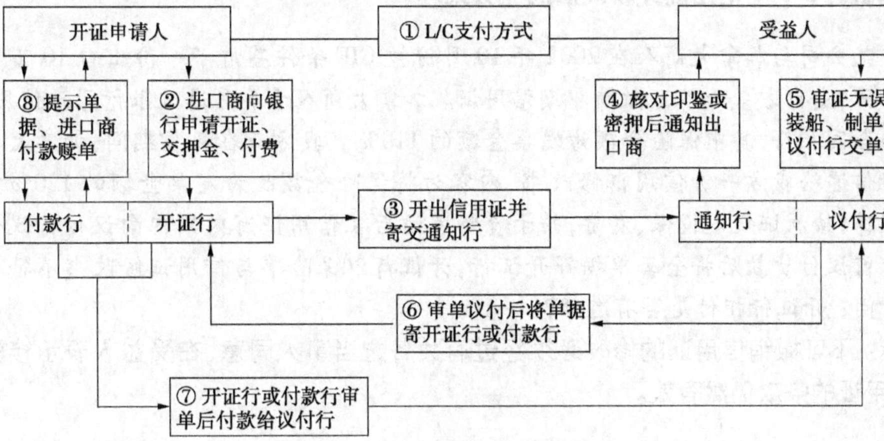

图8-4　信用证支付的基本业务程序

说明：

① 买卖双方订立以信用证为支付方式的贸易合同。虽然信用证开立后便独立于贸易合同而存在，但它是申请人申请开证和受益人审证的重要依据。

② 开证申请人申请开证。进口商必须在合同规定的期限内向当地信誉良好的银行或合同指定的银行申请开立信用证，提交内容完整、明确的开证申请书，提供符合要求的有关担保并支付开证费用等，由开证行进行审查。

③ 开证行按照开证申请书的指示开立信用证。经开证行对开证申请和担保等全面审查并同意后，缮制信用证文本，并以信函、电传电报、STIFT等方式将信用证传送至通知行。

④ 通知行转递或通知信用证。通知行收到开证行信开或电开的信用证后，合理审慎地鉴别信用证表面真伪，即对信开信用证核对印鉴，对电开信用证核对密押，并在缮制信用证通知书后，按开证行指示通知受益人。

⑤ 受益人审证、发货、制单。受益人接到信用证通知书后，以贸易合同和信用证惯例为基础对信用证进行审核，如发现来证与合同不符或其他不符点甚至存有“软条款”时，应及时一次性地向开证申请人提出修改信用证的要求及相关修改事项，避免由于多次修改信用证造成时间浪费和费用增加。经审核无误或已作改证后，受益人便可按照信用证要求装运货物，在取得检验证明和货运单据、保险单据等之后，按信用证单据条款要求缮制有关单据，并在信用证规定的交单议付期内向议付行提示合格有效单据要求议付，议付行在审核合格后买入单据，扣除贴息和银行手续费后将余额垫付给受益人。

⑥ 议付行向开证行或付款行寄单索偿。议付行凭与信用证相符的单据向受益人垫付货款后，即向开证行或付款行寄单并要求付款。如果开证行指定了偿付行，则议付行在向开证行寄单的同时，向偿付行发

出索汇函。

⑦ 开证行或付款行审核单据后即向议付行付款。接到议付行寄来的单据后,开证行或付款行应立即审核单据,并在合理的时间内付款。但如果开证行验单中发现不符点,而且是实质性的,就可以拒绝接受单据和拒绝付款,也可以征求开证申请人意见后定夺。

⑧ 开证行通知开证申请人付款赎单。申请人在接到开证行的赎单通知后,必须立即到开证行付款赎单,当然在赎单之前需审查单据,如果发现不符点,也可以提出拒付。申请人赎单后就可以安排提货、验货、仓储、运输、索赔等事宜。

案例研讨 8-6　信用证经改证后的业务处理

中方某公司与加拿大商人在2002年10月份按CIF条件签订了一份出口10万码法兰绒的合同,支付方式为不可撤销即期信用证。加拿大商人于5月通过银行开来信用证,经审核与合同相符,其中保险金额为发票金额的110%。我方正在备货期间,加拿大商人通过银行传递给我方一份信用证修改书,内容为将保险金额改为发票金额的120%。我方没有理睬,按原证规定投保、发货,并于货物装运后在信用证有效期内向议付行议付货款。议付行议付货款后将全套单据寄开证行,开证行以保险单与信用证修改书不符为由拒付。请问:开证行拒付是否有道理?

提示:不可撤销信用证的修改必须经过有关各方当事人同意,在受益人表示接受以前,原信用证的条款仍然有效。

(四) 信用证的种类

根据信用证的用途、性质、付款期限、流通方式及可否转让、可否反复使用、可否用于特殊贸易结算等情况,可以分为如下几类:

(1) 按支付时的随附单据不同,可分为光票信用证和跟单信用证

光票信用证(Clean Letter of Credit)指开证行仅凭汇票进行付款的信用证。受益人议付时只需签发一张汇票,而不需提供任何商业单据或货运单据。光票信用证通常仅被用于总分公司间货款清偿和贸易从属费用的结算。

跟单信用证(Documentary Credit)则是指凭跟单汇票付款或仅凭单据付款的信用证,其中的单据指的是运输单据及商业发票、保险单据、商检证书、产地证书、包装单据等。跟单信用证在国际贸易中得以广泛使用。

(2) 按信用证是否有另一家银行加以保证兑付,可分为保兑和不保兑信用证

保兑信用证(Confirmed Credit)是指开证行邀请另一家银行对其开出的信用证承担保证兑付义务的信用证。保兑行在信用证上加具保兑批注后,如"WE HEREBY ADDED OUR CONFIRMATION TO THIS CREDIT",就不能擅自修改或撤销保兑。信用证经保兑后,保兑行和付款行都将担负第一性付款责任,由此,受益人的收款也就有了双重保障。一般而言,保兑只针对信誉极差的开证行开立的信用证。

不保兑信用证(Unconfirmed Credit)是指没有另一家银行做出保证兑付批注的信用证。不保兑信用证不作上述批注,有时还会在信用证通知书中注明"THIS IS MERELY ADVISE OF CREDIT ISSUED BY THE ABOVE MENTIONED BANK WHICH CONVEYS NO

ENGAGEMENT ON THE PART OF THIS BANK”。

(3) 按信用证受益人收到货款的时间先后,可分为预支、即期、远期、延期信用证

预支信用证(Anticipatory Credit)是允许受益人在收到信用证后按照预支条款确定的支付比例先行收款的信用证,如“THE NEGOTIATING BANK IS AUTHORIZED TO 60% OF THIS CREDIT AMOUNT TO BENEFICIARY”,也叫红条款(Red Clause)信用证、绿条款(Green Clause)信用证、打包放款信用证(Packing Credit)。预支信用证由开证行授权通知行或保兑行在受益人交单前向其支付全部或部分货款,这样,银行不但提供了信用保证,而且还提供了资金融通。我国在补偿贸易中有时采用这种信用证。

即期付款信用证(Sight Payment Credit)是开证行或指定行收到符合信用证条款的即期汇票和/或单据后立即履行付款义务的信用证,如信用证的支付条款记载为“AVAILABLE WITH US AT SIGHT IN (PLACE) AGAINST PRESENTATION OF THE FOLLOWING DOCUMENTS”。在即期付款信用证支付方式下,开证行或保兑行或指定付款行将承担即期付款的责任。

远期信用证(Usance Credit)是指银行见票后并不马上付款,而是先进行汇票承兑,等汇票到期后才付款的信用证。远期信用证通常可有两种具体类型,即承兑信用证和远期议付信用证。此外,当信用证规定受益人开立远期汇票的贴息和费用由进口商负担时,出口商依然可以即期收到全额的货款,该信用证就成为一种“买方远期信用证”(Usance Credit Payable at Sight),在我国又称为“假远期信用证”。如信用证支付条款记载为“THE USANCE DRAFT IS PAYABLE ON A SIGHT BASIS, DISCOUNT CHARGE AND ACCEPTANCE COMMISSION ARE FOR BUYER'S ACCOUNT”。

延期付款信用证(Deferred Payment Credit)又称迟期付款信用证,或称无承兑远期信用证,是指仅凭受益人提交的单据(不包括汇票),经审核单证相符确定银行承担延期付款责任起,延长一段时间及至付款到期日付款的信用证。它的业务与承兑交单相仿,即由银行在收到单据后交给申请人,在到期日才进行付款。如信用证规定为延期付款,开证行和保兑行(如有保兑)应“按信用证规定所能确定的到期日付款”。确定付款到期日的方法有三种:① 交单日后若干天;② 运输单据显示的装运日期后若干天;③ 固定的将来日期。但由于这种信用证不使用汇票,因此也无须开证行承兑汇票。如信用证支付条款记载为“DOCUMENTS TO BE PRESENTED WITHIN ××× DAYS AFTER THE DATE OF ISSUING OF THE SHIPPING DOCUMENTS, BUT WITHIN THE VALIDITY OF THE CREDIT”。

(4) 根据信用证的付款方式,可分为承兑信用证和议付信用证

承兑信用证(Acceptance Credit)指受益人向指定承兑的银行开具远期汇票并提示时,由该指定银行即行承兑并于汇票到期日付款的信用证,是需要受益人提供汇票的一种远期信用证。如信用证支付条款记载为“DOCUMENTS MUST BE PRESENTED FOR ACCEPTANCE WITHIN ××× DAYS FROM THE DATE OF B/L”。

议付信用证(Negotiation Credit)是指开证行邀请其他银行买入汇票及/或单据的信用证。通常在单据符合信用证条件下,议付银行扣除利息和手续费后将票款付给受益人。议付与付款的主要区别之一是:议付行在开证行拒付或单据在邮程中丢失时有权向受益人追索已议付的款项及利息损失,而付款银行(以及开证银行、保兑银行)一经付款,即再无权向

受款人追索。根据议付银行是否被限定,议付信用证可进一步分为公开议付和限制议付信用证,前者由任何一家银行议付,如"AVAILABLE WITH/BY ANY BANK";后者由指定银行议付,如"NEGOTIATION RESTRICTED TO (SPECIFIC) BANK"。

(5) 按信用证是否可以转让给其他受益人使用,可分为可转让信用证和不可转让信用证

可转让信用证(Transferable Credit)是指受益人(第一受益人)有权将信用证的全部或部分金额转让给第三者(即第二受益人)使用的信用证,通常出现在由中间商介入的贸易活动中。只有明确注明"可转让(Transferable)"的信用证方能转让,使用"可分割"(Divisible)、"可分开"(Fractionable)、"可让渡"(Assignable)、"可转移"(Transmissible)等词语时不能使信用证成为可转让信用证,银行也将不予理会。可转让信用证只能转让一次,但允许第二受益人将信用证重新转让给第一受益人。如信用证允许分批装运/支款,在累计不超过信用证金额的前提下,可以分成几个部分分别转让,即可同时转让给几个第二受益人,各项转让金额的总和将视为信用证的一次转让。信用证只能按原证规定条款办理转让,但信用证的金额和单价、到期日、运输单据出单日期后必须交单的最后期限(即交单日)、装运期间等项可以减少、提前或缩短,保险加成比例可以增加到原信用证要求保足的金额。如果发生第二受益人不能交货,或交货不符合合同规定,单据不符合买卖合同的要求时,第一受益人仍要承担买卖合同规定的卖方责任。

信用证被转让后,第一受益人有权要求第二受益人将单据交给转让银行,以便把自己按原信用证的单价及金额所制作的汇票、发票替换第二受益人开立的汇票、发票,从而获取差额。转让行在转让信用证时也要收取一定的转让手续费。

不可转让信用证(Untransferable Credit)是指不能转让给其他人使用的信用证。凡在信用证上没有注明"可转让(Transferable)"字样,均视为不可转让信用证。

(6) 按信用证之间的相互关系,可分为对开信用证和对背信用证

对开信用证(Reciprocal Credit)是指第一张信用证的受益人和开证申请人分别是第二张回头信用证的开证申请人和受益人,第一张信用证的开证行和通知行分别是回头信用证的通知行和开证行。两证金额可以相等,也可以不等;两证可以同时生效,也可以先后生效。对开信用证是易货交易或来料来件加工装配业务中采用的一种结算方式。为表明两证之间的关系,一般需加列如下的条款:"THIS IS A RECIPROCAL CREDIT AGAINST (银行名称) BANK CREDIT NO. (信用证号码) FAVOURING (受益人名称) COVERING SHIPMENT OF (货物名称或代号)."

对背信用证(Back-to-back Credit)是指原证受益人要求原证的通知行或其他银行以原证为基础和担保,另行开立的一张内容相似的新信用证。新证在装运期、到期日、金额和单价等可较原证规定提前或减少,但货物的质量、数量必须与原证一致。新证的受益人如要求修改内容,须征得原证开证申请人和开证行的同意。对背信用证通常是在中间商介入贸易或两国不能直接进行交易而需通过第三国商人沟通贸易时开立的。对背信用证的开证行除了要求将原证用作开新证的抵押外,一般还要求开证申请人缴纳一定数额的押金或担保品。

(7) 循环信用证

循环信用证(Revolving Credit)是指受益人在一定时间内使用信用证规定金额后,能够

重新恢复信用证原金额并再度使用,周而复始,直至达到该证规定次数或累计总金额使用完毕为止的信用证,具体循环方式由信用证中的循环条款来确定。循环信用证一般适用于大宗单一的货物交易,或者可定期分批均衡供应、分批支款的长期贸易合同。对进口商来说,可节省逐笔开证的手续和费用,减少押金;对出口商来说,可省去逐批催证和审证手续的麻烦。循环信用证循环的方式通常有以下三种:

自动循环(Automatic Revolving):受益人在规定时期内装运货物议付后,无须等待开证行通知即可自动恢复到原金额供再次使用的信用证。如循环条款规定为"THE TOTAL AMOUNT OF THIS CREDIT SHALL BE RESTORED AUTOMATICALLY AFTER DATE OF NEGOTIATION"。

半自动循环(Semi-automatic Revolving):受益人每次装货议付后的若干天内,开证行未发布不能恢复原金额的通知,即自动恢复到原金额。如循环条款规定为"SHOULD THE NEGOTIATION BANK NOT BE ADVISED OF STOPPING RENEWAL WITHIN EVEN DAYS AFTER EACH NEGOTIATION, THE UNUSED BALANCE OF THIS CREDIT SHALL BE INCREASED TO THE ORIGINAL AMOUNT"。

非自动循环(Non-automatic Revolving):受益人每次装货议付后,需经开证行通知,才能恢复原金额使用。如循环条款规定为"THE AMOUNT SHALL BE REINSTATED AFTER EACH NEGOTIATION ONLY UPON RECEIPT OF ISSUING BANK'S NOTICE SARTING THAT THE CREDIT MIGHT BE RENWED"。

此外,按照信用证循环的依据和未用完金额的处理方法,循环信用证还有金额可累积使用(Cumulative)和金额不可累积使用(Non-cumulative)及按时间循环和按金额循环之分。

(8) 备用信用证

备用信用证(Stand-by Letter of Credit)又称履约信用证、担保信用证或保证信用证。备用信用证就是开证行应开证申请人的请求,向受益人开立的,以自身的银行信用担保开证申请人履行债务的保证付款凭证。备用信用证与保函的作用实质上是相同的,是债务人违反约定时才使用的,正因为如此才被称作为"备用"信用证。

从备用信用证的产生来看,由于美国和日本的法令只允许担保公司做担保业务,禁止商业银行承接担保业务,因此,美国和日本银行就采用了开立备用信用证方法来代替开立银行保证。

备用信用证与一般的跟单信用证一样,银行都承担第一性付款责任,都适用《UCP 600》规定。但是两者之间还是有一定区别的。两者的区别主要有:① 跟单信用证通常只用于货物买卖中货款的支付;而备用信用证不仅适用于货物买卖中货款的支付,还适用于投标担保、还款担保等。② 在备用信用证情况下,付款行是凭受益人出具的表明开证申请人已经违约的证明书承担付款责任;而在跟单信用证情况下,付款行是凭受益人提交符合信用证要求的货物单据付款。③ 备用信用证具有"备而不用"的特点,因为只要开证申请人没有违约,备用信用证就不会使用;而跟单信用证是在受益人履约的情况下,开证行就会付款。

(9) SWIFT 信用证

SWIFT 是环球银行金融电讯协会(Society for World-wide Interbank Financial Telecommunication)的简称。该组织于 1973 年在比利时成立,专门从事传递各国之间的非公开性的国际金融电讯业务，其中包括外汇买卖、证券交易、开立信用证、办理信用证项下的汇票业务和托收等，同时还兼理国际账务清算和银行间的资金调拨。该组织的总部设在布鲁塞尔，并在荷兰阿姆斯特丹和美国纽约分别设立交换中心（Swifting Center），为各参加国开设集线中心（National Concentration），为国际金融业务提供快捷、准确、优良的服务。目前，已有1 000多家分设在包括我国在内的不同国家和地区的银行参加该协会，并采用该会电讯业务的信息网络系统，使用时必须依照SWIFT使用手册规定的标准，否则会被自动拒绝。

凡依据国际商会所制定的电讯信用证格式设计，利用SWIFT网络系统设计的特殊格式，通过SWIFT网络系统传递的信用证的信息，即通过SWIFT开立或通知的信用证称为SWIFT信用证，也有称为"环银电协信用证"。

开立SWIFT信用证必须遵守SWIFT使用手册的规定，使用手册规定的代号（Tag），而且必须按国际商会制定的《跟单信用证统一惯例》的规定，在信用证中可以省去银行的承诺条款（Undertaking Clause），但不能因此免去银行所应承担的义务。

采用SWIFT开证后，使信用证格式更具标准化、固定化和统一性，传递速度更加快捷，成本也较低，因此，在实践中越来越为银行和贸易商所接受。目前开立SWIFT信用证的格式代号大多采用MT 700和MT 701标准，对SWIFT信用证进行修改，则采用MT707标准格式。

采用信用证方式结算时，银行信用的介入和对付款的担保使受益人的收款有了更为充分的保障，也能为进出口商提供融资便利，双方的资金负担较平衡，减少了资金的占用，加速了资金周转。特别是在出口商不很了解进口商时，或在进口国有外汇管制时，信用证的优越性更为显著。

但信用证结算方式手续复杂，环节较多，较为费时，费用也较高，审单等环节还需要较强的技术性，增加了业务的成本。而且，稍有不慎，产生疏漏、差错，就会造成损失。所以，信用证方式在国际贸易结算中也并不是完美无缺的。同时，由于信用证是具有自足性的文件，银行也只处理有关的单据，因此也容易产生欺诈行为。

四、银行保函

在国际贸易活动中，当一方担心对方不履行合同义务而造成自身损失时，可要求对方通过银行开具银行保函。银行保函属银行信用，不仅适用于货物买卖，也适用于工程承包、融资等有关国际经济合作的业务。

（一）银行保函的基本内容

银行保函（Banker's Letter of Guarantee，L/G）又称银行保证书，是银行向受益人开立的保证文件。由银行作为担保人，以第三者的身份保证委托人如未对受益人履行某项义务时，由担保银行承担保证书中所规定的付款责任。

在银行保函中，涉及的基本当事人有三个：① 委托人（Principal），即银行保函的申请人，是与受益人订立合同的另一方当事人或债务人，开立保函时需向银行提交申请并提供一定的担保。② 保证人（Guarantor），也称作担保人，即开立保函的银行或其他金融机构。保证人根据委托人的申请向受益人开立银行保函，担保在银行保函规定的付款条件满足时即向受益人付款。③ 受益人（Beneficiary），即与委托人订立合同的债权人，在委托人未履行合同时可通过保函取得货款或赔款。

银行保函除了以上三个基本当事人以外,有时还可能有转递行、保兑行和转开行等当事人。转递行是根据保证银行的请求将保函转递给受益人的银行。转递行只负责核对保证书的签字或密押,不负其他经济责任。保兑行是在保函上加具保兑的银行。保兑行只有在保证人不按保证书规定履行赔付义务时才向受益人赔付,经保兑后的保函使受益人得到双重担保。转开行是接受保证银行的请求,向受益人开出保函的银行。发生符合保函规定的情形时,受益人只能向转开行要求付款或赔偿。

随具体交易的不同,银行保函的内容也各不相同,在形式和条款方面也无固定格式。但就其基本方面而言,一般包括以下项目:

(1) 基本栏目。包括保函的编号和开立日期;各当事人的名称、地址和所在国家或地区;有关工程项目或其他标的物的名称;有关合同或标书的编号和签约日期;等等。

(2) 责任条款。即开立保函的银行在保函中承诺的责任条款。它构成了银行保函最为主要的内容,具体包括:① 保证金额。保证金额是出具保证书的银行所承担责任的最高金额。可以是一个具体金额,也可以是有关合同金额的某个百分率。如果保证人可以按委托人履行合同的程度减免责任,则必须做出具体说明。② 有效期。即最迟的索赔期限,既可以是一个具体的日期,也可以是在有关某一行为或某一事件发生后的一个时期到期。③ 索偿方式。指受益人在何种情况下方可向保证人提出索赔。银行保函通常按不同情况规定不同的索偿条件,按照国际商会《见索即偿保函统一规则》458 号出版物(Uniform Rules For Demand Guarantees, URDG 458),受益人索偿时需递交一份声明书。

(二) 银行保函的种类

从不同的角度出发,可将银行保函分为多种类型,概括起来主要有以下几种:

(1) 按担保人所承担义务的性质,可分为赔付保函与付款保函。

赔付保函(Indemnity Guarantee)是指在申请人不履行保函所规定的合同项下义务时,由担保人赔偿受益人的损失。付款保函(Payment Guarantee)是指在申请人不履行或无力履行付款义务时,由担保人向受益人偿付款项。

(2) 按保函的用途或担保的内容,可分为投标保函、履约保函、还款保函、反担保函等

投标保函(Tender Guarantee)是保证人应投标人的申请向招标人发出的保证书,保证投标人在开标前不中途撤销投标或片面修改投标条件,中标后不拒绝签约,中标后不拒绝交付履约保证金,否则,银行负责赔偿招标人一定金额的损失。投标保函主要用于国际投标与招标业务,通常也是招标人对招标人参加投标提出的条件之一。

履约保函(Performance Guarantee)是银行应申请人的请求向受益人开立的保证申请人履行某项合同项下义务的书面保证文件。在保证书有效期内如发生申请人违反合同的情况,银行将根据受益人的要求向受益人赔偿保证书规定的金额。履约保函应用范围较为广泛,除用于一般的货物进出口交易外,还可适用于“三来一补”贸易、技术贸易、对外承包工程等业务。用于国际货物买卖中的履约保函又可具体分为进口保函和出口保函两种。

还款保函(Repayment Guarantee)也称为预付款保函,是指银行应交易合同中的一方当事人的请求,开立的以另一方当事人为受益人的保函,在申请人没有履行合同中规定的义务时,银行将保证偿还受益人预付或已付给申请人的金额。具体包括:进出口贸易中的预付

定金保函、国际工程承包中的项目预付款保函、技术贸易中带有预付性质的分期付款业务中的保函、国际融资项目中的保函。

反担保函(Counter Guarantee)是指由申请人在银行开具保函前先出具保函给银行,其作用是当银行保函项下发生赔偿时,银行可凭反担保函从反担保人处获得相应的补偿。

(三) 银行保函的业务程序

银行保函的业务程序如图 8-5 所示。

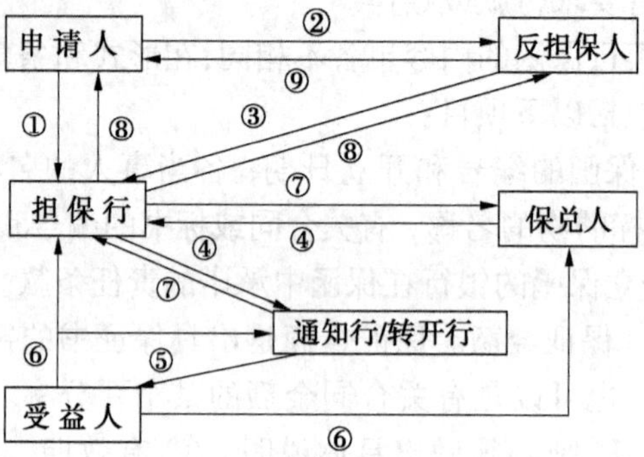

图 8-5　银行保函的业务程序

说明:

① 申请人向担保行提出开立保函的申请;
② 申请人寻找反担保人(若担保行提出此要求);
③ 反担保人向担保行提供反担保;
④ 需要时请保兑行对保函进行担保,并交通知行或转开行通知、转开保函;
⑤ 通知行或转开行将保函通知/转开给受益人;
⑥ 申请人违约时,受益人向担保行或转开行索偿,若担保行不赔,可向保兑行索偿;
⑦ 保兑行或转开行赔付后,向担保行索偿;
⑧ 担保行赔付后向申请人索偿,若申请人不赔,可向反担保人请求索偿;
⑨ 反担保人赔付后向申请人索偿,申请人赔付。

(四) 银行保函和信用证的差异

虽然银行保函和信用证同属银行信用,但两者也存在着较为明显的区别,主要表现在以下 4 个方面:

(1) 保证人付款责任和请求付款程序上的差异。信用证的开证行承担的是第一性的付款责任,受益人或其指定人要求付款时应该向开证行或其指定银行交单,而不是向开证申请人交单;而在使用银行保函时,先由委托人向受益人付款或履行合同义务,只有在委托人不付款或不履行合同义务时,受益人才可凭保函向担保银行要求付款。因此,担保银行的付款责任是第二性的。当受益人索偿时,担保行通常要经过调查,证实委托人确未付款或履行合同义务后才予支付。但是,近年流行的见索即偿保函在第一次索偿时,担保银行就必须按银行保函规定的条件支付款项。受益人只要按保证书规定提出要求付款并提交规定的声明或凭证即可。所以,开立这种保函的银行也将担当起第一性的付款责任,与信用证开证行的付款责任几乎相同了。

(2) 使用的前提条件存在差异。信用证是于正常履行国际货物买卖合同的情况下使用的,只要交易正常进行,信用证项下的款项支付是必然要发生的。银行保函却不然,当交易正常进行，有关方均按合同规定严格履行各自义务，保函就不需使用，只有在委托人违反合同或不履行合同义务又未按合同规定向债权人赔偿时，受益人才会凭保函向担保行索偿，可见，并非是每笔交易都需要发挥保函作用的。

(3) 付款依据的差异。信用证只凭符合信用证条款规定的单据进行付款，而与凭已订立的合同无关。但在银行保函下，当受益人凭银行保函向担保行索偿时，须经调查证实委托人违反合同而又不予赔偿，且必须提供相应的声明和凭证。

(4) 适用的国际惯例不同。银行保函适用于国际商会专门制定的《URDG 458》，而信用证则适用于国际商会颁布的《UCP 600》。

五、支付条款的订立

支付条款(Term of Payment)是国际货物买卖合同极其重要的条款，往往也是买卖双方在交易磋商中经常需要反复磋商的重点问题。通常情况下，由于不同的结算方式涉及不同的信用基础及不同的风险程度，而支付的时间和地点同样关系到出口商收汇的及时性和安全性，因此，支付条款主要涉及支付方式、支付时间和地点等付款条件的确定。鉴于国际贸易常用的支付方式有汇款、托收和信用证三种，国际贸易合同的支付条款可具体分为汇付条款、托收条款和信用证条款。以下是三种具体条款的介绍。

(一) 汇付条款

汇付通常被运用于预付货款和赊账交易，且又有三种具体方式。因此，为防止买方拖延付款时间，从而影响卖方及时发运货物和资金回笼，须在买卖合同中明确规定汇付的时间、具体的汇付方法和金额等。例如：

① The Buyer shall pay the total value to the Sellers in advance by T/T(M/T or D/D).(买方应不晚于×年×月×日将全部货款用电汇(信汇或票汇)方式预付给卖方。)

② The Buyer shall pay 100% of the sales proceeds in advance by T/T to reach the Seller not later than ...(买方应不迟于×月×日将100%的货款用电汇预付交至卖方。)

③ ... % of the total contract value as advance payment shall be remitted by the Buyer to Buyer to the Seller though telegraphic transfer within one month after this contract.(买方同意在本合同签字之日起，1个月内将本合同总金额××%的预付款，以电汇方式汇交卖方。)

④ Payment by T/T: Payment to be effected by the Buyer shall not be later than ... days after receipt of the documents listed in the contract.(买方收到本合同所列单据后，应于×××天内电汇付款。)

(二) 托收条款

托收的具体种类较多，既适用于交易费用的结算，也适用于货款的结算，程序上也比汇付方式略显复杂。其中，在最为常见的跟单托收方式下，单据中通常含有凭以提取货物的物权凭证(如提单)，交单也即意味着交货。因此，当以托收方式结算交易货款时，须在买卖合同的支付条款中明确规定交单条件，同时也须明确付款和承兑的责任及付款期限等内容。

首先，规定卖方应在货物装运后将以买方为付款人的汇票连同本合同的各种货运单据，通过卖方银行寄交买方银行转交买方，并托收货款。(After delivery, the Seller shall send though the Seller's bank a draft drawn on the Buyer together with the shipping document to the

Buyer through the Buyer's bank for collection.)

其次,再按不同的交单条件、付款期限及买方承担的付款、承兑责任等做出具体明确的规定。如:

① Upon first presentation the Buyers shall pay against documentary draft drawn by the Sellers at sight. The shipping documents are to be delivered against payment only.(买方应凭卖方开具的即期跟单汇票于见票时立即付款,且于付款后交单。)……(即期付款交单情形)

② The Buyers shall duly accept the documentary draft drawn by the Sellers at ... days sight upon first presentation and make payment on its maturity. The shipping documents are to be delivered against payment only.(买方对卖方开具的见票后××天付款的跟单汇票,且应于提示时即予承兑,于汇票到期日即予付款,付款后交单。)……(见票后远期付款交单情形)

③ The Buyers shall pay against documentary draft drawn by the Sellers at ... days after date of B/L. The shipping documents are to be delivered against payment only.(买方应凭卖方开具的跟单汇票,于提单日后××天付款,且于付款后交单。)……(提单日后远期付款交单情形)

④ The Buyers shall pay against documents draft drawn by the Seller at ... days after of draft. The shipping documents are to be delivered against payment only.(买方应凭卖方开具的跟单汇票,于汇票出票日后××天付款,且于付款后交单。)……(出票日后远期付款交单情形)

⑤ The Buyers shall duly accept the documentary draft drawn by the Sellers at ... days sight upon first presentation and make payment on its maturity. The shipping documents are to be delivered against acceptance.(承兑交单买方对卖方开具的见票后××天付款的跟单汇票,于提示时应即承兑,承兑后交单,且于汇票到期日即予付款。)……(承兑后交单情形)

考虑到简明合同条款的文字描述,在买卖双方交易关系相对稳定、信用基础良好、对跟单托收做法理解统一的交易中,支付条款记载时可将即期付款交单方式简化成"D/P at sight";将远期付款交单简写成"D/P at ... days' sight"或"D/P at ... days after sight";把承兑交单简写为"D/A at ... days' sight"或"D/A at ... days after sight"。

(三)信用证支付条款

由于银行的真正介入并为进出口双方提供信用保证和资金融通业务,信用证支付成为当今国际贸易结算活动中常见的一种方式。在国际货物买卖中,如果双方决定采用信用证方式结算,那么,在合同的支付条款中就必须明确开证的时间、开证银行及信用证的受益人、种类、金额、装运期、到期日等。

1. 开证时间

按照国际惯例的要求,按时开立信用证是信用证支付条件下买方主要的合同义务之一。所谓按时开证就是指按合同规定的时间开证,以便卖方有充分时间做备货、装运、制单等履约工作。尽管在合同未规定开证时间时可按惯例和规则理解为买方应在"一个合理的时间"内开立,但各国法律均未对开证的"合理时间"做出具体解释。为防止可能由于理解不同而引起纠纷,同时也为了明确买方的开证责任,最好的办法是在买卖合同中具体明确地规定开证的时间,较为常见的订立方法有以下两种:

① To be opened to reach the Sellers ... days before the month of shipment.(在装运月份前

××天开到卖方。)

② To be opened to reach the Sellers not later than … (month) … (day),… (year).(不迟于××年×月×日开到卖方。)

此外,还可采用一种较为特殊的订立方法:To be opened within … days after receipt of the Seller's advice that the goods are ready for shipment.(接卖方货已备齐的通知后××天内开证。)

需要注意的是,有些国家的法律认为,在买方逾期开证的情况下,卖方只能提出损害赔偿要求,而不能撤销合同。因此,为了强化对买方开证义务的约束,必要时可在开证日期的条款中加注规定:Failing which the Sellers shall not be responsible for shipment as stipulated and shall have right to rescind this contract and claim for damages against the Buyers.(买方未及时履行开证义务而导致卖方不能按规定装运的,卖方概不负责,而且有权撤销合同并向买方提出索赔。)

2. 开证银行

为确保出口商的安全收汇,合同中还应对开证银行的资信地位做出必要的规定。例如,规定信用证应通过"为卖方可接受的银行"(through a bank acceptable to the Sellers)开立。

3. 受益人

在通常情况下,合同可规定"以卖方为受益人"(in favour of the Seller)。但如在异地装运或代理其他企业达成的交易,也可规定装运地或被代理的企业为受益人。

4. 信用证种类

信用证种类繁多,且随着具体交易的不同情况,对信用证种类的要求也有不同。因此,每个买卖合同均须明确订定信用证的类别。按照实践中的常见做法,支付条款中应明确规定买方开立的信用证必须是不可撤销的。同时,还须明确信用证是即期付款的还是远期付款的。按目前我国的外贸实践,大多使用即期付款信用证。如为承兑信用证,还应列明付款期限的计算方法;为议付信用证,则需明确议付的方式。如:

① Irrevocable Credit at … days after sight.(不可撤销信用证见票后××天付款。)

② Irrevocable Credit at … days after the date of B/L.(不可撤销信用证提单日后××天付款。)

③ Irrevocable Credit at … days after the date of draft.(不可撤销信用证出票日后××天付款。)

此外,是否还需要除开证行以外的其他银行加具保兑,是否需要加注"可转让",是否需要预支或部分预支,信用证是否可以循环使用等,也应根据不同交易的需要做出具体规定。

5. 信用证金额

信用证金额是开证行承担付款责任的最高金额,应在买卖合同中做出规定。在实践中一般规定为发票价值的100%。但如果涉及额外费用需在信用证金额外支付者,则必须在合同中明确有关信用证应作相应的规定,以免影响收汇。例如,按CFR或CIF价格条件出口,港口拥挤费由买方负担,则卖方应要求买方在开达的信用证内规定:The Buyers shall stipulate in the L/C: Port congestion surcharges, if any, at the time of shipment is for opener's account and shall be paid to the beneficiaries in excess of the credit amount against their invoices and shipping company's original receipt showing actual surcharges paid.(在装运时,如有港口拥

挤附加费,由开证人负担,可凭受益人开具的发票和船公司表明实际已付附加费的正本收据,在信用证金额外支付给受益人。)

又如在出口合同中对装运数量订有“约”数或“溢短装条款”的,则应要求买方在信用证内规定装运数量多交或少交的百分率或注明约数,同时,对信用证金额作相应的增加或在金额前注明“约”数(“about”)字样,以利于货物溢装时能收足货款。

6. 到期日和到期地点

信用证的到期日(Expiry Date)习惯上称作信用证的有效期(Validity),是指开证银行承担即期付款、延期付款、承兑或议付责任的期限。如 valid for negotiation until the 15th day after the month of shipment(议付有效至装运月份后第15 天)。

与到期日有密切关联的是到期的地点,它是指被交付单据并要求付款、承兑或议付的银行的所在地,即在信用证有效期内应向何地的指定银行交单为准。

信用证到期有三种情况,即议付到期、承兑到期和付款到期。议付到期的地点一般为出口地;承兑和付款到期的地点则为开证行或其指定付款行所在地。为了便于掌握时间及时议付,我国对外出口合同一般都规定信用证到期地点在我国或在我国某地(出口或议付地点)。如 valid for negotiation in Shanghai until ...

综合以上关于信用证支付方式下合同条款所涉及的一些主要内容,出口合同中常用的信用证支付条款订法如以下示例:

① The Buyers shall open through a bank acceptable to the Sellers an Irrevocable Sight Letter of Credit to reach the Sellers ... days before the month of shipment, valid for negotiation in China until the 15th day after the month of shipment.(买方应通过为卖方所接受的银行于装运月份前××天开立并送达卖方不可撤销即期信用证,有效至装运月份后第 15 天在中国议付。)

② The Buyers shall open through a bank acceptable to the Sellers an Irrevocable Sight Letter of Credit at 30 days' sight to reach the Sellers ... days before the month of shipment, valid for negotiation in China until the 15th day after the month of shipment.(买方应通过为卖方所接受的银行于装运月份前××天开立并送达卖方不可撤销见票后 30 天付款的信用证,有效至装运月份后第 15 天在上海议付。)

如同跟单托收的支付条款一样,在买卖双方理解一致的基础上,买卖合同中的信用证支付条款也可以采取简化的订法,如:

Payment by Irrevocable Sight Credit.(凭不可撤销即期信用证付款。)

Payment by Irrevocable Documentary Sight Credit.(凭不可撤销即期跟单信用证付款。)

By Irrevocable Credit at 30 days' sight.(凭不可撤销信用证见票后 30 天付款。)

By Irrevocable L/C at 60 days after the date of B/L.(凭不可撤销信用证提单日后 60 天付款。)

五、国际贸易结算风险及其防范

由于国际结算程序的复杂性、结算单据的多样性、规则理解的差异性及一些不法分子的蓄意欺诈,使得国际结算过程中的风险问题日益突出,加强风险的防范和控制已成为国际结算工作的重要组成部分。

(一) 汇款结算方式下的风险及其防范

汇款方式虽然手续简便、费用较少，但是在这种结算方式下能否如期付款和交货，则全凭买卖双方之间的商业信用。不同的汇款方式下买卖双方承担的风险是不均衡的。预付货款对于进口商而言，不但要过早地垫付资金，而且增加了出口商收到货款后迟交或不交货的风险；货到付款对于出口商而言，则在发货后失去了制约进口商的手段，能否收款完全取决于进口商的资信，甚至有可能产生钱货两空的风险。除了这种由买卖双方商业信用产生的风险外，汇款方式下的风险还来自不法分子利用票据进行诈骗。

(1) 用汇票的传真件诱使出口商发货，一旦控制货物后就到银行撤销票汇。使用票汇方式进行结算时，出口商应将收到的票据交银行验证，并待票款收回后发货才是安全的。如果忽视了这些正常的程序和措施，就会产生收不到货款的风险。例如，我国一外贸公司与香港某商社进行首次出口交易，双方最终确定以汇款方式结算并在收到货款后发货。合同签订后，港商立即传来银行汇款凭证，我方业务人员将其交银行审查，经核对无误。考虑到装船有效期将止，我方及时装船并发出装运通知。发货后一个月，货款未能顺利到账，财会人员查询时才发现，原来港商只是到银行买了几张银行汇票传真过来作为汇款凭证。由于我方不了解汇款方式的具体做法和汇票的格式，致使港商仅凭一张有银行签字的汇票的传真件便诱使我方发了货，而之后港商把本应寄给我方的正本汇票退回银行，撤销了这笔汇款，造成我方公司钱、货两空，遭受了严重的经济损失。

(2) 利用在境外付款的空头支票骗取出口商的货物。出口货物若采用凭外商的支票发货时，应谨慎审核支票。对于一般支票应先请我国内银行将支票向国外行查询，证实支票的有效性后才发货，或者要求对方签发“保付支票”。如某外贸公司在广交会上与一外商签订一笔出口合同，凭外商在广交会上递交的以国外某银行为付款人的、金额为 20 万美元的支票付款。外贸公司在收到支票两天后就发货，随后将支票通过国内银行向国外付款行托收，结果被告知支票为空头支票，20 万美元就此损失了。

(3) 利用假银行本票骗取出口商的货物。银行本票基于银行信用，是可以值得信赖的。但有些不法分子就是利用人们对银行及其信用的信任，用伪造的银行本票行骗。1998 年 11 月 3 日，我国内某银行收到一张国外寄来的以 National Westminster Bank PlcGunnersbury Branch(国民西敏寺银行古勒斯堡分行)名义出具的本票，金额为 GBP62500.00，同时还附有一份授权付款函，称此本票系×××号合同项下的货款。但事后银行对该本票进一步审核，发现上述授权函及本票有权签字人签名下面，既无签字编号，又无英文全名，于是立即给国民西敏寺银行在伦敦的总行去电，要求其通过 SWIFT 加押证实上述本票的真实性。11 月 5 日，我银行却收到以国民西敏寺银行古勒斯堡分行名义发来的授权付款电传，电文中要求按它提供的地址、电传号与其直接联系，并愿意提供其他信息。我国内银行对此无押电传不予理睬。我银行一方面向出口商进一步了解情况，建议他们暂不发货；另一方面连续向西敏寺银行在伦敦的总行去电，要求其通过 SWIFT 或加押电传证实本票的真实性。到 12 月 3 日，我银行应西敏寺银行伦敦总行的要求，将本票传真给该总行。12 月 14 日，国民西敏寺银行伦敦总行向我银行证实，所述本票系伪造。至此，一宗企图以假银行本票欺诈我国内公司的阴谋最终破产。

针对汇付方式存在的上述风险，对于出口商而言，除了避免使用“货到付款”方式外，应该熟知汇付尤其是票汇的业务程序,及时和银行保持密切联系,并将收到的票据先交予银行验证,待收妥货款后再进行发货。同样,银行也需加强对往来函电、委托书和密押或印鉴等核查,加强与往来银行之间的合作和联系,如发现有欺诈嫌疑,应及时告知出口商,共同查证。

(二) 托收结算方式下的风险及其防范

托收仍是建立在商业信用基础上的,银行并不承担付款责任,也不过问单据的真伪。因此,出口商在发货后能否收到货款,主要取决于进口商的信用;进口商在付款后能否收到合同项下符合要求的货物,从单据上也是无从判断的,也要取决于出口商的信用。而且,对于出口商而言,跟单托收情形下的承兑交单方式较付款交单的风险更大。

(1) 承兑交单下的卖方风险。如前所述,承兑交单条件下,由于进口商在承兑汇票后尚未付款时,就可以获取代表货权的单据和提取货物,出口商则可能会由于进口商的欺诈行为而遭受钱、货两空的损失。如法国巴黎的凯曼公司自1986年成立以来主要经营中国的工艺品,由于经营不善,自1989年开始,巴黎商事法院即指定法律代表负责清理该公司的债权债务,随时宣告该公司破产倒闭。而我国国内有关公司对于凯曼公司的这些情况一无所知,汕头市某贸易公司经人介绍后与凯曼公司建立了业务关系,在采用付款交单方式顺利进行首笔交易后,凯曼公司致电要求将1989年的第二、第三批货物交易改做承兑交单。汕头公司担心货物在港口积压,便轻易同意了对方的要求,结果货物被凯曼公司提走达一年半之久,汕头公司分文未收,后因凯曼公司宣告破产,汕头公司货款全损。

(2) 对托收方式及其支付工具认识模糊所带来的风险。20世纪90年代初,我国建设银行因为承兑汇票而蒙受了600万美元的巨额损失,就是因托收方式应用不当而引起的。90年代初期,深圳A公司与新加坡B商签订了一份进口胶合板的合同。合同总金额为700万美元,支付方式为D/P,允许分批装运。在第一批价值为60万美元胶合板交易顺利进行之后,B商对第二批胶合板交易向A公司提出:鉴于A公司资金周转困难,B商允许采用远期付款。即由A公司向B商开出一张见票后一年付款的700万美元的汇票,并要求中国建设银行深圳分行加以承兑。B商保证一年内将700万美元的胶合板交付给A公司。A公司的负责人基于先收货后付款的考虑便欣然接受了B商的提议。然而,令人始料不及的是,B商将这张承兑了的远期汇票在新加坡的美国银行进行贴现。此后,无论A公司如何催促其发货,B商就是不交货,也消失得无影无踪了。一年后,新加坡的美国银行持这张承兑了的远期汇票要求建行深圳分行付款,遂酿成了600万美元的损失。

(3) 对进口国商业和银行惯例了解不够带来的风险。托收结算方式虽然也已形成了统一的国际惯例(国际商会第522号出版物),但一些国家还存在着自身的商业和银行惯例。如有些国家(中南美洲的国家如厄瓜多尔、圭亚那,欧洲的芬兰、希腊等)将付款交单按货到付款方式处理,还有的国家将远期付款交单视同承兑交单处理。如果对这些国家的惯例不熟悉,很容易招致损失。如D.T.进出口公司对拉美地区G公司出口一批黄豆,合同规定支付方式为30天付款交单。D.T.进出口公司根据合同规定的5月份装运期,于5月13日办理装船完毕,14日备齐一切单据向托收行办理30天远期付款交单托收手续。7月3日接托收行转来代收行电:“第××号托收单据于5月21日收到,当天即向G公司作第一次提示,获付款人承兑。我行于6月20日汇票到期日第二次向付款人提示要求付款时,付款人拒付。据称因货物水分超过标准,甚至有部分霉粒,所以不肯接受。请电复处理意见。”D. T. 进出口公司接到代收行上述电文觉得非常奇怪,其办理的托收方式是远期 30 天付款交单,买方未付款怎么能得到单据?未得到单据又怎么能提取货物?未得到货物又怎么能知道货物水分超过标准,甚至发现部分货物有霉粒?事后经我驻外商赞处了解才发现,该国对远期付款交单托收一律按承兑交单方式处理。在这被动的局面下,经我商赞处几次与其磋商和做工作,才按 85% 收回货款而告终。

为此,在托收方式用于出口贸易结算时,为确保收汇安全,应特别注意以下几个方面的问题:

(1) 认真开展进口商的资信情况、经营能力、经营作风及所在国家贸易政策的调查和考察。优先采用付款交单条件,严格控制承兑交单条件的使用,除非进口商的资信特别良好,收汇确有把握,否则,原则上不能接受进口商的承兑交单要求。对于贸易管制和外汇管制较为严格的进口商所在国家,在使用托收方式时尤其要特别谨慎。出口商在发货前,应要求进口商寄交进口许可证、进口配额证明、外汇额度证明等,否则不予发运。

(2) 争取以 CIF 或 CIP 条件成交。为防止货、款两空,出口商应该对货物的交付进行全程监管。为此,在订立交易合同时,原则上应由我方办理保险,或在进口商办理保险时由出口商另行加保“卖方利益险”(Contingency Insurance Clause Covers Seller's Interest Only)。这样,即便货物遇险,或买方不付款赎单,出口商还可向保险公司进行索赔。

(3) 慎重选择国外代收行。考虑到银行自身的信用及银行间的信息、资金渠道的通畅性,一般情况下,国外代收行应由国内托收行来选定,而不能由进口商指定。如果必须由进口商来指定代收行,那也应事先征得托收行的同意,以避免托收业务中的诸多被动和不便局面。

(4) 注意一些国家和地区对托收业务程序和规则理解及应用上的特殊性。有些国家的银行在收到载有远期付款交单条件的托收委托书时,习惯上的处理方法是在付款人承兑汇票后随即将单据交付给付款人,即把 D/P 远期改作 D/A 处理。因为在这些国家的银行看来,付款人一旦在汇票上完成承兑手续,就成为汇票的主债务人,承担到期付款的责任。显然,这种业务处理过程中的习惯做法与托收委托书的指示是完全相悖的,很容易引发纠纷与争议。为此,国际商会在新修订的《URC 522》第 7 条中特别指出:“托收不应含有凭付款交付商业单据的远期汇票。”其用意就是劝阻出口商采用远期付款交单条件清算货款,如出口商执意要采用 D/P 远期,则后果自负。因此,要尽量避免采用远期付款交单方式来托收货款。

(5) 严格制作托收单据。应按照贸易合同规定的时间、地点装运货物并制作相应的单据,以防止被进口商找到拒付货款的借口。同时,为了在进口商拒绝付款赎单的情况下能及时、灵活地处理货物,在填写运输单据时一般应做空白抬头,以便利于货物的转售;如需做成代收行抬头时,应先与银行联系并经认可后办理。被通知人一栏,必须详列进口人的名称和地址,以便承运人在运抵货物时能及时通知。

此外,出口企业应对托收业务制定健全的管理制度和信誉档案制度,强化事前检查和过程管理,做好催收和其他善后工作,发现问题要及时采取措施,避免或减少可能发生的损失。

（三）信用证方式下的风险及其防范

银行信用的介入，使信用证较之汇款和托收更为完善，也更为银行和商人普遍采用，但由于信用证结算的跨国性和银行审单时强调信用证的独立性，以及不法者利用信用证结算方式的缺陷刻意欺诈，导致信用证结算方式依然存在风险性。

1. 进口商面临的主要风险

（1）出口商交货严重违反贸易合同的要求。由于信用证是一项自足的文件，独立于买卖合同之外，因此信用证当事人的权利和义务完全以L/C条款为依据。银行对于买卖合同履行中出现的问题（如货物品质、数量不符）概不负责。若出口商以次充好、以假冒真，只要出口商提供的单据与L/C相符，出口商照样可得到货款，而深受其害的则是进口商。

（2）出口商伪造单据骗取货款。《UCP600》第5条规定，银行处理的仅是单据，这一规定为不法商人伪造单据骗取货款提供了方便。

例8-1：某年，我E. G.进出口公司与中东地区在我国香港的代理公司签署了金额为120万美元的原油进口合同，交货条件为CIP中国大连港，货物分3批出运，每批货物的价款不少于40万美元。支付方式为以开证行为汇票付款人的即期议付信用证。

信用证如期寄至受益人所在地的银行后不久，开证行就收到了议付行寄来的单据，开证行仔细审核后，认为单证相符，在规定的期限内对议付行进行偿付。出于安全考虑，在实施偿付前，申请人——E. G.进出口公司还向提单签发公司咨询过，确认货已装船。一周后，开证行又收到议付行寄来的余下金额的两批单据。因为金额大，两批交易时间又如此接近，因此开证行反复审核单据，但单据中无可挑剔，仅发现提单的签发公司与前一批单据的不一样。于是将这一疑点通知E. G.公司，E. G.公司几番周折，才确认两份提单均系伪造。开证行提出拒付，要议付行向受益人追索。议付行称受益人已潜逃，议付行对单据的真假不负辨认责任，而且是在单证相符的情况下善意地买入了单据和汇票，要求开证行兑付是议付行作为正当持票人的基本权利。对于开证行来说，即使诈骗的事实被确认，在单据合格情况下也不能拒绝议付行的兑付要求。

（3）卖方勾结承运人出具预借提单或倒签提单，或勾结其他当事人如船长等将货物中途卖掉。

2. 出口商面临的风险

（1）由于交货期、交货数量、规格等不符点而造成的风险。在具体业务操作过程中，常常发生出口方未按信用证条款规定交货的情况，如品质不符、数量与信用证规定有异、逾期交货等，任何一个不符点都可能使信用证失去其保证作用，导致出口商收不到货款；即使出口方完全按信用证规定出货，但由于疏忽而造成单证不符，也同样会遭到开证行拒付。

（2）因软条款而导致的风险。有“软条款”（L/C with Soft Clause）的信用证开证申请人可以任意、单方面地使单据与信用证不符，即使受益人提交了与信用证规定相符的单据，也可解除其付款责任。这种信用证实质上是变相的可撤销的信用证。常见的“软条款”有以下几种：① 船公司、船名、目的港、起运港或收货人、装船日期等须待开证申请人通知或征得开证人同意，开证行将以修改书的形式另行通知。② 货物备妥待运时须经开证申请人检验。开证申请人出具的货物检验书上签字应由开证行证实或和开证行存档的签样相符。③ 货到目的港后须经开证申请人检验才能履行付款责任。④ 信用证暂不生效。本证暂不生效，待进口许可证签发后或待货样经开证申请人确认后通知生效。这些“软条款”，有些是进口商为保护自己的利益而采取的措施，有些则是恶意欺诈的前奏曲，但无论其初衷如何，这些限制性条款都有可能对受益人的安全收汇构成极大威胁。带有“软条款”的信用证，其支付完全操纵在进口商手中，从而可能使出口商遭受损失。

例 8-2：国内 A 进出口公司向卡斯基贸易有限公司出口一笔货物，国外开来信用证在特别条款中规定：A certificate issued by the beneficiary and countersigned by buyer's representative Mr. Jemerah, his signature must be verified by opening bank, certifying the quality to confirm to sample submitted on 7th july, 1999.（受益人出具证明书证明品质符合 1999 年 6 月 7 日提供的样品。并且证书由买方代表杰里迈亚先生会签，其签字须由开证行核实）。A 公司根据装运期的要求办理了租船订舱，并按上述信用证条款于 7 月 26 日发电邀请对方代表来装运港验货，但时过半个多月一直未见买方代表来到。由于对方代表未出现而无法装船，只好向船方退载，结果向船方交纳空舱费 1 万多美元。此后，A 公司又连续多次向卡斯基贸易有限公司催促派代表，延至 9 月 20 日，买方代表杰里迈亚先生才来到装运港，经过认真与样品核对认为符合要求并同意装船。A 进出口公司随即出具证书，证明货物品质符合 1999 年 6 月 7 日提供样品的品质。该证书并由买方代表杰里迈亚先生会签。

A 公司于 9 月 30 日装运完毕，10 月 3 日备齐所有单据向议付行交单办理议付。但单到开证行后，开证行于 10 月 15 日提出因单证不符拒付，理由是杰里迈亚先生会签的签字与开证行备案的签字不一致，并得出并非其本人签字和不符合信用证要求的结论。

A 公司对开证行意见进行研究后认为，对方毫无道理，因为本来就是买方代表本人签字而偏要说成非本人签字；但信用证条款就是这样规定的，提供证书上的签字与其存样不一致也就构成单证不符。尽管 A 公司事后也发电责问对方为何出现签字上的不一致，但对方一直不予答复。A 公司为了避免货物遭到更大的损失，只好委托我驻外机构直接在当地处理了货物。

（3）进口商利用伪造、变造的信用证绕过通知行直接寄给出口商，引诱出口商发货，骗取货物。

（4）正本提单直接寄进口商。有些目的港由于路途较近，货物出运后很快就能抵达目的港。如卖方同意接受信用证规定“1/3 正本提单径寄客户，2/3 提单送银行议付”的条款，则为卖方埋下了风险的种子。因为 3 份正本提单中任何一份生效，其他两份便自动失效。如果一份正本提单直接寄给客户，等于把物权拱手交给对方。客户可以不经银行议付而直接凭手中的提单提走货物。如果寄送银行的单据有任何不符点而收不到货款，银行将不承担责任。实质上这是将银行信用演变为商业信用。

（5）进口商申请开立不合格信开证，并拒绝或拖延修改，或改用其他付款方式支付。此时卖方若贸然发货，将造成单证不符或单货不符的被动局面。

（6）开证行倒闭或无力偿付信用证款项。此时，出口商只能凭借买卖合同要求进口商付款，须承担商业信用风险。

例 8-3：1997 年 9 月，国内 A 公司以信用证方式向日本 P 公司出口 300 吨金属锑。按期发货后，A 公司将全套单据送所在地通知行议付。考虑到当时正值东南亚金融风暴过后，通知行对开证行资信的变化也不太清楚，因此只负责审核单据而没作押汇。通知行将单据如期寄日本的开证行。寄单十多天后,不见开证行任何回应,通知行于是去电查问开证行是否接受或拒付单据,开证行回电确认接受单据并准备付款。但一周之后仍不见付款,通知行又去电催问,没有回复。通知行已感到事态严重,立即通过我驻日本机构查询,得知开证行已停业,并于不久后倒闭。由于货物早已运抵日本港,A公司只好央求P公司寻找单据下落。P公司虽然接受了请求,但开出了一份长长的费用清单,而且趁机要求降价20%,同时将支付方式改为托收。3个月后,A公司最终只收回了原货款的60%。

3. 银行方面的风险

(1) 进口商无理拒付合格单据或因破产给银行带来风险。当进口商破产,无力偿付或因市场情况发生变化而拒绝付款赎单时,只要出口商提交的单据做到单单相符、单证相符,开证行必须承担付款责任。

(2) 信用证打包贷款给银行带来风险。一旦进出口商串通起来,合谋欺骗银行,则这种融资方式就会给银行带来许多麻烦。如某外商向其在国内投资的中外合资企业购货,开出一张约50万美元的即期信用证,中外合资企业凭信用证向议付银行申请打包贷款,用以购买原料后投产。信用证到期时供货方却未出货。原来外商并不要货,只是由于该合资企业资金紧张,贷款无门,假借信用证内外勾结来获取贷款,从而把银行也拖入了债务纠纷之中。

(3) 进出口双方合谋欺诈给银行带来风险,如牟其中勾结海外不法商人利用远期信用证进行融资诈骗。

由此可见,信用证也绝不是一种无懈可击的支付方式,加强信用证项下的风险防范必须重点抓好以下几个方面的工作:

(1) 加强信用风险管理,重视资信调查。建立客户信息档案,定期或不定期客观分析客户资信情况,尽量选择资信良好的客户作为自己的贸易伙伴。注重对交易过程中产生的疑点、难点问题的分析。加强交易后应收未收账款的监控和及时清理,防止坏账的产生。

(2) 提高业务人员素质,保持高度的警惕性。不断提高外贸业务人员的业务水平是防止风险的关键,必须时刻加强其专业知识的培训及敬业精神和踏实作风的培育。

(3) 加强审证和正确交单议付。"单单相符,单证相符"是信用证的基本要求,作为受益人应加强催证、审证、改证工作,制单时严格遵守"单单相符,单证相符"原则。进口方可在信用证中加列自我保护条款,可要求出口商提供由权威机构出具检验证书,也可派人亲自验货并监督装船,以保证获得满意的进口货物等。

(4) 加强银行的业务管理。开证行应认真审查开证申请人的付款能力,严格控制授信额度。对资信不高的申请人要提高保证金比例,落实有效担保。通知行应认真核对信用证的密押或印鉴,鉴别其真伪。议付行应认真仔细审核议付单证,确保安全及时收汇。

第三节　国际贸易融资

国际贸易融资(Finance of Foreign Trade)指围绕国际贸易结算的各个环节发生的资金融通活动,它是银行最为重要的中介业务之一。贸易融资不仅会影响银行的收益水平,还影响银行其他业务的发展。贸易融资与国际结算是不可分离的,贸易融资以国际结算为基础,并依附于国际结算,没有国际结算就不可能有贸易融资的良好发展。反之,如果缺少了融资渠道和服务,就会降低对客户的吸引力,从而使国际结算业务流失。因此,在实践中,各商业银行均把提供贸易融资作为争揽客户和业务,以及增强银行竞争力的重要手段。

贸易融资是国际银行业务中的一项传统内容,早在20世纪以前就有了一定的发展。二战以来,国际贸易融资又有了新的发展,表现在融资方式更加多样化,融资方法简便灵活。由于贸易融资和国际结算在银行经营中具有多方面的积极作用,它越来越成为国际商业银行重点经营的范围和支柱性业务。

除了前面已作介绍的结算方式能为贸易双方提供不同渠道和便利程度的融资服务之外,现代贸易融资的重要方式还有国际保理、福费廷、出口信贷等。

一、国际保理

国际保理业务起源于英国和北美,随着国际贸易的迅速发展,这种业务很快成为国际贸易结算方式的一种有益补充,近年来已逐渐成为国际货物买卖的一种支付方式而被广泛使用。同时也出现了一些全球性的国际保理组织,其中规模最大的是由100多家银行所属的保理公司于1968年组成的"国际保理商联合会"(Factors Chain International)。除此以外,还有国际保理联合会(International Factors)和哈拉尔海外公司(Heller Overseas Corporation)。保理机构是专门从事保理业务的商行,在商业银行出资或资助下建立,具有独立的法人资格。保理商在对进口商资信认可后,不仅能为出口商承担赊销方式下进口商到期拒付时的付款责任,还可应出口商的请求,为其贴现货运单据和提供短期融资。

(一) 国际保理的内涵

在出口业务中采用赊账(open account,O/A)和托收(D/P或D/A)方式结算货款时,出口商均需承担较大风险,采用国际保理是出口商避免或减少收汇风险的主要方法之一。国际保理(International Factoring)的全称是国际保付代理业务,简称保理或出口保理,也有的将其称为保付代收或承购应收账款业务。具体来说,国际保理是由保理商(Factor)向出口商提供的一项包括对买方资信调查、百分之百的风险担保、催收应收账款、财务管理及融通资金等的综合性财务服务,它通过收购债权而向出口商提供信用保险或坏账担保、应收账款的代收和管理、贸易融资等服务的综合性金融服务业务。

从国际保理业务的实践来看,其核心和重点的内容体现在以下几个方面:

(1) 出口贸易融资(Export Trade Finance):保理商为出口商装运的商品融通资金,可以根据有关应收账款做出预付款项,或立即付款购买应收账款,使出口商能够及时获得所需要的营运资金。

(2) 买方信用担保(Protection for Buyer's Credit):保理商在对进口商的债务进行核定后,预先评估其资信状况和核定信用额度。在执行保理合同的过程中,保理商还会根据每一进口商的资信变化情况、收款考核实绩和出口商的业务需要,而后对每个进口商核准或调整信用额度。对因进口商无力支付而导致的信用额度内坏账,保理商将承担赔偿责任。

(3) 应收账款的代收和偿付(Collection of Receivables):在赊销交易中,经核定的信用额度内的应收账款可委托保理商代收。保理商应在合同规定期内收妥货款,扣除手续费等费用后交付出口商,这种方式使出口商能按期从保理商处取得全部有保证的款项。必须注意的是，保理商在代收应收账款业务中所提供的担保仅仅针对财务风险，诸如进口商财务状况不佳或企业倒闭、破产而导致不能履行合同规定的付款义务等。如果进口商拒付是由于货物质量低劣、数量短缺等原因，则应由买卖双方自行解决，保理商不予担保。

（4）承办应收账款的会计工作（Maintenance of Sales Ledger）：应出口商的要求，保理商还可承办出口商应收账款的会计工作。保理商在收到出口商提交的销售发票后，设立有关分户账，承担账务管理工作，诸如记账、催收、清算、计息、收费、统计报表及打印账单等会计财务工作。

（二）国际保理业务的类型

（1）按是否提供融资分为到期保理和融资保理

在到期保理（Maturity Factoring）业务中，保理商根据出口商通常情况下给予进口商的付款期限计算出平均到期日，也即平均预计收款日，并于平均到期日将应收账款的收购价款支付给供应商。在融资保理（Financed Factoring）业务中，保理商一旦收到代表应收账款的销售发票，就立即以预付款方式提供不超过发票金额80%的无追索权融资，剩余20%的收购价款与货款于收妥后再行清算。

（2）按销售货款是否直接付给保理商，分为公开型保理和隐蔽型保理

在公开型保理（Disclosed Factoring）业务中，出口商必须以书面形式将保理商的参与通知进口商，并指示它将货款直接支付给保理商。在隐蔽型保理（Undisclosed Factoring）业务中，保理商参与的信息并不对外披露，货款仍由进口商直接付给出口商，至于此前发生的融资及费用则由保理商与出口商直接进行清算。

（3）按保理商是否留有追索权，分为无追索权保理和有追索权保理

在无追索权的保理（Non-recourse Factoring）业务中，保理商根据出口商所提供的进口商名单进行资信调查，并为进口商核定信用额度。出口商在已核定的信用额度内进行销售，保理商对这部分应收账款的收购没有追索权，保理商必须承担由债务人资信问题引发的呆账、坏账损失。在有追索权的保理（Recourse Factoring）业务中，保理商不负责为进口商核定信用额度，也不为出口商提供坏账担保。当出现呆账、坏账时，保理商有权向出口商追索。

（4）按参与业务的保理商数量，分为单保理方式和双保理方式

单保理（Single Factoring）是指保理业务中仅涉及一方保理商的运作方式。双保理（Double Factoring）是指保理业务中涉及双方保理商的运作方式。国际保理业务中一般以双保理方式最为常见，即出口商委托本国出口保理商，出口保理商在进口国的保理商中选择进口保理商。出口商将需要核定信用额度的进口商名单交给出口保理商，并由其转送给进口保理商。进口保理商对进口商进行资信调查后核定相应的信用额度，并通过出口保理商通知出口商执行。

（三）国际保理的业务流程

在国际双保理业务中，有4个基本当事人，即出口商、进口商、出口保理商和进口保理商。

（1）出口商：提供货物或劳务，出具发票，向出口保理商叙做应收账款的保理业务。

（2）进口商：对提供货物或劳务所产生的应收账款负有付款责任的当事人。

（3）出口保理商：对出口商的应收账款叙做保理业务的当事人。

（4）进口保理商：同意代收由出口商出具发票表示的并转让给出口保理商的应收账款，依照保理规则，出口商对已承担信用风险的受让应收账款负有支付的义务。

通常情况下，国际保理业务包括保理协议的签订、进口商的资信调查和信用额度的确定、出口商交单和取得融资、进口商向进口保理支付款项、出口保理商向出口商支付融资外的余额等主要环节。以国际双保理方式为例，保理业务的基本运作程序如图8-6所示：

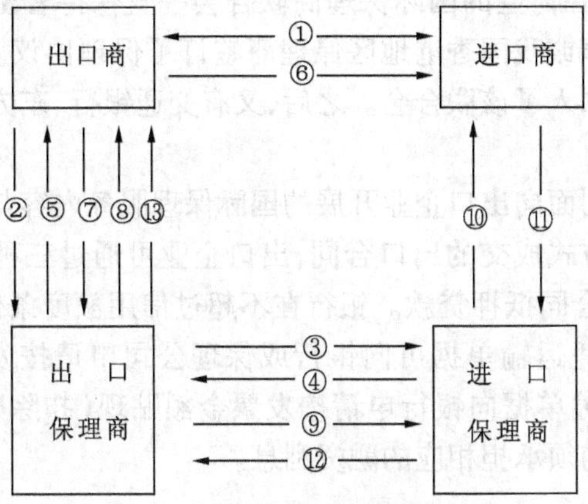

图8-6　国际双保理的业务程序

说明：

① 出口商与进口商签订贸易合同，明确支付方式为O/A或D/A或其他类似方式；

② 出口商申请核定进口商信用额度，填写申请表交出口保理商；

③ 出口保理商将核定进口商信用额度申请表传递给进口保理商；

④ 进口保理商对进口商进行信用评估，确定进口商的信用额度并向出口保理商发出通知；

⑤ 出口保理商向出口商转发进口商信用额度通知；

⑥ 出口商按照合同装运日期发运货物，并将发票和运输单据直接寄给进口商（或通过进口保理商转交给进口商）；

⑦ 出口商填制“应收账款转让通知书”，签字后与发票副本一并送交出口保理商；

⑧ 出口保理商审核后付款融资；

⑨ 出口保理商将发票和运输单据寄给进口商保理商；

⑩ 进口保理商于付款到期日向进口商索取应收账款；

⑪ 进口商向进口保理商付款（如果进口商无力付款，按照国际保理规则规定，进口保理商应于到期日后90天对出口保理商支付应收账款，加上迟付利息，其中利息部分还需加倍支付）；

⑫ 进口保理商通过银行将款项拨交出口保理商；

⑬ 出口保理商从所得款项中扣减先前的融资金额和保理费用、预付利息，将余款支付给出口商。

（四）国际保理的应用

国际保理业务内容广泛，包括对进口商的资信调查和担保，应收账款的催收和追偿，财务管理和资金融通。保理的作用对出口商来说尤为明显，它不仅有助于识别客户资信，可以放手成交，增加交易机会，而且还有利于加速资金周转。而最主要的好处是收款没有风险，只要出口商认真履行合同，就可省去许多后顾之忧。至于出口商在保理业务中增加的保理费和利息支出，由于进口商免去了开立信用证的费用，也可以通过适当提高售价，全部或部分地转嫁给进口商。

采用保理方式的出口企业,必须注意严格按照合同规定交付货物和提交单据,如有因与合同不符情形而发生被进口商延迟或拒付货款时,保理商将不予担保;而且,保理商也只承担协议规定的信用额度的风险,超额度发货的部分也不予担保。

继1985年5月我国政府派出代表参加了在加拿大渥太华举行的国际保付代理规则会议后,中国银行与总部设在荷兰的国际保理商联合会一直保持着密切的联系,并已与美国、德国、新加坡、瑞典等国家或我国香港地区保理商签订了保理协议。1993年2月,中国银行作为首家中资银行正式加入了该联合会。之后,又有交通银行、东方保理公司也成为国际保理商联合会的会员。

我国银行与保理公司面向出口企业开展的国际保理服务内容与上述一般的国际保理业务大体相同。采用保理方式成交的出口合同,出口企业可通过三种方法从银行或保理公司获得融资便利:① 出口合同抵押贷款。银行在不超过信用额度条件下,按合同金额70% ~ 80%核贷。② 出口企业凭运输单据可向银行或保理公司申请按发票金额80%预垫货款。③ 出口企业凭汇票和运输单据向银行申请按发票金额贴现(扣除贴现费后付款)。上述三种融资方式的出口企业均须承担相应的融资利息。

二、福费廷

福费廷(Forfaiting)起源于第二次世界大战结束以后的东西方贸易,由富有长期国际贸易融资经验的苏黎世银行协会以美国向东欧国家出售谷物为背景,率先开创了这种贸易融资业务。此后,这种贸易融资方式的业务重点开始向经销资本性物资的国际贸易转移,并有了较快的发展。进入20世纪80年代,由于第三世界债务危机的困扰和国际局势的动荡不安,以及出口竞争的加剧和买方市场的形成,卖方已无法以自身的经济实力来满足和承受买方日益苛刻的条件和要求,自身所承担的收汇风险也越来越大,人们对福费廷业务的需求持续增长。这种持续增长的需求又进一步促进了该业务的发展及业务技术的改进,以及市场机制的完善。福费廷市场也由此得以形成。目前,西欧的福费廷市场主要有伦敦、苏黎世、法兰克福三个。

(一) 福费廷业务的内涵

福费廷是指包买商(通常为银行或其附属机构)从出口商处无追索权地购买由进口商承诺支付并经进口地银行担保的远期承兑汇票或本票,故又称包买票据。

与其他中期融资方式相比,福费廷业务具有以下几个显著的优点:

(1) 卖方可以在发货后,通过叙做包买票据业务将远期应收账款变成现金销售收入,从而消除或最大限度地减少汇价风险。

(2) 在福费廷业务中,包买商通常提供固定利率融资,而且卖方可以在商务谈判的初期阶段就向包买商询价,以正确估算并转嫁融资成本,有效地消除利率风险。

(3) 包买票据的融资期限一般在3 ~7年,以5年居多,最短6个月,最长可达10年,包买票据业务的融资期限与资本性物资交易的付款期限基本一致。

(4) 包买商提供的是无追索权融资,只要卖方提供的是有效的、洁净的债权凭证,就不必再担心买方风险和国家风险。

（二）福费廷的业务流程

福费廷业务涉及的当事人主要有4个：① 出口商。即提供商品或劳务并将应收票据出售的当事人。② 进口商。即福费廷业务中的债务人，承担到期支付票据款项的主要责任。③ 包买商。即提供福费廷融资的商业银行或金融机构。当业务金额庞大，单个包买商无力或不愿承担时，可由数个包买商联合构成的包买辛迪加来共同承做福费廷业务。④ 担保行。即为进口商的按期支付提供担保的当事人，通常是进口地的银行。此外，如果存在二级福费廷市场，则会出现二级包买商，而直接从出口商处购买票据者称为初级包买商。福费廷的业务程序如图8-7所示。

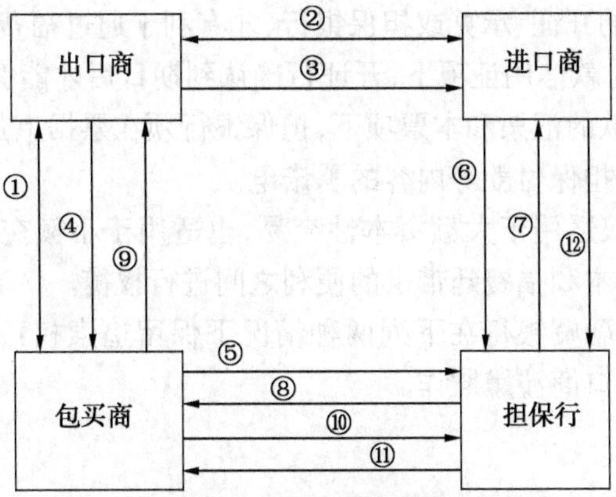

图8-7　福费廷的业务程序

说明：

① 买卖双方使用包买票据进行融资时，应事先和其所在地的银行或金融机构等包买商约定，以便做好信贷融资安排；

② 买卖双方签订贸易合同；

③ 出口商向进口商发货并签发远期汇票；

④ 出口商发货后，将全套单据交包买商；

⑤ 包买商将单据寄送进口商，存在担保行时，通过担保行转交；

⑥ 进口商向担保行申请担保；

⑦ 进口商向担保行借出单据；

⑧ 担保银行向包买商寄交已作担保的债权凭证（远期汇票）；

⑨ 包买商无追索权地向出口商贴现付款；

⑩ 包买商提示到期票据；

⑪ 担保行向包买商支付票款；

⑫ 担保行提示到期票据，进口商向担保行支付款项。

（三）福费廷业务的应用

近年来，福费廷市场虽然实现了较为迅速的发展，但在国际金融市场的中期融资业务中仅占有很少的份额。制约该业务和市场发展的主要原因有以下几个方面：

（1）福费廷业务是一门技术性较强的融资业务，需要具有专门知识和技术的业务人员来办理，但目前业务人员还较为缺乏。

（2）福费廷业务是一种主要以国际贸易为背景的中期融资业务，而且业务本身并不会衍生可向买方或二级包买商提供的其他附属金融服务，所以大多数经营国际金融业务的银行都未开展这一业务，而习惯以其他方式的中长期融资业务作为替代。

(3) 一些欧美银行在经营中、长期固定利率融资业务中出现了亏损，对经营买卖票据这种提供固定利率融资的业务仍心有余悸。由此，福费廷业务的巨大潜力尚未发挥出来。

下列情况下：提前办理核销及出口退税；转嫁出口收汇风险；改善财务状况；在应收账款收回前遇到其他投资机会，且预期收益高于福费廷全部收费；应收账款收回前遇到资金周转困难，且不愿接受带追索权的融资形式或增加其他负债，出口商可考虑叙做福费廷业务。但当出口商选择了叙做福费廷业务时，还应特别注意以下事项：

(1) 与包买商签订正式的福费廷业务协议。

(2) 选择资信良好的开证、承兑或担保银行，才有利于通过福费廷业务进行融资并获得有利的融资利率；延期付款信用证项下，开证行确认到期日后才能够办理融资手续。

(3) 第三方担保付款的汇票和本票项下，担保银行须在票据上加签，并发出载有确认票据真实性、承兑有效性和担保付款等内容的承诺电。

(4) 福费廷业务不仅适用于大额资本性交易，也适用于小额交易，但金额越小，融资成本越高，客户应在融资成本和福费廷带来的便利之间进行权衡。

(5) 按照国际惯例，融资银行在下列两种情况下保留追索权：一是开证行因止付令不能偿付到期票据，二是出口商涉嫌欺诈。

三、出口信贷

(一) 出口信贷及其形式

出口信贷是一种国际信贷方式，是一国为了支持和扩大本国大型机械、成套设备、大型工程项目等的出口，加强国际竞争能力，以对本国的出口给予利息补贴并提供信贷担保的办法，鼓励本国的银行解决本国出口商资金周转的困难，或满足国外进口商对本国出口商支付货款需要的一种融资方式。出口信贷是促进资本货物出口的一种手段。

根据接受信贷的对象不同，出口信贷可分买方信贷和卖方信贷。

(1) 卖方信贷(Supplier's Credit)。这是出口方银行向本国出口商提供的一种信贷方式。如在出口贸易中使用卖方信贷，进口商须在订货时交一定数额的现汇定金，具体数额由购买商品决定。如成套设备和机电产品一般不低于合同金额的15%，船舶则不低于合同金额的20%。定金以外的贷款，要在全部交货或工程建成后陆续偿还，一般是每半年偿还一次。使用卖方信贷的最大好处是有效地解决了延期付款条件下的出口商资金周转困难问题。当然，由于出口商往往把向银行支付的贷款利息、保险费、管理费等都打入货价内，因此进口商不易了解贷款的真实成本。

(2) 买方信贷(Buyer's Credit)。具体方式有两种：第一种是出口方银行直接向进口商提供贷款，并由进口方银行或第三国银行为该项贷款担保，出口商与进口商所签订的成交合同中规定为即期付款方式。出口方银行根据合同规定，凭出口商提供的交货单据，将贷款直接付给出口商，而进口商按合同规定陆续将贷款本、利息偿还给出口方银行。这种形式的出口信贷实际上是银行信用。第二种是由出口方银行贷款给进口方银行，再由进口方银行为进口商提供信贷。进口方银行可以按进口商原定的分期付款时间陆续向出口方银行归还贷款，也可以按照双方银行另行商定的还款办法办理。而进口商与进口方银行之间的债务，则由双方在进口国国内直接结算清偿。在实际中,买方信贷较卖方信贷更为流行,原因是:① 以进口地银行提供的买方信贷对出口方银行而言风险较小;② 买方信贷可使出口商较早地获得货款并减少风险;③ 买方信贷使进口商对货价以外的费用比较清楚,增强其谈判中的讨价还价能力;④ 买方信贷能为出口商推销商品提供帮助,也有利于加强银行对企业的控制,促进银行对海外市场的开拓。

(二) 出口信贷的机构和条件

从各国出口信贷机构的设置来看,基本上是按照出口信贷本身的性质和特点进行的。出口信贷是政府为支持出口并进行财政补贴的信贷,信贷机构一般由政府机构和民间机构共同组成。西方发达国家推出的出口信贷方式大致有两种:一种是由政府成立出口信贷机构,直接向进口商或进口方银行提供信贷;另一种是私人银行向进口商或进口方银行提供信贷。大多数国家的出口信贷业务是结合上述两种方式进行的。

同时,出口信贷又是一种中长期信贷,除了解决资金来源问题之外,还要妥善地解决信贷风险问题,因而,在机构设置上既有办理出口信贷业务的机构,又有为出口信贷提供保险的机构。多数国家分别由两个不同机构来办理出口信贷和出口信贷保险业务,如英国、法国、德国、意大利、瑞典,日本的出口信贷由商业银行或专门提供中长期信贷的银行提供,出口保险则由官方或半官方机构办理。个别国家具体办理出口信贷和保险的是同一个机构,如美国进出口银行一方面直接向购买大型资本性设备,偿还期在 5 年和 5 年以上的进口商提供买方信贷;另一方面向美国商业银行的中期卖方信贷提供担保,开办出口信用保险和再贴现。

从出口信贷的期限来看,通常根据合同金额的大小和合同货物的性质来决定。一般从提单日期或工程建成验收交接日期算起,短则 18 个月,长则可达 10 年。出口信贷的贷款最高限额一般为合同金额的 85%,按合同规定分期付款;定金一般为合同金额的 15%,进口方须以现汇支付。出口信贷的利率一般按照经济合作与发展组织的协议规定调整,一般每半年调整一次,利息按签约时的固定利率计算。出口信贷的利率一般要略低于市场利率,这是因为各国政府为支持出口都进行一定的补贴。出口信贷需支付的费用主要包括银行手续费、保险费、印花税等。需要注意的是,出口信贷只能提供购买主要设备部分的资金,不能被用于进口原材料和支付当地费用。

(三) 出口信贷的业务操作

以中国进出口银行推出的出口信贷业务为例,出口卖方信贷业务的一般贷款程序包括以下环节:

(1) 提交贷款申请。拟申请中国进出口银行出口卖方信贷贷款的借款企业必须在对外投标及签订贸易合同前,向该行提出借款申请,并提交如下文件资料:① 正式的申请书,说明申请贷款项目出口情况、贷款申请的用款和还款计划;② 填交“出口卖方信贷申请表”;③ 有关部门对出口项目的批准文件(不需要的除外);④ 出口项目的商务合同,需要进口原材料或设备的项目应提供进口合同的有关批件或进口许可证;⑤ 出口项目的可行性报告或经济分析报告;⑥ 借款企业与国内供货单位签订的供货合同,自营出口生产企业需提供其出口货物的国内生产计划和设备清单;⑦ 借款人需提供国外银行的付款保函或信用证或其他付款保证;⑧ 借款人公司简介、营业执照、出口经营权批文、近三年的财务报表;⑨ 担保人简介、担保意向书、营业执照、近三年的财务报表、借款人或担保人的财产抵押证明文件；⑩ 借款人需提供国内代理行简单介绍和代理意向书。⑪ 中国进出口银行要求提供的其他文件。

(2) 出口卖方信贷业务的受理和审批。借款企业将上述材料提供给中国进出口银行后，由该行正式受理，按规定程序进行贷前调查、贷时审查和项目评审。

(3) 出口卖方信贷业务的贷款发放。贷款批准后，中国进出口银行向企业发放贷款通知书，与企业签订借款合同、保证合同，并按合同规定逐笔核贷，借款企业按照合同规定专款专用，其中外汇只能用于出口项目生产过程中必需的技术、零部件和原材料等的进口。

(4) 出口卖方信贷业务的贷后管理与监督。中国进出口银行向企业发放贷款后，有权对借款企业的贷款资金使用进行监督，有权了解项目的进展情况。企业要接受该行(包括代表团处、代理行)的监督，保证按借款合同规定的用途使用贷款，按合同规定按季及时提供财务报表、出口情况材料，按时还本付息。

(5) 出口卖方信贷业务的贷款偿还。① 借款企业必须按照借款合同规定，按时归还贷款本息；② 借款企业到期不能归还贷款本息，中国进出口银行依法向担保单位索取，属抵押担保的项目，该行依法处置抵押物；③ 借款企业的贷款偿还应以所借币种同口径予以偿还。

中国进出口银行提供的出口卖方信贷具有官方性质，不以营利为目的。这表现在：① 贷款人的资本金由国家财政全额提供；② 贯彻国家产业政策、贸易政策、金融政策和财政政策，体现政府强有力的支持。出口卖方信贷的具体种类包括：设备出口卖方信贷；船舶出口卖方信贷；高新技术产品(含软件产品)出口卖方信贷；一般机电产品出口卖方信贷；对外承包工程贷款；境外投资贷款。

在出口买方信贷业务表面，按照中国进出口银行的相关运作实践，一般贷款业务包括以下几个主要环节：

(1) 出口买方信贷业务的贷款申请。拟申请中国进出口买方信贷贷款的进口方银行或进口商，应在进出口双方商谈贸易合同时，向该行提出贷款申请，并提交如下文件和资料：① 正式向银行提出书面贷款申请；② 填写“出口买方信贷申请表”；③ 出口商近两年的资产负债表、损益表等财务报表；④ 有关部门对出口项目的批文；⑤ 出口项目的可行性研究报告或经济分析报告；⑥ 出口项目的商务合同草本，需进口原料或设备的项目应提供进口合同及有关批件或进口许可证；⑦ 进口企业与国内生产企业或供货单位签订的供货合同草本；⑧ 投保出口信用险的保单或承保意向书；⑨银行认为有必要的其他文件、资料。

(2) 出口买方信贷业务的受理和审批。中国进出口银行同意受理贷款申请后，按贷款程序审批贷款，并与借款人签订贷款协议。

(3) 出口买方信贷业务的贷款发放。借款人需在办妥出口信用保险及在支用贷款协议规定的部分现汇后，中国进出口银行方对其发放贷款。

(4) 出口买方信贷业务的贷后管理与监督。中国进出口银行为借款人开设出口买方信贷贷款账户，并按照贷款协议的内容监督贷款的使用。中国进出口银行在办理出口买方信贷贷款时，向借款人收取管理费和承担费。

(5) 出口买方信贷业务的贷款偿还。中国进出口银行的出口买方信贷贷款本金每半年等额偿还一次，第一笔贷款本金还款日期根据不同贸易合同逐项确定。借款人还可按倒序法提前偿还贷款。若借款人不能按期偿还贷款本息,中国进出银行将按协议的规定加收罚息或中止贷款,必要时,要求借款人加速归还贷款本息。

出口买方信贷主要用于支持中国机电产品、大型成套设备等资本性货物及船舶、高新技术产品和服务的出口,支持中国企业带资承包国外工程。

四、出口信用保险

出口信用保险是国家为适应国际贸易惯例、灵活贸易做法而开展的一项由国家财政提供保险准备金的非营利性的政策性保险业务,其主要功能是推动出口外贸、减少出口企业收汇风险。1919 年,英国政府为了满足对外经济扩张的需要,成立了世界上第一家出口信用保险机构——出口信用担保局,也是第一家政府支持下的官方出口信用保险机构。二战以后,随着世界经济贸易全球化进程的逐渐加快,出口信用保险也获得了巨大的发展。国际上的发达国家和许多发展中国家先后以不同的模式纷纷建立了自己的出口信用保险体制。迄今为止,全世界已有 60 多个国家和地区拥有专门的出口信用保险机构。

为统一各国出口信用保险业务规范,交流业务经验,共享风险信息,研究风险控制技术,总结和研讨业务发展方向,促进出口信用保险的健康发展,世界出口信用保险机构于 1934 年成立了名为"国际出口信用保险和海外投资保险人联盟"的国际性组织,由于首次会议在瑞士的伯尔尼召开,故该机构简称为"伯尔尼协会"。伯尔尼协会对促进和维护世界贸易和投资的发展起着重要的作用。

我国的出口信用保险是在 20 世纪 80 年代末发展起来的。1989 年,国家责成中国人民保险公司(简称"人保公司")负责办理出口信用保险业务,当时是以短期业务为主。1992 年,人保公司开办了中长期业务。1994 年,政策性银行成立,中国进出口银行也开办了出口信用保险业务。加入世界贸易组织(WTO)以后,我国政府参照国际惯例,由财政部出资于 2001 年 12 月 18 日成立了中国出口信用保险公司,专门从事这一政策性的出口信用保险业务,该公司也成为伯尔尼协会的正式会员。出口信用保险有力地支持了我国机电产品、成套设备等商品的出口,在保证企业安全收汇方面发挥了重要作用。

(一)出口信用保险的内涵

出口信用保险(Export Credit Insurance)是各国政府以国家财政为后盾,为企业的出口贸易、对外投资和对外工程承包等经济活动提供商业风险和/或政治风险保障的一项特殊的政策性支持措施。它与出口信贷并列为 WTO 认可的一国政府支持本国企业出口的两种方式。随着世界经济一体化的推进和国际贸易政策的逐渐透明化,许多政府鼓励本国企业出口的手段会逐步被取消,如出口补贴、出口退税等,而出口信用保险将成为一国政府支持出口的最重要的手段之一。

出口信用保险承保的风险一般包括商业信用风险和政治风险两部分。前者指买方不守商业信用而造成出口商的损失,也称买方风险。例如,买方破产,或拒收货物并拒付货款,或长期拖欠货款等。政治风险是指非买卖双方所能控制的买方所在国或第三国的一些政治性、行政性原因引起的卖方损失,也称为国家风险。例如,买方国家颁布新法令或采取行政手段禁止货款汇出、撤销原来签发的进口许可证,买方所在国或货款须经过的第三国颁布延期付款令,或买方国家发生战争、动乱等非常事件,使合同无法履行等。在一些国家中,也有部分出口信用保险由商业保险公司来承做,但大都限于承担商业风险,对影响力大且涉及面广的政治风险则不予承保。有些国家出口信用保险机构还包括外汇风险(例如汇价变动)引起的损失。我国开办的出口信用保险业务中,不承保外汇风险。

与一般的商业保险相比,出口信用保险具有以下特性:

(1) 保证性。出口信用保险属于信用保险范畴,信用保险人在签发保险单时,就做出一种保证,当买方由于保单中规定的原因不付款时,保险人即承担付款责任。

(2) 专门性。出口信用保险费率的计算不同于一般财产保险所用的"大数法则",而是根据进出口商的资信、规模和经营进出口贸易的历史状况及进口国的政治、经济、外汇收支等情况,并结合国际市场的经济发展趋势,进行综合分析后做出判断。因此,保险费率的确定带有很强的人为因素,具有相当大的不稳定性。而且,出口信用保险的目的是将出口商的收汇风险转嫁到保险人身上,从而为出口商开拓海外市场提供坚强后盾,促进出口贸易的发展。可见,出口信用保险与一国的出口贸易实践发展紧密相连,有其单一的目的性。

(3) 政策性。出口信用保险既然是为促进本国的出口贸易服务的,其经营就必须符合国家的外交、外贸和产业发展等政策。

虽然出口信用保险的技术性和政策性均很强,风险也较大,但它有助于出口企业控制收汇风险,增强出口商品的竞争能力,促进本国出口贸易的发展。因此,各国通常都把出口信用保险作为一项鼓励出口的措施,并由政府设立专门机构或委托保险公司办理此项业务。综观世界各国的出口信用保险实践,其举办方式大体上可归纳为4种: ① 由政府直接办理的出口信用保险。它易于体现国家的出口政策,又有强大财力作后盾。属于这一类的国家主要有英国、日本、丹麦、瑞士等国。② 由政府间接办理的出口信用保险。即政府投资建立独立核算的经济实体,专门负责办理出口信用保险事项。属于这一类的国家主要有加拿大、澳大利亚、印度、新加坡等国。③ 由政府委托私营保险机构代理的方式。属于这一类的国家主要有德国、美国等。④ 以混合方式办理出口信用保险。即信用保险机构实行部分业务自己经营,部分业务代国家经营的做法。

(二) 出口信用保险业务的种类

依据交易中信用放账期限的不同,出口信用保险通常分短期和中长期保险两种。

1. 短期出口信用保险

短期保险适用于持续性出口的消费性货物,信用期限在180天以内。短期保险需求量大,适用范围广,一般均占信用保险机构承保的较大比重,并有固定的保险单及条款。目前,中国短期出口信用保险的险别包括综合保险、统保保险、信用证保险、特定买方保险、买方违约保险、特定合同保险。

(1) 综合保险承保出口企业所有以信用证和非信用证为支付方式出口的收汇风险。它补偿出口企业按合同规定出口货物后,或作为信用证受益人按照信用证条款规定提交单据后,因政治风险或商业风险发生而直接导致的出口收汇损失。适保范围为: 货物、技术或服务从中国出口或转口; 支付方式为不可撤销跟单信用证、付款交单(D/P)、承兑交单(D/A)或赊销(O/A)等; 付款期限一般在180天以内,亦可扩展至360天; 有明确、规范的出口贸易合同。承保的风险既包括信用证支付方式下的开证银行被其所在国家(地区)禁止或限制汇兑货款、开证银行所在国家或地区颁布延期付款令造成货款迟付、开证银行所在国家或地区发生战争等不可抗力因素使开证银行无法履行付款义务，以及非信用证支付方式下的由禁止或限制汇兑、禁止进口、撤销进口许可证、颁布延期付款令、发生战争等引发的政治风险，也包括信用证支付方式下开证银行因破产、停业或被接管等无力偿还债务，开证银行拒付货款，开证银行拖欠货款，以及非信用证支付方式下因买方破产或无力偿还债务、买方拒绝受领货物并拒付货款、买方拖欠货款产生的商业风险。

（2）统保保险承保出口企业所有以非信用证为支付方式出口的收汇风险。它补偿出口企业按合同规定出口货物后，因政治风险或商业风险发生而导致的出口收汇应收账款经济损失。其适保范围除了支付方式为付款交单（D/P）、承兑交单（D/A）或赊销（O/A）等之外，其他与综合保险险别相同。承保的政治风险包括禁止或限制汇兑、禁止进口、撤销进口许可证、颁布延期付款令、发生战争等。承保的商业风险包括买方破产或无力偿还债务、买方拒绝受领货物并拒付货款、买方拖欠货款。

（3）信用证保险承保出口企业以信用证支付方式出口时面临的收汇风险。付款期限在360天以内。在此保险项下，出口企业作为信用证受益人，按照信用证条款要求，在规定时间内提交了单证相符、单单相符的单据后，由于商业风险、政治风险的发生，不能如期收到付款的损失由中国信保补偿。适保范围为：货物从中国出口；支付方式为不可撤销的跟单信用证；付款期限一般在180天以内，亦可扩展到360天；有明确的出口贸易合同。承保的政治风险包括开证银行被其所在国家或地区禁止或限制汇兑货款；开证银行所在国家或地区颁布延期付款令，造成货款迟付；开证银行所在国家或地区发生战争等不可抗力因素，使开证银行无法履行付款义务。承保的商业风险包括：开证银行因破产、停业或被接管等无力偿还债务；开证银行拒付货款；开证银行拖欠货款。

（4）特定买方保险专为中国出口企业而设。它承保企业对某个或某几个特定买方以各种非信用证支付方式出口时面临的收汇风险。适保范围除了支付方式为付款交单（D/P）、承兑交单（D/A）、赊销（O/A）等之外，其他与信用证保险相同。承保的政治风险包括：买方所在国家或地区禁止或限制汇兑货款，买方所在国家或地区颁布法令或采取行政措施禁止货物进口或撤销进口许可证，买方所在国家或地区颁布延期付款令影响货款支付，买方所在国家或地区发生战争等不可抗力因素导致买方无法履行合同。承保的商业风险包括：买方破产或无力偿还债务、买方拒绝收货，买方拖欠货款。

（5）买方违约保险专为中国出口企业而设。它承保出口企业以分期付款方式出口因发生买方违约而遭受损失的风险。它不仅适用于机电产品、成套设备出口，而且适用于对外工程承包和劳务合作。适保范围为：货物或服务从中国出口；出口产品属于机电产品、成套设备、高新技术，或带有机电设备出口的对外劳务合作。产品价值中的中国成分不低于70%，船舶不低于50%；合同金额在100万美元以上，其中预付定金不低于15%；以分期付款为支付方式，分期付款间隔不超过360天，按工程或服务进度分期付款时，最长付款间隔不超过1年；付款期限一般在180天以内，亦可扩展到360天；有明确的出口贸易合同，合同执行期不超过3年。承保的政治风险包括买方所在国家或地区颁布法令或采取行政措施禁止或限制汇兑货款；买方所在国家或地区颁布法令或采取行政措施禁止货物进口或撤销进口许可证；买方所在国家或地区颁布延期付款令，影响货款支付；买方所在国家或地区被禁运或制裁；买方所在国家或地区发生战争等不可抗力因素导致买方无法履行合同。承保的商业风险包括买方破产或无力偿还债务；买方单方面解除合同；买方恶意变更合同；买方拒绝付款。

(6) 特定合同保险专为支持中国出口企业而设。它承保企业某一特定出口合同的收汇风险，适用于较大金额的机电产品和成套设备出口。适保范围为：货物从中国出口；出口产品属于机电产品或成套设备；合同金额在200万美元以上；以付款交单(D/P)、承兑交单(D/A)、赊销(OA)等各种非信用证支付方式，付款期限一般在180天以内，亦可扩展到360天；有明确的出口贸易合同。承保的政治风险包括：买方所在国家或地区颁布法令或采取行政措施禁止或限制汇兑货款，买方所在国家或地区颁布法令或采取行政措施禁止货物进口或撤销进口许可证，买方所在国家或地区颁布延期付款令影响货款支付，买方所在国家或地区发生战争等不可抗力因素导致买方无法履行合同。承保的商业风险包括：买方破产或无力偿还债务、买方拒绝收货、买方拖欠货款。

2. 中长期出口信用保险

中长期出口信用保险旨在鼓励出口企业积极参与国际竞争，特别是高科技、高附加值的机电产品、成套设备、船舶、飞机等资本性货物的出口及承包海外工程项目，支持银行等金融机构为出口贸易提供信贷融资。信用期限超过180天，直至2年、5年、8年等。收汇风险较大，保险机构通常要介入合同谈判和可行性研究分析工作，逐笔审查，并按每个合同的具体情况设计保单和费率，不采用固定格式的保单。中国出口信用保险公司目前所开办的中长期出口信用保险业务主要有出口买方信贷保险和出口卖方信贷保险。

(1) 出口买方信贷保险是指在买方信贷融资方式下，中国出口信用保险公司向贷款银行提供还款风险保障的一种政策性保险产品。在本保险中，贷款银行是被保险人。投保人可以是出口商、贷款银行或借款人，但一般要求贷款银行直接投保。承保的风险包括债务人违约、拖欠贷款协议项下应付的本金和利息；债务人破产、倒闭、解散和被清算；债务人所在国家政府或地区颁布法律、法令、命令、条例或采取行政措施，禁止或限制债务人以贷款协议规定的货币向被保险人偿还债务；债务人所在国家或地区政府颁布延期付款令，致使债务人无法履行其在贷款协议项下的还款义务；债务人所在国发生战争、革命、暴乱或保险人认定的其他政治事件。

(2) 出口卖方信贷保险是中国出口信用保险公司提供的一类政策性保险产品，它以扩大我国出口、保障企业收汇为目的，对因政治风险或商业风险引起的出口方在商务合同项下应收的延付款损失承担赔偿责任。承保的风险包括：进口方破产；进口方拖欠商务合同项下的应付款项；进口国采取措施，使商务合同无法履行；进口国颁布法律或采取措施，使进口方不能以商务合同规定的货币偿还债务；进口国颁布延期付款令，使进口方无法履行还款义务；进口国发生战争、内乱等。

五、其他贸易融资业务

(一) 打包贷款

打包贷款(Packing Loan)是指采用信用证结算方式的出口商凭收到的信用证正本作为还款凭据和抵押品向银行申请的一种装船前融资，主要用于对生产或收购商品开支及其他从属费用的资金融通，融资比例通常不超过信用证额的90%。发货后，出口商将信用证项下的出口单据提交银行议付，将所得款归还银行贷款。

在实践中，银行通常根据出口商的资信状况和清偿能力来核定相应的打包贷款额度，可供其循环使用。当银行接到出口商的贷款申请后，首先要审查信用证开证行的资信状况、核对印鉴、审核信用证条款等；之后，再根据交易情况和商品类别等来决定贷款额度和贷款期限。对于装运单据为非物权凭证或不能控制全套正本物权单据者，银行在受理打包贷款申请时将进行更为严格的审查。

（二）出口信用证押汇

出口信用证押汇（Negotiation under Documentary Credit）是卖方凭买方银行开来的信用证将货物发运后，按照信用证要求制作单据并提交银行要求议付，即以出口单据作为抵押，要求银行提供资金融通，这种资金融通方式就叫作押汇。对议付行而言，这种融资风险较小，收款也较有保障，但若出口商提供的单据未能做到严格相符，则会失去国外开证行的信用保障，面临开证行拒付的风险。

（三）出口托收押汇

出口托收押汇（Advance against Documentary Collection）是指出口商在提交单据委托银行收取货款的同时，请求银行先行垫付部分或全部货款，待托收款项获得后再归还银行垫付款项。出口托收押汇与出口信用证押汇的根本区别在于信用基础不同，前者基于商业信用，后者基于银行信用。为此，银行叙做出口托收押汇时提出需要核定的信用额度，并在额度内提供资金融通。

（四）票据贴现

贴现（Discount）是指银行购进有追索权且已经承兑的远期票据。短期贸易融资方式下的贴现业务通常限于远期信用证项下已承兑汇票或跟单托收项下已保付远期汇票。如果出口商能够提供出口信用保险保单作为抵押，银行也可以对承兑交单托收项下的已承兑远期汇票叙做贴现。由于银行对托收项下远期汇票叙做贴现业务的风险较大，所以贴现率会稍高于对信用证项下远期票据的贴现率。

（五）开证授信

信用证结算方式下，银行实际上为一些开证申请人提供了授信业务。通常情况下，开证申请人向银行申请开立信用证时，应同时向银行提供开证保证金、抵押品或担保书。但对于一些资信较好、偿付能力强的开证申请人，银行可以为其核定开证信用额度（Limits for Issuing Letter of Credit），并在这一额度内免收或减收保证金。

（六）进口押汇

进口押汇（Inward Bill Receivables）是指开证行在开证申请人付清货款之前提前向其释放单据。通常情况下，开证行收到交来的单据后，如单证相符或虽有不符点但客户及开证行均表示接受时，开证行随即向议付行或交单行偿付，垫付的款项由申请人随后归还。但开证行也可凭开证申请人提供的信托收据或双方订立的进口押汇协议放单，货款则由开证申请人以后偿还。

（七）提货担保

提货担保（Delivery against Bank Guarantee）即由收货人与银行共同或由银行单独向船公司出具书面担保，请其先行放货，保证日后及时补交正本提单，并负责缴付船公司的各项应收费用及赔偿由此可能遭受的损失。在正常情况下,收货人应凭正本提单向船公司办理提货手续,但有时因航程过短,货比单先到。如收货人想提前提取货物,即可采用这种提货担保方式。为控制担保风险,银行在受理收货人提货担保申请时,通常也会要求收货人放弃拒付的权利。

(八) 进口托收押汇

进口托收押汇是银行以包括物权单据在内的托收单据为抵押向进口商提供一种融资垫款,该方式仅适用于采用付款交单方式的托收单据。当进口方银行收到托收单据后,根据进口商的押汇申请,先行对外垫款支付,同时按押汇协议将单据释放给进口商,由其在日后还银行垫款。银行叙做进口托收押汇时,通常也会根据客户的资信状况和抵押情况核定一个押汇额度。

由于国际贸易融资业务涉及不同国家之间进行的贸易与融资活动,而各国的法律、商务规则各不相同,贸易融资风险及其防范和控制自然也成为各商业银行普遍关注的问题。

【本章总结】

1. 汇票是国际贸易结算中最为常见和最为重要的工具,通常载有"汇票"字样、无条件支付命令、确定的金额、付款期限、付款人名称和付款地点、出票地点和出票日期、出票人名称及其签字、收款人名称等必要项目。汇票的流通转让过程中涉及出票、背书、承兑、参加承兑和保证、提示、付款、参加付款、退票、行使追索权等多种票据行为。汇票的出票人、承兑人均可以是银行或非银行主体。与汇票不同,本票是出票人无条件付款的承诺,支票属于汇票的一种特殊形态,它是一种银行即期汇票。

2. 汇付方式通常涉及汇款人、汇出行、汇入行和收款人4个基本当事人,汇付方式可根据发出汇付委托书的途径不同具体划分为信汇(M/T)、电汇(T/T)和票汇(D/D)三种方法,其中,电汇是贸易实践中最为常用的汇付结算方式。汇付具有商业信用的性质。托收方式通常涉及即委托人、托收行、代收行和付款人4个基本当事人,国际贸易中的托收业务可分为光票托收和跟单托收两种。跟单托收按交付货运单据条件的不同,又可进一步分为付款交单和承兑交单,付款交单托收按支付时间不同又可具体分为即期付款交单和远期付款交单。托收也属于商业信用性质。信用证是指开证银行向第三者开具,在一定期限内凭符合规定的单据付款的书面保证文件,信用证除了开证申请人、开证行和受益人三个重要的基本当事方外,应业务需要还会涉及通知行、议付行、付款行等当事方。信用证的具体内容通常包括信用证自身说明、货物、运输和保险、支付方式和汇票、提交单据的描述等。信用证是一种自足性文件,基于银行信用,具有单据买卖业务特征,信用证结算大体要经过申请、开证、通知、议付、索偿、付款、赎单等环节。根据信用证的用途、性质、付款期限、流通方式等,信用证可有多种分类,诸如:光票和跟单信用证,保兑与不保兑信用证,预支、即期、远期、延期、承兑、议付信用证,可转让与不可转让信用证,对开和对背信用证,循环、备用和SWIFT信用证等。银行保函是银行向受益人开立的保证文件,通常涉及委托人、保证人和受益人三方,银行保函有赔付与付款保函,投标、履约、还款、反担保函之分。银行保函属银行信用。支付条款是国际货物买卖合同极其重要的条款,不同结算方式、支付时间与地点选择具有不同程度的支付风险,支付条款主要涉及支付方式、支付时间和地点等付款条件的确定。

3. 贸易融资以国际结算为基础并依附于国际结算,现代贸易融资的重要方式还有国际保理、福费廷、出口信贷、出口信用保险等。其中,国际保理具体包括到期和融资保理、公开型和隐蔽型保理、无追索权和有追索权保理、单保理和双保理等业务类型,通常涉及进出口贸易商和进出口保理商4个当事方。福费廷业务通常涉及进出口贸易商、担保人和包买票据商4个当事方。出口信贷包括买方信贷和卖方信贷两种业务类型。出口信用保险承保的风险包括商业信用风险和政治风险两部分,有短期和中长期两类期限。此外,贸易融资业务还有打包贷款、出口信用证押汇、进出口托收押汇、贴现、开证授信、进口押汇、进口提货担保等。

【关键概念】

1. 汇票　　2. 指示性抬头　　3. 背书
4. 电汇　　5. 跟单托收　　6. 信用证
7. 议付　　8. 国际保理　　9. 福费廷
10. 出口信用保险

【思考与习训】

1. 信汇、电汇和票汇之间有何异同?

2. 托收方式有哪些风险? 即期付款交单、远期付款交单和承兑交单之间有什么不同之处?

3. 信用证结算方式有何特点? 它在业务中通常包括哪些基本环节?

4. 国际保理和福费廷之间有什么不同之处?

5. 出口信用保险的特点有哪些? 列举主要出口信用保险的主要险别。

6. 某年,华光贸易有限公司对外成交了如下两笔出口业务:一笔是出口食品罐头,总额计4 750.00英镑,采用电汇方式结算。装运日前两天接国外客商电传:“我方已在前天通过邮局寄发一份金额为4 750.00英镑的银行即期汇票,请查收。”因考虑到装运期限迫近,华光公司接到银行汇票后立即安排托运,并将提单直接寄交给进口商,后因银行汇票系伪造导致该公司货、款两空。另一笔为出口某商品至拉美地区,合同规定即期付款交单托收结算。后因对方要求并考虑到双方今后的业务关系,公司同意将“D/P AT SIGHT”改成“D/P AT 45 DAYS AFTER SIGHT”,装运完毕并取得单据后即按修改后的条件办理托收,结果,货物被提取,进口商又假借种种理由要求降价。请问:① 在第一笔业务中,如果你是出口方的业务员,你会怎么做? ② 在第二笔业务中,问题的根源在哪里? 为什么?

7. 挪威A银行开出购买我方尺码为10的工作手套(WORKING GLOVES, SIZE 10)的7636号不可撤销信用证,总额13 500.00美元,数量为9 000副,5月份装运,在提单日后10天内向议付行议付。而原合同规定的货物名称为“GLOVES”,尺码为“SIZE 10—1/2”。制单时,为了能使单据全面确切地反映交易的真实情况,我方业务员将所有单据的品名都记载为“WORKING GLOVES”,规格记载为“SIZE 10—1/2”,结果,开证行以单据与信用证之间的不符和单据与合同之间的不符为由拒绝付款赎单。请问:① 开证行的拒付理由成立吗? 为什么? ② 上述情况可以避免吗? 如果能,你认为应该怎么做?

8. 某年英国A. P公司通过伦敦银行向我方贸易公司开来一份不可撤销信用证,有效期为3月15日,在中国到期,最迟装运期为2月28日,向中国人民保险公司投保,保险单一式两份。此外,还有一附加条款:“运输船名需获申请人同意,并由开证行以信用证修改书形式通知受益人。”之后,我方公司将船名电告申请人,并经多次催促,对方才发来信用证修改书,规定“运输船名已经申请人确认,所有单据须于装运日后21天寄达开证行”。我方公司于1月26日办理完装运手续并取得提单,鉴于信用证到期日尚早,又正值春节休假,故直至2月10日才向议付行交单议付,并以保险凭证替代保险单。① 分析说明该信用证的性质。② 我方公司的做法会出现什么问题?理由何在?

9. 某粮油进出口公司于1994年以CIF条件向英国乔治贸易有限公司出售一批棉籽油,对方开来的信用证规定,总量840吨,装运港为广州,允许分两批装运,460吨于1994年9月15日前至伦敦,380吨于1994年10月15日前至利物浦(840M/T of Cottonseed Oil. Loading port: Guangzhou. Partial shipments are allowed in two lots, 460 M/T to London not later than September 15, 1994. 380M/T to Liverpool not later than October 15, 1994)。粮油进出口公司于8月3日在黄埔港装运了305吨至伦敦,计划在月末续装155吨至伦敦,9月末再装运380吨至利物浦。该公司在装运完305吨后即备单办理议付,但单据寄到国外遭到开证行拒付,拒付的理由是出口公司违反分批装运和装运地点的规定。请问:① 开证行的拒付理由能成立吗?为什么?② 产生上述问题的主要原因是什么?如果你是当事人,你会怎么做?

10. 中方某公司收到国外开来的不可撤销信用证,由设在我国境内的某外资银行通知并加以保兑,中方在货物装运后,正拟将有关单据交银行议付时,忽接到该外资银行通知:由于开证行已宣布破产,该行不承担对该信用证的议付或付款责任,但可接受我出口公司委托向买方直接收取货款的业务。请问:① 外资银行在本案中究竟应该担当什么样的责任?② 你认为中方应该如何处理为好?

【实验内容与要求】

1. 按照指定的贸易合同完成信用证的开证申请和信用证的开立。

2. 对按上述要求所开立的信用证进行交互审证和改证。

【重要链接】

1.《跟单信用证统一惯例》(Uniform Customs and Practice for Commercial Documentary Credits, UCP600),国际商会第600号出版物。

2.《跟单信用证电子交单统一惯例》(The Uniform Customs and Practice for Documentary Credits for Electronic Presentation, eUCP1.1),《UCP600》的补充规则。

3.《见索即付保函统一规则》(The Uniform Rules for Demand Guarantees ICC Publication No. 458. 1992 Edition, URDG758),国际商会第458号出版物。

4.《托收统一规则》(Uniform Rules for Collections, URC522),国际商会第522号出版物。

5.《信用证项下银行间偿付统一规则》(The Uniform Rules for bank-to-bank

Reimbursement Under Documentary Credits,URR525),国际商会第525号出版物。

6.《国际备用证惯例》(International Standby Practice,ISP98),国际商会第590号出版物。

7.《国际保理业务惯例规则》(Code of International Factoring Customs,IFC),国际保理商联合会制定。

8.《跟单信用证项下审核单据的国际标准银行实务》(International standard Banking Practise for the Examination of Documents Under Documentary Credits,ISBP),国际商会第681号出版物。

第九章 NINTH

国际贸易争议的预防和处理

【教学目的和要求】

通过本章学习，了解国际贸易交易中争议产生的原因，理解构成国际贸易违约的含义和违约救济的方法，掌握争议与索赔条款、罚金条款、定金条款及不可抗力的实务知识，理解并掌握国际贸易争议的解决方式及各自的含义和特点。

导入案例

宜兴新威利成稀土有限公司与德国奥斯兰有限公司

国际货物买卖合同纠纷管辖异议案

2018 年 10 月，宜兴新威利成稀土有限公司与德国奥斯兰有限公司签订《战略供应商协议》，就采购相关稀土产品达成协议，并约定与该协议有关的所有争议按照《国际商会仲裁规则》，由三名仲裁员在仲裁地慕尼黑进行最终裁决。随后，奥斯兰公司按协议规定条件向新威利成公司采购稀土产品，2019 年 11 月经双方当事人对账，奥斯兰公司拖欠货款，新威利成公司于 2020 年 1 月向无锡中级人民法院提起诉讼。对此，奥斯兰公司提出管辖异议称，涉案国际货物买卖合同纠纷属于《战略供应商协议》履行过程中产生的争议，应当受仲裁条款约束，请求驳回新威利成公司的起诉。

受理法院认为：涉案仲裁条款约定仲裁地为德国慕尼黑，根据《涉外民事关系法律适用法》规定，判断其效力应适用德国法律。根据奥斯兰公司提交的《德国民事诉讼法》和德国律师的法律意见，查明《德国民事诉讼法》关于仲裁条款效力的法律规定，涉案仲裁条款满足德国法律规定的仲裁协议有效的条件。新威利成公司提起本案诉讼所依据的对账单、采购合同均系双方履行《战略供应商协议》所产生的，本案争议是与《战略供应商协议》有关的纠纷，应适用该协议中的仲裁条款。人民法院对本案没有管辖权，据此驳回新威利成公司的起诉。双方当事人均未提起上诉。

在国际商事交易中，当事人可以通过签订仲裁条款等方法来选择解决纠纷的方式。仲裁条款也是合同的重要内容，如果仲裁条款没有约定所适用的法律，则应当根据仲裁地法律来认定仲裁条款的效力。当事人可以提交外国法律文本和法律专家意见，帮助人民法院查明和适用外国法律，最终确定国际商事仲裁条款是否有效。本案体现了人民法院尊重当事人选择纠纷解决方式的意思自治权利和支持国际商事仲裁的裁判理念。我国企业对外投资贸易日趋频繁，本案也提醒中国企业在签订国际贸易合同的过程中，应当高度重视仲裁条款等关于纠纷解决方式的合同内容,防止维权困难。
资料来源:江苏法院网(http://www.jsfy.gov.cn)

第一节　违约责任与索赔

国际贸易活动情况复杂多变,在履约过程中,如市场情况发生变化或某一环节遭遇问题,就可能导致合同一方当事人违约或毁约,给另一方当事人造成损害。为维护自身权益,受损方必然会向违约方提出异议,交易双方由此产生争议。

一、争议的产生

争议(Disputes)是指交易一方认为另一方未能全部或部分履行合同规定的责任而引起的业务纠纷。在国际贸易业务中,这种纠纷屡见不鲜,主要是由违约行为的出现造成的。

违约(Breach of Contract)是指合同的一方当事人没有履行或没有完全履行其合同规定义务的行为。发生违约行为后,违反合同的一方称为违约方,另一方称为受损方。违约方要承担相关的法律责任,受损方有权要求损害赔偿或主张其他权利。只有当履约中发生不可抗力事件,致使一方不能履约或不能按时履约时,才可根据合同规定或法律规定免责。

在国际货物买卖业务中,产生争议、纠纷的原因很多,大致可归纳为以下几种情况:① 合同是否成立,双方国家法律和国际贸易惯例解释不一致; ② 合同条款规定得不够明确,双方对条款的理解不同,习惯上无统一的解释; ③ 在履约中产生了双方不能控制的因素,致使合同无法履行或无法按期履行,而双方对是否可以解除合同或延期履行合同看法不一致; ④ 买方不按时开出信用证,不按时付款赎单,无理拒收货物或在买方负责运输的情况下,不按时派船或签订运输合同、指定交货地点等; ⑤ 卖方不按时交货或不按合同规定的品质、数量、包装交货,不提供合同和信用证规定的合适单证等。

二、各国法律对违约的规定

(一) 大陆法关于违约的规定

大陆法在处理买卖合同这类民事责任时,是以过失责任为一项基本原则。也就是说,买卖合同当事人出现不能履行或不能完全履行合同义务时,只有存在可归咎于其的过失时,才构成违约,应承担违约责任。

大陆法将违约的形式概括为不履行债务和延迟履行债务两种情况。不履行债务,也称为给付不能,是指债务人由于种种原因,不可能履行其合同义务。延迟履行债务,也称为给付延迟,是指债务人履行期已届满,而其可能履行,但债务人没有按期履行合同义务。大陆法在处理买卖合同这类民事责任时,以过失责任作为一项基本原则。只有存在过失违约方才应承担违约责任。

(二)英美法关于违约的规定

英美法认为,一切合同都是"担保",只要债务人不能达到担保的结果,就构成违约,应负责赔偿损失。在《英国货物买卖法》和《美国统一商法典》中,关于构成违约的条件并未被详细写明,但从司法实践看,处理违约并不是以当事人有无过失作为构成违约的必要条件。通常只要当事人未履行合同规定的义务,均被视为违约。

《英国货物买卖法》将违约的形式划分为违反要件和违反担保两种。违反要件(Breach of Condition)是指合同当事人违反合同中重要的、根本性的条款。按英国法,买卖合同中关于履约的时间、货物的品质和数量等条款都属于合同的要件。违反担保(Breach of Warranty)是指当事人违反合同中次要的、从属于合同的条款。英美法认为,只要当事人未履合同规定的义务,就构成违约,应负责赔偿损失。美国法现已放弃使用"要件"与"担保"这两个概念来划分违约的情况,即不以合同条款的性质来划分,而是以违约的性质和带来的结果来划分违约的情况。

美国法把违约划分为两类:轻微的违约和重大的违约。所谓轻微的违约(Minor Breach of Contract),是指债务人在履约中尽管存在一些缺陷,但债权人已经从合同履行中得到该交易的主要利益。例如履行的时间略有延迟,交付的货物数量和品质与合同略有出入等,都属于轻微的违约之列。当一方轻微违约时,受损方可以要求赔偿损失,但不能拒绝履行合同的义务或解除合同。所谓重大的违约(Material Breach of Contract),是指由于债务人没有履行合同或履行合同有缺陷致使债权人不能得到该项交易的主要利益。在重大违约情况下,受损的一方可以解除合同,同时还可以要求赔偿全部损失。

(三)《联合国国际货物销售合同公约》的规定

《公约》未明确规定违约必须以当事人有无过失为条件。《公约》第25条规定,只要当事人违反合同行为的结果使另一方蒙受损害,就构成违约,当事人要承担违约责任。

《公约》将违约划分为根本性违约和非根本性违约。根本性违约是指一方当事人违反合同的结果,如使另一方当事人蒙受损害,以致实际上剥夺了他根据合同有权期待得到的东西,即为根本性违反合同,除非违反合同的一方并不预知而且同样一个通情达理的人处于相同情况中也没有理由预知会发生这种结果。由此可见,构成根本性违约有两个条件:一是看违约造成的损害程度,即必须是已经给对方造成实质性损害;二是违约方主观方面有无过错,即违约方是否预知或是否应该预知损害的后果。只有同时具备这两个条件,才构成根本性违约,否则即为非根本性违约。根据《公约》的有关规定,在根本性违约的情况下,受损害的一方有权要求宣告合同无效并要求损害赔偿;而在非根本性违约的情况下,受损害的一方只能要求损害赔偿,不能要求宣告合同无效。

(四)我国《合同法》关于违约的规定

我国《合同法》上的违约责任遵循归责原则。归责就是责任的归属,它是确定行为人民事责任的依据和标准,也是贯穿于整个民事责任制度并对责任规范起着统率作用的指导方针。归责原则是指在对违约行为所导致事实后果的归属进行判断时应当遵循的原则和基本标准。根据我国《合同法》的规定,违约责任的具体形态包括以下几个方面:

1. 预期违约

预期违约是指在合同履行期限到来之前,当事人一方明确表示或者以自己的行为表明不履行合同的行为。我国《合同法》第108条明确规定："当事人一方明确表示或者以自己的行为表明不履行合同义务的,对方可以在履行期满之前要求其承担违约责任。"可见,预期违约分为明示违约和默示违约两种形式,且守约方有选择权,可以积极要求赔偿,也可消极等待。

2. 不履行

不履行是指当事人根本不履行任何合同义务的违约情形。从不履行的原因看,既可能是当事人虽能履行但拒绝履行,也可能是当事人无法履行。债务人无法履行债务或拒绝履行债务,债权人可以解除合同,并追究债务人的违约责任。我国《合同法》第68条规定：应当先履行义务的当事人,有确切证据证明对方有下列情形之一的,可以中止履行：① 经营状况严重恶化；② 转移财产、抽逃资金,以逃避债务；③ 丧失商业信誉；④ 有丧失或者可能丧失履行债务能力的其他情形。当事人没有确切证据中止履行的,应当承担违约责任。我国《合同法》第69条规定：当事人依照本法第68条的规定中止履行的,应当及时通知对方。对方提供适当担保时,应当恢复履行。中止履行后,对方在合理期限内未恢复履行能力且未提供适当担保,中止履行的一方可以解除合同。

3. 延迟履行

延迟履行指合同履行期限届满而未履行债务,包括债务人延迟履行和债权人延迟履行。债务人延迟履行是指合同履行期限届满,或者在合同未定履行期限时,在债权人指定的合理期限届满,债务人未履行债务。债权人延迟履行表现为债权人对于债务人的履行应当接受而无正当理由拒不接受,即延迟接受履行。

4. 不适当履行

不适当履行指虽有履行但是履行质量不符合合同约定或法律规定的违约情形,包括瑕疵履行和加害给付两种情形。瑕疵履行在中国立法中称为"质量不符合约定"。瑕疵履行属于不完全履行的一种形态。与不能履行、迟延履行、拒绝履行相比,瑕疵履行虽然履行不完全,但尚有可认为履行的行为,而不能履行、迟延履行、拒绝履行则属于无履行的消极状态。不完全履行还有一种特殊的情况叫作加害给付,所谓加害给付是指债务人的履行有瑕疵且因其瑕疵而致债权人受履行利益以外的损害的情形。加害给付为附带损害,即加害给付乃是指因债务人的不适当履行造成债权人的履行利益以外的其他损失。在加害给付致债权人损害时,根据我国民事诉讼法规定,债权人既可以以合同之债提起请求,也可以以侵权之债提起请求。需要注意的是,虽然债权人可以选择,但是一旦选择就不可更改。

三、违约的救济方法

救济方法(Remedies)是指合同一方当事人违约时,另一方当事人依法取得补偿的方法。违约救济的方法有多种,各国法律对此都有不同的规定,有的规定比较概括,有的规定比较具体,但基本的救济方法可概括为三种：实际履行、损害赔偿和解除合同。

(一) 实际履行

实际履行是指合同当事人应当按照合同约定的标的履行合同义务,而不能以其他的标的加以替代。各国法律对实际履行作为一种救济方法都有规定,但是差异较大。

(1) 大陆法将实际履行作为一种主要的救济方法,只要实际履行可能而必要,就不允许其以金钱或其他方式代替。按照大陆法的原则,债权人可以请求法院判令债务人实际履行合同,但是,法院只有在债务人履行合同尚属可能时,才能做出实际履行的判决。如果出现实际履行不可能的情况,如买卖的特定物已被烧毁,法院就不会做出实际履行的判决。在实践中,当事人提起实际履行之诉的情况并不多见。一般当事人都要求其他的救济方法,如解除合同或请求损害赔偿等。只有当金钱赔偿不能满足其要求时,债权人才会提起实际履行之诉。

(2) 英美法将实际履行作为例外的辅助性的救济方法。英美法认为,强制债务人具体履行某种人身性质的义务,是对"个人自由"原则的过分干预,是违反宪法精神的,故英美法中并未规定这种实际履行的救济方法。但在司法实践中,依据衡平法原则,实际履行只被视为一种例外的救济方法。法院对是否判令实际履行有自由裁量权。

(3) 为了调和英美法和大陆法在实际履行问题上的分歧,《公约》规定,当事人有权要求他方履行某项义务,法院没有义务做出判决,要求实际履行此项义务,除非法院依照其本身的法律对不受本《公约》支配的类似买卖合同可以这样做。另外《公约》还规定,一方当事人向违约方提出实际履行要求时,不能采取与这一要求相抵触的其他救济方法。例如,如果一方当事人已对违约方宣告合同无效,那么就不能再要求违约方实际履行。

(4) 我国《合同法》规定,当事人一方不履行合同义务或者履行合同义务不符合约定的,应当承担继续履行、采取补救措施或者赔偿损失等违约责任;当事人一方明确表示或者以自己的行为表明不履行合同义务的,对方可以在履行期限届满之前要求其承担违约责任;当事人一方未支付价款或者报酬的,对方可以要求其支付价款或者报酬;当事人一方不履行非金钱债务或者履行非金钱债务不符合约定的,对方可以要求履行。但有下列情形之一的除外:① 法律上或者事实上不能履行。② 债务的标的不适于强制履行或者履行费用过高。③ 债权人在合理期限内未要求履行。

(二) 损害赔偿

损害赔偿(Damages)是指违约方用金钱来补偿另一方由于其违约所遭受到的损失。损害赔偿的关键问题是赔偿范围和赔偿金额的确定,目前对此规定有两种不同的方法:一种是约定的损害赔偿,指当事人自行约定损害赔偿的金额或计算原则。通常情况下,双方当事人在订立合同时,考虑到可能会出现的各种违约情况,事先订立违约金条款,当违约情况发生时,违约方按照该条款支付违约金;另一种是法定的损害赔偿,指双方当事人在合同中没有约定的情况下,一旦有违约情况发生,受损害方即根据法律规定来确定赔偿的金额。

1. 各国法律对约定的损害赔偿的规定

德国法认为,违约金具有罚金的性质,它是对债务人不履行合同的一种制裁。

法国法认为,违约金的性质是属于约定的损害赔偿金额。也就是说,违约金是双方当事人事先约定的,违约时,债务人应支付给债权人一定的金额作为损害赔偿。因此,债权人一旦要求债务人支付违约金,就不能另行提出不履行债务的损害赔偿,也不能要求债务人履行主债务。

英美法将合同中约定的违约金按两种不同性质去处理,一种属于约定的损害赔偿金额,另一种属于罚款。从客观上讲,违约金可以是约定的损害赔偿金额,也可能是一定数额的罚款。为了妥善和公平地处理损害赔偿,按英美法,法院要依据案情或事实来断定这一金额是罚金还是约定的损害赔偿金额。

我国《合同法》规定,违约金具有“赔偿”和“惩罚”的双重性质。约定的违约金低于造成的损失的,人民法院或者仲裁机构可以根据当事人的请求予以增加;约定的违约金过分高于造成的损失的,人民法院或者仲裁机构可以根据当事人的请求予以适当减少。这点体现了违约金的“赔偿”性质。

2. 各国法律对法定的损害赔偿的规定

《德国民法典》认为,损害赔偿的范围应包括违约所造成的实际损失和所失利益两个方面。实际损失是指一方违约给对方造成的现实的损害,即指按合同规定的合法利益遭受到的损失。如交付品质低于合同规定的货物,或交付数量少于合同规定的货物,这时的品质差价或短量差价就属于实际损失。所失利益是指,如果债务人不违反合同,债权人本应能够取得、但因债务人违约而丧失了的利益。通常所失利益比实际损失较难以确定。法国法对损失的赔偿范围也有类似德国法的规定。

英美法认为,损害赔偿的范围是使由于债务人违约而蒙受损害的一方,在经济上能处于该合同得到履行时同等地位。法院在做出判决时,对损害赔偿范围的确定要遵循两个原则:一是这种损失必须是依据一般正常情况下直接或必然会引起的估定的损失;二是这种损失必须是当事人在订立合同时,对于违约可能产生的后果所合理地预见到的。如果有关货物存在一个可以交易的市场,则赔偿金额初步断定应按合同价格与约定履行日期的市场价格两者之间的差额计算。

我国《合同法》规定,在确定损害赔偿金额时,要遵循两个原则:首先,当事人赔偿责任应相当于另一方所受到的损失;其次,赔偿责任不得超过违约方在订立合同时应当预见到的因违反合同可能造成的损失。由此可见,在订立合同时,要注意一方有必要让对方知道违约会给他带来严重的损失。

《公约》对损害赔偿的范围做了两项原则性的规定:第一,一方当事人违反合同应负的损害赔偿额与另一方当事人因他违反合同而遭受的包括利润在内的损失额相等。这是确定损害赔偿范围的总原则。《公约》特别强调包括利润损失在内。第二,守约方可以得到的损害赔偿“不得超过违反合同一方在订立合同时,按照他当时已知道或理应知道的事实和情况,对违反合同预料到或理应预料到的可能损失”。此条规定与我国《合同法》的有关规定是相同的,均排除了对不可预料的损失提起损害赔偿的要求。

（三）解除合同

解除合同(Rescission)指一方当事人违反合同规定的义务,另一方当事人依照法律或合同的规定终止合同的效力。各国法律对构成解除合同的条件有着不同的规定。

大陆法对解除合同的条件规定得比较简单。大陆法认为,只要合同一方当事人不履行其合同义务时,对方就有权解除合同。债务人不履行合同包括以下情况:拒绝给付、不能全部给付和不能部分给付、给付迟延、不完全给付。在拒绝给付和给付不能两种情况下,债权人有权立即解除合同。而在给付迟延和不完全给付的情况下,需要先经催告,通知对方履行,在催告的期限内,债务人仍未完全履行时,债权人也可以解除合同。

英美法规定,只要合同一方违反要件或重大违约,另一方就可以解除合同。解除合同后,仍可向违约方要求损害赔偿或其他救济方法。对于违反担保或轻微违约,则不能解除合同,只能要求损害赔偿等其他方法。

我国《合同法》规定,有下列情形之一的,当事人可以解除合同: ① 因不可抗力致使不能实现合同目的; ② 在履行期限届满之前,当事人一方明确表示或者以自己的行为表明不履行主要债务; ③ 当事人一方延迟履行主要债务,经催告后在合理期限内仍未履行; ④ 当事人一方迟延履行债务或者有其他违约行为致使不能实现合同目的; ⑤ 法律规定的其他情形。

《公约》把解除合同称为宣告合同无效,并认为,合同一方不履行义务构成根本性违约时,另一方有权宣告合同无效,但宣告合同无效必须向对方发出通知。宣告合同无效解除了双方在合同中的义务,但对应负责的任何损害赔偿仍应负责; 宣告合同无效不影响合同中关于解决争议的任何规定,也不影响合同中关于双方在宣告合同无效后权利和义务的任何其他规定。已全部或部分履行合同的一方,可以要求另一方归还他按照合同供应的货物或支付的价款。如果双方都须归还,则他们必须同时这样做。

第二节　贸易合同中的索赔条款

在国际贸易合同中通常约定索赔条款,其意义在于一方面有利于促使合同当事人认真履约,另一方面也便于依约处理合同争议。在一般货物买卖合同中,通常订立异议与索赔条款,而在大宗商品和机械设备合同中,除订明争议与索赔条款外,往往还订立罚金条款。此外,有的合同还约定定金罚则,以提高履约率,减少违约。

一、异议与索赔条款

异议与索赔(Discrepancy and Claim)条款是国际货物贸易合同中关于处理索赔和违约责任的规定。除了明确规定买卖双方在履约过程中,如一方违反合同,另一方有权提出索赔外,异议和索赔条款还应订明索赔的依据、索赔的期限、损害赔偿的办法和金额等。异议索赔条款主要适用于交货品质数量等方面的违约行为,这类赔偿的金额无法预先决定,通常根据货损、货差的实际情况确定的。

(一) 索赔依据

在索赔条款中,一般都规定索赔应出具的证据和出证机构,如双方约定货到目的港卸货后,若发现品质、数量或重量与合同规定不符,除应由保险公司或船公司负责之外,买方还可于货到目的港卸货后若干天内凭双方约定的某商检机构出具的检验证明向卖方提出索赔。但货物在运输途中发生品质和重量上的自然变化,不在索赔之列。提出索赔时,必须按规定提供齐全、有效的证据,否则可能遭到拒赔。

(二) 索赔期限

合同索赔条款中一般应规定守约方向违约方索赔的时限,如超过约定时限索赔,违约方可不予受理。因此,索赔期限的长短应当规定合适。在规定索赔期限时,应考虑不同商品的特性和检验条件。对于有质量保证期限的商品,合同中还应加订保证期。一般货物可规定为货物到达目的地后 30 天或 45 天,但对有质量保证期的机械设备的索赔期,可长达 1 年或

1年以上。索赔期的规定在进出口合同中不宜太短,防止超过索赔期而被拒绝,或者在合同当中规定:"如在有效期内,因检查手续和发证手续办理不及,可先电告对方延长索赔期若干天。"此外,在规定索赔期限时还应对索赔期限的起算时间一并做出具体规定,通常有下列几种起算方法:① 货到目的地后××天起算;② 货到目的地卸离运输工具后××天起算;③ 货到买方营业处所或用户所在地后××天起算;④ 货到检验后××天起算。

案例研讨 9-1　索赔权利的行使

中国某五金公司以CFR条件对德国出口一批五金工具。合同约定货到目的港后30天内检验,买方有权凭检验结果提出索赔。该公司按期发货,德国客户也按期凭单支付了货款。半年后,该公司收到德国客户的索赔文件,称上述五金工具有70%已锈损,并附有德国内地某检验机构出具的检验证书。该公司应如何处理德国客户的索赔要求?

提示:中国公司可从索赔的时效性、索赔理由是否充分、索赔依据是否符合要求等三个方面分析德国客户的索赔要求合理性。

(三)索赔金额

由于索赔金额事先难以预计,故订约时一般不作具体规定,待出现违约事件后,再由有关方面酌情确定。一般来说,一方违约给对方造成损失的,索赔金额应相当于因违约所造成的损失,其中包括合同履行后可以获得的利益,但不得超过违约方订立合同时能预见到或应当预见到的因违约可能造成的损失。违约方承担的违约赔偿包括受害方的成本、费用和利润三个方面。与此相反,若买卖合同中约定了损害赔偿的金额或损害赔偿额的计算方法,则按约定的赔偿金额或根据约定的方法计算出的赔偿金额提出索赔。索赔金额的计算方法有以下几种:

(1) 索赔金额为合同价格与替代货物的交易价格或转卖价格之间的差额。这是在合同被宣告无效的合理时间内,买方已以合理方式购买替代货物,或者卖方已以合理方式将货物转卖,所以这时的索赔金额应为合同金额与二者当中的某一项的差额。

(2) 如果合同被宣告无效,而货物又有时价,索赔金额则是合同规定的价格与宣告合同无效时的时价之间的差额,而不是合理时间之外转售或他购时的价格。

(3) 如果卖方延迟交货,而恰值该货市价下跌,则合同规定交货时的交货地价格与实际交货时的交货地价格之差,连同由此给买方造成的实际损失,即为索赔金额。

(4) 如果卖方交付的品质、包装不符合合同规定,那么实际交付的货物价格与符合合同规定的货物时价之间的差额为索赔金额。

(5) 如果买方延迟派船接货,卖方同意保留合同,那么卖方因买方延迟派船而增加的仓租、利息、保险费就是合理的索赔金额。

(6) 如果买方在接收货物之后宣告合同无效,则以接收日的时价与合同价格之间的差额为索赔金额,而不是以宣告日的时价为准。需强调的是,买卖双方都有保全货物的责任,如果对方违约在先,自己又不采取措施保全货物,则索赔金额必须扣除由此造成的损失。

(四)索赔方法

有些合同在争议与索赔条款中已经对守约方如何索赔和违约方如何理赔分别做了具体

规定。例如,有的进口合同规定:"货到目的港后,买方如发现品质及/或数量/重量与合同规定不符,除属于保险公司及/或船公司的责任外,买方可以凭双方同意的检验机构出具的检验证书向卖方提出异议。品质异议须于货到目的港之日起30天内提出;数量/重量异议须于货到目的港之日起15天内提出。卖方收到异议后20天内答复。"(After the arrival of the goods at the port of destination, in case the buyer finds that the quality and / or quantity / weight is not in conformity with the provisions of the contract, except for the liability of the insurance company and / or the shipping company, the buyer may file a complaint against the Seller by submitting the inspection certificate issued by a reputable public surveyor agreed by both parties. Quality discrepancy shall be raised with the seller within 30 days after arrival of the goods at the port of destination; while quantity/ weight discrepancy should be raised within 15 days after the arrival of the goods at the port of destination. The Seller shall reply within 20 days after receiving the complaint)凡有此类规定的,应按约定办法处理。如合同未做具体规定,则应本着实事求是和公平合理的原则,在弄清事实与分清责任的基础上,区别不同情况,有理有据地对违约事件进行适当处理和理赔。

另外,应注意处理好索赔条款与检验条款之间的关系。例如,买方索赔的期限与买方对货物进行复验的有效期互相关联,故约定索赔期限时必须考虑检验条件和期限的长短等因素。为了使这两项条款的约定互相衔接和更加合理,以免出现彼此脱节或互相矛盾的情况,有些合同中便将这两项条款结合起来订立,称为"检验与索赔条款"(Inspection & Claim Clause)。

二、罚金条款

罚金(Penalty)条款是指合同中规定如果一方未履约或未完全履约,应向对方支付一定数量的约定金额。罚金条款一般用于买卖大宗商品或机械设备的合同中,内容主要规定一方如未履行或未按期履行合同所规定的义务时,应向对方支付一定数额的约定罚金以补偿对方损失。罚金的特点是在合同中先约定赔偿金额或赔偿的幅度。例如,有的合同规定:"如卖方不能按期交货,在卖方同意由付款行从议付货款中扣除罚金的条件下,买方可同意延长交货。但是因延期交货的罚金不得超过货物总金额的5%,罚金每7天收取0.5%,不足7天的按7天计算。"If the seller fails to deliver the goods on time, the buyer may agree to extend the delivery on the condition that the seller agrees to the deduction of penalty by the paying bank when negotiating the payment. However, the penalty for late delivery shall not exceed 5% of the total value of the goods. The penalty shall be 0.5% every 7 days, and less than 7 days shall be calculated as 7 days. 这种条款一般适用于卖方延期交货等情况。

罚金条款主要针对当事人不按期履约而订立,如卖方未按期交货或买方未按期派船、开证。合同双方会根据延误时间长短预先约定赔偿的金额,同时规定最高罚款金额。罚金的支付并不解除违约方继续履行合同的义务,如一方因故不能履约,则另一方在收受罚金之后仍有权索赔。

订立罚金条款时,应注意各国的法律对于罚金条款持有不同态度和不同的解释与规定。法、德等国法律中,对合同中的罚金条款是予以承认和保护的。但英美法系国家的法律,只承认损害赔偿,不承认对于带有惩罚性的罚金。所以,在与英、美、澳、新等国贸易时,应注意约定的罚金额的合法性。例如,在英国的法律中,对合同中订有固定赔偿金额条款,按其情况分为两种性质：一种是作为"预定损害赔偿金额",是指双方当事人在订立合同时,根据估计可能发生违约所造成的损害,事先在合同中规定赔偿的百分比;另一种是作为"罚款",是指当事人为了保证合同的履约,对违约一方征收的罚金。对上述性质的区分是根据当事人在合同中表示的意思由法官来确定。按照英国法院的主张：如属预定的损害赔偿,不管损失金额的大小,均按合同规定的固定金额判付；反之,如属"罚金",对合同规定的固定金额不予承认,而根据受损方提出损失金额的证明另行确定。我国合同法中没有规定"罚金",而是规定了"违约金"。《合同法》第 114 条规定："当事人可以约定一方违约时应当根据违约情况向对方支付一定数额的违约金,它可以约定因违约产生的损失赔偿额的计算方法。"

三、定金罚则

(一) 定金的含义

定金是指合同一方当事人根据合同的约定预先付给另一方当事人一定数额的价款,以保证合同的履行,它是作为债权的担保而存在的。定金与预付款不同。预付款是合同当事人预先付给对方一定数额的价款,即对合同义务的预先履行,其本身就是预付的价款或价款的一部分,而不是对合同履行的担保。在国际货物贸易合同中,只要约定了定金条款,无论合同当事人哪一方违约,都要承担与定金数额相等的损失。也就是说,如支付定金的一方违约,即丧失定金的所有权,定金则由另一方当事人所有；如收取定金的一方违约,则除返还定金外,还需付给对方与定金数额相等的数额。这种规定和通常做法,就成为定金罚则。

(二) 定金条款的内容

定金条款由合同双方当事人约定,其内容主要包括：

(1) 定金的数额及支付定金的时间与方式。

(2) 付给定金的一方履行合同义务后,是收回定金还是抵作价款。

(3) 定金罚则,即支付定金的一方不履行合同义务的,即丧失定金的所有权,因而无权请求返还定金；收受定金的一方不履行合同义务的,则应双倍返还定金。

(三) 约定定金条款的注意事项

由于种种原因,国际贸易中违约情况时有发生,为了促使合同双方当事人自觉地履行合同义务,以提高履约率,采取定金制度是行之有效的举措。为了贯彻"重合同、守信用"的原则,我国《合同法》第 115 条对定金的有关问题做出了具体规定："当事人可以按照《中华人民共和国担保法》约定一方向对方给付定金作为债权的担保。债务人履行债务后,定金应当抵作价款或者收回。给付定金的一方不履行约定债务的,无权要求返还定金；收受定金的一方不履行约定债务的,应当双倍返还定金。"实践表明,此项规定对提高履约率、维护合同当事人的合法权益、减少贸易纠纷和解决争议都有重要的意义。

在约定定金条款时,应注意以下几个方面：

(1) 合同中是否订立定金条款,由双方当事人根据经营意图自愿酌情商定,任何一方不得强迫对方接受定金条款。

(2) 定金条款的内容应当明确具体,以利于合同的履行。如定金的数额、支付定金的时间和方式,债务人履行债务后,定金是收回还是抵作价款等,都应在合同中具体订明。

(3) 鉴于定金与预付款不同,故约定定金条款时,应就其含义和内容表述清楚,以免引起误解,不能混同使用。

(4) 在合同中同时有违约金与定金条款的情况下,一方违约时,另一方可以选择适用违约金条款或定金条款,即只能选择其中之一适用,二者不能同时并用。

第三节 国际贸易争议的解决

一、争议的解决方式

国际贸易业务中,争议的解决方式可由经济活动中的当事人在相关合同或协议中协商确定,实践中常用的争议解决方式有 5 种,即协商、调解、仲裁、国际经济诉讼和 ADR 方式(Alternative Dispute Resolution)。

(一) 协商

1. 协商的含义

协商是指国际经济活动的当事人在发生争议后,以双方的自愿为基础,针对所发生的争议进行口头或书面的磋商或谈判,自行达成和解协议,解决纠纷的方式。它是争议当事人在争议发生后最先选择采用的争议解决方法。

2. 协商的特点

协商方式通常不需第三方介入,且程序简单、灵活,因而多数当事人同意在争议发生之初先行协商解决,很少有当事人在争议发生后不与对方当事人协商而直接提起仲裁或诉讼。达成和解协议后,各方可以继续根据互谅互让的合作原则进行合作。这样可以有效节省当事人的时间及人力、财力。

协商解决的结果往往取决于各方讨价还价的能力及其所处的经济状况和经济实力,协商所达成的和解协议可能对处于弱势的一方利益保护不够。此外,当各方分歧严重、难以自己协商解决时,只能求助第三方帮助解决。

(二) 调解

1. 调解的含义

调解是在当事人之外的中立第三方的主持下,由第三方以中间人的身份在分清是非和责任的基础上,根据法律、合同、国际惯例,帮助和促使当事人在互谅互让的基础上达成协议,解决争议的方法。该第三方称为"调解人"。调解方式主要源于我国。在调解方面,一些国际组织或商会及一些国家通过了调解规则。如联合国国际贸易法委员会于 1980 年通过了《联合国国际贸易法委员会调解规则》,供当事人选用,该规则对调解做了详细规定。此外,国际商会还于 1988 年 1 月 1 日通过了《调解与仲裁规则》。

2. 调解的特点

调解能较快解决争议,有利于保持当事人的友好关系,给双方当事人带来相互信任感和节省费用。调解人有促使双方当事人达成协议的职责,无权不顾当事人的意愿,自行做出具有法律拘束力的裁决。如果一方当事人因某种理由在调解过程中不予合作,调解即告失败。

因此其在解决国际贸易争议中所起的作用比仲裁方式小。

3. 调解的类型

根据调解人的不同，可将调解分为以下 5 种：

（1）民间调解。民间调解是指由仲裁机构、法院或国家指定负责调解的机构以外的第三方主持进行的调解。该调解人称"民间调解人"。

（2）专门机构调解。专门机构调解是指由设在商会或仲裁协会内部的专门调解机构主持的调解。

（3）联合调解。联合调解也称共同调解（Joint Conciliation），它是由中国国际贸易促进委员会与美国仲裁协会于 1977 年共同开创的解决国际贸易争议的新方式。联合调解是指由中外争议当事人中的一方向另一方发出书面通知，邀请按照两国调解中心达成的联合调解规则来调解双方的争议。如另一方当事人接受了调解邀请，调解程序开始。当事人可以协商选定两国调解中心秘书处中的任何一个作为案件的行政管理机构，如未选定，由被申请人所在国家的秘书处进行管理。

（4）仲裁机构调解。仲裁机构调解是指由仲裁机构主持进行的调解。即将调解纳入仲裁程序，由仲裁机构在开始仲裁前或仲裁中征得当事人意见，当事人同意调解的，则进行调解，调解成功则制作调解书，并撤销案件。

（5）法庭调解。法庭调解也称法院调解或司法调解，是指由法院主持进行的调解。

（三）仲裁

仲裁（Arbitration）一词来自拉丁文，指争议当事人通过协议方式将争议提交第三方（仲裁机构）进行裁决解决的方式。国际贸易仲裁是国际商事仲裁的一种，概括而言，它是指国际贸易活动的各方当事人自愿将其争议提交第三者进行审理并做出仲裁裁决的方式。仲裁已成为国际上解决经贸争议普遍采用的方式。

1. 仲裁的含义和特点

仲裁也叫公断，是指交易双方在争议发生前或争议发生后达成书面协议，自愿把争议提交双方同意的第三方予以解决的一种方式。仲裁裁决一般都是终局性的，对双方均有约束力，双方都必须执行。如果败诉一方不执行这种裁决，胜诉一方有权向法院提出申请，要求予以强制执行。

仲裁是国际货物贸易中双方解决争议的一种方式。买卖双方在执行合同的过程中发生的纠纷，首先是通过协商或调解的方式进行解决，一旦友好协商无法解决，就会提交仲裁解决。显然，仲裁并非解决交易双方争议的最好方式，但与司法诉讼相比，仍具有气氛友好、程序简单、耗时较少、费用较低的优势，而仲裁的裁决是终局性的，可以在法院的支持下得到执行，因此许多当事人都愿意选择仲裁来解决彼此之间的争议。

2. 仲裁协议的形式及作用

从仲裁的定义中可以看出，交易双方将彼此间的争议提交仲裁的条件就是要签订一份仲裁协议。在仲裁协议中要对仲裁地点、仲裁机构和仲裁程序规则进行选择，也要对仲裁费用的负担做出规定，还要强调仲裁裁决的效力。

（1）仲裁协议的形式

仲裁协议是在争议发生之前或之后，双方当事人或争议双方达成的通过仲裁解决彼此争议的一种书面协议。仲裁协议包括合同中的仲裁条款和双方签订的将已发生的争议提交仲裁的协议。

合同中的仲裁条款是买卖双方在争议发生前约定的书面仲裁协议，表示双方愿意将未来彼此间可能发生的争议提交仲裁机构解决。提交仲裁的协议是在争议发生后，由双方当事人共同签署的、将已发生的争议提交仲裁解决的书面协议。虽然这两种协议表现形式不同，签订的时间也不同，但它们的效力与作用是相同的。

（2）仲裁协议的作用

根据大多数国家的法律，仲裁协议具有约束当事人以仲裁方式解决争议、排除法院对争议案件的司法管辖权、使仲裁机构获得对争议案件的管辖权的作用。双方当事人均受仲裁协议的约束，不得向法院起诉。如果合同一方当事人违反协议向法院提出司法诉讼，另一方当事人可以以仲裁协议为依据，声明法院无权管辖，请求停止诉讼的进行。法院接到这种声明后，将不得再对有关的案件进行司法审理。因此，从另一个角度可以说，仲裁协议是仲裁机构受理争议案件的法律依据。

案例研讨 9-2　仲裁协议的效力

甲方与乙方签订了出口某货物的合同一份，合同中的仲裁条款规定："凡因执行本合同发生的一切争议，双方同意提交仲裁，仲裁在被诉方国家进行。仲裁裁决是终局的，对双方都有约束力。"合同履行过程中，双方因品质问题发生争议，于是将争议提交甲国仲裁。经仲裁庭调查审理，认为乙方的举证不实，裁决乙方败诉。事后甲方因乙方不执行裁决向本国法院提出申请，要求法院强制执行。乙方不服而向本国法院提请上诉，法院能否受理其上诉？

提示：双方的仲裁协议排除了法院的管辖权，仲裁庭享有完全的自裁管辖权，其做出的仲裁裁决是终局的，当事人不得另行向法院提出异议。

3. 合同中的仲裁条款

（1）仲裁地点的选择

仲裁地点是仲裁条款中最重要的内容之一，也是双方达成仲裁条款时争议的焦点。因为仲裁地点与仲裁所适用规则有关，一般情况下，在哪个国家仲裁，往往就适用哪个国家的仲裁规则。

仲裁地点的选择通常有三种：

① 规定在中国仲裁的条款格式。在中国仲裁，不仅地理位置近、方便，可以节省许多费用，而且我方对本国法律比较熟悉，对仲裁比较放心。

② 规定在被告所在国仲裁的条款格式。如果对方不同意在中国仲裁，则可争取规定在被告方所在国仲裁。因为在我国的出口贸易中，卖方成为被告方的可能性较大，这实际上有50%以上的可能性在中国仲裁。

③ 规定在双方同意的第三国仲裁的条款格式。如果在中国仲裁和在被告国仲裁双方均不同意时，可选择在第三国仲裁。但第三国必须是双方都同意的，必须不是中国的敌对国家，而是中国的友好国家，最低程度应是中立国家，以免将来做出对我方不公正的裁决。

（2）仲裁机构的选择

仲裁机构包括常设仲裁机构和临时仲裁机构。常设仲裁机构，是指国家和一些国际性组织设立的专门从事处理商事纠纷、进行有关仲裁的管理与组织工作的常设机构。这种仲裁机构常年营业受理案件。根据经营的性质或范围，仲裁机构分为国际性或区域性仲裁机构、国家性仲裁机构和特定行业附设的专业性仲裁机构。临时仲裁机构是为了解决某项特殊的争议，由交易双方共同指定的人员所组成的仲裁庭，待争议处理完毕，该仲裁机构即宣告解散。

在签订仲裁条款时，应订明仲裁机构的名称。如在我国仲裁，为避免另一方利用名称做文章，现行《仲裁规则》第 79 条专门就此做了规定：仲裁协议或合同中的仲裁条款订明由仲裁委员会或其分会仲裁或由其旧名称的中国国际贸易促进委员会、对外贸易仲裁委员会或对外经济贸易仲裁委员会仲裁的，均视为双方当事人一致同意由仲裁委员会或其分会仲裁。如果规定在外国仲裁机构仲裁更应谨慎，务求仲裁条款详细、具体。在仲裁条款中必须写明在国外的常设机构仲裁，并写明仲裁机构的全称，以避免不必要的麻烦。

案例研讨 9-3　仲裁条款的有效性

2002 年 12 月 12 日，德国普林旭国际有限责任公司（简称旭普林公司）与中国无锡沃可通用工程橡胶有限公司（简称沃克公司）签署了由旭普林公司总承包沃可公司位于无锡市新区的新厂房（一期）工程的合同。合同附件约定："Arbitration: 15. 3ICC Rules, Shanghai shall apply."本案合同采用的是 FIDIC（国际咨询工程师联合会）示范合同文本，该合同文本第 15.3 条规定："异议通知书所指的任何争端，应当由一名独立的仲裁员根据协议附件中规定的规则做出最终处理。在未达成一致的情况下，仲裁员应当由协议附件中规定的机构确定。案件审理应当在协议附件中规定的地点进行，并使用第 1.5条规定的语言。"

由于双方在合同的履行中发生争议，2003 年 4 月 23 日，旭普林公司向国际商会（International Chamber of Commerce，ICC）国际仲裁院提出仲裁申请，沃可公司对仲裁庭的管辖权提出异议。沃可公司的抗议是否合理？为什么？

提示：根据我国仲裁法的有关规定，有效的仲裁条款应当同时具备仲裁的意思表示、仲裁事项和明确的仲裁机构等三方面内容，如果缺少任何一方面内容，可认定仲裁条款无效。

（3）仲裁程序的选择

在国际商事仲裁中，选择某一国的仲裁机构，不一定适用该国关于仲裁程序的规定，当事人可以在国际通行的仲裁程序当中任意选择一个。如无事先约定，则适用审理地法律，即在哪个国家仲裁，则适用该国的仲裁法规。

（4）仲裁裁决的效力

各国的仲裁规则均规定仲裁裁决是终局的，即一经提交仲裁，双方当事人自愿放弃上诉法院的权力，仲裁裁决对双方均有约束力。

（5）仲裁费用的负担

仲裁条款中通常应明确规定仲裁费用由谁负担。一般规定由败诉方承担，也可规定由仲裁庭酌情裁定。仲裁的费用，一般按争议价值的0.1% ~1%收取。

（四）国际贸易诉讼

在国际贸易中，双方当事人发生争议后，若通过友好协商不能解决，而合同中又没有订立仲裁条款，则任何一方当事人都可以向有管辖权的法院起诉，通过司法诉讼来解决他们之间的争议。

1. 国际贸易诉讼的管辖权原则

国际贸易诉讼属于涉外民事诉讼，一国法院必须首先确定它对案件是否有管辖权，然后才能决定是否受理此案。大多数国家都是根据“属地管辖”和“属人管辖”这两个标准来确定法院管辖权的。其中，“属地管辖”是根据人或者事物的所在地或诉讼原因发生地来确定管辖权；“属人管辖”则根据当事人的国籍归属来确定管辖权。在国际贸易诉讼中，若诉讼当事人或其财产、诉讼标的物、产生争议的法律关系或法律事实中有一项是在某国境内或者是发生某国境内，或者当事人一方具有某国国籍，则该国法院就可以主张对案件的管辖权。

由于国际贸易合同双方当事人为营业地在不同国家企业或自然人，国际贸易诉讼存在着两个或两个以上的国家的法院对某一案件具有管辖权的冲突。根据大多数国家的法律或审判实践，一般认为被告住所地国家的法院具有管辖权，原告提请诉讼时通常应向被告所在地国家的法院起诉，这就是所谓的“原告就被告”原则；为避免争议，当事人双方也可以通过协议管辖来解决此类冲突，即在争议发生之前或之后，用协议的方式来确定某一国法院的管辖权。

2. 国际贸易诉讼的基本程序

国际贸易诉讼一般包含提起诉讼、答辩和请求、举证（诉讼证据）、保全措施、开庭审理、判决与上诉、判决的执行等基本程序：

（1）提起诉讼

国际贸易争议的当事人向其认为有管辖权的法院提出诉讼请求，法院决定受理诉讼后，应将诉状副本送达给每一个被告，并限期被告提出答辩状。

（2）答辩和请求

答辩是指被告一方对原告在起诉书中所提出的指控做出答复，如否定原告所提出的指控等。被告一旦向法院就起诉事项做了实质性的答辩，就表示接受了法院的管辖权，日后不得再以此法院无管辖权为由提出抗辩。

（3）诉讼证据

凡诉讼当事人欲证明其在诉讼中所主张的事实或要求，都必须首先提出证据予以证明。诉讼证据包括人证、物证、书证、鉴定、勘验笔录等。

（4）保全措施

保全措施是指法院根据原告的请求，以裁定的方式对被告财产所做的一种临时性的强制措施，其目的是防止被告隐匿、变卖或转移财产，使原告日后得到胜诉时一无所获，并使法院的判决无从强制执行。

（5）开庭审理

开庭审理是诉讼程序中具有决定性意义的环节。英美法在诉讼中采取“对抗制”，强调双方当事人的作用,审理时先由双方当事人的律师向陪审团作开庭陈述,接着由原告律师叫原告证人出庭进行讯问,然后由被告律师进行交替讯问。陪审团在听取证言后对案件做出裁决,而法官的职责则限于确定案件所应适用的法律。大陆法系国家则由全体法官开庭审问,双方当事人或其委托的律师只能向法院提供书面证据,证人和鉴定人则只有在法院下令传唤时才能出庭作证。

(6) 裁判与上诉

法院经过审理阶段,最后对于如何处理案件的实质性问题,或在审理过程中对于解决案件的程序问题所做的决定,称为裁判。上诉是诉讼当事人不服第一审法院的判决,在该判决发生法律效力之前,要求上级法院加以审查纠正的一种程序。

(7) 判决的执行

一国法院的判决,原则上只在该国领域内有法律效力,如果要对国外的当事人生效,必须得到该当事人所在国家的承认,才有可能强制执行。为了保证本国法院的判决能在外国得到承认和执行,各国还签订了一些关于执行外国判决的双边协定和多边公约。

(五) 选择性争端解决方式(ADR)

ADR(Alternative Dispute Resolution)是起源于美国的争议解决的一种新方式,意为“选择性争端解决方式”或“非诉讼纠纷解决程序”。目前对 ADR 方式有两种理解: ① 除了诉讼,其他方式(包括仲裁在内)均属于 ADR 方式。② 除了仲裁和诉讼,其他方式均属于 ADR 方式。通过 ADR 方式达成的协议并不具有法律约束力,因此如果一方当事人不履行达成的协议,仍然需要以仲裁或诉讼方式解决。因此,ADR 方式并不是适用于一切争议的解决方式。

二、国际贸易争议中的法律适用

国际贸易合同是在营业地分处不同国家的当事人之间订立的。由于各国政治、经济、法律制度不同,就产生了法律冲突和法律适用问题。当事人在合同中应明确宣布合同适用哪国法律的条款称作法律适用条款或法律选择条款。

国际贸易争议的法律适用是指在国际贸易争议发生后,适用哪个国家的法律解决争议。由于国际贸易争议的当事人处于不同国家、地区或争议的标的物做跨越国界的移动,因而涉及两个以上国家的法律管辖问题; 而各个国家对同一问题的法律规定又不尽相同,因而正确选择解决争议所适用的法律对维护各方当事人的利益至关重要。国际贸易争议的法律适用包括实体法和程序法的适用。

(一) 实体法的适用

实体法主要包括国内法、国际公约、国际惯例。实体法在适用方面主要遵守以下原则: 根据意思自治原则,各国都允许当事人通过合同自由选择合同适用的法律。这些法律既可以是当事人的国内法(买方或卖方国家的法律或是第三国法律),也可以是与合同有联系或无联系的法律; 既可以是国际公约,也可以是国际商业惯例。

在选择实体法时,可以有以下三种方法。

(1) 单一选择法。即在合同中明确指明合同适用某一国家的法律(本国的或外国的)作为合同的准据法。

(2) 多边选择法。即规定整个合同受一国法律管辖、特定条款受另一国法律管辖。

(3) 无准据法。即当事人法。合同中规定,合同除受其本身条款约束外,不受任何国家的法律管辖,或由于某种原因,当事人在合同中未规定合同适用的法律。在这种情况下,仲裁机构或法院通常为当事人寻求解决合同争议的准据法,特别是当某一特定法律很明显与该合同有“最密切联系”的时候。在国际货物买卖中,通常卖方是给合同以实质履行的一方,因此在双方未规定合同适用的法律时,按照与合同有“最密切联系”的原则,多适用卖方国家的法律。我国《涉外民事关系法律适用法》第 41 条规定:当事人可以协议选择合同适用的法律,当事人没有选择的,适用履行义务最能体现该合同特征的一方当事人经常居所地法律或者其他与该合同有最密切联系的法律。

(二) 程序法的适用

程序法是指法院、行政机关或仲裁机构如何进行各种司法程序或行政程序的实证法,它是规定以保证权利和职权得以实现或行使,义务和责任得以履行的有关程序为主要内容的法律。解决国际贸易争议的程序法适用主要包括诉讼程序的选择和仲裁规则的选择。

国际贸易诉讼主要适用管辖法院所在国的程序法,即在哪一国家诉讼就适用该国法院的诉讼程序法,这是各国公认的、普遍采用的原则。国际贸易仲裁适用的规则因临时仲裁与常设仲裁的不同而不同。临时仲裁机构一般选择现成的规则,如《联合国国际贸易法委员会仲裁规则》或某一常设仲裁机构的仲裁规则,并根据争议的具体情况作必要的修改或补充。常设仲裁机构仲裁一般适用其所在国的仲裁法及该仲裁机构的仲裁规则,但有些国家也允许当事人选择其认为合适的仲裁规则。

第四节　不可抗力

国际贸易业务中,双方签订合同后,由于自然原因或社会原因引起的人力不可抗拒的事件,使买卖双方签署的合同不能履行。按照国际贸易有关法律和惯例,可以免除合同当事人的责任。为避免产生不必要的矛盾,双方当事人应在合同中订立不可抗力条款。

一、不可抗力的含义

不可抗力条款(Force Majeure, Act of God)是指合同订立以后发生的当事人订立合同时不能预见的、不能避免的、人力不可控制的意外事故,导致合同不能履行或不能按期履行。遭受不可抗力的一方可由此免除责任,而对方无权要求赔偿。

目前,国际条约和国际惯例对不可抗力还没有一个统一的定义,各国国内法的解释差别也比较大。例如,英美法称之为“合同落空”(Frustration of Contract),意指合同签订后,不是由于合同当事人的过失,而是发生了当事人意想不到的事件,致使订约目的受到挫折,遭受事件的一方可免除责任;大陆法称之为“情势变迁”或“契约失效”,意指签订合同后不是由于合同当事人的原因而发生了当事人预想不到的情况变化,致使合同不能履行或对原来的法律效力需作相应的变更;《公约》则称之为“履行合同的障碍”(Impediment),规定若是在合同签订之后发生了合同当事人订约时无法预见和事后不能控制的障碍,以致不能履行合同义务,则可免除责任。我国《民法典》第180条将不可抗力定义为:不能预见、不能避免且不能克服的客观情况。

一般而言,不可抗力主要来自两个方面:自然条件和社会条件。前者如水灾、旱灾、地震、海啸、泥石流等,后者如战争、暴动、罢工、政府禁令等。在美国,习惯上认为不可抗力仅指由于"自然力量"(Act of God)引起的意外事故,不包括社会力量引起的意外事故,所以美国的贸易合同往往不使用"不可抗力"一词,而称之为"意外事故"条款。

二、不可抗力事件

(一)不可抗力事件的性质

不可抗力事件是一个有确切含义的法律概念,并不是所有的意外事故都可构成不可抗力。不可抗力事件的不可预见性和偶然性决定了人们不可能列举出它的全部外延,不可能穷尽人类和自然界可能发生的种种偶然事件。尽管世界各国都承认不可抗力可以免责,但没有一个国家能够确切地规定不可抗力的范围,且由于习惯和法律意识不同,各国对不可抗力范围的理解也不同。

(二)不可抗力事件的构成条件

虽然各国法律和各种国际公约、国际惯例对不可抗力的名称与解释存在差别,且当事人有时也在合同中改变不可抗力通常的含义,但大都承认构成不可抗力事件应具备以下4个条件:

(1)该事件是在合同订立以后发生的。如果在订立合同时,当事人就已经知道或应当知道意外事故的存在,这种意外事故不能作为不可抗力。

(2)事件是在订立合同时,双方不能预见的。通常认为,货币贬值、价格涨落,是普通的商业风险,作为商人,这是应当预见的职业常识,不能算不可抗力。

(3)事件不是由任何一方的疏忽或过失引起的。由一方的过失引起意外火灾发生,导致合同不能履行或不能按期履行,则视同违约,违约方要承担损害赔偿责任。

(4)事件的发生是不可避免且是人力不能抗拒、不能控制的,如地震和海啸,是无论如何防范也不能避免、不能抗拒的。此外,不能简单地把未做的事情看成不可能的事。一些意外事件的发生,并没有使合同履行成为不可能,而仅仅是使履行变得非常麻烦,或需要支出庞大的费用。在这种情况下,不能援引不可抗力免除当事人的责任。

三、不可抗力的免责范围

不可抗力的法律后果并非全部免除违约责任。《公约》第79条第5款的规定,因一定障碍导致的免责,仅限于免去违约方损害赔偿的责任。因此,另一方当事人除了不能就障碍存续期间所造成的损失要求赔偿,仍可以请求在障碍消除后实际履行合同,或者在违约实质上剥夺了他所期待的利益时解除合同。我国《合同法》第117条也规定:"因不可抗力不能履行合同的,根据不可抗力的影响,部分或者全部免除责任,但法律另有规定的除外"。在实践中,确定不可抗力的免责范围还应注意:

1. 第三方行为作为免责的"障碍"

《公约》第79条第2款的规定,如果由于一方当事人雇佣的履行契约全部或部分的第三人不履行其义务,导致该方当事人未能履行契约义务,只有在同时满足以下两个条件时,当事人才能免责:第一,第三方不履行义务,是当事人不能控制,无法预见,也不能避免和克服违约结果发生的障碍造成的。第二,第三方不履行义务本身对于第三方来说,也是因不能控制、无法预见,也不能避免或克服其结果发生的障碍造成的。第三方一般是指该项合同的分包商,而向合同的卖方供应原材料或货物的供应商则不包括在第三方范围之内。

2. 免责期间

免责在不可抗力事件或障碍存在的期间内有效,如果履行的障碍为暂时的,则受此障碍的影响而不能履行义务的一方仅在障碍存续期间得以免责,即在期间内可中止履行合同而又不承担延迟履行的赔偿责任。一旦障碍消除,而对方当事人又没有解除合同,应立即恢复执行,否则需要为违约承担赔偿责任。

3. 通知义务

《公约》第 79 条第 4 款规定,不履行义务的一方当事人必须将不可抗力事件或障碍及对其履行义务能力的影响通知另一方。如果该项通知在不履行义务的一方已知道或理应知道后一段时间内仍未送达另一方,则其应对由于另一方因未收到通知造成的损失承担赔偿责任。

四、国际贸易合同中的不可抗力条款

鉴于国际上对不可抗力事件及其引起的法律后果并无统一规定,为防止合同当事人对不可抗力事件的性质、范围作随意解释,或提出不合理的要求,或无理拒绝对方的合理要求,故有必要在买卖合同中订立不可抗力条款,明确约定不可抗力事件的性质、范围、处理原则和办法,以免引起不必要的争议,并有利于合同的履行。不可抗力事件的范围如上所述,下面主要介绍不可抗力事件的通知与证明及其法律后果。

(一) 不可抗力事件的通知与证明

按照国际惯例,当发生不可抗力事故影响合同履行时,当事人必须及时通知对方,对方亦应于接到通知后及时答复。尽管如此,买卖双方为明确责任,一般会在不可抗力条款中规定一方发生事故后通知对方的期限和方式,如规定一方在遭受不可抗力事件后,应立即电告对方,并在 15 天内以航邮挂号提供事故详情及影响合同履行程度的证明文件;如果是社会不可抗力,事故持续存在 60 天以上时,卖方有权撤销合同或撤销合同中未发运部分。如果遭受不可抗力的当事人未能履行及时通知的义务,则他要对对方因此受到的损失承担赔偿责任。此外,对方当事人在收到不可抗力通知时也应及时回复;如认为所发生的事件不属于不可抗力,或认为对方对该事件提出的解决方案不多,应及时向对方提出异议。

当一方援引不可抗力条款要求免责时,必须向对方提交一定机构出具的证明文件。在国外,不可抗力证明文件的出具机构往往是发生不可抗力事件地区合法的公证机构,或是当地的商会;在我国,不可抗力证明文件则由中国国际贸易促进委员会或其设在各口岸的分会出具。

(二) 不可抗力事件的法律后果

不可抗力条款是一种免责条款,即免除由于不可抗力事件而违约的一方的违约责任。不可抗力的后果有两种:一是解除合同;二是延期履行合同。究竟是解除合同还是延迟履行合同，取决于不可抗力是持续相当一个时期还是暂时的、对合同履行的影响程度如何、合同的标的是金钱交付还是提交货物。一般而言，没有任何意外事故可以解除当事人履行金钱债务的义务。如果提交的货物是特定物，发生灭失可以解除合同，如是种类物，而在客观上不是不能提供这种货物时，即使发生不可抗力也不能解除卖方的履约义务。此外，在考虑免除遭受不可抗力一方责任时，还要看意外事故与当事人未履行或不能按期履行合同之间是否存在因果关系。

案例研讨 9-4　不可抗力事件的履约豁免

罗马尼亚买方（Macromex Srl.）与美国卖方（Globex International Inc.）签署了一份鸡腿肉销售合同。交付货物时，罗马尼亚暴发禽流感，罗马尼亚政府发布了禁止令，禁止一切 2006 年 6 月 7 日起未取得认证的鸡肉进口。美国卖方迟延交付，罗马尼亚买方建议运往其他替代港口收货，但美国卖方认为“政府禁止令”构成 CISG 第 79 条规定的不可抗力或履约障碍，最终以较为丰厚的利润价格，将鸡腿肉卖给了另外一家买方。

美国仲裁协会下设仲裁庭认为，对进口的禁止并非卖方履行的不能克服的障碍，因为卖方有“商业上合理的替代方案”（Commercially Reasonable Substitute）。买方已提议将货物运至邻国的口岸，但卖方没有这样做，反而自行将货物卖予第三方。因此，卖方主张免责。

提示：法院、仲裁机构均采用严格责任原则来确定免责事项。合同当事方在援引 CISG 第 79 条主张免责时，必须证明所遭受的障碍与不能履行之间存在着“唯一的”或者“排他的”因果关系，要达到该障碍不能克服、不能避免。若可以通过其他商业上合理的替代方案克服障碍，将被认定为不符合 CISG 第 79 条规定的免责条款。

（三）订立不可抗力条款的注意事项

(1) 不可抗力事件范围的规定最好采用综合规定的办法，一方面列出比较常见的不可抗力事件；另一方面加上相关的补充说明，以兼顾明确性和灵活性。

(2) 明确规定不可抗力事件发生后，遭受不可抗力的一方当事人向对方提交证明书的期限和通知方式。实际业务中常规定事故发生时即电告买方，并在事故发生后 15 天内航邮相关资料与证明书。

(3) 规定遭受不可抗力的一方提供不可抗力的证明文件，并要对该证明文件的出具机构做出规定。在国外，通常选择不可抗力事件发生地区合法的公证机构或是当地的商会，在我国通常选择由中国国际贸易促进委员会出具。

(4) 要对不可抗力事件的法律后果，即在什么情况下才可以撤销合同，在什么情况下只能部分撤销合同，或延期履行合同做出明确规定。

【本章总结】

1. 争议是指交易的一方认为另一方未能全部或部分履行合同规定的责任而引起的业务纠纷。违约是指合同的一方当事人没有履行或没有完全履行其合同规定的义务的行为。救济方法（Remedies）是指合同一方当事人违约时，另一方当事人依法取得补偿的方法。基本的救济方法有三种：实际履行、损害赔偿和解除合同。实际履行是指合同当事人应当按照合同约定的标的履行合同义务，而不能以其他的标的加以替代。损害赔偿是指违约方用金钱来补偿另一方由于其违约所遭受到的损失，实践中主要有约定违约金和法定损害赔偿两种方法来确定赔偿范围和赔偿金额。解除合同指一方当事人违反合同规定的义务，另一方当事人依照法律或合同的规定终止合同的效力。

2. 贸易合同中的索赔条款，通常有两种规定方式，一种是异议和索赔条款，另一种则是罚金条款。异议和索赔条款是贸易合同中关于处理索赔和违约责任的规定，除明确规定一方违反合同时，另一方有权提出索赔外，还包括索赔的依据、索赔的期限、赔偿损失的办法和金额等。异议索赔条款主要适用于交货品质数量等方面的违约行为；罚金条款是指合同中规定如由于一方未履约或未完全履约，应向对方支付一定数量的约定金额。罚金条款主要针对当事人不按期履约而订立，罚金的支付并不解除违约方继续履行合同的义务。定金是指合同一方当事人根据合同的约定预先付给另一方当事人一定数额的价款，以保证合同的履行。

3. 国际贸易业务中争议的解决方式通常包括协商、调解、仲裁、国际经济诉讼等。协商是指国际经济活动的当事人在发生争议后，自愿进行口头或书面的磋商或谈判，自行达成和解协议。调解是指由当事人之外的中立第三方在分清是非和责任的基础上，根据法律、合同、国际惯例，帮助和促使当事人达成协议，解决争议。仲裁是指争议当事人通过协议方式将争议提交第三方(仲裁机构)进行裁决，是国际上解决经贸争议普遍采用的方式。诉讼是指争议当事人将其争议提交法院予以审理并做出判决的争议解决方法。

4. 不可抗力条款是指合同订立以后发生的当事人订立合同时不能预见的、不能避免的、人力不可控制的意外事故，导致合同不能履行或不能按期履行。遭受不可抗力的一方可由此免除责任，而对方无权要求赔偿。

【关键概念】

1. 争议	2. 违约	3. 违约救济
4. 索赔	5. 罚金	6. 调解
7. 仲裁	8. 诉讼	9. 不可抗力

【思考与习训】

1. 各国法律对违约是如何规定的？
2. 违约的救济方法主要有哪些？各国法律对违约救济方法的规定有何不同？
3. 国际货物贸易合同中争议的预防与处理条款主要有哪些？主要包括哪些内容？
4. 解决国际贸易争议有哪些途径？为什么仲裁是解决国际贸易争议最主要的方式？
5. 简述仲裁协议的形式及作用。
6. 不可抗力的法律后果如何？
7. 我出口公司A向新加坡公司B以CIF新加坡条件出口一批土特产品，B公司又将该批货物转卖给马来西亚公司C。货到新加坡后，B公司发现货物的质量有问题，但B公司仍将原货转销至马来西亚。其后，B公司在合同规定的索赔期限内凭马来西亚商检机构签发的检验证书，向A公司提出退货要求。请问：A公司应如何处理？为什么？

8. 我国某进出口公司以CIF鹿特丹条件出口食品1 000箱,并向中国人民保险公司投保一切险。货到目的港后,经进口商复验发现下列情况:(1) 该批货物共10个批号,抽查20箱,发现其中1个批号,即100箱内出现玷污现象;(2) 收货人实收998项,短少2箱;(3) 有15箱货物外表良好,但箱内货物共短少60千克。根据以上情况,进口商应当分别向谁索赔?

9. A国的甲公司与B国的乙公司签订了购销麻纺织品的合同,约定由甲公司于1999年12月底之前交付200吨麻纺织品给乙公司,而当乙公司收到100吨货物后,于1999年5月明确通知甲公司由于麻纺织品销路不畅,不会接收甲公司继续供货。这时甲公司仓库尚存麻纺织品10吨。甲公司为了营利,在收到乙公司通知后,继续按双方合同约定为乙公司收购了其余的90吨麻纺织品。后因乙公司拒绝接收后100吨麻纺织品,酿成纠纷。问:本案谁违约?属于哪种违约行为?本案应如何处理?

10. 中国技术进出口总公司(以下简称中技)与挪威一公司达成一笔合同,购买9 000多吨钢材。2005年3月14日,卖方首先向中技总公司发出电传称"货物已在装运港备妥待运",要求买方开出信用证。买方于4月19日通过中国银行上海分行开出以卖方为受益人,金额为2 295 000美元的不可撤销信用证后,卖方随即将全套单证提交中方公司;提单上载明钢材数量为9 161吨。同年6月1日,中国银行上海分行根据提单和发票将货款229.5万美元付给了卖方。然而,事实证明,卖方根本没有将钢材装船,向买方提交的提单、钢材质量检验证书、重量证书和装箱单等单证,都是伪造的。

买方在经过多次催促交涉没有结果的情况下,遂向上海中级人民法院提起侵权诉讼。上海中级人民法院认为被告(卖方)负有侵权的民事责任,判决原告中技总公司胜诉。卖方对此不服,向上海市高级人民法院上诉,其理由其中之一是:"双方签订的购销钢材合同中有仲裁条款,原审法院无管辖权。"上海市高级人民法院审理后认为:"上诉人(合同中的卖方)利用合同形式进行欺骗,侵占被上诉人的巨额货款,已非合同权利义务争议,而是侵权损害赔偿纠纷。依据《中华人民共和国民事诉讼法(试行)》第185条和第22条规定,原审法院对本案具有管辖权。上诉人以中国已加入《承认及执行外国仲裁裁决公约》为由,否认原审法院的管辖权,这是对该公约的片面理解,不予采纳。"法院驳回了上诉人挪威公司的上诉,维持原判。请运用仲裁及仲裁承认方面的知识,分析这一案例,并做出自己的判断。

【实验内容与要求】

1. 收集若干国际贸易交易中争议的案例,分析争议产生的原因及采取的解决方式。
2. 阅读若干订立索赔条款的贸易合同,对其中的索赔条款加以理解领会。

【重要链接】

1. 联合国国际贸易法委员会:《联合国国际货物销售合同公约(1980)》(The United Nations Convention on Contracts for the International Sale of Goods,CISG).
2. 中国国际商会:http://www.ccoic.cn.
3. 中国国际经济贸易仲裁委员会:http://www.cietac.org.
4. 中国海事仲裁委员会:http://www.cmac-sh.org.

第十章

交易磋商和合同订立、履行

【教学目的和要求】

通过本章学习，了解交易磋商之前的主要准备工作范围及其重要性、书面合同的形式和签订书面合同的意义所在，理解并掌握询盘、发盘、还盘、接受4个交易磋商环节各自的特点和业务处理，理解贸易合同有效合法的前提条件和书面合同的主要内容构成，掌握进出口贸易合同履行过程中所涉及的主要环节等。

导入案例

澳大利亚帕克兰动力设备有限公司与江苏WD植保机械有限公司贸易合同纠纷

2011年7月至2012年7月间，澳大利亚帕克兰公司(Parklands Power Products Australia Pty Ltd，以下简称帕克兰公司)与江苏WD植保机械有限公司(以下简称WD公司)形成八份割草机的订单，前七笔订单均已顺利履行完毕。帕克兰公司于2012年9月7日向WD公司支付了第八笔订单约定的预付款，WD公司拒绝发货，并直至2013年1月9日才将该预付款退还给帕克兰公司。而在2012年7月3日至2012年10月3日期间，帕克兰公司与WD公司又就一笔割草机的新订单进行磋商。2012年7月3日，WD公司向帕克兰公司发送电子邮件载明产品型号、单价。2012年7月24日，帕克兰公司向WD公司发送电子邮件载明割草机的数量、价格，并表示这仅仅是预测，在收到订单确认函之前无须发货。帕克兰公司向WD公司所在地法院提起诉讼，主张WD公司违反合同约定拒绝供货造成其无法履行订单，并占用预付款七个月，请求WD公司赔偿相应损失。

受理法院认为，第一，WD公司与帕克兰公司订有第八笔订单项下的国际货物买卖合同，并接受了对方的预付款，但WD公司拒绝履行供货义务，已构成违约。根据《联合国国际货物销售合同公约》(简称《公约》)之规定，应当赔偿占用预付款期间的利息损失以及帕克兰公司预期可得利润损失，利润损失部分根据帕克兰公司销售单价，减去订单价格、运费、关税等进货成本后酌定。第二，帕克兰公司与WD公司之间在2012年7月24日之后并未订立新的割草机买卖合同。WD公司给帕克兰公司发送的电子邮件只载明割草机型号、价格，没有载明数量，不符合《公约》所规定的“十分确定”要求，不构成有效“发价”。帕克兰公司回复的电子邮件也表明其不受该邮件内容约束，因此，该电子邮件不构成《公约》规定的有效“接受”，因此，二者之间不存在新的买卖合同关系，帕克兰公司关于WD公司应当赔偿该合同项下损失的主张不能成立。

本案中，法院正确适用《公约》规定，对双方当事人在两份合同中的权利义务分别作出了不同处理，平等地保护了中外当事人的合法权益。同时，本案也带给我们一些有益的启示，如果企业有意愿订立国际货物买卖合同，应当熟知相关的国际国内法律，审慎对待和处置合同磋商行为，尤其要严格遵循《公约》规定，在交易磋商过程中作出明确、具体的交易意愿表示，否则有可能导致国际货物买卖合同不能成立，一方当事人也就不能主张对方违约。在国际货物买卖合同成立之后，双方当事人均应当依据约定完全履行合同，如果一方当事人构成违约，不仅要赔偿对方当事人所受到的实际损失部分，还包括在合同完全履行之后可以获得的利益部分，其中，守约一方之前的获利情况等事实可以作为酌定损失数额的依据。

资料来源：江苏法院网（http://www.jsfy.gov.cn）

第一节　交易磋商

一、交易磋商前的准备

（一）国际市场调研

在开展交易磋商之前，必须首先确定目标市场与交易磋商对象的范围，为此需要进行广泛细致的国际市场调研工作。

1. 国际市场调研的主要内容

（1）市场环境调研。调研所涉及的范围和指标主要包括：一国政治经济制度、贸易法律法规体系、经济发展水平、产业结构和布局、对外贸易格局态势；一国的人口规模、阶层分布、民族构成及其生活方式、价值观念、风俗习惯和伦理道德观等方面的特征；一国的国际收支、人均国民收入、物价指数；一国消费者收入、储蓄、信贷和实际购买力状况，消费结构、消费者支出模式和消费者收支变化规律及趋势等。

（2）产品行情调研。调研主要涉及产品信息和价格信息方面的调研。产品信息调研包括：一国产品细分市场的供求规模、供求结构及其变化趋势；产品的生命周期、技术特性和产品发展趋向、替代品和互补品的需求情况及包括消费者对产品评价在内的各种信息反馈等。价格信息调研包括：一国细分产品市场的价格总水平变动、替代品和互补品的价格走向及同类产品不同企业的定价目标和定价方法的运用；处于产品生命周期不同阶段的价格竞争策略；产品的价格弹性高低；中间商、批发商、零售商对价格的调整幅度等。

（3）销售渠道和促销调研。销售渠道调研主要包括：产品销售渠道类型、中间商的种类及市场惯例；中间商的背景资料、发展趋势及分销渠道构成等。促销调研包括促销的具体形式、种类、程序；促销成本、优势、障碍等利弊分析及中间商、消费者的反应；与市场促销的相关法律法规及惯例等。

（4）同业竞争者调研。调研的内容包括：一国市场上主要竞争者的构成状况、背景资料及其产品产量、销售、市场占有率情况；竞争者之间在成本、价格、利润、质量、品种、规格、型号、服务等方面的竞争能力高低和优劣比较；竞争者之间在关税、贸易运输条件、分销渠道等方面面临的不同条件和策略选择等。

2. 国际市场调研的主要方法

（1）文案调研。依托各类文书档案检索出需要的信息资料，并加以分析判断，据此开展相关方案的制订和决策。与实际调研方式相比，可以节省调研费用和缩短调研时间，但往往会受制于二手资料的系统性和可获得性。文案调研的资料来源和收集渠道主要包括：① 公共图书馆、大学、科研机构、企事业职能部门有关国外市场情况的调查资料和研究报告；② 国际组织、外国使团组织所能提供的贸易统计资料、税制、海关规定、进口商、零售商和厂商目录等信息资料；③ 国际组织刊发的可供市场调研参考的年度报告或专题报告资料等。

（2）实践调研。可采用电话和网络咨询、雇佣机构或人员进行调查、与潜在客户或其代表联系等方式，直接从国外市场收集资料和信息。具体包括询问法、观察法、实验法、抽样调查法等。① 咨询法是指采取询问方式向被调查者获取信息资料的一种方法，包括当面询问、电话咨询和问卷调查等，其中问卷调查涉及面较广，最为常用，但也会面临问卷回收率较低、耗时较长等困境，甚至会出现答非所问的情况，答卷精度不易控制。② 观察法是指借助工具、机器或通过直观方法，在现场观察被访者的行动和表情，如可通过录音、录像或直接观察取得资料。这种方法更能直接反映客观实际，但费用支出较多。③ 实验法是在选取的小范围市场内，对某一消费行为进行实验性的分析。实验法的科学性较强，可获得较准确的原始资料，但对实验条件和环境要求较高，费用支出较多。④ 抽样调查法是市场调查中最为常见的一种方法。基于随机原则的抽样调查法克服了其他调查方法易受主观因素干扰的缺点，而且抽样误差可计算，费用较少，属于一种科学性和客观性较强的调研方法。

除了贸易商自己开展国际市场调研活动外，还可以委托或外包给国际上著名的市场调研咨询机构，诸如美国的兰德公司、斯坦福国际咨询研究所、尼尔逊市场调查公司，日本的野村综合研究所、三菱综合研究所等。此外，一些专业性广告设计、服务机构及政府驻外商务机构等都可以作为贸易商进行国际市场调研的委托机构。

（二）目标市场的筛选

经过国际市场调研活动，并对其中所获的一些数据、信息开展深入分析，对重点指标进行评估，贸易商可据此来进一步确定可选或最佳的目标市场。

1. 市场需求规模大小

通常情况下，贸易商在确定目标市场时更为直接地关注市场的需求状况，其中既包括市场表现出来的现实需求，也包括对未来潜在需求的预期。在做出存有市场需求的判断之后，便要考虑需求的规模及其增长潜力，考虑贸易商的产品是否与市场需求相吻合。

2. 宏观经济运行状况

一国的宏观经济运行状况既体现了市场的稳定性程度，也能反映出未来市场演变的基本方向。诸如通货膨胀和利率水平、汇率的稳定性及消费信贷状况都对一国的居民消费能力具有重要影响。一国经济规模庞大且能保持稳定增长，那么，市场的购买力就显得相对强大，增长速度也会较快。

3. 政局与政策法规的稳定性

政局稳定是确定目标市场的先决条件，同时，还要考虑到市场的政策法律规范对于进出口贸易可能带来的影响，亦即对市场准入的政策环境做出评估，诸如进出口贸易的关税和非关税壁垒，贸易环节国内税，产品的国际标准认证要求，市场分销的相关管制，对于利润汇兑的限制，税收、价格管制及知识产权保护措施等方面。

4. 文化习俗差异性

消费习惯、宗教信仰及价值观等因素都会对消费者购买行为产生影响，不同的区域市场都会拥有历史积淀而成的价值理念和文化习俗等。面向某一特定的目标市场时，贸易商必须确认自身的产品甚至包装材料、图案等都完全符合其特定的文化习俗要求。

5. 市场竞争结构

在目标市场的筛选中，进一步弄清是否存在同类产品的当地供应商竞争或者第三方贸易商的竞争也是非常必要的。在确认存在本地供应商或者第三方贸易商竞争时，还需从产品技术特性、品质、品牌、价格、已有市场占有率、销售渠道等方面评估和比较各方的竞争水平与能力。

案例研讨 10-1　日本手表进军美国市场

20 世纪 60 年代，美国的手表市场已为美国当地的钟表厂商和瑞士著名钟表厂商所主导，但日本手表企业并未因此放弃对美国手表市场的开发。为了进入美国市场，日本手表企业对美国手表市场进行了细致的调查。根据调查所获信息，日本手表企业将美国手表市场划分为三类不同的消费群体：第一类消费者约占 23%，他们对手表的要求是能计时、价格低廉；第二类消费者约占 46%，要求手表计时准确、耐用、价格适中；第三类消费者约占 31%，偏好豪华名贵手表。调查还发现，由于美国当地的钟表厂商和瑞士著名钟表厂商长期以来只重视生产和销售豪华名贵手表，第一类和第二类消费者的需求尚未得到充分满足。经过上述市场细分和调查后，日本手表厂商决定针对第一、第二类美国消费者生产和提供一些款式新颖、价格便宜的手表，此外，日本企业还决定尽可能地向美国消费者提供方便的免费维修服务，扩大手表的分销网络，使顾客可以在各种商店方便地购买到手表。两年之后，日本手表已经占领了美国手表市场的半壁江山。

提示：市场细分是目标市场调研开发中重要的环节与内容，有助于明确产品营销的市场定位与客户面向。

（三）拟定商品经营方案

进出口商品经营方案是贸易企业根据国内外市场、企业经营决策与目标对其所经营的进出口商品所做的一种业务计划安排，是同客户洽商交易的依据，可见，为能使交易有计划、有目的地顺利进行，拟定进出口商品经营方案也是交易磋商之前非常重要的一项准备工作。通常情况下，进出口经营方案的拟定包括商品货源情况、国外市场销售情况、贸易经营历史情况、经营计划安排与实施、营销策略组合、交易条件选择、价格幅度确定及交易磋商的目标、方针和策略等。

（四）寻求业务关系

在完成了目标市场确定和进出口商品经营方案之后，接下来的工作便是如何进一步搜集并明确具体的交易磋商对象意向。除了在既定的目标市场上通过产品广告、企业形象展示等途径进行信息发布和宣传之外，还可以借助网络时代的搜索引擎、国外客户资料的网站、世界产品样本数据库、世界企业数据库等有针对性地寻找交易磋商的对象，也可以通过业界同行获取相关客户和供求信息。总的来说，对磋商对象的最终选择也应建立在充分了解其政治文化背景、资信情况、经营范围、经营能力和经营作风等情况的基础上。

（五）制订磋商方案

为了使得交易磋商更有效率，并能及时应对磋商中可能出现的相关议题或问题，事先制订好交易磋商方案也是准备工作的重要内容之一。首先，要设定合理的磋商目标。毕竟磋商就是一个"你来我往、相互妥协"的过程，过高的目标不切合实际，过低的目标损害自身的经济利益。对于一些具体的交易条件的底线与弹性空间，同样必须要在事先进行基本的设定。其次，精选人员或班子。事先应选配精明能干、善于应变的洽谈人员主持磋商项目，一些大型或内容复杂的交易还需组织一个谈判团队，吸纳熟悉商务、技术、法律、财务的各路精英，为推进交易磋商进程及最终取得成功提供保障。

二、交易磋商的形式和内容

（一）交易磋商的形式

交易磋商（Business Negotiation）又称合同磋商（Contract Negotiation），是买卖双方就买卖某种货物的各项交易条件进行洽商，以求达成协议、签订合同的过程。一旦交易双方通过磋商对各项交易条件达成一致意见，合同关系即告成立，对双方都具有约束力。因此，交易磋商直接关系到将来买卖双方之间的权利、义务和经济利益，磋商谈判人员不仅要有认真、负责、细致的工作态度，掌握交易磋商谈判的策略技巧与应用，还要熟悉国际贸易合同条款内容构成及制订方法，通晓国际贸易领域相关的政策、法规和惯例。

交易磋商可分为三种具体形式：① 口头形式，即贸易双方通过参加各种交易会、洽谈会、出访或来访等进行面对面的洽谈，或通过国际长途电话进行即时直接磋商。由于口头磋商方式是双方之间的直接交流，便于更加充分了解对方的诚意和态度，并根据磋商进展情况及时调整策略，达到预期的目的。一般情况下，口头磋商成本相对较高，口头磋商比较适合洽谈涉及问题较多的业务，如大型成套设备交易磋商。② 书面形式，即贸易双方通过来往的信函、电报、电传或被称为无纸贸易的电子数据交换方式进行洽商。从表面上看，无纸贸易并未采用书面形式，但是，它也能够根据需要转换成书面形式，而且《公约》和大多数国家已经完全认可了电子数据的法律效力。随着现代通信技术的快速发展，书面洽谈越来越简便易行，成本费用低廉，这一磋商方式越来越为买卖双方所青睐。不过，采用书面方式进行磋商时，写作往来函件一般需要特别注意遵循简明、清晰、礼貌三个基本原则。③ 行为方式，即通过一定的行为表示进行交易磋商，最典型的例子就是在市场上进行拍卖或者购买。

（二）交易磋商的内容

交易磋商的内容即贸易合同条款的内容，又称交易条件，具体包括品名、品质、数量、包装、价格、装运、支付、保险及商品检验、索赔、仲裁和不可抗力等。交易磋商涉及的交易条件通常分为主要交易条件和一般交易条件两类。主要交易条件往往是具有明显个性特征的交易条件，其变动性相对大，即每一笔交易都可能发生变化，如品名、品质、数量、包装、价格、交货的时间与地点及货款支付方式等。与之相反，一般交易条件的变动性小，相对较为固定，如商品检验的时间、地点与方法、索赔、仲裁和不可抗力等。在实际业务谈判中，对上述一般交易条件并非必须逐条进行协商，只就其中的主要交易条件磋商即可。因为对某些交易商品和某些贸易伙伴来说，基于长期形成的贸易习惯或者默契，为了节约时间和费用，对一般性的交易条件没有必要一一再行磋商。但为了提高合同质量，防止和减少争议的发生，以及便于解决可能发生的争议，买卖双方在贸易合同订立时还需将其纳入。

三、交易磋商的一般程序

交易磋商的主体、内容、背景不同，每一笔交易磋商的程序也会不尽相同，总体上看，可包括询盘、发盘、还盘、接受4个环节。其中，发盘和接受是交易磋商过程中所必经的两个环节。

（一）询盘

询盘（Inquiry 或 Enquiry）又称询价，是交易的一方为购买或销售货物而向对方提出的有关交易条件的询问，内容可涉及价格、规格、品质、数量、包装、装运条件及索取样品等，对询盘方无法律约束力。询盘通常由买方发出，一般称为“邀请发盘”，如“We are interested in buying large quantities of steel screws in all sizes”；它也可以由卖方发出，习惯上将其称为“邀请递盘”，如“We can supply large quantities of steel screws in all size, cable interested”。询盘往往是交易磋商的起点，但并非是交易磋商的必经阶段。

询盘不一定要有“询盘”的字样，凡含有询问、探询交易条件或价格方面的意思表示均可做询盘处理；询盘在业务中虽无法律约束力，但当事人仍须考虑询盘时尽量避免只是询价而不购买或不售货，以免失掉信誉；询价时，询价人不应只考虑如何询问商品的价格，也应注意询问其他交易条件，争取获得比较全面的交易信息或条件；询盘可以同时向一个或几个交易对象发出，但不应在间隔较近的同一时期内相对集中地实施，以免提前暴露本方销售或购买意图。

国际交易磋商中，询盘常被交易一方用来试探对方对交易的诚意或试探交易价格等一些重要商务信息，因此，被询盘的一方在收到对方的询盘后，要尊重对方询价，无论对方是否出售或购买都必须进行认真分析，针对不同类型的询盘目的或背景，均应及时做出不同的处理和答复。

（二）发盘

发盘（Offer）又称发价、报盘、报价（Quotation），是交易的一方向另一方提出买卖一定货物的相关主要交易条件，并表示愿意受这些条件的约束与对方订立贸易合同，如“Offer China Northeast Rice F. A. Q. 2015 100m/t, NW 25kg per bag, US $658.00 per m/t FOB Dalian, shipment oct., sight L/C, subject to your reply reaching here by the May 31th”。发出发盘的一方就是发盘人，收到发盘的一方则为受盘人。发盘可在询盘后发出，也可不经询盘直接发出。发盘人可以是买方，也可以是卖方，前者称为购货发盘，或称“递盘”，后者称为售货发盘。

发盘既是一种商业行为，又是一种法律行为，在合同法中也称之为“要约”。在发盘有效期内，发盘人不得随意撤销或修改其内容。且若受盘人在有效期内对该发盘表示无条件接受,发盘人就必须按发盘条件与其确立交易关系,否则即为违约,要承担相应的法律责任。

1. 有效发盘的构成条件

由于交易磋商中的发盘属于具有法律约束力的行为,因而一项有效的发盘需要同时满足以下4个方面的条件:

(1) 发盘必须向一个或一个以上特定的对象提出。发盘中必须指定一个或多个可以对发盘表示接受的当事人,只有这些特定的当事人才可以对发盘表示接受并与发盘人签订合同。若发盘中没有指定受盘人,它便不能构成有法律约束力的发盘,而只能视为邀请发盘,如向国外客户广为分发的商品目录、价格表等都属于这种情况。

(2) 发盘必须明确表示发盘人受其中内容约束的意思。发盘人应表明自己有责任在受盘人对发盘做出有效接受时与其达成交易关系。发盘人是否在发盘中表明了这种意旨,并不能仅看发盘中是否有"实盘""订购"或"订货"之类的字样,更重要的是取决于发盘整个内容是否确定。若受盘人不能肯定发盘是否表示了承诺约束的意旨,则应向对方提出,不能随意猜测。

(3) 发盘的内容必须十分确定。发盘内容的确定表现为发盘中的交易条件必须是明确的、完整的和终局性的。所谓"明确",是指发盘中的交易条件应是确定的,不能有含糊不清、模棱两可的词句,如"大约""大概""参考价"等。所谓"完整",是指发盘中的交易条件应该是完整的,应包括商品的品名、品质、数量、包装、价格、交货期和货款支付等主要条件。但在实际业务中,一项发盘往往并不需要包括上述所有交易条件。发盘表面上所缺少的某些交易条件,在一定情况下可以沿用长期贸易往来的习惯做法,或者援引过去的往来函电或合同予以确定。而且,按照《公约》之规定,一项订约建议只要列明货物、数量和价格三项条件,即可被认为十分确定,即构成一项有效发盘。所谓"终局性",即没有任何保留条件或限制性条件,如"以我方的最终确认为准""以商品未售出为准"。如果一项发盘不具备肯定或明确、完整、终局性的特点,则该发盘被称为"虚盘"(Offer without Engagement)。

(4) 发盘必须送达受盘人。无论何种形式的发盘,按照《公约》规定,发盘于送达受盘人时才生效,在此之前,即使受盘人已通过其他途径知道了发盘的内容,也不能在收到发盘前主动对该发盘表示接受。需要注意的是,关于"送达"的认定,英美法和大陆法遵循不同的原则。英美法所遵循的是发信主义或投邮主义,即发盘一经发出,就被视为已经送达受盘人;大陆法所遵循的是受信主义或到达主义,即要求发盘必须实际送达受盘人。可见,《公约》对"送达"的解释和要求是与大陆法一致的。

2. 发盘的有效期

发盘通常都有一个有效期,只有在有效期内,发盘内容才对发盘人构成法律约束,受盘人对发盘的接受才视为有效,发盘人才承担按发盘条件与受盘人成交的责任。发盘有效期的规定有以下几种情况:

(1) 明确规定有效期。常见的方法有两种:一是规定最迟接受的期限。发盘人既要在发盘中规定最后期限的具体日期,还要说明发盘人的接受是在这一时期前发出,还是在这一日期前送达发盘人,并要说明该日期是以何处的时间为准。如"本发盘限15日复到,以我方时间为准(Offer subject reply fifteenth our time)""本发盘有效期至10月15日,以我方时间为准(Offer valid until Oct 15th our time)"。二是规定一段有效期。如"本发盘有效期3天(Offer valid three days)"等。若该发盘是以电报或信函方式发出的,有效期从电报拍发或信函寄出时起算；若该发盘是以电传等快速通信方式发出的，则有效期从发盘送达受盘人起算。在所规定的一段时期内，受盘人所在地如遇假日或非营业日，也应包括在内。但如果该有效期的最后一天恰逢发盘人所在地的假日或非营业日，受盘人的接受不能送达发盘人的地址时，则有效期限可顺延至下一个营业日。

（2）不明确规定有效期。由于有效期不是构成有效发盘的必要条件，发盘可以不对有效期进行明确规定。此种表示方法被称为在合理时间内有效，而合理时间究竟有多长，各国法律并无明确的统一规定，要依据发盘的方式、货物的行情等因素去理解掌握，故而发盘时尽量避免采用此类做法。

（3）特殊发盘方式的有效期。若发盘采用的是口头表达方式，除非交易双方另有约定，否则，发盘有效期即为口头表达之当时，受盘人必须立即表示接受才视为有效。

3. 发盘的撤回和撤销

根据《公约》的规定，一项发盘在送达受盘人时才生效，在此之前，它对发盘人没有约束力。若发盘人在发出发盘后发现发盘有误，或是由于其他原因想取消发盘，则发盘人可以在发盘生效前将其撤回，但撤回的通知应在发盘送达受盘人之前，或与发盘同时到达受盘人。

发盘的撤销与撤回不同，它是指发盘人在发盘生效后，通知受盘人取消原发盘，解除自己在发盘项下所应承担的责任的行为。《公约》规定，若发盘人撤销发盘的通知于受盘人发出接受通知前送达受盘人，则发盘得以撤销；但若在发盘中规定了有效期，或通过其他方式表明该发盘是不可撤销的，或受盘人有理由信赖该发盘是不可撤销的，并已本着对该发盘的信赖行事，则该发盘均为不可撤销。

4. 发盘的失效

除一项发盘被撤销外，出现下列情形时原发盘也告失效，发盘人不再受发盘内容的约束。

（1）过期。若受盘人未在发盘规定的有效期或合理时间内接受发盘，则该发盘自动失效。

（2）拒绝。发盘在发盘人收到受盘人的拒绝通知时失效。若受盘人在对发盘表示拒绝后又表示接受，即使原发盘有效期仍未届满，发盘人也将不受约束，除非发盘人愿意对该项接受予以确认。另外，若受盘人在收到发盘后长时间不表态，也将被视为对该发盘的拒绝。在交易磋商中常见的还盘，实际上也是对原发盘的拒绝，也会使原发盘失效。

（3）不可抗力。非当事人所能控制的意外事故可以使发盘失效。例如，政府突然颁布出口或进口禁令，突然实施对某国的封锁，突然爆发战争等，都会使得发盘人在受盘人对该发盘表示有效接受时无法与其签约，发盘失效。

（4）若发盘人或受盘人在发盘被接受前丧失行为能力或死亡、破产，则该发盘失效。

案例研讨 10-2 还盘对发盘效力的中止

我公司于 2005 年 8 月 6 日收到日本客户的询盘寻购柠檬酸，当日下午即用电子邮件发盘给客户，并限 8 月 12 日前回复有效。8 月 7 日收到客户发来的邮件："We accept if your price is decreased by USD 10/M."我方正在犹豫是否接受客户的还盘并认为当初的报价偏低,而没有及时回复客户。到了8月11日,日本方面又来电称:“OK,We accept your offer dated Aug. 06,2005. Please send your S/C to us to sign.”而此时由于国内、国际市场的变化,我方已经非常不愿意卖出这批货物。请问:该合同是否已经成立?

提示:按照《公约》的规定,发盘在发盘人收到受盘人的还盘或拒绝通知时即告失效,发盘人将不受约束。

(三)还盘

还盘(Counter-Offer)又称还价,是指受盘一方对另一方的发盘的内容不同意或不完全同意而做出的拒绝或修改或变更的答复。还盘对做出还盘的一方具有约束力,法律上称为反要约。因为,还盘既是对原发盘的拒绝,同时又是一项新的发盘。还盘的内容较一般的发盘更为简单,只是对发盘中不同意的内容提出修改或变更主张,而愿意接受的条件不必再列出。此外,还盘必须是对交易条件的实质性变更。按照《公约》的规定,凡是对货物的价格、付款、质量和数量、交货地点和时间、赔偿责任范围、争端解决的添加、限制或修改,都视为实质上变更发盘的条件,由此,即便受盘人有明确的接受意思表示,但只要同时存在上述交易条件实质性变更的做法,那么,该项所谓的“接受”依然属于还盘,不能作为一项接受来对待。而当受盘人在某些交易细节问题上的修改或添加则属于非实质性变更,不构成还盘。

还盘可以针对某一特定交易条件或多项交易条件的实质性变更,进行还盘时,未必需要使用“还盘”字样,且对于双方已经达成一致的交易条件一般不需要再次重复列出。如“你方11月12日电传最低价160美元限18日复到(Yours Nov 12th lowest USD 160.00 subject reply Nov 18th here)”。

还盘不是交易磋商的必经阶段,有时交易双方无须还盘即可成交,有时则要经过多次还盘才能对各项交易条件达成一致,或在还盘后因双方分歧太大而不能成交。

(四)接受

接受(Acceptance)是指交易的一方无条件地同意对方在发盘或还盘中所提出的交易条件,并以声明或行为表示愿按这些条件与对方成交、订立合同,在法律上也成为“承诺”。根据《公约》规定,受盘人缄默或不行动不等于接受。表示接受有时会使用“接受(accept)”“同意(agree)”“确认(confirm)”等词语表述,如“接受你方15日电传(Yours fifteenth we accept)”。通常情况下,发盘内容一经受盘人接受,双方之间的合同关系即告成立,对交易磋商双方都将产生法律约束力。

1. 构成一项有效接受的条件

在交易磋商中,作为一项有效的接受,应该满足下列4个方面条件:

(1)接受必须由特定的受盘人做出。这个条件实际上是与构成有效发盘的第一个条件相对应的。只有发盘中指定的受盘人才能对发盘表示接受,任何第三方对原发盘的接受都视作为一项新的发盘,对原发盘人没有约束力。

(2)接受必须表示出来。接受必须由特定的受盘人表示出来,缄默或不采取任何行动不能构成接受。表示大都采用口头或书面声明的方式进行,但也可以根据发盘人的要求或双方当事人之间已经确立的习惯做法做出,如通过发运货物或预先支付货款等行为的实施,同样也可以表示受盘人接受的意思。

(3) 接受表示必须在发盘的有效期限内送达原发盘人。发盘中往往规定发盘的有效期,发盘人只在这个期限内承担按发盘条件与受盘人成交的责任。若接受通知未能在发盘有效期或合理时间内送达发盘人,则该项接受将成为一项逾期接受,原则上对发盘人没有约束力。除非原发盘人认为逾期接受是可以接受的,并毫不延迟地以口头或书面形式通知受盘人,则该逾期接受有效。但需要注意的是,如果所使用的信件或其他书面文件表明,该接受在正常的传递情况下本应及时送达受盘人,但由于出现传递不正常的情况而造成延误,这种逾期接受被认为仍然有效。除非原发盘人在收到该逾期接受时毫不延迟地向受盘人发出通知,否认该逾期接受的有效性。

案例研讨 10-3　逾期接受的效力

我某出口公司于5月5日以电报对德商发盘,限8日复到有效。对方于7日以电报发出接受通知,由于电讯部门的延误,出口公司于9日才收到德商的接受通知,事后该出口公司亦未表态。请问:合同关系是否成立?

提示:按照《公约》的规定,非正常传递情形下出现的逾期接受一般视为有效,除非当事人否认其效力。

(4) 接受的内容必须与原发盘描述相一致。受盘人必须无条件地同意发盘的全部内容才能与发盘人达成合同关系,正如英美法中所强调的"镜像原则(Mirror-Image Rule)"那样,接受必须要像镜子一样能够反射出发盘的内容。如果受盘人在对发盘表示接受的同时对原发盘的内容进行了添加或更改,则可能因为拒绝原发盘而构成了一项新的发盘或还盘。

为此,业务中应特别注意受盘人的接受表示是否对原发盘条件进行了添加或更改,并且要进一步明确此类添加或更改究竟属于实质性变更还是非实质性变更。根据《公约》规定,受盘人实质性变更原发盘所列条件时,发盘人可不予以确认,且合同关系不能成立。至于受盘人所做的非实质性变更描述,如要求增加提供重量单、装箱单、商检证书和原产地单据,或要求增加单据份数、分批装运等,则不应视为还盘,不影响接受的有效性。假如发盘人不同意受盘人所提出的这些交易条件变更,则应毫不延迟地向受盘人提出异议,否则,合同关系将基于添加或修改后的交易条件成立。

案例研讨 10-4　还盘与接受的区分

我某外贸公司在2005年6月24日应美国商人的询盘要求就某一农产品以电子邮件的方式向其报盘,在发盘中详细列明各项成交条件,其中包装条款为"Packing in new PP woven bags about 50kg each"。在发盘的有效期内,美国商人复电:"Refer to your offer dated Jun. 24th, 2005, we accept your offer, but packing changed to new gunny bags."我公司收到上述复电后即着手备货,准备于双方约定的9月份装船。两周后,该农产品的国际市场价格猛跌,美商于7月10日来电称:"You didn't confirm our change of the packing, so the contract hasn't been concluded."而我方坚持合同已有效成立,双方发生争执。请问:合同关系是否成立?

提示：按照《公约》的规定，对包装条款的变更不属于实质性变更，不影响接受的有效性。如果发盘人不同意变更，应毫不延迟地向受盘人提出异议。否则，合同关系成立。

2. 接受的撤回

按《公约》的规定，接受于送达原发盘人时生效。因此，若撤回或修改的通知先于接受或与接受同时到达原发盘人，受盘人就可以在接受生效之前将其撤回或对其进行修改。但是，如果接受已经送达原发盘人，即接受已经生效之后，那么，接受将是不可撤销或修改的。因为，接受生效后意味着双方合同关系已经成立，此时再行接受的撤回将是一种受盘人的单方面违约行为。

在接受的撤回问题上，《公约》的规定与遵循“到达规则”的大陆法系国家的法律规定一致，但英美法系国家依据“投邮原则”认为接受在发出时即生效，因此，对于适用此项法律规定的国家而言，接受无论如何都是不能撤回的。在实际业务中应注意到法律规定上的这一差异性，以免产生不必要的误解或争议。

3. 综合盘和复合盘的接受

综合盘也被称为联合发盘或一揽子发盘，它是将两个或两个以上的发盘内容搭配组合在一起，并在发送方式上作为一个发盘来对外发出。对于综合盘，受盘人只能全部接受或全部拒绝，若接受其中的一部分而拒绝另一部分，就构成了受盘人的还盘。

复合盘是发盘人向受盘人同时发出的两个或两个以上的交易条件各自独立的发盘，受盘人可以接受其中一部分发盘而拒绝另一部分发盘。

总之，接受是交易磋商过程中不可缺少的一环。有效的接受使双方之间的交易关系确立、合同关系成立，并对交易双方都产生法律上的强制约束力。进出口双方自此之后，就可以开始进入合同的签订及具体履行阶段。

第二节　合同的签订

一、国际货物贸易合同概述

（一）国际货物贸易合同的概念

国际货物贸易合同是营业地在不同国家的当事人之间就货物贸易的各项交易条件达成一致的协议。狭义的国际货物贸易合同是指在一般的进出口贸易中签订的货物贸易合同，而广义的国际货物贸易合同还包括易货、租赁、加工贸易等各种贸易方式下订立的贸易合同。本书所述的“国际货物贸易合同”是狭义的，即由贸易双方达成的以买卖货物为目的的协议，也称国际货物买卖合同。

根据《公约》的规定，国际货物贸易合同具有三个特点：① 国际性，即国际货物贸易合同是营业地处于不同国家的当事人之间订立的贸易合同；② 合同的标的物为货物，不包括劳力和其他服务，供私人、家属或家庭使用而进行的购买，经由拍卖的销售，公债、股票等有价证券，船舶或飞机，电力，这 6 项被《公约》排除在“货物”之外；③ 合同的性质是买卖，卖方要将货物的所有权转移给买方，而买方必须以货币支付货款。

国际货物贸易合同明确了买卖双方的权利和义务,是联系双方的纽带,对双方具有相同的法律约束力。

(二) 国际货物贸易合同的形式

对于国际货物贸易合同的形式,各国法律有不同的要求。目前,绝大多数国家法律上对货物贸易合同基本上采取所谓"非要式原则",即不规定任何特定的形式要求,当事人不论是采用口头方式还是书面方式,或是以某种行为来订立合同,都被认为是合法和有效的。《公约》第 11 条、12 条也明确规定,"销售合同无须以书面订立或书面证明,在形式方面也不受任何其他条件的限制,销售合同可以用包括人证在内的任何方法证明"。可见,对于国际货物买卖合同的形式,原则上已不加以任何限制,这一基本原则反映出了各国在合同形式问题上"以不要式为主,要式为例外"这一现代合同立法趋势,也更好地满足了国际商事交易便利、迅捷和无纸化发展的要求。

1986 年 12 月,我国在向联合国提交《公约》核准书时,曾对《公约》中第 11 条第 1 款,即关于采用书面以外的形式订立、更改和终止合同的规定提出了保留,并在原有的《涉外经济合同法》中明确了我国对外贸易合同非书面形式不可的规定。

1999 年 10 月实施的《合同法》国际货物贸易合同形式的要求进行了调整,做出了与《公约》相同的规定。现行《民法典》第 135 条规定:"民事法律行为可以采用书面形式、口头形式或者其他形式;法律,行政法规规定或者当事人约定采用特定形式的,应该采用特定形式。"尽管如此,在我国对外贸易的实际业务中,货物买卖合同仍主要采取书面的形式。

国际货物贸易的书面合同形式包括正式合同(Contract)、确认书(Confirmation)、协议(Agreement)、备忘录(Memorandum)等多种形式。在我国的进出口贸易业务中,主要采用正式合同和确认书两种形式。正式合同分进口合同(Import Contract)或称购买合同(Purchase Contract)和出口合同(Export Contract)或称销售合同(Sales Contract)。确认书也有销售确认书(Sales Confirmation)和购买确认书(Purchase Confirmation)两种,是一种简式合同。合同和确认书二者虽然在格式及条款项目和内容的繁简上有所不同,但在法律上具有同等效力,对买卖双方均具有约束力。

(三) 书面合同的内容

正式的书面合同一般由三部分组成,即约首、正文和约尾。

1. 约首

约首是合同的序言部分,包括合同名称、编号、订约日期和订约地点、各方当事人的名称和地址、电报挂号、电传号码、传真号码、买卖双方订立合同的意愿和执行合同的保证等。

2. 正文

正文是合同的主体,具体规定了双方的权利和义务,包括合同的各项交易条款,如商品的名称、品质规格、数量、包装、单价和总值,交货期限、支付条款、保险条款、检验条款、异议索赔条款、不可抗力和仲裁条款等,以及根据不同商品和不同交易情况加列的其他条款,如保值条款、溢短装条款和合同适用的法律等。

3. 约尾

约尾是指合同的结尾部分,主要有合同使用的文字及其效力、合同正本份数、副本效力、买卖双方的签字、订约的时间与地点等项内容。

国际货物贸易合同一般用两种文字来表示,合同中应明确以何种文字为依据,或明确规定两种文字具有同等效力。在一般情况下,合同要有两份正本,交易双方当事人各执一份,并据以执行。

销售或购买确认书的内容比较简单,一般只包括商品名称、规格、数量、单价、总值、装运期、付款条件、包装等几项主要交易条件,也不像正式合同那样明确地由三部分组成。确认书一般没有约尾,有的还没有约首。

订立和履行国际货物贸易合同不仅是一种经济行为,也是一种法律行为。依法成立的合同不仅体现了双方当事人的经济关系,还体现了他们之间的法律关系。由于国际货物贸易合同的当事人分处于不同的国家,其法律适用的问题要比国内购销合同复杂。在具体业务中,适用的法律规范主要包括合同有关国国内的相关法律、国际贸易惯例、双边或多边国际公约等方面(具体可参见本书导论中的相关描述)。

二、书面合同的签订

尽管根据《公约》和我国现行《民法典》规定在国际货物贸易中买卖双方可以以书面、口头或其他任何方式订立合同,但由于国际货物买卖具有历经环节多、过程复杂、交货期长等基本特点,在具体业务中,买卖双方所订立的合同仍主要采用书面形式。

(一) 签订书面合同的意义

从各国相关立法来看,对于合同书面形式的解释还不尽一致。美国《统一商法典》对“书面”或“书写”的解释包括印刷、打字或任何其他有意做出的可见记号;《欧洲合同法原则》规定的“书面”形式包括电报、电传和传真及其他可提供双方当事人可读性记录的任何通信手段;《公约》第13条规定,“为本公约的目的,‘书面’包括电报和电传”。我国《民法典》第四百六十九条规定,书面形式是指合同书、信件、电报、电传、传真等可以有形地表现所载内容的形式,以电子数据交换、电子邮件等方式能够有形地表现所载内容,并可以随时调取查用的数据电文。

可见,书面合同也可有狭义和广义之分。狭义的书面合同是指买卖双方签署的有一定格式的书面合同。广义的书面合同则指由一定的书面文件形成的合同,它既可以是由买卖双方签署的一定格式的书面合同,也可以是买卖双方为磋商订立合同往来的信件、电报和电传。这里所述的“书面合同”是狭义的,即有一定格式规范的书面合同。

合同磋商的方式不一,签订书面合同的意义也不可能完全一样,但无论采用哪种方式进行交易磋商,签订书面合同都有一定的实际意义。

1. 合同成立的证据

贸易合同表明了买卖双方之间的经济关系,同时也体现着双方的法律关系。当一方违约或拒不履约时,另一方依法要求违约方继续履约或赔偿损失时,必须提供双方具有法律关系的证据,倘若没有规范的书面合同,就难以提供合同成立的证据,就无法得到法律的保护。尤其是对于经口头磋商成立的合同关系而言,若不采用一定的书面形式将成立的合同关系固定下来,将有可能因为不能被证明而得不到法律的保障。

2. 合同生效的条件

合同关系的成立通常以接受的生效为标志,但在具体业务中,有些书面合同还须双方当事人签字后才能正式生效。如我国《民法典》规定，当事人采用合同书形式订立合同的，自当事人均签名、盖章或者按指印时合同成立。在签名、盖章或者按指印之前，当事人一方已经履行主要义务，对方接受时，该合同成立。此外，当法律、行政法规规定或者当事人约定合同应当采用书面形式订立，当事人未采用书面形式但是一方已经履行主要义务，对方接受时，该合同成立。法律、行政法规规定合同（包括订立、变更、转让、解除等情形）应当办理批准等手续的，依照其规定。依法成立的合同，自成立时生效，但是法律另有规定或者当事人另有约定的除外。

3. 履行合同的依据

在国际贸易中，进出口合同的履行涉及企业内外众多部门，过程也很复杂。如果仅仅是口头合同，几乎无法全面精准地履行。即使是通过信件、电报等方式达成的交易，如不将分散于多份函电中双方协商一致的交易条件集中归纳到一份书面合同上来，也将难以得到准确的履行。所以，不论是通过口头还是书面形式磋商达成的交易，都必须把协商一致的交易条件综合起来，全面、清楚地记载在一定格式的书面合同中，这对于进一步明确双方的权利、责任和义务，为合同的准确履行提供依据具有重要意义。

（二）合同的签署

在国际贸易实践中，对书面合同究竟采用何种具体形式并没有明确的限制，买卖双方可以选择采用合同书、确认书、协议、订单、备忘录等多种形式。我国主要采用前两种形式。各进出口公司都印有固定格式的进出口合同或确认书，若当面成交，即由买卖双方共同签署；若通过往来函电成交，先由我方签署，然后将合同正本一式两份送交国外客户签署并退回一份，以备存查，作为履行合同的依据。

三、合同有效的条件

进出口贸易合同是否具有法律效力，还要视其是否具备了一定的条件，其中最为主要的是必须符合法律规范。不具法律效力的合同是不受法律保护的。合同有效成立的条件包括以下几个方面：

1. 合同当事人具有法律行为的资格与能力。参照各国颁布的与合同相关的法律和制度规定，进出口贸易双方在法律上必须具有签订合同的资格。而且，进出口贸易合同的订立属于企业之间的行为，但企业的这一行为必须通过自然人（有权的代理人）来实现，因此，还需进一步确定签订进出口贸易合同的企业代表是否具有合法行为能力，如在合同上签字的自然人必须是其企业的授权代表，签字人不能是未成年人或精神病患者，等等。此外，就我国的进出口贸易商而言，完成外贸经营注册登记、拥有外贸经营权的企业才能够对外达成并签订国际货物买卖合同。

2. 当事人必须在自愿和真实的基础上达成协议。合同的当事人在法律地位上是同等的，进出口贸易双方当事人之间必须首先达成国际货物买卖的一致协议，而且这种协议按照自愿、平等和真实的原则通过发盘与接受而达成。合同是进出口贸易双方当事人意思一致的真实表示，如果其中任何一方用诈骗、威胁或暴力行为迫使另一方接受而订立合同，则该合同缺失法律效力的基础。根据我国的相关法律，行为人对行为内容有重大误解的，一方有权请求人民法院或仲裁机关予以变更或撤销合同，采取欺诈或者胁迫手段订立的合同则无效。

3. 合同必须以互为有偿为基础。有偿交换是由国际货物贸易的性质所决定的,一方当事人所享有的权利以另一方当事人担负的义务为基础,双方互有权利和义务,合同当事人之间必须提供相互给付。这也是英美法系中所强调的“对价”原则。在国际货物买卖活动中,卖方为了得到买方的货款需要按合同规定履行交货义务,而买方为了获得卖方提交的货物则要按合同规定履行付款义务,亦即法国的法律中强调的买卖双方签订合同的“约因”原则。可见,国际货物买卖合同必须要有对价和合法的约因,否则就不受法律保障。

4. 合同的标的物和内容必须合法。各国相关的合同立法都明确规定,任何合同的订立都必须保证不违法、不违背、不危害国家的公共政策,否则将视为无效合同。而合同的成立是以标的物交付为目标的,因此,国际货物买卖合同的合法有效必须确保所交付的货物、支付的货款本身是合法的。

5. 合同的形式和程序必须合法。尽管《公约》及大多数国家对合同形式已确立了“非要式”原则,但一些国家对特定的国际货物买卖合同还是做出了必须符合法律规定形式的要求,也有的国家规定合同成立后需要完成审查和审批手续,对当事人在订约程序、目的、内容方面是否存在违反法律和行政法规的行为,是否存有损害社会公共利益的情形或可能性,等等,做了规定。

第三节　合同的履行

一、出口贸易合同的履行

国际货物贸易合同不仅涉及买卖双方当事人的利益,映射出买卖双方之间存在的经济关系,还具有法律强制效力。合同一经成立,买卖双方就必须严格按照合同规定的各项条款去履行各自的义务。

由于每笔出口交易在性质、特点等方面不尽相同,在出口贸易合同的履行过程中,所历经的环节也有所差异。以信用证支付方式、海运运输方式和 CIF 贸易术语为例,这类出口贸易合同在履行时往往要经过备货、落实信用证、报验、申报出口、托运、投保、报关、制单结汇、核销、退税等诸多环节,只有将这些环节紧密衔接,才能避免有货无证、有证无货、有船无货、有货无船等各种问题,使出口企业在按合同规定装运货物、提交全套单据时,顺利收回货款。

(一) 备货、落实信用证

备货是出口方按照合同规定准备向进口商提交货物的过程,落实信用证是出口方获得收汇保障的过程。理论上而言,备货和落实信用证的正常程序应该是先落实信用证、后备货物。但这样做往往会造成备货时间仓促,延误交货期。如果先备货,后落实信用证,往往又会给出口方自己带来风险。因此,这两项工作应该同时展开。

1. 备货

出口备货有两种基本做法:一是“以产定销”。即先组织货源,从中挑选样品,和进口商进行磋商,订立合同;然后把符合要求的货物交付进口方,履行交货义务。二是“以销定产”。即先明确进口商的需求,制作出既满足进口商的要求又适合出口方的生产供应能力的样品,并以此成交,订立合同;然后,出口方按成交样品组织生产,履行交货义务。这种以销定产的做法有利于成交，但在备货中应注意以下几点：

(1) 按合同要求核实应交货物的名称、品质、规格，并对其进行必要的加工整理，使之与合同规定相符。

(2) 备交货物的数量应适当留有余地，并要对实装数量做好审查和记录，避免多装、少装、错装或漏装。

(3) 根据信用证的规定对货物进行适当的包装和刷唛，其基本原则是正确、安全、方便。包装的材料和形式要确保货物的运输安全。唛头的图形、字样、格式要与合同或信用证的要求一致，不能随意自行决定。

(4) 备货的时间要符合信用证规定的交货期限。要结合运输条件（如通过海运的货物应结合船期）进行安排，并要适当留有余地。

案例研讨 10-5　严格按照合同要求准备货物

A 出口公司与国外买方订立了一份 CIF 合同，合同规定："番茄酱罐头 200 箱，每箱 24 罐 × 100 克"，即每箱装 24 罐，每罐 100 克。但卖方在出货时，却装运了 200 箱，每箱 24 罐，每罐 200 克。国外买方见货物的重量比合同多了一倍，拒绝收货，并要求撤销合同。

提示：出口商所交货物的数量和规格必须与合同规定相一致，否则买方有权拒收货物或者撤销合同。

案例研讨 10-6　严格按照合同要求进行货物包装

某年我出口公司出口到加拿大一批货物，价值人民币 128 万元。合同规定用塑料袋包装，每件要使用英法两种文字的贴头（粘纸）。但该公司实际交货时改用其他包装代替，并仍使用只有英文的贴头，国外商人为了适应当地市场的销售要求，不得不雇人重新更换包装和贴头，后向我方提出索赔，我方只好认赔。

提示：包装条款是买卖合同中的重要交易条件，按照某些国家的法律规定，如卖方交付的货物未按约定的条件包装，或者货物的包装与行业习惯不符，买方有权拒收货物。

2. 落实信用证

在信用证交易方式下，落实信用证对出口方而言是至关重要的一环，通常包括催证、审证、改证三项工作。

(1) 催证。如果合同中规定采用信用证支付方式，进口商有义务按照合同规定的时间开立信用证。如合同中对开证时间未作规定，进口商应在合理时间内开立。进口商按时开出信用证是出口商履行合同的前提。如果进口商因故或无故拖延开证时间，出口商应催促其迅速办理开证手续。

(2) 审证。信用证是依据合同开立的，其内容应与合同内容一致。但由于工作疏忽、电文传递错误、贸易习惯的不同、市场行情变化或进口商有意利用开证加列对其有利的条款等，可能会出现开立的信用证条款与合同规定不符的问题。

审核信用证是银行与出口企业的共同责任。银行主要负责审核有关开证银行资信、付款责任及索汇路线等方面的条款和规定；出口企业着重审核信用证的条款是否与贸易合同的规定相一致，是否存在影响付款保证的软条款等，如果存在此类情形，出口方应毫不犹豫、毫不延迟地提出信用证的修改意见。

(3) 修改信用证。可由进口商(开证申请人)提出，也可由出口商(信用证受益人)提出，但必须得到其他有关当事人的同意。如果由出口商提出修改，则应首先征得进口商的同意，再由进口商向开证银行提出申请；开证银行同意后，由开证银行发出信用证修改通知书，以信件、电报或传真等通信方式通过通知行转告出口商。在信用证修改中，修改意见应一次性充分提出，若涉及信用证修改意见的多次提出，按惯例以出口商第一次提出的修改意见为准。而且，信用证一旦涉及修改，信用证的修改通知书与原证其他条款合并生效，因此，出口商需在收到合规的信用证修改通知书后方可安排货物装运等事宜。

案例研讨 10-7　信用证的审核和修改

大连某电子进出口公司向泰国某公司出口一批电风扇的微型电机，合同规定 2003 年 3 月发货，采用 L/C At Sight 的收汇方式。大连公司于 2 月 10 日才收到泰国公司开来的信用证，其中规定的信用证到期日为 2 月 29 日。考虑到已经备好货，该公司于 2003 年 2 月 28 日发货，3 月 1 日拿到提单，当天到银行交单时，被银行拒绝，后来在同意罚款的条件下以托收方式收回货款。

提示：在审核信用证时，如发现影响合同履行和收汇安全的问题，必须要求国外客户通过开证行修改，并在收到银行修改信用证通知书后安排装运。

案例研讨 10-8　信用证修改的程序

中方某公司与加拿大商人在 2002 年 10 月份按 CIF 条件签订了一份出口 10 万码法兰绒合同，支付方式为不可撤销即期信用证。加拿大商人于 5 月通过银行开来信用证，经审核与合同相符，其中保险金额为发票金额的 110%。我方正在备货期间，加拿大商人通过银行传递给我方一份信用证修改通知书，内容为将保险金额改为发票金额的 120%。我方没有理睬，按原证规定投保、发货，并于货物装运后在信用证有效期内，向议付行议付货款。议付行议付货款后将全套单据寄开证行，开证行以保险单与信用证修改书不符为由拒付。开证行拒付是否有道理?

提示：信用证修改须取得各方当事人的同意后才能生效。在受益人向通知修改的银行表示接受修改之前，原信用证的条款对受益人仍然有效。

(二) 报验

凡属国家相关法规规定或合同明确规定必须经国家出入境检验检疫局检验出证的出口商品，在备货完毕后应及时向国家出入境检验检疫局提出检验申请，未经检验或检验不合格的商品不颁发检验证书，将不得出口。

向国家出入境检验检疫局提出申请要求时，应给商检机构足够的检验时间。出口商在报验时要填写出口报验申请单，同时提供合同、信用证、往来函电等有关文件；若申请单填写有误，或因实际情况发生变化而与申请单的内容不符，出口商还要填写更改申请单，说明更改事项与更改原因。在检验部门对货物进行抽样检验合格后，对出口商发给检验证书。

应注意的是，如果出口商未能在商检证书的有效期内将货物运出，应向国家出入境检验检疫局申请复验，复验合格后，商品才能装运出口。

此外，对于某些国家限制或管制出口的商品，出口商在出口前还要向有关管理部门申领出口许可证。

（三）租船订舱

根据《Incoterms® 2020》，在 CIF 与 CFR 出口合同下，租船或订舱由出口商负责。我国的出口企业通常委托中国对外贸易运输公司（外运公司）代办托运，为需要租船运输的货物办理租船手续，为数量不够整船的货物洽订班轮舱位。

在办理租船订舱时，出口企业应根据合同与信用证中对运输条款的规定，参考外运公司公布的出口船期表填写托运单（Booking Note），交外运公司作为租船、订舱的依据；然后由外运公司会同中国外轮代理公司或中国远洋运输公司，根据货物的性质与数量、船舶配载情况、装运港、目的港与船期等各种因素，安排载货船只或舱位，然后对出口企业签发装货单（Shipping Order），作为通知出口企业备货装船与载货船舶收货装运的凭证。载货船舶到港后，由出口企业或外运公司将货物送到指定的码头，经海关查验放行后，凭装货单装船。

（四）报关

出口货物装运出口前必须向海关申报，接受海关的监督与检查，履行海关规定的手续。办完通关手续，结清应付的税款和其他费用，经海关同意，货物即可通关放行。通关手续通常包括货物的申报、查验、征税和放行等环节。

1. 货物的申报

货物的申报是指货物运抵出口国的港口、车站或机场时，发货人或其代理人向海关提交有关单证和填写由海关发出的表格，向海关申请查验、放行。一般说来，除提交出口报关单（Export Declaration）、提单、商业发票或海关发票、出口收汇核销单外，还要根据海关的特殊规定，提交贸易合同、原产地证明书、出口许可证、品质证书和检验证书等。

2. 单证的审核

当出口商填写和提交有关单证后，海关按照海关法令与规定，审查核对有关出口单证。审核有关出口单证的具体要求是：

（1）应交验的单证必须齐全、有效；

（2）报关单填报的内容必须正确、全面；

（3）所报货物必须符合有关政策与法规的规定。

在审核单证过程中，如发现不符合上述各项规定的，海关将通知申报人及时补充或更正。

3. 货物的查验

货物的查验是指对出口货物进行检查，以审查货物出口是否合法，核实单货是否相符。查验货物一般在码头、车站、机场的仓库、场院等海关监管场所内进行。

4. 货物的征税与放行

海关在审核单证、查验货物后，照章办理收缴税款等费用。当一切海关手续办妥以后，海关即在提单上盖上海关放行章以示放行，这时船方才能将货物装船。

出口商既可以自行办理报关手续，也可以委托专业的报关经纪行或外运公司代为办理出口报关手续。

（五）投保

在 CIF 出口合同下，出口商要在货物装运前，根据合同与信用证的有关规定向保险公司提交投保单，说明货物的名称、保险金额、投保险别、载货船名、航线、开航日期等内容，办理保险手续，交纳保险费，取得信用证规定的保险单据。

（六）装运

货物装运时，船方的理货员凭装货单验收货物，待货物装船完毕，船长或大副签发“大副收据(Mate’s Receipt)”，作为货物已装船的临时收据，由出口商凭以向外轮代理公司结算运费，换取正式的提单。

另外，出口商在货物装船后应向对方发出通知，以便其做好收货准备。在 CFR 合同下，由于保险由买方办理，所以装船通知显得尤为重要。如果出口方未及时发出装船通知导致买方不能及时办理国际货运保险，出口方要对因此而给买方造成的损失承担责任。

（七）制单结汇

制单结汇是指出口商在货物装运后，按信用证的要求缮制各种单据，并在规定的交单期内送交银行，办理结汇手续。

缮制出口单据时，要严格遵循信用证“单据买卖”的特点和要求，做到单证一致、单单一致。常用的出口单据种类很多，需要提交哪些单据，其内容、份数和制作方法如何，应按照不同交易条件的贸易合同与信用证的规定而定。常见的单据有商业发票(Commercial Invoice)、汇票、提单、保险单、装箱单(Packing list)、商检证书(Inspection Certificate)、产地证书(Certificate of Origin)等。此外，有的信用证条款还要求提供海关发票(Customs Invoice)、领事发票(Consular Invoice)、寄单证明(Beneficiary’s Certificate for Dispatch of Documents)、寄船样证明(Beneficiary’s Certificate for Dispatch Shipment Samples)、装运通知副本(Copy of Shipping Advice)和船公司证明(Shipping Company’s Certificate)等各种证明文件。

出口商在按信用证的规定备妥所有单据后，应在信用证规定的交单期内送交银行。银行在审核无误后向出口商支付货款。目前，我国出口业务使用议付信用证比较多。这种信用证的出口结汇办法，主要有三种：

1. 收妥结汇。议付行收到受益人提交的单据，经审核确认与信用证条款的规定相符后，将单据寄给国外付款行索汇；待收到对方付款后，议付行才按当日外汇牌价折算成人民币交付给受益人。在这种做法下，银行不承担风险，不垫付资金，但出口商收汇较慢。

2. 定期结汇。议付行在收到受益人提交的单据经审核无误后，将单据寄给国外银行索偿，并在自交单日起事先规定期限内将货款折算成人民币贷记受益人账户或交付收益人。

3. 买单结汇，又称出口押汇。指议付行在审单认可的情况下，根据信用证条款买入出口商的汇票和单据，按照汇票金额扣除从议付日到预计收到票款之日的利息，将余额按当日外汇牌价折算成人民币，垫付给出口商。若日后议付行遭拒付，它可以处理货运单据，或向出口商追索票款。这种结汇方式实际上是银行对出口商的资金融通，有利于出口商的资金周转。

（八）索赔与理赔

在出口合同的执行过程中，若进口商未履行合同规定的义务致使出口商遭受损失，出口商应据理向对方提出索赔,并合理确定索赔金额。例如,如果买方提出拒绝履行合同,而卖方在此之后一段合理时间之内,以合理方式将货物转卖,则索赔金额应为合同价格与转卖价格之间的差额;如果买方不按时派船接货,而卖方同意保留合同,则此时索赔金额应为卖方因买方不按期派船而增加的仓储费用、利息和保险费等。

然而,在出口合同的履行过程中,大多数情况是由于卖方所交货物品质、数量、包装不符合合同的规定,或发货延迟,或在发货时出现错发货物等问题而引起国外进口商向出口商索赔。在处理对方索赔时,出口商应本着实事求是的原则,给予对方合理的赔偿,既不能推卸责任,也不能损害自身的利益。

出口贸易合同履行的基本业务程序及其主要环节如图 10-1 所示:

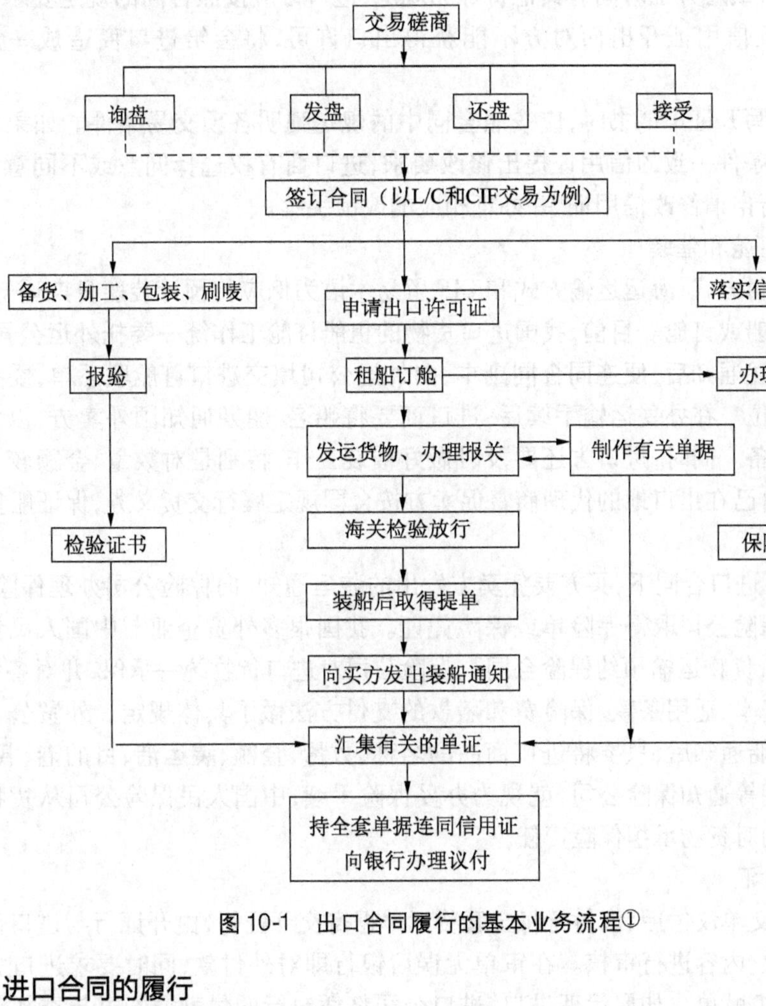

图 10-1　出口合同履行的基本业务流程①

二、进口合同的履行

进口合同成立后,进口商一方面要履行收货付款的义务,另一方面要督促国外出口商及时履行合同规定的各项义务,防止因其违约而给自己造成损失。如同出口贸易那样,由于每

① 韩玉珍:《现代国际贸易实务》,首都经济贸易大学出版社,2000 年,第 370 页。

笔进口交易在性质、特点等方面的差异性，因而进口贸易合同在履行过程中有不同的要求。以信用证支付方式、海运运输方式和 FOB 条件成交为例，进口贸易一般都要历经开证、租船订舱和催装、保险、审单付款、报关提货、商检、进口索赔等环节。

（一）开证

合同签订后，进口方应按合同中的有关规定，及时向银行提交开证申请书及进口合同副本，要求银行开立信用证。银行在对进口商所需外汇进行核查后，通常要求交付全额或一定比例的押金或提供其他担保，然后按开证申请书的指示对外开出信用证。

由于及时开立信用证是买方的主要责任之一，因此进口商一定要在合同规定的期限内开出信用证，否则即构成违约。特别要注意，如果合同规定进口商应在出口商取得出口许可证后开立信用证，或对开证时间有其他特殊的规定，进口方应按照合同的规定要求出口方按时办理，否则一旦信用证开出而对方不能获得出口许可，将会给进口商造成一定的经济损失。

进口商在填写开证申请书时，应按照合同中的规定列明各项交易条件。如果对方对进口商与合同规定条件一致的信用证提出修改要求，进口商有权选择同意或不同意。若同意改证，须向开证行申请修改信用证，并办理相应的改证手续。

（二）租船订舱和催装

以信用证支付方式、海运运输方式和 CIF 贸易术语为例应将预计装船日期通知买方，由买方向船公司租船或订舱。目前，我国进口货物的租船订舱工作统一委托外运公司办理，进口公司在接到上述通知后，便连同合同副本，向外运公司填交进口订舱联系单，委托外运公司安排船只或舱位。在办妥运输手续后，进口商要将船名、船期通知国外卖方，以便对方备货并做好装船准备。同时，进口方还要及时做好催装工作，特别是对数量、金额较大的重要商品，最好委托自己在出口地的代理商督促卖方按合同规定履行交货义务，保证船货衔接。

（三）投保

FOB 或 CFR 进口合同下，买方要凭卖方发出的装运通知，向保险公司办理保险手续、交纳保险费，并从保险公司取得保险单或保险凭证。我国很多外贸企业与中国人民保险公司订立了“海运进口货物运输预约保险合同”，保险公司对进口货物统一承保，并对各种货物投保的险别、保险费率、适用条款、保险费和赔款的支付方法做了具体规定。外贸公司或外运机构收到卖方装船通知后，只要将进口商品的名称、数量、金额、装运港、目的港、载货船名、提单号、开航日期等通知保险公司，就视为办妥保险手续，中国人民保险公司从货物在装运港装船时起，自动对货物承担保险责任。

（四）审单付汇

国外出口商交单议付后，议付行将全套货运单据寄交开证行，由开证行与进口商先后对单据的种类、份数、内容进行审核。在审单无误后银行即对外付款，同时要求进口方按外汇牌价以人民币买汇赎单。如属代理进口，进口公司将凭银行的付款通知书与委托订货单位结算。

开证行与进口方在审核单据时如发现单证不符或单单不符，应立即做出处理，由开证行向议付行提出处理方案，具体处理办法包括：拒付、由议付行通知发货人更正单据后付款、由议付行出具书面担保后付款和改为货到检验无异后付款。

（五）接货、报关、检验

进口货物运达进口国后，由进口商或委托外运公司根据进口单据填制"进口货物报关单"，向海关申报，并随附发票、提单和保险单。如属法定检验的进口商品，还须随附商检证书。如果合同规定货到目的港后要进行复验，则须经商检部门检验出具检验证书或在报关单上加盖已接受报验章后，才算检验合格。货、证经海关查验无误后，进口商按规定缴纳进口关税，进口国海关才对货物予以放行。

进口货物运达港口卸货时，港务局要进行卸货核对，如发现短缺，应及时填制"短缺报告"交由船方签字确认，并提出保留索赔权的声明，作为日后向船方索赔的依据；如果发现货物残损，则应将货物置于海关指定仓库，由保险公司会同商检机构及有关当事人进行检验。

如果经商品检验和卸货核对后，卖方所交货物的品质、数量等不符合合同规定，须向卖方发出"拒受通知"，同时提出索赔；如果检验核对无误，则应及时发出"接受通知"。

（六）进口索赔

在进出口业务中，如果出现进口商不能收到或不能按时收到货物，或收到的货物在品质、数量（重量）、包装等方面不符合合同规定，则进口商应向有关责任方索赔。在索赔时应注意以下几个问题：

1. 对外索赔必须在合同规定的索赔期限内提出，如果在索赔期内来不及出具检验证书，买方应要求对方延长索赔期，或向对方声明保留索赔权。若合同未对索赔期限做出规定，根据《公约》的规定，对卖方索赔的期限应为买方实际收到货物之日起两年。《海牙规则》则规定，对船公司索赔的时限是货到目的港交货后一年。而根据我国《海运货物保险条款》的规定，对保险公司索赔的时限一般为货物在目的港全部卸离海轮后两年内。

2. 合理确定索赔对象

（1）如果由于卖方责任造成货物品质与合同规定不符、数量（重量）短少、包装不良、拒不交货或不按期交货，进口商应向卖方索赔。

（2）如果卸货数量少于提单记载的数量，且提单是清洁提单，只是由于船方过失（包括开航前和开航时船舶不具备适航条件、装载不良、配载不当、装卸作业疏忽、货物在运输途中遗失等情况）导致货物残损，进口商应向船方索赔。

（3）由于自然灾害、意外事故或运输途中其他事故的发生致使货物受损并且属于承保范围内的，属于承运人过失造成货物残损、遗失，而承运人不予赔偿或赔偿金额不足抵补损失的，只要属于保险公司承保范围以内的，进口商可向保险公司索赔。

可见，在进口索赔时，还需区别合同利益损害及其原因等具体情况，明确索赔对象。在我国进口业务中，对船方或保险公司的索赔一般由外运公司代办，而对卖方提出的索赔则由进口商自行直接办理。

案例研讨 10-9　损害责任认定与索赔对象

某进出口公司以 CIF 鹿特丹出口食品 1 000 箱，即期信用证支付，货物装运后，凭已装船清洁提单和已投保一切险及战争险的保险单，向银行收妥货款，货到目的港后经进口商复验发现下列情况：(1) 该批货物共有10个批号，抽查20箱，发现其中2个批号涉及200箱内含沙门氏细菌超过进口国标准；(2) 收货人只实收998箱，短少2箱；(3) 有15箱货物外表状况良好，但箱内共短少60公斤。根据以上情况，进口商应分别向谁索赔？

提示：货物转运前的缺陷、短少或质量与合同不符属于卖方的责任；货物运输过程中间的损坏或短少属于承运人的责任；货物运输过程中发生的承保责任范围内的损失可以向保险公司索赔。

3. 提供充分的索赔依据

进口商对外索赔时，应按合同规定提供索赔清单、国家出入境检验检疫局出具的检验证书、商业发票、装箱单或重量单、提单副本、保险单及其他必要的文件及单据作为索赔的证据。例如，在向船公司索赔时，要提交由船长及港务局理货员签证的理货报告及船长签证的短卸或残损证明；向保险公司索赔时，要提供保险公司或其代理与买方的联合检验报告等。

4. 合理确定索赔金额

在索赔时应合理确定索赔金额，既要对货损做出补偿，也要对有关费用（如检验费、装卸费、仓租、利息、合理的预期利润等）做出赔偿，尽量避免自己的利益受到损害。同时要本着实事求是，公平合理的原则来计算索赔金额，切不可漫天要价。这样既达不到索赔的目的，又有损自己的声誉。

最后，在进口合同的履行过程中，进口商也可能会收到卖方提出的索赔要求。对此，进口商应依据有关法律、惯例及实际情况进行理赔，确定自己应承担的责任，维护自己的信誉。

进口贸易合同履行的基本业务程序及其主要环节如图10-2所示：

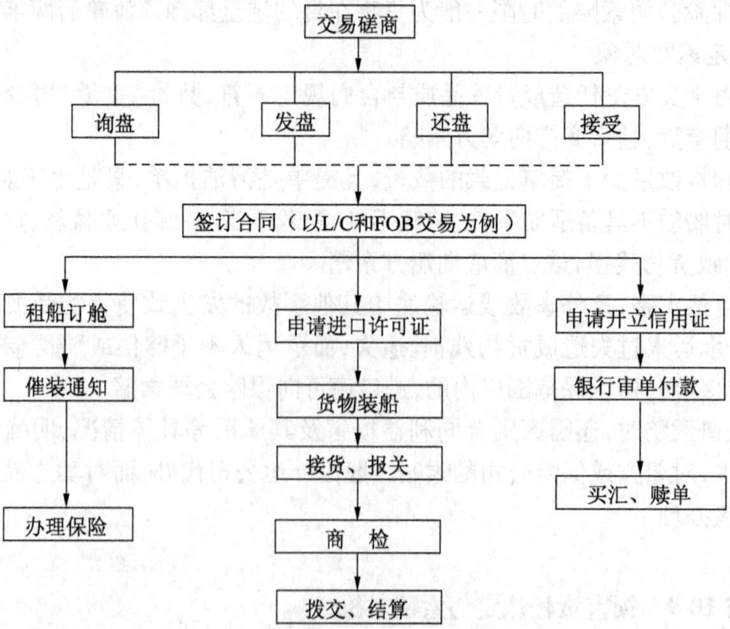

图10-2　进口合同基本业务流程①

① 韩玉珍：《现代国际贸易实务》，首都经济贸易大学出版社，2000年，第375页。

【本章总结】

1. 通过文案调研、实践调研等方法的运用，对国际市场环境、产品行情、销售渠道和促销策略、同业竞争等展开调研，据此来筛选和确定目标市场，拟订贸易企业的进出口商品经营方案，寻求并确立合适的意向客户，完成对外交易磋商方案的制订。

2. 对外交易磋商可采用口头、书面和行为三种基本方式，磋商的内容涉及含品名、品质、数量、包装、价格、交货的时间与地点及货款支付方式在内的主要交易条件，以及商品检验、索赔、仲裁和不可抗力等一般交易条件。交易磋商总体上可包括询盘、发盘、还盘、接受4个环节，询盘和接受是交易磋商过程中所必经的两个环节。发盘属于具有法律约束力的行为，有特定的受盘人，内容十分确定，有约束发盘人的意思表示，并在送达受盘人后生效，发盘既可撤回又可撤销。接受是由特定受盘人做出，通过声明或行为明确表示同意原发盘全部内容，或虽涉及内容修改但未达到还盘的"实质性变更"程度，并且须在有效期内送达发盘人，否则会构成效力存有缺陷的逾期接受。接受生效后，意味着磋商双方之间的合同关系已经确立，故而接受只能撤回而无法撤销。国际货物贸易合同遵循"非要式原则"，但实践中以书面形式为常见。书面合同包括合同书、信件和数据电文等形式，正式的书面合同包括约首、正文和约尾，我国外贸业务中主要采用正式合同和简略版的销售或购买确认书。有效的贸易合同以当事人具有法律行为的资格与能力、在自愿和真实的基础上达成意思一致、以互为有偿为基础，以及合同标的物和内容、形式和程序合法为前提条件。

3. 合同的履行必须严格遵循合同规定的各项条款，出口贸易合同履行过程中涉及备货报验、催证、审证、改证、租船订舱、投保、出口报关和装运、制单结汇、出口索赔等主要业务环节；进口贸易合同的履行过程中涉及开立信用证、租船订舱和催装、保险、审单和付汇、报关和接货、验收和拨交、进口索赔等主要业务环节。

【关键概念】

1. 询盘	2. 发盘	3. 还盘
4. 接受	5. 逾期接受	6. 国际货物贸易合同
7. 书面合同	8. 非要式原则	9. 出口押汇

【思考与习训】

1. 在交易磋商之前应该做好哪些主要的准备工作？
2. 构成发盘和接受的必要条件有哪些？
3. 发盘和接受是否都可以进行撤回和撤销？为什么？
4. 在哪些情形下，发盘的效力被中止？
5. 经磋商确立合同关系之后，为什么还需要签订书面合同？
6. 国际货物买卖合同有效成立的条件有哪些？
7. 出口贸易合同履行过程中主要涉及哪些业务环节？
8. 我某对外承包公司于5月3日以电传请德国供应商发盘出售一批钢材。我方在电传中声明：要求这一发盘是为了计算一项承造一栋大楼的标价和确定是否参与投标之用，我方必须于5月15日向招标人送交投标书，而开标日为5月31日。德国供应商于5月5

日用电传就上述钢材向我方发盘。我方据以计算标价,并于5月15日向招标人递交投标书。5月20日,德国供应商因钢材价格上涨,发来电传通知撤销他5月5日的发盘。我方当即复电表示不同意撤盘。于是双方发生争议。5月31日开标,我方中标。随即电传通知德商我方接受5月5日的发盘,但德商坚持该发盘已于5月20日撤销,合同不成立。问:合同是否成立?为什么?

9. 某月18日,我方向德国A商发盘:“可供一级红枣100公吨,每公吨500美元CIF纽约,适合海运包装。订约后即装船,不可撤销即期信用证付款,请速复电。”A立即电复:“你18日电我方接受,用麻袋包装,内加一层塑料袋。”我方收到复电后着手备货,数日后,一级红枣的国际市场价格猛跌,A商来电称:“我方对包装条件做了变更,你方未确认合同并未成立。”而我公司坚持合同已成立。请按照《公约》的规定分析合同是否成立。

10. 我国某公司向瑞典某公司出口电脑一批,合同约定分5批次交付,每批次的付款条件均为L/C即期。第一批交货顺利完成。第二批交货时,因中方错发了部分制式规格不同的电脑,从而导致该外商退货,我方补发符合合同制式规格的货物,恰遇欧洲电脑市场转疲,该外商来电称,因我方错发货及产品质量问题,决定不再从我公司购货。随后也未开出第三批及以后的L/C,中方多次催开信用证未果,而国内购货合同已全部订妥,且因制式差异又无法在国内销售。问:我方应如何处理?

【实验内容与要求】

1. 以某种商品的出口贸易和进口贸易为例,约请模拟交易伙伴分别对其中的主要交易条件进行磋商,完成销售确认书和购买确认书的填写。

2. 依据上述销售确认书和购买确认书内容,完成贸易合同履行的业务流程设计。

【重要链接】

1. 联合国国际贸易法委员会:http://www.uncitral.org.
2. 中华人民共和国商务部对外贸易司:http://wms.mofcom.gov.cn.
3. 国际采购网(国际采购协会):http://www.buy-hk.com.
4. 中国海关网上服务大厅:http://service.customs.gov.cn/default.aspx.
5. 中国检验检疫服务网:http://www.ciqcid.com.
6. 中华人民共和国国家外汇管理局:http://www.safe.gov.cn.

第十一章 ELEVENTH

国际贸易单证

【教学目的和要求】

通过本章学习,了解国际贸易单证的含义与分类,单证制作的原则和依据;掌握国际贸易主要单证的内容、制作要领、审核方法与重点,理解并掌握信用证与托收业务下单证的交付。

导入案例

涉及国际贸易单据"更正与更改"处理的一则案例

国内某出口企业接受阿根廷 NUEVO BANCO 银行开出的即期信用证,出口 DVD VIDEOPLAYER。信用证 44E 规定装货港为 CHINA,45A 货物描述中要求显示 FOB CHINA,发票须经中国贸促会认证。考虑到认证时间问题,为了能够按时交单,该公司在货物发运前制作发票并送贸促会认证。因货代称货物将在深圳 CHIWAN 港装船,所以该公司发票上显示的装货港为 CHIWAN PORT, CHINA。实际发运时,货物在 CHIWAN 装船,经 SHEKOU 前往目的地,但船公司坚持只为该公司出具装运港为 SHEKOU PORT, CHINA 的提单。2008 年 9 月 27 日,该公司将金额为 117854.88 美元的,已经认证的发票、提单等全套单据提交给中国农业银行,并要求农业银行向开证行交单。农业银行在审核全部单据后认为发票和提单关于装货港的描述不同,构成不符。鉴于本案中交单金额较大,农业银行提示该公司应对两份单据中显示的不同装货港进行统一。

该公司表示虽然更正发票比较容易,但是已经没有时间将更正后的发票提交贸促会认证。在征询相关专家的意见后,该公司直接将发票货描中的 CHIWAN PORT 更正为 SHEKOUT PORT,在修改处盖章签名。2008 年 9 月 28 日,该公司将修改后的发票等全套单据通过农行向开证行交单。2008 年 10 月 9 日,该公司正常收到该笔交单下的全部货款,整个过程中,开证行未有异议。

本案中,发票价格术语的港口与提单的装货港不同,毫无疑问会构成不符点。众所周知,不同的价格术语规定了买卖双方在销售合同下不同权利和义务,风险和费用划分等重要内容。价格术语的港口和实际装运的港口不同,将会造成买卖双方关于合同下权利和义务的是否履行、相关费用和货物风险如何承担等重大问题的纠纷。银行审单人员不了解、也没有必要去了解 CHIANWAN 和 SHEKOU 是什么关系,以及去寻求造成这种情况的合理解释。

尽管本案中单据存在不符，但只要适当更正或更改单据，受益人事实上是可以将单据做到相符的。第一种方式，要求船公司将提单装运港更改为 CHIWAN。理由是，一方面受益人交运的货物确实是在 CHIWAN 装船；另一方面是船公司有义务按照实际的装运情况签发提单。第二种方式，受益人自己修改发票，也就是将原来的 FOB CHIWAN, CHINA 更改为 FOB SHEKOU, CHINA。对于受益人来说，后者无疑是更加便利、更加经济的解决办法。

然而，受益人是否可以修改贸促会认证过的发票呢？ISBP 第 9 段中规定，除了由受益人制作的单据外，对其他单据中信息或数据的更正和更改必须经单据出具人或其授权之人证实，这意味着受益人制作的单据中信息或数据的更正和更改，无须经受益人或其授权人证实。ICC R533 也提出，受益人出具单据的修改不需要证实，这同时适用于由其他部门证明、合法化的文件，因为银行无法审核这些修改是在证明或者其他合法化之前还是之后发生的（只要该单据之前未曾以未经修改但已经证明或合法化的形式提交给银行）。

本案中受益人按照第二种方式修改单据并第一次向开证行提交，按国际标准银行实务审核单据的开证行，有义务接受这样的单据而不认为单证不符。

资料来源：张明伟. 从一则案例分析单据"更正与更改"的规定[J]. 对外经贸实务, 2008（12）：67－69.

第一节　国际贸易单证的含义及分类

国际贸易作为商业行为，通常表现为资金和商品的双向流动。由于商品资金的单证化，在实务中，贸易的最终完成往往以单证交流的形式来实现。从贸易合同的签订以后，直至货物装运、进口提货的整个过程，每个环节都需要相应的单证缮制、处理、交接和传递，以满足企业、运输、银行、保险、商检、海关及政府部门对外贸易管理等多方面的需要。国际贸易单证既是买卖双方凭以收付货款的依据，又是进行进出口贸易不可缺少的手段。

一、国际贸易单证的含义和作用

国际贸易单证（Documents）是指在进出口贸易流程中应用的各种单据、文件和证书，主要用于处理国际货物的交付、运输、保险、商检和结汇等，发生纠纷时又常常是处理争议的依据。狭义的单证指单据和信用证，广义的单证则指各种文件和凭证。目前，在进出口贸易合同履行过程中的单证，大致可以分为两类。一类具有商品的属性，它们有的代表商品，有的表示商品的交换值，有的说明商品的包装内容，有的为商品输入国提供必要的证明等；另一类具有货币的属性，它们有的直接代表货币，有的为货币的支付做出承诺或有条件的保证。各种单证都各有其特定的功能，它们的签发、组合、流转、交换和应用反映了合同履行的进程，也反映了买卖双方权责的发生、转移和终止。因此，单证是完成国际贸易程序不可缺少的手段之一。

单证作为贸易文件，其流转的环节反映贸易程序。单证工作贯穿于企业的外销、进货、运输、收汇的全过程，工作量大，时间性强，涉及面广，除了需要企业内部各部门之间的协作和配合外，还必须与银行、海关、交通运输部门、保险公司、商检机构及有关的行政管理机关发生多方面的联系，环环相扣，互有影响，也互为条件。单证管理工作的加强和单证质量的提高，不仅可以有效防止差错事故的发生，便于安全迅速收汇和接货，还能节约各种费用，加速对外交易进程，提高对外贸易的经济效益。

二、国际贸易单证的分类

国际贸易业务中涉及的单证很多，根据不同的分类标准可以产生不同的类别。

（一）根据贸易双方涉及划分

根据贸易双方涉及的单证可分为：进口单证、出口单证。

进口单证，即进口国企业及有关部门处理单证，包括进口许可证、信用证、进口报关单、成交合同、保险单等。

出口单证，即出口国企业及有关部门处理的单证，包括出口许可证、出口报关单、包装单据、出口货运单据、商业发票、保险单、汇票、检验检疫证、产地证等。

（二）根据单证的性质划分

根据单证的性质可分为：金融单据、商业单据。

金融单据即汇票、本票、支票或其他类似用以取得款项的凭证。

商业单据即发票、运输单据、物权凭证或其他类似单据及任何非金融单据。

《托收统一规则》（国际商会第 522 号出版物）对单证进行了类似的分类。这种方式比较简明扼要，除了金融单据以外，统统归为商业单据，这就使商业单据的种类相当广泛。

（三）根据单证的用途划分

根据单证的用途可分为：资金单据、商业单据、货运单据、官方单据、附属单据。

资金单据，即汇票、支票、本票等信用工具。

商业单据，即出口商出具的单据，有很多种类，如商业发票、形式发票、装箱单、重量单等。

商业发票（Commercial Invoice）简称发票（Invoice），它是出口商对进口商开立的发货价目清单，是装运货物的总说明，内容包括商品的名称、规格、价格、数量、金额、包装等。

货运单据，即各种方式运输单据的统称。《UCP600》将运输单据分为七大类：海运提单，不可转让海运单，租船合约提单，空运单，公路铁路、内河运输单据、专递和邮政收据，报关单，报检单，托运单等。

保险单据，主要是指国际货物运输保险单据，有保险单、预保单、保险证明、投保单等。

官方单据，即官方机构出具的单据和证明，如海关发票、领事发票、原产地证明书、检验检疫证等。

附属单据包括寄单证明、寄样证明、装运通知、船舱证明等。

（四）根据业务环节划分

根据进出口贸易环节可分为托运单证、结汇单证、进出口单证等。托运单证是保证货物安全出运的单证，结汇单证是保证能安全取得货款的单证。

第二节 国际贸易单证的制作

一、国际贸易单证制作的原则

国际贸易单证的正确制作，不仅关系到能否安全迅速收汇和接货，也从一个侧面反映出一个国家的发展水平和企业的业务素质。单证制作必须符合商业的有关惯例和法令规定以及实际需要。各种进出口单证的制作，原则上应该做到"正确、完整、及时、简明、清晰"。

（一）正确

在制单工作的各项要求中，正确是最重要的前提，单证不正确就不能安全结汇。不管是托收还是信用证项下，单据存在任何错误，买方都有拒付货款的权利。国际贸易单证的正确性包含两方面的内容：

一是要求各种单据满足"三相符"的要求，即单据与信用证相符、单据与单据相符、单据与贸易合同相符。从银行的角度看，只需要满足"单证相符"和"单单相符"；而从贸易商交易履行的角度看，还需要做到"单货相符"，即单据的内容应该与实际的交货相符，亦即与合同相符。从严格相符的要求来看，"单证相符"占首要地位，"单单相符""单货相符"都是以"单证相符"为前提的。在信用证业务中，单证的正确需要精确到不能有一字之差，与此同时，受益人出具的各种单据的种类、份数和签署等也必须与信用证的规定相符。

二是要求单据必须符合有关惯例和法令规定的要求。目前，各国开来的信用证，大多注明按照国际商会《跟单信用证统一惯例（UCP600）》的解释，银行在审单时也会以《UCP600》为依据，除非信用证另有特殊规定。因此，相关单证必须符合《UCP600》的规定，否则会被银行视作单证不符而退还或拒付。此外，单证的缮制还应注意进口国对单据或进口货物有无特殊规定。如果单证制作不能满足进口国的相关规定，很可能遭到进口国当局的拒绝。

（二）完整

单证完整的一种意义是指成套单证群体的完整性。单证在通过银行议付或托收时，一般都是成套、齐全而非单一的。如在 CIF 交易中，卖方向买方提交的单证至少应有发票、提单和保险单。在以信用证为支付方式的情况下，出口商只有按照规定备齐所需的单证，银行才能履行议付、付款或承兑的责任。一些国家或地区开来的信用证需要提交单证类别甚多，除发票、提单、保险单等主要单据外，还有各种附属证明，如检验证书、重量单、装箱单、产地证、航行证、邮政收据等。这些单证都需要经过事先申请和办理相关手续才能获得。在单证制作和审核过程中，必须注意及时办理，防止遗漏和误期。

单证完整的另一层含义是指单证的内容必须完备、齐全。任何单证都有其特定的作用，并通过单证本身的特定内容，即格式、项目、文字、签章等来体现。如果格式使用不当，项目漏填，文理不通，签章不全，即不能构成有效文件，单证亦无法发挥其应有的功能。例如，签署和背书一般只需盖一个章即可，但如果漏盖了章，单据便成为"未签署"的单据而无效；背书是使单据的转移得以实现的手段，不同的背书形式直接影响到单据的流通价值和作用；格式 A 产地证书的“原产地标准”栏，仅需填写一个字母再加上税则号码或进口成分，但如果漏填或填写不正确，证书将没有效力。所以，单证的齐全和完整是构成单证合法性的重要条件之一，必须十分重视。

此外，完整还要求进出口商所提供的各种单据的份数要完备，不能短缺。尤其是提单的份数，更应注意按要求提供，避免不符。

（三）及时

进出口单证工作的时间性很强，各种单证都要有一个适当的出单日期。及时出单是指各种单据的出单日期必须合理、可行，也就是说，每一种单据的出单日期不能超过信用证规定的有效期限或按商业习惯的合理日期。例如：保险单的日期必须早于提单的签发日期或统一时期，提单日期不得迟于装运期限，装运通知书必须在货物装运后立即发出。这些日期如果搞错了同样会造成单证不符。

及时出单还反映在交单议付上。这主要是向银行交单的日期不能超过信用证规定交单有效期。有些信用证除了规定有效期外，还另外规定了交单期限。按照国际商会《跟单信用证统一惯例(UCP600)》的规定，“除交单到期日以外，每个要求运输单据的信用证还应该规定一个运输单据出单日期后必须交单付款、承兑或议付的特定期限，如未定该期限，银行将拒收迟于运输单据出单日期 21 天后提交的单据，但无论如何，单据也不得迟于信用证到期日提交”。过期交单将会遭到拒付或造成利息损失。因此，如果在信用证允许的前提下能尽量提早交出单据，则有利于尽早收汇。

（四）简明

单证的简洁明了要求单证各项内容的论述造句流畅、语法规范、用词简明扼要，恰如其分，尽量避免烦琐冗长。单证内容应按照信用证和《UCP600》的有关规定及该惯例所反映的国际标准银行实务填写，切勿加列不必要的内容，以免弄巧成拙。国际商会《UCP600》中指出：“为了防止混淆和误解，银行应劝阻在信用证或其任何修改书中加注过多细节的内容。”其目的就是避免单证的复杂化。同时，单证各项内容的编排应重点突出、主次分明。简化单证不仅可以减少工作量和提高工作效率，也有利于提高单证的质量和减少单证的差错。

（五）清晰

如果说正确和完整是单证的内在质量的话，那么清晰则是单证的外观质量。所谓清晰，主要是指单证的表面是否清洁、美观、大方；单据中的各项内容是否清楚、易认。单据是否清晰，不但反映了制单人制单技术的熟练程度和工作态度，还会直接影响出单效果。单证的清晰要求单证格式的设计和缮制力求标准化和规范化，单证各项内容的排列要布局合理，层次分明，字迹清晰，重点项目要突出醒目。有时即便单证相符和正确无误，而单据却涂改累累，不但不雅观，而且说明制单水平低，还给人一种印象——单据可能不真实。所以，清晰的单证应该尽量减少甚至不应该出现差错涂改的现象。各种单证的更改都要有一个限制点，不允许在一份单证上作多次涂改。若有更改，更改处一定要盖校对章或简签。如涂改过多，最好重新缮制。

二、国际贸易单证制作的依据

贸易单据制作和审核的主要依据是买卖合同、信用证、有关商品的原始资料和国际惯

例、国内管理规定等。在实践中,要注意以下几个方面:

买卖合同是制单和审单的首要依据,从商品名称、规格、数量、价格条件以至运输方式、支付方式等均应符合买卖合同的规定,另外,贸易对方的来电来函内容也可能为单证制作提供相关依据。

在信用证支付方式的交易中,信用证取代买卖合同而成为主要的制作单据的依据,因为银行付款的原则是"只凭信用证而不问合同",各种信用证必须完全符合信用证的规定,银行才承担付款的责任。如果信用证的条款与买卖合同相矛盾,要么修改信用证,以求得"证同一致";否则应以信用证为准才能达到安全收汇的目的。

有关商品的原始资料,一般有生产单位提供的交货单和货物出厂装箱单等单据,显示货物的数量、重量、规格、尺码等。

此外,与国际贸易相关的一些国际惯例,如国际商会第600号出版物《跟单信用证统一惯例(UCP600)》、第522号出版物《托收统一规则(URC522)》、第715号出版物《国际贸易术语解释通则》等文件,也是正确处理一些单证问题的依据。

三、制单的要领

通常情况下,贸易公司有专门的单据格式,或实现统一的电子单证模板,制作时采用填写或计算机录入的方式即可。在单据制作的过程中,应注意以下几方面内容的填制规范。

(一)付款人的表示方法

在发票、汇票等单据中,"To"后面显示的当事人即为接受单据、行使付款义务的一方。

1. 汇票的受票人即为付款人。贸易结算中,只有在托收和信用证方式下使用商业汇票。"To"后面的付款人主要有以下几种:① 托收方式项下:一般"To"后面填进口商,当合同或进口商有特别要求时,可按要求办理。② 信用证方式项下:当L/C明确规定DRAWN ON ×××时,按照L/C要求填定×××;当L/C关于汇票付款人表示用DRAWN ON US, THEM或YOU,则相应将汇票付款人做成开证行,开证申请人或通知行;当L/C要求出具汇票,但没有具体表明付款人时,应将开证行作为付款人。

2. 发票的接收方即发票的付款人。发票的接受方通常为以下三个当事方的一种:实际购货方、签订合同的买方和其他相关人。采用非信用证方式时,按进口商要求办,若没有具体要求时,发票的抬头可做成合同的买方。采用信用证方式的,按照L/C的具体规定;如果L/C没有具体要求时,发票的抬头应做成L/C的开证申请人;当L/C或进口商要求做两家公司为抬头人时,一般写成×××(中间商)for Account of ABC(实际购货方,真正的付款人)。

(二)收货人的表示方法

提单上的收货人通常由运输公司按照出口商的托运单上的内容进行填写,所以在制作托运单时,必须写明收货人具体名称。由于不同国家或地区可能存在同名公司,在填写收货人公司具体名称的同时,还应写上公司的具体联络地址,以明确指定收货人。如果采用信用证付款方式,收货人一栏应按信用证的要求填制;如果使用其他付款方式,对出口方比较有利的做法是将收货人一栏写成TO ORDER或TO ORDER OF SHIPPER。除此之外,也可写成进口商或进口商指定的物流清关公司等第三方,但记名提单由于明确了收货人,不得转让,不利于出口商在进口商拒收货物或其他收汇困难时将货物转卖他人。

在产地证、许可证等清关文件上收货人一栏应填写实际买家。当进口商有具体要求时,按照要求制作;若进口商没有具体要求,可按照提单上的通知人或其他货运单据上的收货人填写。

(三)装卸货港的表示方法

商业发票、产地证、海关发票等单据有关装卸货港的表示通常按照合同、信用证中有关运输及价格条款和实际情况填写,但在货运提单上的表示需要慎重,特别是在信用证付款方式下,需要注意如使用海运提单(非多式联运提单),装货和卸货港必须与信用证上的规定一致;使用多式联运提单,格式内容通常有收货地(Place of Receipt);船名及航次号(Vessel Voy NO.)、装货港(Port of Loading)、卸货港(Port of Discharge)、交货地(Place of Delivery)等6栏。填制时,需要通过合适的方法来满足信用证的相应规定。如提单上注明的接受监管地或收货地不同于装货港,则应在装船批注中表明信用证规定的装货港名称、已装货的船名及装船日期。

(四)单据日期的表示方法

在填制单据时,日期是一项值得关注的重要栏目,它反映了进出口双方履行各自义务的时效性。各种单据的签发日期应符合逻辑性和国际惯例,信用证付款方式下还要符合信用证的规定。在所有的单据中,商业发票的签发日期一般是最早的。通常的情况是先做好发票再制作其他单证。另外,提单日期是确定各单据日期的关键,装箱单、保险单、产地证及各种检验证书应早于提单的日期,而汇票、受益人证明、装船通知等应等于或晚于提单日期。

一般情况下,各单据日期关系如下:发票日期应在各单据日期之首;提单日不能超过L/C规定的装运期也不得早于L/C的最早装运期;保单的签发日应早于或等于提单日期,但不能早于商业发票;装箱单应等于或迟于发票日期,但必须在提单日之前;产地证不早于发票日期,不迟于提单日;商检证日期不晚于提单日期,但也不能早于提单日过长,尤其是鲜货,容易变质的商品;受益人证明等于或晚于提单日;装船通知等于或晚于提单日后三天内;汇票日期应晚于商业发票、提单等其他单据,但不能晚于L/C的有效期。

(五)数量和金额的表示方法

货物的包装、件数和数量,通常应在商业发票、装箱单、提单等单据中表明,并且在各个单据中保持一致。当"约(about)""大约(approximately)"或类似的词语用于信用证数量时,应理解为有关数量允许不超过10%的增减幅度。如果信用证规定的货物是以重量、长度、面积或体积等作为计量单位的,而不是按照包装单位或个数计数的,在信用证对货物数量没有不得增减要求或所支取的金额未超过信用证金额的前提下,允许货物数量有5%的增减幅度。当信用证明确要求列明货物重量或以重量计价的商品时,除了重量单、装箱单上应注明毛、净重外,商业发票上也应详细列明毛、净重。

各个单据中的金额,包括单价和总值必须准确计算,正确缮制,并认真复核,特别注意货币单位与合同或信用证是否一致,小数点的书写位置是否正确,金额和数量的横乘、竖加是否有矛盾。若信用证的金额是扣除佣金后的净值,发票金额处应显示总额减佣金。凡"约(about)""大约(approximately)"或类似的词语用于信用证金额时,应理解为有关金额可有不超过10%的增减幅度。但要注意"约"出现在哪一栏目,就仅适用于那一项目,且不能以此类推。例如,信用证中货物的单价与数量条款中有“约”等词语,但金额中没有此类词语,金额就不允许有上述幅度的增减。

四、常用贸易单证的制作

进出口贸易涉及的单证种类繁多,根据业务环节可以分为托运单证、结汇单证和进口单证。其中,结汇单证是能够保证安全取得货款的涉外法律性文件,对单据的内容、份数和制作方法要求较高。尤其在以信用证方式结算贷款的交易中,提交的单据必须与信用证条款的规定严格相符。本节主要以履行CIF出口合同、使用班轮运输为例,对出口主要涉及单据的用途及其制作要点作扼要的说明。

(一)商业发票

在信用证业务中,当信用证要求“发票”,而未作进一步的定义时,则提交任何形式的发票都可以接受。但是,“临时发票”或类似的发票是不可接受的。当信用证要求提交商业汇票时,标为“发票”的单据是可以接受的。

发票并无统一格式,但其内容大致相同。主要包括出具人名称、发票字样、抬头人名称、发票号码、合同号码、信用证号码、开票日期、装运地点、目的港或目的地、唛头、货物的名称、规格、数量、包装方法、单价、总值等。有的发票在下端还印有“有错当查”(E. &O. E.)的字句。这是为了一旦发生错误或遗漏时可以进行更正或更换,并非必要项目。

发票内容必须符合买卖合同规定。在采用信用证支付方式时,还应与信用证的规定严格相符,不能有丝毫差异。在缮制发票时,一般应注意如下各项:

1. 出具人名称。发票出具人一般为出口商。在发票的顶端,通常印有出口商的名称及详细地址。在信用证方式下,上述出口商的名称及地址必须与信用证所规定的受益人的名称与地址相一致。按《UCP600》规定,除可转让信用证外,一般信用证项下的发票必须由信用证的受益人出具。

2. 抬头人名称。在信用证方式下,除非信用证另有约定,商业发票的抬头必须做成开证申请人(可转让信用证除外)。在托收方式下,商业发票的抬头一般为国外进口商。

3. 发票号码、合同号码、信用证号码及开票日期。发票号码由出口商统一编制,一般采用顺序号,以便查对;合同号码应如实填列;信用证号码依照信用证中列明的填制。发票的开立日期不要与运输单据的日期相距过远,且必须在信用证的交单有效期内,也不应晚于交单日。

4. 装运港或装运地和目的港或目的地。在符合信用证规定的前提下,应明确具体,不能含糊笼统。如遇在世界上有重名的港口或城市,应加列国名或地区名称。

5. 运输标志。凡是信用证有指定唛头的,必须依照规定制唛。如未指定,出口商可自行设计。发票的唛头及件号应与运输单据和其他单据所表示的相一致。

6. 货物的名称、规格、数量与包装方法。发票上的货物名称、规格、数量与包装方法等有关货物的描述,必须与信用证要求完全相符,不能有任何差异。《UCP600》第18条c款规定:“商业发票中对货物服务或履约的描述必须与信用证中的描述相符合。”

7. 单价与总值。单价和总值是发票的重要项目,必须准确计算,正确制作,并应做到单价、数量、总值三者之间不能相互矛盾。商业发票的总金额不得超过信用证规定的金额,与信用证的货币相同。

8. 各种说明。国外开来的信用证,有时要求在发票上加注特定费用金额等说明、有关文件号码与证明文句等。在缮制发票时,可将上述内容打在发票的商品描述栏内。在实际业务中,常见的要求有:分别列明货物的 FOB 金额、运费及保险费;进口许可证号、布鲁塞尔税则号码等有关号码;注明货物的原产地是中国等。若要求在发票上加注"证明所列内容真实无误"或类似文句,即要求出具"证实发票"或"签证发票"(Certified Invoice),则需将发票下端的"E. &O. E."字样删去。

9. 签发人的签字或盖章。商业发票习惯上均有出具人的正式签字。但依照《UCP600》第 18 条 a. iv 款规定,商业发票"无须签署"。

(二) 汇票

在出口贸易中,通常使用的是随附单据的"跟单汇票"。关于汇票的内容和使用,在前面章节中已作介绍,以下主要阐述缮制汇票应注意的几个问题。

1. 出票条款。出票条款,又称出票根据,在信用证业务中一般包含三个内容:开证行名称、信用证号码和开证日期。上述三个内容应分别填入汇票相应的项目,例如:"凭"(draw under)项下应填开证行名称和信用证号码(L/C No);"日期"(date)一栏应填开证日期;采取托收方式,则应注明有关买卖合同的号码。

2. 汇票金额和币别。在填制汇票金额和币别时,应注意以下几点:第一,除非信用证另有规定,汇票金额应与发票金额一致。托收项下汇票的金额和发票金额一般也应一致。第二,如信用证规定汇票金额为发票金额的百分之几,例如 98%,那么发票金额应为 100%,汇票金额为 98%,其差额 2% 为应付佣金,这种做法通常适用于中间商代开信用证的场合。第三,如信用证规定部分信用证付款,部分托收,则应制作两套汇票:信用证下支款的汇票按信用证允许的金额填制,其余部分为托收项下汇票的金额,两者之和等于发票金额。第四,汇票上的金额大小写必须一致,采用信用证规定的币种。汇票金额不得涂改,即使是更改后加盖校对章也不允许。

3. 付款人,又称受票人。在信用证方式下,应按照信用证的规定,以开证行或其指定的付款行为付款人。倘若信用证中未指定付款人,应填写开证行,付款人名称必须填制完整。按《UCP600》第 6 条 c 款规定:"信用证不得开立成凭以申请人为付款人的汇票兑付。"在托收方式下使用的汇票,汇票的付款人一般为国外进口商。为便于代收行收款,制作时必须填写完整的地址。

4. 汇票的受款人,又称收款人或汇票抬头人。汇票的受款人应为银行。在信用证方式下,汇票的受款人通常为议付行或出口商的往来银行,在托收方式下,汇票的受款人应为托收行。在出口业务中,无论以信用证方式还是以托收方式结算,对外签发的汇票均应做成指示式抬头,例如"付中国银行或其指定人"(pay to the order of Bank of China)。

5. 汇票的出票人。信用证方式下,汇票的出票人必须为信用证的受益人,在可转让信用证情况下,也有可能为信用证的第二受益人。在托收方式下,一般为买卖合同的出口商。出票人应署企业全称和负责人的签字或盖章。

(三) 运输单据

运输单据随不同的运输方式而各不相同。海洋运输时大都使用海运提单(Ocean Bill of

Lading,B/L)。在我国,海运提单通常由运输代理制作,在货物装船后由船公司签署后交出口企业。下面介绍海运提单的缮制及有关的事项。

1. 海运提单的名称。在实际业务中,运输单据与其他单据一样,通常都标明单据的名称。依照《UCP600》的第 20 条 a 款规定,银行可接受海运提单,而不论其名称如何。例如,来证中规定为"Ocean B/L",但提交银行的为"Marine B/L",甚至是"Combined Transport B/L",只要其内容符合信用证的要求,银行均可予以接受。

2. 托运人(Shipper)。托运人(即发货人)一般为信用证的受益人。除非信用证另有规定,银行亦接受以信用证受益人以外的一方为托运人的海运提单,此种提单称为第三者提单(Third Party B/L),例如以货运代理机构作为托运人。

3. 收货人(Consignee)。提单中收货人栏目的缮制方法应严格依照信用证的规定。在实际业务中,提单大都依照信用证的规定做成"凭指定"(to order)或"凭托运人指示"(to order of shipper)抬头。这种提单必须经托运人背书,才可流通转让。有时信用证中规定提单应做成"凭××银行指定"(to order of ×× Bank),例如凭开证行指定。这种提单须经该银行背书后方可转让或提货。

4. 被通知人(Notify party)。提单上列明被通知人的目的,是便于船公司在船货抵港前能及时通知实际购货人做好提货准备,所以提单中的被通知人通常是货物的进口人或其代理。信用证对被通知人有具体规定时,应按信用证规定填制。被通知人的名称、地址必须详细,有的还要加上邮政信箱号。如是记名提单,则被通知人一栏可以不填。

5. 提单号码(B/L NO.)。为便于查核和工作联系,提单号码通常按船公司签发的装货单所用号码填制,并与大副收据或场站收据号码相一致。

6. 船名及航次(Name of Vessel)。应填列货物实际所装船舶的船名及航次。

7. 装货港、卸货港(Port of Loading,Port of Discharge)。装货港和卸货港必须具体填制,如"装货港:上海;卸货港:伦敦"。如需转船,且由第一程船公司出具转运提单,则卸货港填最后目的港,提单上列明第一程和第二程的船名。如第二程船名尚未确定,但转船港已确定,则卸货港填最后目的港,同时注明"在××港转船"(with transhipment at …)。如集装箱运输使用多式运输单据时,提单上除列明装货港、卸货港外,还需列明"交货地"(Place of Delivery)和"收货地"(Place of Receipt)及"第一程运输工具"(Pre-carriage by)"海运船名和航次"(Ocean vessel Voy. No.)。如果目的港为选择港时,应在所列的选择港前或后加注"选择"(Optional)字样。如卸货港有同名港时,则须加注国名或地区名称。

8. 唛头(Shipping Marks)。按实际使用填列。信用证有规定的,应按信用证的规定,并与发票上所列相一致。

9. 包装件数、种类与货物的描述(Number and Kind of Packages,Description of Goods)。包装件数、种类应按实际情况填列,托盘及集装箱也可作为包装填列。集装箱货物,应注明集装箱的号码和封志号。货物的名称,可用货物的统称,但不得与信用证中货物名称有抵触。如系危险品必须写明化学名称,注明国际海上危险品运输规则号码(IM CO CODF PAGF)、联合国危险品规则号码(UN CODE NO.)与危险品等级(Class No.),冷藏货物则需注明所要求的温度。

10. 毛重和尺码(Gross Weight & Measurement)。一般以公吨作为重量单位,以立方米作为体积单位,小数点后要保留两位。信用证另有规定的,按信用证规定。

11. 运费和费用(Freight&Charges)。运费和费用一栏一般只填运费的支付情况,按 CFR 或 CIF 条件达成的交易,应填运费已预付(Freight prepaid),若以 FOB 术语成交的出口交易,除非发货人代为支付运费,应填运费到付(Freight to collect; Freight payable at destination)。在提单的程租船项下,一般只列明"按商定"(as arranged)。

12. 正本提单份数。按信用证中规定填制,并用大写数字,如"一份""两份""三份")。如信用证中仅规定"全套"。可按习惯填制为一式两份或三份,即请船公司或其代理人签发一式两份或三份正本提单。全套提单是指承运人在签发的提单上所注明的全部正本份数,包括单份正本提单。

13. 提单日期及签发地点。已装船提单的签发日期为装船完毕日期,由船公司按实际装运日期填列。提单日期应不迟于信用证规定的最迟装运日。提单的签发地点应按装运地点填列。倘若货物实际装船完毕的日期迟于信用证规定的最迟装运日,为使提单日期符合信用证规定,托运人有时凭保函(Letter of Indemnity)要求船方在提单上倒填装船日期,依此签发的提单习惯称作"倒签提单"(Antedated B/L)。倘若货物尚未装上船,而信用证规定的装运期已到,托运人为赶在信用证规定期限内向银行提交符合信用证规定的单据收汇,出具保函要求船公司预先借出"已装船提单",依此而签发的提单习惯称作"预借提单"(Advanced B/L)。"倒签提单"和"预借提单"是托运人和承运人串通弄虚作假的行为。所以,虽然这些都是国际航运界沿用已久的不良习惯做法,但一旦被揭露,后果严重,在我国的出口业务中,原则上不应采用。

14. 签署。依照《UCP600》规定,海运提单表面上须注明承运人名称,并由承运人或其具名代理、船长或其具名代理签署。签署人亦须表明其身份,若为代理签署,尚须表明被代理一方的名称和身份。除以上主要内容外,按照信用证规定,提单有时还需加列进口许可证号、信用证号码、目的港船公司代理的名称和地址等内容。

案例研讨 11-1 "1/3 正本提单"的潜在风险

我国某出口公司 G 收到国外来证,其中在"DOCUMENT REQUIRED"一栏要求如下:"Beneficiary's signed declaration stating that: 1/3 original marine B/L and one signed original of each other document presented at the bank were sent directly to BLL HAIFA by special courier (if shipment effected by sea) or photocopy of original Certificate of Origin and other signed original documents presented at the bank were attached to and/or accompanying the goods (if shipment effected by air)"(受益人签署的声明书,证明 1/3 正本提单和一份签字的其他正本单据通过特快直接寄给 BLL HAIFA(如果是通过海运)或原产地证书的影印件和一份签字的其他正本单据已随货物(若通过空运))。

G 公司将全套单据 3 份正本提单及所要求的发票、装箱单及其他单据交给中国深圳通知行,后经中行复审无异后,然后交全套单据寄往国外开证银行承兑。中行于到期日收到开证行通知:"因所交单据与信用证要求不符,拒绝承兑或付款。"不符之处为:信用证在所需单据第(7)款中要求"若为海运,1/3 的正本提单需用特快专递直接寄往 BLL HAIFA"。G 公司立即与客户联系,说明由于工作疏忽没有按信用证要求办理,请其尽快付款赎单。不日客户办理了付款赎单,终于顺利解决了此案。

问题:(1)"1/3 正本提单"条款对受益人有何风险?(2)进口方为何要求在信用证中列入"1/3 正本提单"条款?(3)如信用证中出现"1/3 正本提单"条款,出口方该如何妥善处理?

提示:(1)"1/3 正本提单"条款意味着,3 份正本提单中任何一份生效,其他 2 份自动失效。如果一份正本提单直接寄给客户,客户可以不经银行议付而直接凭手中的提单提走货物。(2)进口方希望能够早日提取货物。(3)出口方应要求改证,将 1/3 正本提单直邮改为副本直邮。

(四)保险单据

在 CIF 合同中,出口商在向银行或进口商收款时,提交符合买卖合同及/或信用证规定的保险单据是其重要义务。

当出口商办妥投保手续后,保险公司即根据投保人提供的投保单缮制保险单。保险单主要有以下内容:

1. 保险公司名称。出具保单的公司的全称及公司标记一般印制在保单的最上端,以确定保单责任的承担者。

2. 单据名称。通常必须含有"Insurance Policy"的字样。

3. 编号。通常由三部分组成,即该保险公司出具保单的下属分支公司的编号、出单年份,同险种保险业务连续号。

4. 被保险人名称。通常是信用证的受益人,并加空白背书,便于办理保险单转让。

5. 唛头。保险公司在本栏日常采取仅打上"同××号发票"(as per invoice No.)的方式,这是因为发生保险索赔时,索赔方必须提供发票,这样便于两种单据互相参照。

6. 包装及数量由保险公司按投保单填列。按惯例,保险单据的货物包装和数量应与发票内容相一致。

7. 保险货物名称。可使用货物的统称,但须与提单等单据相一致,并不得与信用证中货物的描述相抵触。

8. 保险金额。《UCP600》第 28 条 f(i)款规定,保险单据必须以信用证同样货币表示,并按信用证规定的金额投保,如信用证未规定时,保险金额不应低于货物的 CIF 或 CIP 价值的 110%,如不能确定 CIF 或 CIP 货值的,则不能低于银行付款、承兑或议付金额或发票金额的 110%,以金额较大者为最低保险金额,金额大小写应一致。

9. 保费及费率。除非信用证另有规定,一般采用"按商定"(as arranged)方式填制。

10. 装载运输工具。参照提单,注上承运货物的船舶名称与航次。如投保时已明确要在中途转船,须在第一程船名后加注第二程船名,如第二程船名未能预知,则在第一程船名后加注"and/or steamers"。

11. 开航日期。海运时,缮制"按提单"(as per B/L)即可,其他运输方式类同。

12. 运输起讫地点。参照提单,如中途须转船,应列明"转运"(with transhipment)字样。

13. 承保险别。按照投保单填制,并应与信用证规定相一致。如信用证未作规定,按《UCP600》第28条规定,银行将接受所提交的保险单据,而对任何险别未予投保,不承担责任,保险单据须表明承保的风险至少涵盖从信用证规定的货物接受监管地或发运地开始,到卸货地或最终地为止。此外,保险单据可以援引任何除外条款,也可注明免赔率或受免赔率的约束。

14. 保险公司在目的地或就近地区的代理人。这是为了便于收货人在货物出险后与保险公司联系办理保险索赔。

15. 赔款偿付地点。一般为保险公司在目的地或就近地区的代理人所在地。

16. 保险单出单日期与地点。按《UCP600》第28条e款规定,保险单出单日期必须不迟于运输单据上注明的货物装船或发运或接受监管的日期,除非保险单显示承保责任生效日期不迟于装运日期。保险公司通常以投保单日期作为保险单的出单日期。

17. 保险公司签章。按《UCP600》第28条a款规定,保险单据表面上必须由保险公司或其代理人或它们的代表出具和签署。除非信用证另有授权,保险经纪人出具的暂保单(Cover Notes)银行不予接受。

在国际货物贸易中,货物运输保险单据如同海运提单一样,也可由被保险人背书随物权的转移而转让保险权利。

(五) 包装单据

包装单据是指一切记载或描述商品包装情况的单据,也是商业发票的补充单据。在向银行交单要求付款、承兑或议付时,除散装货外,一般均要求提供包装单据。

不同商品有不同的包装单据,常用的有装箱单(Packing List; Packing Slip)、重量单(Weight List)和尺码单(Measurement List)、磅码单(Weight Memo)等。

装箱单又称包装单,是表明出口货物的包装形式、包装内容、数量、重量、体积或件数的单据。其主要用途是作为海关验货、公证行核对和进口商提货点数的凭据。装箱单还可作为商业发票的补充文件,用以补充说明各种不同规格货物所装之箱号及各箱的重量、体积、尺寸等内容。装箱单并无固定的格式和内容,只能由出口人根据货物的种类和进口商的要求而仿照商业发票的大体格式来制作,但在一般情况下,装箱单除有合同编号、发票号码外,还应包括:商品名称、唛头、装箱编号、包装类型、花色搭配、货物数量、包装数量、重量、体积等。若要求提供详细包装单,则必须提供尽可能详细的装箱内容,描述每件包装的细节,包括商品的货号、色号、不同规格搭配、毛净重及包装尺码等。

重量单,又称磅码单、码单,是用于以重量计量、计价的商品清单。一般列明每件包装商品的毛重和净重、整批货物的总毛重和总净重,有的还须增列皮重;按公量计量、计价的商品,则应列明公量及计算公量的有关数据。凡是提供重量单的商品,一般不需提供其他包装单据。

尺码单,又称体积单,是着重记载货物的包装件的长、宽、高及总体积的清单。供买方及承运人了解货物的尺码,以便合理运输、储存及计算运费。

(六) 原产地证明书

原产地证明书(Certificate of Origin)是一种证明货物原产地或制造地的文件,也是进口国海关核定进口货物应征税率的依据。原产地证明书一般分为普通产地证和普惠制产地证及政府间协议规定的特殊原产地证等。上述产地证虽然都用于证明货物的产地,但使用范围和格式不同。

1. 普通产地证。又称原产地证,在我国出口业务中使用的原产地证是指中华人民共和国出口货物原产地证明书(Certificate of Origin of the People's Republic of China),它是证明出口货物符合《中华人民共和国货物原产地规则》,确系中华人民共和国原产地的证明文件。这种文件是进口国海关对该进口货物按何种税率征收进口税的依据。

依照签发者的不同,原产地证可分为以下几种:出口商自己出具的产地证、生产厂商出具的产地证、出入境检验检疫局签发的产地证明书、中国国际贸易促进委员会签发的产地证明书。在实际业务中,应根据买卖合同或信用证规定,提交相应的产地证。一般情况下,以使用出入境检验检疫局或贸促会签发的产地证居多。在缮制原产地证书时,应按《中华人民共和国原产地规则》及其他有关规定办理。

2. 普惠制产地证。普惠制产地证(Generalised System of Preference Certificate of Origin)是普惠制的主要单据。凡是对给予我国以普惠制关税优惠待遇的国家出口的受惠商品,须提供这种产地证,作为进口国海关减免关税的依据。其书面格式名称为"格式A"(FormA)。但对新西兰除使用格式A外,还须提供格式59A证书(Form 59A),对澳大利亚不用任何格式,只需在商业发票上加注有关声明文句即可。在我国,普惠制产地证书由出口商填制后连同普惠制产地证申请书和商业发票一份,送交出入境检验检疫局签发。

3. 欧洲经济共同体纺织品产地证明书。这种产地证的英文全称是 European Economic Community Certificate of Origin Textile Products,简称EEC纺织品产地证。对欧洲联盟国家出口纺织品时,信用证通常都需要提供这种特殊的原产地证明书。此种产地证在我国是由出口地省级外经贸委(厅)签发的。

除上述几种产地证外,在对美国的出口中,一般使用原产地声明书(Declaration of Country of Origin)。此声明书有三种格式:第一种格式,也称格式A,是单一国家声明书(Single Country Declaration),声明商品的原产地只有一个国家;第二种格式,也称格式B,是多国家产地声明书(Multiple Country Declaration),声明商品的原材料是由几个国家生产的;第三种格式,也称格式C,是非多种纤维纺织品的声明书,亦称否定式声明(Negative Declaration),适用于主要价值或主要重量是属于麻或丝的原料,或其中所含羊毛量不超过17%的纺织品。

(七)检验证书

检验证书(Inspection Certificate)是出入境检验检疫机构对出口商品实施检验或检疫后,根据检验检疫结果,结合出口合同和信用证要求,对外签发的证书。检验证书是出入境检验检疫机构对外签发的具有法律效力的凭证,直接关系到对外贸易有关各方的合法权益和争议各方的利益,其作用是多方面的,包括凭以向银行或进口商收取货款。检验证书一般由国家质量监督检验检疫部门指定的出入境检验检疫机构包括设在各省、自治区、直辖市的出入境检验检疫局与其他专业检验机构出具,也可以根据不同情况和不同要求,由外贸企业或生产企业出具。证件的名称视检验检疫的内容而定,但应注意证件名称及所列项目和检验检疫结果须与出口合同和信用证规定相符。此外,还须注意检验检疫证书是否在规定的有效期内,如果超过规定期限,应当重新报检。

（八）海关发票

海关发票(Customs Invoice)是非洲、美洲和大洋洲等某些国家海关特定的格式，由出口商填制，供进口商凭以向进口国海关报关时用的一种特别的发票。各国海关发票各有专用的固定格式，不能相互替代。其主要作用是作为进口国海关估价定税，核定原产地征收差别关税，审核出口商是否低价倾销，或接受其政府补贴，以确定是否征收反倾销税或反补贴税，也可供进口国海关编制统计资料使用。

填制海关发票应注意下列事项：

1. 海关发票必须注明货物成分，以便进口国海关分类征税。

2. 海关发票与商业发票中的同一项目，如唛头、品名、数量、金额等的内容必须相符。

3. 海关发票的抬头人一般应填写目的港或目的地的收货人。

4. 海关发票中“出口国国内价格”一栏，应以出口国的货币填写，且不能高于合同中的FOB、FCA价值，即合同中FOB、FCA价格应高于国内市场价，否则可能成为进口国海关征收反倾销的借口。

5. 如成交价格为CIF、CIP条件，应分别列明FOB或FCA价、运费、保险费，三者之和应与CIF、CIP价相等。

6. 海关发票上的签字，必须以个人名义手签。如要求另加证明文句，证明的签字式样不得与发票、汇票或其他单据的签字相同。

值得注意的是：各国使用的海关发票，其格式各不相同，不能混同使用。

（九）其他单证

其他单证是根据信用证条款规定而提供的。这些单证，有的是出口商自己制作的，有的其他单位应出口商要求而出具的。其内容及签发人均应符合信用证规定。常见的有以下几类：

1. 寄单证明(Beneficiary's Certificate for Despatch of Documents)。

2. 寄船样证明(Beneficiary's Certificate for Despatch of Shipment Samples)。

3. 装运通知副本(Copy of Shipping Advice)。

上述三种单据，均由出口商自己缮制，并无固定格式。

4. 邮局收据(Post Receipt)或快递收据(Courier Receipt)。该单据须由受益人在以邮或快递方式对外寄出货物或样品或单据时，向邮局或快递机构索取。

5. 有关运输方面的证明，如船籍或航程证明、船龄证明、船级证明等，受益人可向船司或其代理索取。

此外，有必要指出，按照《UCP600》第14条g款规定，非信用证要求的单据，银行将不置理。若银行收到此类单据，银行可将其退回交单人或转递而不承担责任。

案例研讨 11-2　信用证项下“单证不符”的拒付

2001年4月份广交会上某公司A与科威特某一老客户B签订合同，客人欲购买A公司的玻璃餐具(名：GLASS WARES)，我司报价FOB WENZHOU，温州出运到科威特，海运费到付。合同金额达USD25064.24，共1×40’高柜，支付条件为全额信用证，客人回国后开信用证到A公司,要求6月份出运货物。

A公司按照合同与信用证的规定在6月份按期发货,并向银行交单议付,但在审核过程发现两个不符点:(1)发票上:GLASS WARES 错写成 GLASSWARES,即没有空格;(2)提单上:提货人一栏,TO THE ORDER OF BURGAN BANK,KUWAIT 错写成了 TO THE ORDER OF BURGAN BANK,漏写 KUWAIT。A公司认为这两个是极小的不符点,根本不影响提货,就担保出单了。但A公司很快就接到由议付行转来的拒付通知,银行以上述两个不符点作为拒付理由拒绝付款。A公司立即与客户取得联系,原因是客户认为到付运费(计USD2275.00)太贵(原来A公司报给客户的是5月份的海运费,到付价大约是USD1950.00,后6月份海运费价格上涨,但客户并不知晓)拒绝到付运费,因此货物滞留在码头,A公司也无法收到货款。

后来A公司人员进行各方面的协调后,与船公司联系要求降低海运费,船公司将运费降到USD2100.00,客户才勉强接受,到银行付款赎单,A公司被扣了不符点费用。整个纠纷解决过程使得A公司推迟大约20天才成功收汇。问:本案存在哪些不合理之处?

提示:"不符点"没有大小之分。本案中,A公司事先知道单据存在"不符点"的情况下仍制作并提示单据,存在银行拒付的风险;FOB术语项下运费的上涨与A公司并无关系,但由于单证存在"不符点",A公司不得不与客户讨价还价。

第三节　国际贸易单证的审核

单证的审核是对已经缮制、备妥的单据对照信用证(在信用证付款情况下)或合同(非信用证付款方式)的有关内容进行单单、单证的及时检查和核对,以发现问题,及时更正,达到安全收汇的目的。

一、单证的审核方法

(一)单套单据的审单方法

在单套单据的审核中,通常采取先纵向审核,再横向审核的纵横审单方法。所谓纵向审单,是指以信用证或合同(在非信用证付款条件下)为基础对规定的各项单据进行一一审核,要求有关单据的内容严格符合信用证的规定,做到"单证相符"。横向审核是指在纵向审核的基础上,以商业发票为中心审核其他规定的单据,使有关的内容相互一致,做到"单单相符"。当单据的数量比较集中时,为提高效率也可以采取先数字后文字的审单方法,先将各种单据中的数字,如单价、总价、数量、毛重、净重、尺码、包装件数等数据进行全面的复核,然后再采取纵横审单法对其他内容进行审核。

(二)多套单据的审单方法

当需要审核多笔业务、多个客户的多套单据时,可以采取以下方法来提高审单效率:①按照装运日期审单法。出口业务量大、批次又多的企业,为保证及时收汇,可以按照货物装运日期的先后依次进行审单,以便在离装运日最短的时间内交单。②分地区客户审单法。不同的国别地区、不同的客户对进出口单证的要求存在差异,但同一国别地区或同一客户对单据的要求基本相同,将相同特点的单据集中审核,便于提高审单效率和质量。市场覆盖范围广的企业可以采取分地区分客户审单的方法。

二、单证审核的重点

尽管各种单据的内容和形式千变万化,但基本项目是大致相同的。在审核具体单据时,既要对这些共同的项目进行核对,也要注意对不同单据关键项目的审核:如对汇票的信用证号码、付款人、付款期限、具体金额大小写的审核;对发票的抬头与签发单位、货物描述、数量、单价及金额的审核;对提单的各方当事人、被通知方、装/卸货港、装运日、运费已付或待收;唛头、转运情况、是否有关于货物的不良批注等的审核;对空运单的被通知方、起运/目的地机场、航班号及日期、运费已收或待付、签发人的审查;对保险单据的转让条款、投保金额、投保险别、出具日及装运日、背书情况的审查。具体的审查要求如下:

1. 汇票审查的关键点

(1) 大小写金额及货币名称和代号必须一致而且规范化;

(2) 付款期限必须符合合同或信用证的规定;

(3) 汇票金额不能超出信用证限额;

(4) 出票人、受款人、付款人都必须符合信用证或合同(非信用证付款条件下)的规定;

(5) 出票条款须正确填写;

(6) 出票人印章或签字不得遗漏;

(7) 信用证规定的其他条款。

2. 发票审查的要点

(1) 发票的首部须印有"Invoice"或"Commercial Invoice"字样;

(2) 抬头人一般应是进口商的名称和详细地址;

(3) 发票中对货物的描述必须与单证完全相同,包括货名、数量、规格、单价等内容,一般原文照抄,切忌标新立异或画蛇添足;

(4) 发票中的数量、单价和金额必须是准确的具体数字,不得冠以"大约"或类似的文字;

(5) 发票中应列明商品的包装、总件数、总的毛净重和总尺码。

(6) 发票的签发单位必须是信用证的受益人。

3. 运输单据的审查要点

(1) 单据的名称和类别必须符合信用证或买卖合同的规定;

(2) 托运人,亦称发货人,一般应为出口商或信用证的受益人;

(3) 承运人,接受托运人的委托负责办理货物运输的单位,应符合信用证的规定;

(4) 收货人,亦称提单抬头人,根据信用证的规定,可以做成记名提单和指示提单等不同形式;

(5) 货物的描述可使用统称,不需要详细列具体规格,但不得与信用证中货物的描述有抵触;

(6) 不论信用证有无明确规定,在运输单据中应明确表示"运费预付"(Freight Prepaid)

或“运费到付”(Freight Collect)。

4. 保险单据的审查要点

(1) 保险人和保险单据的名称应符合信用证规定;

(2) 被保险人(投保人)应为信用证的受益人;

(3) 保险标的物应与运输单据相同;

(4) 承保风险应符合信用证关于保险险别的规定;

(5) 保险期限应符合信用证的规定,起运地、目的地、运输工具、航程等,必须与运输单据一致;

(6) 保险金额大小写必须一致; 金额必须符合信用证的要求,如信用证未注明金额要求时,应按发票上货物金额的110%投保;

(7) 保险费除非信用证要求显示,一般不可显示,只打“as arranged”;

(8) 代理人即保险公司在目的地的代理人,应有全称和详细地址;

(9) 理赔地点一般应为目的地;

(10) 保险公司签章不得遗漏;

(11) 保险单签发日期不得迟于运输单据的签发日期;

(12) 保险单的背书需按信用证规定办理。

三、单证审核的其他注意事项

1. 单据份数的掌握: 如果信用证使用诸如“一式两份(in duplicate)”“两份(in two fold)”“两套(in two copies)”等用语要求提交多份单据,则提交至少一份正本,其余使用副本即可满足要求,除非单据本身另有说明。

2. 单据正副本的理解: 如果信用证中没有对某一单据正副本的份数提出要求,根据《UCP600》相关规定,交单时应至少包括一份正本、副本份数不限。对提单、保险单等单据,信用证中常以分数方式表示正本份数,如2/3提单交银行,1/3提单直接寄进口商,总共正本提单应出具三份(即提单内容中“正本份数”一栏应表明THREE)。

另外,正本的复印件不能作为duplicate copy或者copy使用,应用套打的副本或者副本的复印件。

3. 信用证中提到的“shipping documents”不仅仅指运输单据,而是除汇票以外的所有单据。如信用证规定,“L/C No. must be indicated on shipping documents”,除汇票外,所有单据必须显示信用证号码,而不仅仅在提单上表示。

案例研讨11-3 单证审查的标准: 严格相符还是实质相符

我国某出口商收到英国客户通过伦敦N银行开来的金额为199 233美元的信用证,支付的日期为“海运提单签发后的45天”,有关装运条款规定:“供应商证明条款,即出口商须在出航后24小时之内,将船舶的名称、货物的净重和价值电传至开证人。”1月15日,议付行收到了出口商提交的全套单据,在审证时,发现出口商用“装船通知”代替了“供应商证明”条款。尽管这是两种不同格式的单据,但从严格意义上来说,两者起着相同的作用。议付行也认为“装船通知”更加合适。鉴于此,议付行将议付所需的单据,交付给了开证行请求偿付。

1月25日,开证行电传了拒绝付款的消息,并声明“供应商证明书并未电传至开证申请人”。联系了受益方后,议付行电传给开证行一份“受益人已经将供应商证明在装船后,电传至开证申请人”的证明。然而,开证行一再强调申请人拒绝付款。由于很难联系已经出国的开证申请人,双方各执一词,矛盾一时难以解决。事后,经调查发现,进口商反对付款的真正原因是该批货物在伦敦市场价格已经下滑,进口商不打算接受该批货物。

议付行再次电传至开证行,指出“装船通知”和“供应商证明”的效力相同,按照通行的国际贸易惯例,在以往的信用证交易中,开证行可同时接受这两种条款的。然而,开证行坚持卖方提供的“供应商证明”有出入,拒绝偿付。由于信用证已到期,货物在港口滞留将引起逾期费用,出口商只得忍痛降价58 000美元,并同意进口方的要求,即货物到达伦敦后的45天后付款。

问:(1) 你认为开证申请人拒绝支付的原因是什么?(2) 你认为受益方(出口商)在这个案例中有过错吗?(3) 如果你是出口商,将如何解决这个问题?

提示:(1) 信用证付款遵循单证“严格相符”的原则,虽然装船通知和供应商证明具有同样的功能,即“实质相符”,但是名称与格式不同,开证行也可以以“单证不符”为理由拒付或者扣除单证不符费用;(2) 受益方的过失在于未严格遵守“单证相符”的原则进行制单;(3) 与进口商协商,并在信用证有效期内重新发一份供应商证明条款,但开证行能否偿付取决于开证申请人,出口商需要做出一定的让步。

第四节　国际贸易单证的交付

出口商在出运货物,完成制单和审单后,需采用合适的方式交付单证。单证的交付,又称交单,交单有两种情况:一是不通过银行的交单。电汇或票汇收汇方式项下的单证交付。交付方式是由出口商在货物出运之后,将进口商所需的各种单据直接寄给进口商,以使进口商收货,并通过这些单据向进口商收款。这种交单方式下,正确掌握交单的时间显得非常重要。交单太晚会影响进口商清关提货,而交单过早又会对收汇会产生风险。通常应在确认收妥货款后交单(票汇项下,应以出票人确认付款为最终收妥)。由于单据是交货和收款的凭证,寄单时应做好档案留底和邮寄记录。二是通过银行的交单。信用证和托收方式下单证的交付。出口商交单给银行,由银行按照不同的要求,向国外银行寄单、索汇。通过银行的交单程序较为严格、复杂,本节将分别介绍信用证和托收方式下单证的交付。

一、信用证项下交单

信用证结算方式下,出口商应在装运货物后,制单、审单,并在信用证规定的时间内,向银行提交正本信用证(含正本信用证修改本)和全套单据。银行在接受交单时,要求出口商填写“交单议付联系单”,列明所交单据的名称、份数、信用证号码以及委托银行办理的事项。

按所交单据正确与否,分为两种情况:

(一)正常交单

正常交单的要求有三条:① 单据齐备,所谓齐备有两层含义:一是信用证规定的单据全都齐备;二是每种单据的份数都符合信用证要求。② 内容正确,即单据内容与信用证规定严格相符。③ 提交及时,根据《UCP600》第 14 条 c 款的相关规定,信用证除须规定交单截止日外,还应规定一个从装运单据上的装运日起算的交单期限,在这个期限内必须提交符合信用证条款的单据。如无此规定,银行将不接受自装运日起 21 天后提交的单据。但在任何情况下,单据的提交不得迟于信用证的到期日,否则银行将视作信用证已经失效而拒收单据和拒绝付款。信用证项下的单据经议付行审单后,按信用证规定寄单索汇。

案例研讨 11-4　信用证中的交单期与有效期

江苏甲公司与法国乙公司签订外销合同,出口一批货物到法国,货款采用信用证进行结算。乙公司通过其开证银行 BANK I 巴黎分行申请开立了非保兑的信用证(适用《UCP600》),通知行为中国银行江苏省分行。信用证规定:"DATE AND PLACE OF EXPIRY: 2008.11.05 FRANCE; AVAILABLE WITH ISSUING BANK BY PAYMENT; LATEST DATE OF SHIPMENT: 2008.11.02; PRESENTATION PERIOD: WITHIN 15 DAYS AFTER THE DATE OF SHIPMENT"。甲公司于 2008 年 11 月 1 日将货物装船,并于 2008 年 11 月 5 日将信用证要求的全套单据提交中国银行江苏省分行,中国银行江苏省分行立刻于当日使用 DHL 将单据寄往法国的开证行。收到单据后,开证银行 BANK I 巴黎分行以"信用证已过期"为由拒付。请问,BANK I 巴黎分行的拒付理由是否成立?为什么?

提示:BANK I 巴黎分行的拒付理由成立。从交单时间上看,信用证项下的正常交单必须既满足交单期限要求,又在信用证截止日期之前,而此案例中信用证受益人的交单尽管符合交单期限的规定,但整套单据未能在信用证截止日期之前送达开证行柜台。

(二)有不符点单据的交单

当出口商交单不能满足上述三点要求时,或当信用证与合同不一致,而由于种种原因开证申请人未修改信用证,以致无法做到单证相符、单单相符时,出口商必须将书面担保书随全套单据一起交议付行。单据出现不符点后,开证行就免除了必须付款的责任,致使出口商收汇面临很多潜在风险。因此,对于不符点单据的交单,通常做法是由出口商出具担保书(Indemnity)给议付行,要求担保议付。议付行同意后可议付单据,并向开证行声明,该担保书与开证行无关,并对开证行无约束力。当开证行拒付时,议付行可要求受益人退还已议付款项并加收利息。如议付行不同意议付,受益人可要求议付行用电传或 SWIFT 向开证行通告不符点,请开证行授权议付或改做托收处理,议付行在收妥款项后才对受益人付款。由于我国银行通常不做议付,故担保书只做到列明不符点,分清出口商自行审单和议付行审单职责之用。

二、托收项下交单

选择做 D/P 或 D/A 的结算方式时,出口商装运货物后,就及时将有关托收单据交出口地银行(托收行)办理托收。托收行通过其在进口商所在地的代理行或出口人应进口商请求而提供的银行作为代收行向进口商收款。

托收交单较灵活,单据种类、单据内容、交单时间由出口商根据合同和进口商的情况决定。交单时,出口商还应向银行提供明确的托收指示书,有的银行印有固定格式供出口商填写。

托收指示书的主要内容包括:① 付款期限。即期付款还是远期付款。如果是远期的话,如何确定到期日。② 交单条件。付款交单还是承兑交单。③ 付款人的详细地址。④ 代收行的具体名称及地址(如无,则由托收行代为选择)。⑤ 在拒付情况下,是否要做成拒付证书。⑥ 托收项下的费用由谁负担,逾期是否加收利息。⑦ 其他特殊条件(包括是否指定代理人办理等进口商拒付时的转售、代管货物)。

在托收方式下,银行必须核实所收到的单据在表面上与托收指示书所列一致,如发现任何单据有遗漏,应立即通知交单的出口商。除此之外,银行没有检验单据的义务(我国银行通常为出口企业提供一定的审单服务,但仅限于一些主要单据的主要内容)。托收行仅被授权根据委托人的指示和国际商会托收统一规则办理,不能擅自超越、修改、疏漏、延误委托人的指示。

在确认所有要求均可满足的情况下,方可接受委托,根据托收委托书制作寄单面函。如果委托方未指定代收行,银行将根据情况代为选择异地具有一定威望的代理行作为代收行,并提供相对应货币币种的收款路线。

代收行收到单据和托收行的委托指示后,若接受委托,则审查委托书和单据无误后,通知进口商验单付款或承兑,并将货款转交托收行以支付给出口商(承兑交单项下,待到期时支付货款)。若不接受,需要立即通知托收行,让托收行重新选择代收行。

如果通知进口商赎单时遭拒绝也应立即告知托收行,如系进口商提出要改变托收委托指示上的一些条件时,代收行不可随意接受,必须征询托收行的同意,在未取得同意答复前,应按原条件执行。

【本章总结】

1. 国际贸易单证有广义与狭义之分。广义的国际贸易单证是国际贸易中使用的各种单据、文件与证书的统称,各国通常凭借国际贸易单证来处理进出口货物的交付、运输、保险、检验检疫、报关、结汇等。狭义的国际贸易单证通常指结算单证,特别是信用证支付方式下的结算单证。国际贸易业务中涉及的单证很多,根据不同的分类标准可以产生不同的类别,通常按涉及的贸易方、单证的性质、单证的用途、业务环节进行划分。

2. 贸易单据的制作主要是依据买卖合同、信用证、有关商品的原始资料和国际惯例、国内管理规定等,遵循"正确、完整、及时、简明、清晰"的原则,填写或计算机录入统一电子单证模板即可。

3. 单证的审核是对已经缮制,备妥的单据对照信用证或合同的有关内容进行单单、单证的及时检查和核对。审核要点包括:如对汇票的信用证号码、付款人、付款期限、具体金额大小写的审核;对发票的抬头与签发单位、货物描述、数量、单价及金额的审核;对提单的各方当事人、被通知方、装/卸货港、装运日、运费已付或待收;唛头、转运情况、是否有关于货物的不良批注等的审核；对空运单的被通知方、起运/目的地机场、航班号及日期、运费已收或待付、签发人的审查；对保险单据的转让条款、投保金额、投保险别、出具日及装运日、背书情况的审查。

4. 出口商在出运货物，完成制单和审单后，需采用合适的方式交付单证。单证的交付，又称交单，交单有两种情况，一是不通过银行的交单，电汇或票汇收汇方式项下的单证交付；二是通过银行的交单，信用证和托收方式下单证的交付。

【关键概念】

1. 国际贸易单证　2. 商业单证　3. 运输单证
4. 金融单证　5. 原产地证书　6. 出票条款
7. 相符交单　8. 单证审核　9. 单证交付

【思考与习训】

1. 国际贸易单证的定义是什么？广义的单证与狭义的单证什么区别？

2. 缮制装箱单或重量单应先取得何种资料？

3. 海运单出现的背景是什么？

4. 信用证和托收付款方式下制单依据分别是什么？当出现信用证对单据的要求与合同要求不符合时，出口商应如何处理？

5. 我国甲公司与美国乙公司签订进口合同，从加拿大进口木材到中国，使用信用证方式结算。信用证中规定“AVAILABLE WITH ISSUING BANK BY ACCEPTANCE, DRAFTS AT 90 DAYS AFTER SIGHT DRAWN ON THE ISSUING BANK”。开证行收到单据后认为单据相符，于是发出加押电报通过交单行通知受益人，称其已承兑了汇票，汇票到期日为2005年5月17日。2005年5月13日，开证行收到法院发出的针对该信用证项下的将付款项的止付令，理由是乙公司存在欺诈行为。请问，法院发的止付令是否恰当？在此种情况下，开证行是否可以免除其付款责任？为什么？

6. 我国甲公司与南美某国乙公司签订出口合同，从中国出口服装到该国，使用托收方式结算货款，汇票期限为D/A AT 30 DAYS AFTER SIGHT。代收行应乙公司要求，对汇票进行了保付，在汇票上注明“Avalised”(保付)，并通知付款到期日为2005年5月20日。汇票经承兑后，代收行将汇票寄给甲公司，但甲公司在到期日未收到付款。经向代收行了解，付款人乙公司已被清盘。甲公司于是要求代收行履行付款责任，遭到代收行拒绝，理由是托收业务属于商业信用而非银行信用。请问：在本案中，代收行是否可以免除其付款责任？为什么？

7. 2010年5月，我国内地某外贸公司开始与美商开展贸易活动，并在6月份成交一笔生意；美商进口一个20′柜的台面板，条款为L/C at sight；现在美商对该期货物质量反映良好，并发函预定另一个20′柜的台面板，条件为D/P at sight，原因是做D/P比做L/C省钱。D公司因历来没做过D/P at sight，怕有风险。请问：有哪些预防措施可防患于未然？

【实验内容与要求】

1. 收集2～3份不同国家开来的信用证，参考教材上的单证样本，制作全套出口结汇单证。

2. 审核2～3套结汇单证，找出其中的不符合点并加以更正。

【重要链接】

1. 全国外贸单证员网站：http://www.nftdc.com.cn.

2. 中国电子口岸：http://www.chinaport.gov.cn.

3. 外贸单证福步外贸论坛：http://bbs.fobshanghai.com/forum-5-1.html.

TWELFTH

第十二章

跨境电子商务交易

【教学目的和要求】

通过本章学习，了解跨境电子商务概念、特点、商务模式及实践发展，掌握各类进出口跨境电商平台的特点、盈利模式、运营模式等，熟悉跨境电子商务的选品策略与网络营销工具，了解运营、客户、营销三类重要的数据类型，围绕访问量、转化率、复购率和投资回报率四个目标掌握典型的引流策略。

导入案例

阿里巴巴国际站平台功能及其运作实践

阿里巴巴国际站是中小企业开展国际贸易首选的 B2B 平台。企业通过平台开展国际贸易降低了经营成本，提高了开拓市场的效率。买卖双方达成交易后可以通过阿里巴巴自有的支付系统及国际惯用的支付方式进行支付。支付完成后通过“一达通”平台完成货物的通关、退税、物流、金融等服务，再将双方之间交易的数据进行转化，保证信用保障体系的顺利实施。

阿里巴巴的盈利模式主要有三种，即会员费、广告宣传费及增值服务费。阿里巴巴平台是向注册的会员收取年费，而不收取交易的佣金；会员可以在阿里巴巴网站上进行广告推广，但是需要交纳一定的广告费用，广告费用也是阿里巴巴网站的收入之一；另外，网站引入了竞价排名机制，即用户在网站上输入关键字进行搜索时，搜索结果可以进行排序，需要用户通过竞价进行获得。前三名为交纳竞价服务费的用户，后面的排名根据用户加入网站的时间及“诚信指数”进行排名；会员费是阿里巴巴网站的固定收入，而广告费用及竞价服务的收入是附加服务收费。

阿里巴巴通过对旗下的淘宝、天猫、阿里云、支付宝、万网等业务平台进行资源整合，形成了强大的电子商务客户群及消费者行为的全产业链信息。阿里巴巴将数据按存储层次划分为基础层、中间层和应用层。基础层数据通常与原始数据基本一致，不做汇总，以避免失真，从而用作其他数据研究的基础，是大数据的核心。基于数据分析的一个关键目标就是帮助企业选词选品，从而实现引流推广；中间层数据是基于基础层加工的数据，通常也被认为是数据仓库层，这些数据会根据不同的业务需求，按照不同的主体来存放；应用层数据则是针对具体数据问题的应用，比如作为解决具体问题的数据分析和数据挖掘的应用层的数据。其中，整合关键词是常见的应用之一。

阿里巴巴国际站最主要的引流就是通过产品关键词搜索。其中，数据参谋（原数据管家行业版）是阿里巴巴国际站提供的数据分析决策工具，新增四大参谋帮你探市场行情、参流量去向、看产品情报、识优质买家，指导商家在国际站生意经营中简单、快速做决策，数字化经营外贸生意。其核心价值主要包括看清国际站经营效果、及时调整策略；大数据选词选品推优，开拓更多品类商机；了解行业买家特性，精准市场拓展；AI 智能扫描、发现问题和机会、及时调整优化、高效运营。数据参谋的主要渠道包括选词参谋（热词榜、热门搜索词、趋势榜（行业版）、关联搜索词（行业版）、来源去向词（行业版）、竞品引流词（行业版）、语义相近词（行业版）、引流关键词、产品分析（询盘产品点击词）、访客详情（全站偏好关键词）、访客画像（进店搜索关键词/全站搜索关键词（行业版）、进店关键词/偏好关键词）、产品参谋（机会品类及热门关键词（行业版）。

本案例表明，跨境电子商务依托平台模式和数据分析更好地为企业开展国际贸易服务，企业根据贸易方向、自身定位及产品特点选择适合的平台，平台则为其提供的服务采取不同的收费模式。另外，跨境电子商务平台运作模式及交易策略的运用是跨境电商运营的关键内容。因此，在跨境电子商务交易中，以电子及电子技术为手段、以商务为核心的跨境电商衍生出不同于传统国际贸易的交易模式。熟悉跨境电商平台的定位、运营模式和操作流程，掌握跨境电子商务的选品策略、网络营销策略，跨境电商企业在对运营、客户、营销三类数据进行分析的基础上，以实现提高访问量、提高转化率、提升复购率及提升投资回报率的经营目标。

资料来源：阿里巴巴国际站（www. alibaba. com）

第一节　跨境电子商务概述

随着数字经济、网络技术、电子支付等新兴科技手段的推广与国际贸易的发展，跨境电子商务已经成为国际贸易中的重要分支。

一、跨境电子商务的概念及特点

（一）跨境电子商务概念

跨境电子商务（Cross-border E-commerce）是指分属于不同国家的交易主体，通过电子商务手段将传统进出口贸易中的展示、洽谈和成交环节电子化，并通过跨境物流或异地仓储送达商品、完成交易的一种国际商业活动。

从本质上讲，它是以电子及电子技术为手段，以商务为核心，把传统的销售、购物渠道转移到互联网上，跨境电子商务突破了传统交易的地理限制，实现了信息流、商流、物流、资金流多边化，使整个商品销售达到全球化、网络化、无形化、个性化和一体化的状态。

（二）跨境电子商务的特点

近年来，随着跨境电商的快速发展，其呈现出了全球性、即时性、无纸化、高效性、匿名性等外在特征。但究其本质，跨境电子商务与传统国际贸易相比，具有以下主要特点：跨境电子商务是由技术驱动的贸易，是一种新业态新模式，体现了业务创新与监管环境之间的相互调整与适应。

1．由网络技术驱动

跨境电商的起步得益于网络技术驱动。没有网络及平台的搭建，跨越国界的消费者与卖家就无法随时随地进行沟通；没有网络支付技术的成熟，消费者就无法便捷地进行跨境支付，商家无法快速地进行结算，消费者与商家之间的信任体系就无法高效建立；没有跨境物流网络技术的进步，就无法对跨境包裹进行高效投递与追踪。此外，各种跨境服务也是基于各种新技术而被创造出来的。所以，跨境电商本质上是一种由技术驱动的贸易形式，在此基础上产生了全球性、高效性、无纸化等外在特性。

2．国际贸易的新业态新模式

传统的国际贸易批量大，物流以船运为主，买卖双方之间信息不对称，支付结算方式依靠纸质媒介，中间环节较多。而跨境电商批量小、批次多，呈现碎片化，物流以小包为主，信息较为透明，支付结算方式简便，中间环节少，消费者与卖家可直接沟通。同时，跨境电商也催生了很多新的物种、新的服务、新的商业模式、新的业态及新的就业岗位，并且随着技术的不断进步将催生更多的商业模式和新的形态。

3．业务创新与监管环境的相互调整与适应

随着跨境电商的发展，其在平台准入、通关、支付、税收、物流、数据流通、消费者保护等方面存在着很多突出问题，风险触发因素也较多。但目前这些领域的法律法规与监管体系还不太完善，再加上其容易受到国际政治经济宏观环境和各国政策的影响，各国跨境电商发展水平不一，各类规则的制定也需要根据商业实践去慢慢摸索与总结规律。因此，跨境电商的诸多业务创新就注定了其与监管环节之间是一种相互调整与适应的关系。

二、跨境电子商务模式

（一）进口跨境电子商务模式

目前，跨境电子商务的进口方式有多种，包括直邮进口和保税进口。

（1）保税进口模式（又称备货模式、1210模式），指符合条件的电子商务企业或平台与海关联网，电子商务企业将批量商品运入海关特殊监管区域或保税物流中心，并向海关报关，海关实施账册管理。境内消费者网购海关特殊监管区或保税物流中心内的商品后，电子商务企业或平台将电子订单、支付凭证、电子运单传输给海关，并向海关提交清单，海关按照跨境电子商务零售进口商品征收税款，验放后账册自动核销。也就是说，消费者网上购买后，保税区内的货物直接从国内保税仓库发货，同时进行进口通关。具体流程如图12-1所示：

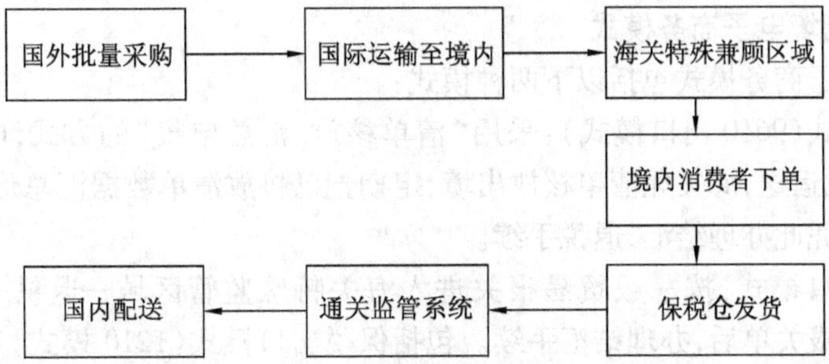

图 12-1　保税进口模式的基本运作流程

（2）直邮进口模式（又称为直购进口模式、9610 模式），指符合条件的电子商务企业或平台与海关联网，境内消费者跨境网购商品后，电子商务企业或平台将电子订单、支付凭证、电子运单传输给海关，商品以邮件、快件方式运送，通过海关邮件、快件监管场所入境，并按照跨境电子商务零售进口商品征收税款，但电子商务企业或平台会将部分商品以货物属性界定，按邮递物品征收行邮税。具体流程如图 12-2 所示：

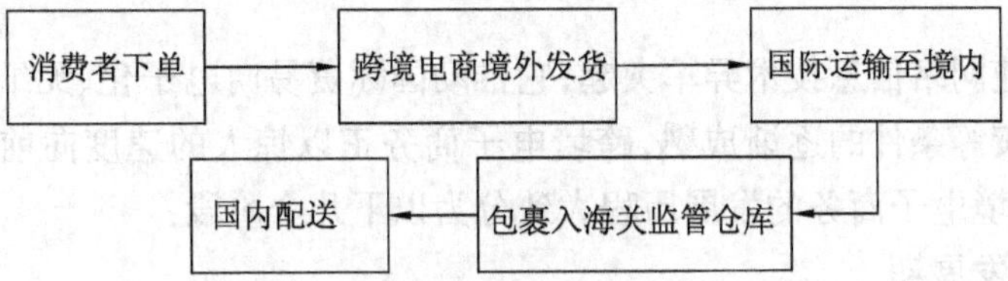

图 12-2　直邮进口模式的基本运作流程

补充阅读 12-1　进口电商不同模式的税率

2016 年 3 月，我国财政部会同海关总署、国家税务总局发布我国跨境电子商务零售进口税收新政策，自 2016 年 4 月 8 日起，跨境电子商务零售进口商品将不再按邮递物品征收行邮税，而是按货物征收关税和进口环节增值税、消费税（如表 12-1 所示）以推动跨境电商健康发展。

表 12-1　跨境电商不同进口模式的适用税率

<table>
<tr><th colspan="2">进口方式</th><th>税收</th><th>税率</th><th>免税额</th><th>适用范围</th></tr>
<tr><td rowspan="2">个人物品</td><td>快件通关</td><td rowspan="2">行邮税</td><td rowspan="2">13%、20%、50%</td><td rowspan="2">50 元</td><td rowspan="2">代购、电商、私人物品</td></tr>
<tr><td>邮政通关</td></tr>
<tr><td rowspan="2">跨境电商进口</td><td>直购进口（监管代码 9610）</td><td rowspan="2">跨境电商综合税（增值税、消费税）</td><td rowspan="2">9.1%、23.059%</td><td rowspan="2">无</td><td rowspan="2">跨境电商主流进口方式</td></tr>
<tr><td>网购保税进口（监管代码 1210）</td></tr>
</table>

资料来源：财政部、海关总署、国家税务总局关于跨境电子商务零售进口税收政策的通知（www.chinatax.gov.cn）。

（二）出口跨境电子商务模式

出口跨境电子商务模式包括以下两种模式：

一般出口模式(9610出口模式)：采用“清单核放、汇总申报”的方式，电商出口商品以邮、快件方式分批运送，海关凭清单核放出境，定期把已核放清单数据汇总形成出口报关单，电商企业或平台凭此办理结汇、退税手续。

特殊区域出口模式：按一般贸易报关进入海关特殊监管区域—退税—海关凭清单核放——形成出口报关单后，办理结汇手续。包括保税出口模式(1210模式)和跨境电子商务出口海外仓(9810模式)，前者是指商家将商品批量备货至海关监管下的保税仓库，消费者下单后，电商企业根据订单为每件商品办理海关通关手续，在保税仓库完成贴面单和打包，经海关查验放行后，由电商企业委托物流配送至消费者手中。后者是指境内企业先将货物通过跨境物流出口至海外仓，通过跨境电商平台实现交易后从海外仓送达境外购买者的跨境电商模式。相较传统模式，该模式通过海外仓的前置备货，使商品更快送达海外消费者手中，显著提升了跨境电商零售出口整体运行效率。

三、 我国跨境电子商务交易实践发展

电子商务伴随网络信息技术异军突起，它推动国际贸易向电子化、无纸化方向发展。随着技术、人才、政策等条件的逐渐成熟，跨境电子商务正以惊人的速度向前发展，势头迅猛。总体来看，我国跨境电子商务的发展历程大致分为以下几个阶段：

（一）萌芽与发展期

1998—2002年，我国电子商务萌芽与发展阶段。1998年，中国第一笔互联网网上交易成功、国家也推出了“金贸工程”①；1999年，8848、易趣、携程、阿里巴巴等电子商务网站建成；同年，兴起电子政务、网上教育、远程诊断等服务项目。电子商务在国外的采购商中的普及程度更高，需要国内外贸商也采用电子化的手段。跨境电子商务平台在这个发展阶段主要起信息收集、为企业的信息和产品提供网络展示平台的作用。这一阶段，在跨境电子商务领域网络黄页开始出现，还没有网上交易的环节。这一阶段也被称为跨境电子商务1.0时代。其中，阿里巴巴国际站是目前全球最大的跨境B2B平台，成立于1999年，以网络信息服务为主、线下会议交易为辅，是我国最大的外贸信息黄页平台之一，现已从B2B信息服务平台逐步发展为B2B跨境在线交易平台。

（二）成长与爆发期

2003—2012年，我国电子商务成长与爆发期。从2003年开始，淘宝、京东、当当、卓越网、亚马逊、一号店、唯品会等电子商务平台不断涌现，我国电子商务进入了一个持续高速发展的时期。跨境电子商务平台也不仅是只提供信息黄页的展示，从2004年开始，出口跨境电子商务平台将线下交易、支付、物流等流程电子化，除阿里巴巴国际站、中国制造网等老牌跨境电子商务网站外，还涌现出敦煌网、米兰网、兰亭集势等新型跨境电商平台，这一阶段也

---

① 1998年10月15日，国家经贸委和信息产业部联合颁发了《关于实施“金贸”工程，推进我国电子贸易体系建设与应用的意见》，由各省、自治区、直辖市有关部门执行。这标志着我国以推进电子贸易为主要内容的“金贸”工程正式启动。为促进我国商品流通领域电子化和信息化建设而实施的应用工程，是我国商品流通领域产生重大突破。

被称为跨境电子商务 2.0 时代。

（三）稳定发展与加速整合期

2013 年至今，我国电子商务经历了一个稳定发展与加速整合时期，注重满足消费者需求的商业模式不断涌现。在这一时期，我国跨境电子商务也进入了爆发式发展时期，特别是 2013 年“一带一路”倡议的提出，极大地推动了我国跨境电子商务的发展。2014 年，我国对跨境电商零售进口进行监管制度创新，一大批跨境电商零售进口平台和企业由此诞生，包括天猫国际、考拉海购、聚美优品、洋码头、小红书等，跨境电商全产业链都出现了商业模式的变化。移动互联网也在深刻地改变着跨境电商的发展，跨境电商移动化渐成主流。国内用户对国外商品质量的追求及国外用户对新兴市场商品的需求，均促进了跨境电子商务朝着多元与个性化、品牌与精细化方向发展，跨境电商体验店也悄然兴起。这一阶段也被称为跨境电子商务 3.0 时代。

第二节　跨境电子商务平台运作模式

一、按运营平台分类

根据商品销售平台是否自建来分类，它们对应的业务模式分别为平台型模式和自营型模式。

（一）平台型模式

平台型模式又可称为信息中介模式。这种模式是集中买卖双方的信息，并提供给供应商或者客户进行直接交易。通过线上搭建电商商城，整合物流、支付等服务资源，吸引各大商家入驻，提供跨境电商服务。平台以收取佣金及增值服务作为主要盈利模式，如亚马逊。也就是说平台型电商主要负责开发和运营第三方平台，吸引卖家入驻平台，由卖家直接与消费者进行商品对接，只负责提供商品交易的媒介或场所，并不直接参与商品的购买与销售过程，具体交易流程如图 12-3 所示。

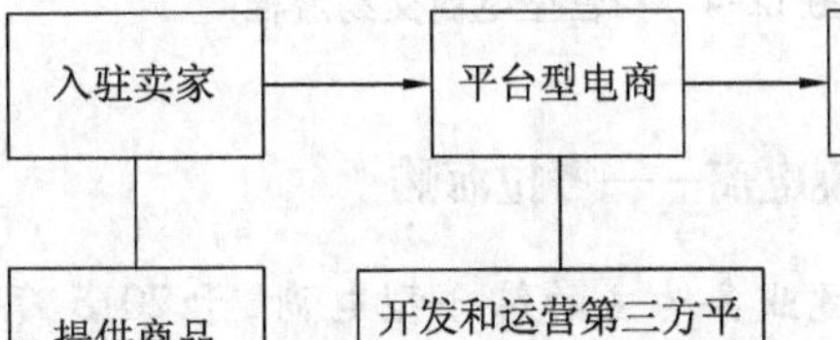

图 12-3　平台型电商交易流程

补充阅读 12-2　平台型跨境电商——阿里巴巴国际站

“阿里巴巴国际站”帮助中小企业拓展国际贸易的出口营销推广服务，它基于全球领先的企业间电子商务网站阿里巴巴国际站贸易平台，通过向海外买家展示、推广供应商的企业和产品，进而获得贸易商机和订单，是出口企业拓展国际贸易的首选网络平台之一。

阿里巴巴国际站是我国开发的第一个跨境电子商务 B2B 平台。在互联网技术的支撑下，阿里巴巴国际站通过积累交易双方的身份信息、行为模式和能力数据，构建信用体系，更好地匹配交易供求，优化服务。买卖双方通过阿里巴巴网站沟通建立信任关系，通过信用担保体系实现交易。双方实现交易后，通过在线和数字化的外贸综合服务完成支付、物流、通关等一系列工作，能够实时了解订单进度，实现一站式交易物流服务。

目前国际站做到了数字化重构跨境贸易。在整个跨境链条中，阿里巴巴国际站从需求侧出发，针对海外市场的情况做行业分析报告，将数据开放给商家，以洞察海外市场获得新的商机。对于基础设施，国际站在跨境履约上联合菜鸟、阿里云、蚂蚁金服等兄弟团队一同搭建一套完整的数字化解决方案，帮助中小企业解决支付、通关、结汇、退税、金融服务等方面的难题。

（二）自营型模式

自营型跨境电商通过在线上搭建平台，平台方整合供应商资源，通过较低的进价采购商品，然后以较高的售价出售商品，自营型平台主要以商品差价作为盈利模式。自营型电商模式通常是指企业标准化的要求，对其经营的产品进行统一生产或者采购、产品展示、在线交易。并通过物流配送将产品投放到最终消费群体的行为。自营型电商具有品牌力强、产品质量可控及交易流程管理体系完备等特征，如网易考拉。也就是说，自营型电商不仅要自建平台站并维护平台的日常运营，还要承担商品采购、销售、客服和物流等工作，并对买家负责。具体交易流程如图 12-4 所示。

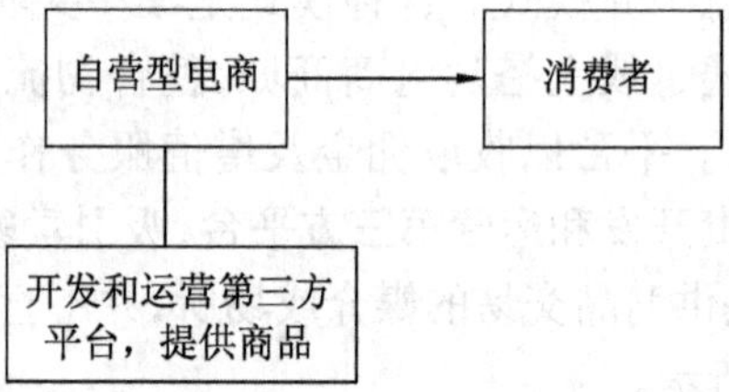

图 12-4　自营型电商交易流程

补充阅读 12-3　自营型跨境电商——考拉海购

考拉海购是阿里旗下以跨境业务为主的综合型电商，于 2015 年 1 月 9 日公开测试，销售品类涵盖母婴、美容彩妆、家居生活、营养保健、环球美食、服饰箱包、数码家电等。考拉海购以“100% 正品，天天低价，30 天无忧退货，快捷配送”为特色，为消费者提供海量海外商品购买渠道，希望帮助用户“用更少的钱过更好的生活”，助推消费和生活的双重升级。

考拉海购主打自营直采的理念，在美国、德国、意大利、日本、韩国、澳大利亚、中国香港、中国台湾设有分公司或办事处，深入产品原产地直采高品质、适合中国市场的商品，从源头杜绝假货，保障商品品质的同时省去诸多中间环节，直接从原产地运抵国内，在海关和国检的监控下，储存在保税区仓库。除此之外，考拉海购还与海关联合开发二维码溯源系统，严格把控产品质量。考拉海购良好解决了商家和消费者之间信息不对等的现状，并在自营模式、定价优势、全球布点、仓储、海外物流、资金和保姆式服务七个方面拥有明显优势。

二、按交易市场主体属性分类

跨境电子商务交易与传统外贸类似，贸易双方分属不同国别或关境，按照市场主体属性的不同，跨境电子商务平台主要包括 B2B（企业对企业）、B2C（企业对消费者）、C2C（消费者对消费者）三种类型。其中在跨境电商领域最为主要的商业模式是 B2B 模式，且其交易规模一直占据整个跨境交易市场规模的百分之九十以上。近年来 B2C 市场较为活跃，未来将是跨境电子商务市场的潜在盈利方式。

（一）B2B 模式

B2B（Business-to-Business）是企业对企业的商业模式。是指企业与企业之间通过互联网跨境平台进行商品与服务等数据信息的传递，而后达成交易并完成支付结算、线下物流配送等流程的国际商业活动。它将企业内部网和企业的产品及服务，通过 B2B 网站或移动客户端与客户紧密结合起来，通过网络的快速反应，为客户提供更好的服务，从而促进企业的业务发展。B2B 跨境电商的卖家一般为大中型企业，提供企业产品与服务等相关信息，最终客户为企业或集团客户。目前，在我国跨境电商市场交易规模中，B2B 跨境电商市场交易规模约占总交易规模的 90%，在跨境电商市场中，企业级市场始终处于主导地位。代表性平台：阿里巴巴国际站、中国制造网、环球资源网、环球市场网、易单网等。

（二）B2C 模式

B2C（Business-to-Customer）是企业对个人的商业模式，是直接面向消费者销售产品和服务的商业零售模式。B2C 是指分属不同关境的企业直接面向消费个人开展在线销售产品和服务，通过电商平台达成交易、进行支付结算，并通过跨境物流送达商品、完成交易的一种国际商业活动。它的上端卖方是企业，面对的终端消费者是个人。目前我国 B2C 类的跨境电子商务在整体跨境电商的交易规模中的比重正在逐年攀升，在未来或将迎来大规模增长。代表性平台有阿里巴巴速卖通、敦煌网、兰亭集势、京东全球购等。

（三）C2C 模式

C2C（Customer-to-Customer）是个人与个人之间的商业模式，是分属不同关境的个人卖方与个人买方依托第三方平台进行的跨境电子贸易活动。个人卖方对个人买方在线销售产品和服务，由个人卖家通过第三方电商平台发布产品和服务的信息与价格等内容，个人买方进行筛选，最终通过电商平台达成交易、进行支付结算，并通过跨境物流送达商品、完成交易的一种国际商业活动。C2C 类跨境电商市场一直存在，虽然处于小众，但其发展意义重大。代表性平台有阿里巴巴淘宝国际版、eBay 等。

三、按经营品类分类

根据商家经营品类丰富程度的不同，可将跨境电子商务平台分为垂直型电商和综合型电商两类，它们对应的业务模式分别为垂直模式和综合模式。

垂直型电商销售的商品种类相对集中，并专注于某个特定的领域或针对某种特定的需求，为该领域或该需求提供深度信息与服务，如专注于母婴用品的美囤妈妈等。

综合型电商拥有大量的供货商，不像垂直型跨境电商针对特定的领域或是需求进行服务，综合性跨境电商展示的商品种类很多、很杂，涉及很多行业，如 eBay、天猫国际、海囤全球等，它们销售的商品涉及母婴、个人护理、美妆、保健、时尚等多个种类。

四、按平台功能分类

B2B 交易规模一直占据整个跨境交易市场规模的 90% 左右。为满足不同的制造商和品牌商不同的需求，跨境 B2B 出口平台以信息服务平台和交易服务平台为主。

（一）信息服务平台

信息服务平台主要进行信息发布或提供信息检索以撮合交易，为国内生产企业与国外采购者搭建起信息沟通的平台，其盈利主要来自会员服务和增值服务，如阿里巴巴国际站、环球资源网、中国制造网等都是信息服务平台。

会员服务，即卖家每年缴纳一定的会员费后即可享受平台提供的各种服务，会员费是信息服务平台主要的收入来源，但目前这一盈利空间基本饱和，所以信息服务平台正在转型。

增值服务，即买卖双方成为平台会员后，平台为买卖双方提供增值服务，包括竞价排名、点击付费及展位推广等。其中，竞价排名是信息服务平台进行增值服务最为成熟的盈利模式。

（二）交易服务平台

交易服务平台，买卖双方借助互联网技术在平台上实现在线交易、支付与结算。平台具有对信息流、物流、资金流等资源进行整合的优势，能够为中小企业提供海外营销、商品通关、物流仓储、退税结汇等服务，满足国际贸易经营模式创新与服务综合化的要求。盈利模式主要是收取佣金和展示费。如敦煌网和大龙网。

收取佣金制模式下，不收取会员费的情况下，在交易双方成交以后按比例收取一定佣金，不同行业佣金收取比例不同。

收取展示费模式下，交易服务平台在卖家上传产品时向其收取的费用，无论展位大小，卖家只要展示产品信息便要在线上支付展示费。

补充阅读 12-4　采取佣金制模式的敦煌网

敦煌网是全球领先的在线外贸交易平台，于 2004 年正式上线。敦煌网是国内首个为中小企业提供 B2B 网上交易的网站，它是一个汇集了国内外繁多的中小企业供应其商品的平台，海外较多的中小采购商在敦煌网进行选购，进行二次销售从中赚取差价，而敦煌网作为 B2B 批发交易平台，给国内外企业提供了便利的服务。敦煌网的经营模式打破了传统电子商务模式，为 B2B 跨境电子商务平台开创了“为成功付费”的在线交易模式——它采取佣金制，2019 年 2 月 20 日起新卖家注册开始收取费用并突破性地采取佣金制免卖家注册费。买卖双方都能够免费注册成为网站的会员，双方贸易达成后，依据单笔贸易的金额向买家按比例收取的佣金作为敦煌网的服务费，其费用比例通常为交易额的

3%～12%，同时还提供支付担保、第三方认证、增值服务等专业性业务。这样企业既减小了风险，节省了不必要的开支，又避开了与阿里巴巴等的竞争。

第三节　跨境电子商务交易策略运用

跨境电商作为一种与互联网紧密结合的商业模式，含有体量巨大的数据，诸如消费者的个人消费数据、商家的运营管理数据、商品数据等。应用电子技术和大量数据分析、预测出哪款商品会成为爆款，从而实现科学选品。大数据还可以解决引流推广问题，引流推广的目的在于锁定商品的潜在消费群体，并对其进行精准营销，以促成交易。

一、选品策略

在选择出口市场和产品之前，应对国内市场已经存在的电商产品和消费结构、跨境电商市场的产品结构以及不同国家市场特点有相应了解，这对跨境电商企业经营产品的选择有很大帮助。选择合适的销售产品是跨境电商企业运营中的重要一步。企业在选品过程中，不仅要对选择的产品有一个清晰的认识，而且需要具有全局观，对所从事的行业以及平台的选择都要熟悉。

（一）“跟风”选品策略

“跟风”选品策略也就是跟随巨人的脚步前进，以市场为导向进行选品，选择现今最热门的商品也就是“爆品”进行销售。现今跨境电商交易中，总有一些商品是带来较大销售量的，甚至能为商家带来无限流量的“爆款”商品。而“跟风”销售可以确定此种商品在市场上已被广泛认可，甚至存在供小于需的情形。那么选择此类商品进行销售可以确保企业不压货滞销，甚至可以带来巨大销量，这样的选品策略也是一种简单方便的策略。

（二）市场追随选品策略

市场追随选品策略即通过分析现今应用最为广泛、流量较大的跨境电子商务平台的销售排行榜，选择排名靠前的产品作为自己的销售产品。不同的跨境电商销售平台有不同的特点，跨境电商卖家在进行跟卖时，应根据自身企业的特点同时结合平台的特点进行选择，分析不同平台畅销物的种类，有目标地进行跟卖。如在速卖通网站上，以B2C模式为主，销售商品多为体积小、重量轻、价格相对低廉的商品。低价优势是强大竞争力的保证，其销售目标市场以发展中国家、欠发达国家为主。

（三）“长尾效应”选品策略

长尾理论是网络时代兴起的一种新理论，由美国人克里斯·安德森提出。长尾理论认为，由于成本和效率，过去人们只能关注重要的人或重要的事，简化为正态分布曲线的话，即人们只能关注曲线的“头部”，而处于曲线“尾部”信息往往容易被忽略。例如，在销售产品时，厂商关注的是少数几个“VIP”大客户，无暇顾及数量众多的普通消费者。在网络时代，由于关注的成本大大降低，人们有可能以很低的成本来关注正态分布曲线的“尾部”，关注“尾部”产生的总体效益有时甚至会超过“头部”。也就是说，只要产品的存储足够多和流通的渠道足够广,需求不旺或销量不佳的产品所共同占据的市场份额可以和那些少数热销产品所占据的市场份额相匹敌甚至更大,即众多小市场汇聚成可产生与主流市场相匹敌的能量。选择“长尾”商品进行销售,竞争力小,且可能获得由零散市场整合起的巨大市场。并且“长尾”商品的消费者因市场零散分散,线上销售对于这类商品来说也是极为有利的。Google 就是一个最典型的“长尾”公司,其成长历程就是将广告商和出版商的“长尾”商业化的过程。以占据了 Google 半壁江山的 Adsense 为例,它面向的客户是数以百万计的中小型网站和个人,对于普通的媒体和广告商而言,这个群体的价值微小得不值一提,但是 Google 通过为其提供个性化定制的广告服务,将这些数量众多的群体汇集起来,形成了非常可观的经济利润。

(四) 细分市场选品策略

每个跨境出口平台都有自己的市场定位,亚马逊主流市场在美国、速卖通的主流市场在俄罗斯和巴西等新兴市场,所以要定期做好跨境店铺海外市场的调研分析工作,对于目标海外市场的需求调研分析一般要结合第三方报告等数据信息。不同的出口目标市场人民有其特有的生活习惯、喜好和节假日。若确定主要目标市场后,根据市场选品可以做到更具有针对性。① 向俄罗斯市场出口应更关注产品需求,全球电商增长速度最快的地方在诸如巴西、中国、印度和俄罗斯等新兴市场。阿里巴巴速卖通在 2014 年 2 月推出了俄语版,几个月内该网站就成为俄罗斯网民访问量最大的电子商务网站,仅在推出当年的 7 月份就有 1 600 万访客。通过对俄罗斯市场的分析,可以得出俄罗斯国内的消费导向:俄罗斯市场关注消费者和消费品。俄本土电商企业还存在价格昂贵以及时尚滞后等问题,服饰、鞋靴、美容产品非常受欢迎,所有电子产品都是线上购物产品的主要品类。② 向欧美市场出口家居产品注重提升品质。欧美市场是我国跨境出口占比最大的市场,欧美市场也是成熟度较高的市场,人们对网购认可度与参与度较高,对消费产品的购买呈现由低质向高质发展的趋势,跨境电商企业只有在掌握这些信息和趋势的基础上才能更有效地做出选品决策。出口产品要关注差异性定制化的品质商品,比如给产品创造一种理念,加强他们的认同感,让家居产品功能和消费者的良好体验融合在一起。

二、 网络营销工具选择

跨境电商网络营销的内涵很丰富,既是对传统营销的发展,同时又区别于境内的网络营销。营销是在创造、沟通、传播和交换产品中为顾客、合作伙伴及整个社会带来经济价值的活动、过程和体系。营销本质上是一种搭建商品买卖关系,进而追求双赢或者多赢的过程。根据侧重点的不同,可将跨境电商网络营销划分为跨境电商内容型网络营销、跨境电商广告型网络营销、跨境电商生态网络营销、跨境电商社会化网络营销四大类别。

(一) 跨境电商内容型网络营销

“内容至上”一直以来都是营销中竞争法则的核心,无论是传统营销还是跨境电商网络营销,创作和传播有价值的内容都是极其重要的营销手段。因此,跨境电商内容型网络营销就是从事跨境电商的企业通过创造、发布和传播有价值的内容,向其传播有价值的信息,从而实现其营销目的。目前,全球的网络内容表现形式多样,企业的产品和服务信息可以是发布的文字、图片、音频或者视频。比较常见的内容型营销包括跨境电商企业外贸自建站、网上商店的建设和优化、企业 App 等。

补充阅读 12-5　跨境电商企业外贸自建站

以企业外贸自建站为例，企业网站（或者店铺）是一个综合性的网络营销工具，也是所有网络营销工具中最基本最重要的一个。因为企业网站大多数时候会以链接的形式出现在其他网络营销方法中，如果没有企业网站，其他的网络营销效果会大打折扣，所以企业网站是企业跨境营销的基础。根据企业建站的目的、网站的功能及主要的目标群体，可将企业网站大致分为信息发布型网站和销售型网站两类。① 信息发布型网站，主要的功能是发布企业信息，包括公司新闻、产品信息、采购信息、招聘信息等，用于产品和平台的推广以及与用户之间的沟通。信息发布型网站本身是不具备完善的网上订单追踪处理功能的，这类网站建设和维护比较简单，建设资金较少，企业在最初开展跨境网络营销时大多会选择建立这类网站。② 销售型网站，是以订单为中心，以实现交易为目的的营销型网站。这类网站同样具备信息发布的基本功能，并在此基础之上发展了在线交易、支付、订单管理、用户管理、商品配送等功能。一般来说，销售型网站比信息发布型网站更复杂，经营重点也有所不同，除了一般的营销目的之外，这类网站更期望获得直接的销售收入。

企业网站的网络营销功能主要体现在六个方面：品牌形象、产品和服务展示、网上销售、顾客关系、网上调查、网上合作。

（二）跨境电商广告型网络营销

跨境电商广告型网络营销的价值主要体现在以下几个方面：① 产品和品牌推广。在众多的网络营销形式中，跨境电商的网络广告营销是帮助企业推广产品服务和品牌最直接、效果最明显的一种。因为网络广告可以突破时空的限制，帮助企业在其他国家和地区更好地展示产品信息和企业形象。这种广告的宣传不仅可以吸引消费者增加消费，同时也可以提升品牌的认知度。② 网站和网店推广。跨境电商营销尤其是跨境电商网络广告营销的主要作用就是帮助企业提高外贸自建站和网上商店的访问量。这种网络营销广告中一般会包含企业外贸网站和网店产品的访问链接，外国用户在浏览广告之后可以通过点击其中的链接进入产品的详情页面深入了解或者购买。所以网络广告是最直接有效地增加网站或店铺的点击率和访问量的营销形式。③ 促进跨境销售。随着各国网络广告实践和技术的深入发展，网络广告的内容和形式之间的紧密程度越来越高。实践证明，各国消费者的消费决策行为越来越多地受到了各式各样网络广告的影响。实质上，跨境电商企业的网络广告主要目的就是吸引国外消费者的注意力并成功向其传递产品和服务信息。在这个过程中，企业要时刻关注其广告信息的传递渠道和广度，因为这直接影响了其广告营销的效果。

常用的网络广告形式有搜索引擎广告、电子邮件广告、展示性广告、赞助式广告、数字视频广告和手机（移动）广告等。其中，搜索引擎是常用的互联网服务之一，其基本的功能是为用户查询信息提供方便。随着互联网信息爆炸式的增长，如何找到有价值的信息就变得日益重要，搜索引擎也应运而生。由于搜索引擎已经成为网上用户常用的信息检索工具，因而也很自然地成为跨境电商企业网络营销的基本手段之一。

补充阅读 12-6 电子邮件营销

电子邮件广告是在用户事先许可的前提下，通过电子邮件向目标用户传递有价值的信息的一种网络营销手段。出口商首先需要获取邮件列表，确定目标客户群，该环节的主要工作内容就是引导尽可能多的用户加入，企业网站的访问量是邮件列表用户最主要的来源，因此网站的推广效果与邮件列表中用户地址的数量有着密切的关系。其次是写邮件内容，尽量使电子邮件简单明了、易于阅读，主要的信息和诉求重点应安排在最容易被用户注意到的地方。再次是制订发送方案，尽可能与专业人员一起确定目标市场，找出潜在用户，确定发送的频率。发送邮件联系的频率应该与顾客的预期和需要相结合。研究表明，同样的邮件内容，每月最合适的频率是 2～3 次。最后是发送邮件并收集用户反馈，及时回复。邮件可以选择群发也可针对某些顾客进行单独发送。开展营销活动应该注意收集特定计划的总体反应率(点击率、转化率等)，并跟踪顾客反应，从而把顾客过去的反应行为作为将来的细分依据。在接到用户的询问时，还应尽早做出回应，事实证明回应越及时，用户的评价往往会越好。

(三) 跨境电商社会化网络营销

跨境电商的社会化网络营销就是跨境电商企业利用社会化的网络来传递营销信息并实现与信息受众的互动，进而实现其最终商业目的的一种网络营销方法。这种社会化营销实质上是口碑营销和传统网络信息发布方式的一种结合。该类营销使得跨境电商信息的受众都参与其中，既是产品和服务信息的接收者同时也是传播者。而且这种传播由于有现实的关系做背书，大大增加了信息的可信度。

结合前面两种工具，跨境电商内容型营销的重点是企业品牌或者产品和服务信息源的创建和优化，跨境电商广告型营销的侧重点在于信息源创建之后的传播渠道和影响范围的建设和管理，本质上是一种信息扩散。区别于以上两种类型，跨境电商社会化网络营销的明显特征是信息的受众参与了营销过程，在接受信息的同时也利用其既有的网络社区中的社会关系进行传播，目前该类企业账户主要有 Facebook、Twitter、Linked In 等。

补充阅读 12-7 使用 Facebook 营销的步骤

(1) 创建企业页面。这是 Facebook 营销的第一步也是至关重要的一步，选好页面，根据消费者搜索关键词原则设计好页面名称，以企业命名或产品命名，此外还需要别致的欢迎页、详细的产品信息及品牌、企业官网等。创建企业页面完成后就可以在 Facebook 添加企业专页。

(2) 吸引“粉丝”并与“粉丝”互动。这种方式主要是用来吸引消费者，除了通过丰富页面来进行宣传，与“粉丝”互动，让其参与到活动中来，有效提高最终用户转化，并实现信息在好友圈中的不断扩散。同时企业还可以通过邮件或博客让消费者自愿订阅企业动态。

(3) 建立群组并宣传。在建立页面的基础上,再根据相似的消费者行为或者兴趣建立一个或若干个群组,通过群组来做营销,其消费者群体的特征明显,最终的转化率也会更高。

(四) 跨境电商生态型网络营销

生态型网络营销是以生态思维设计的网络营销策略及方法,借鉴生态学及由此产生的商业生态系统、行业生态系统等概念,对网络营销系统中参与者的地位及价值进行分析设计,形成利益共享、可持续发展的网络营销生态系统。生态型网络营销一般有三种形态,分别是原生态、微生态和众生态。原生态网络营销也叫联盟营销,是一种按营销效果付费的网络营销方式。商家利用专业的营销机构提供的网站联盟服务拓展其线上和线下的业务,扩大销售空间和销售渠道,并按照营销的实际效果支付费用。微生态营销则侧重于利用微信、微博、微网站等平台和技术应用,为企业提供开发、运营、培训、推广等一体化的解决方案,帮助企业实现线上线下互通和社会化客户关系的管理。众生态网络营销也叫众筹营销,顾名思义就是集中大家的智慧来做营销。在生态型跨境电商营销系统中存在着一条很明确的价值链,即营销支持平台(Twitter)、营销资金的提供者(广告主)、参与者(如 Twitter 的知名博主做推广)、最终用户(消费者或者营销信息的接受者)。通过生态型网络营销,不仅能实现这条价值链上中下游各方的信息传递,还能将信息传递和价值传递相结合,形成利益共享、可持续发展的跨境电商生态模式。

三、引流推广策略

(一) 数据类型

一个优秀的外贸企业想要立足于跨境电商,首先要学会分析数据。分析运营类数据能够帮助企业了解日常的数据变动,提醒专业人员及时调整产品或营销策略。实施跨境电商企业营销与引流策略同样离不开数据,常用的三种数据类型包括运营、客户、营销,具体指标分别如表 12-2、表 12-3、表 12-4 所示。

表 12-2　运营类数据及其二级指标

运营数据		对部分指标的简单定义
流量类数据	独立访客数	独立访客数指访问电商网站的不重复用户数
	页面访问数	页面访问数即页面浏览量,用户每一次对电商网站访问量记录一次,用户对同一页面的多次访问,访问量累计
	人均页面访问数	人均页面访问数即页面访问数/独立访客数,其反映网站访问黏性
	跳出率	跳出率即退出的次数/该页访问次数,跳出率只能衡量该页作为着陆页面的访问
	页面访问时长	页面访问时长是指单个页面被访问的时间。对于跨境电商网站,页面访问时间要结合转化率来看
	人均页面访问数	人均页面浏览量是指在统计周期内平均每个访客所浏览的页面量

续表

运营数据		对部分指标的简单定义
订单产生效率数据	总订单数量	总订单数量即访客完成网上下单的订单数之和
	访问到下单转化率	访客下单转化率即电商网站下单的次数与访问该网站的次数之比
总体销售业绩数据	成交金额	网站成交额即电商成交金额,即只要消费者下单,生成订单号,便可以计算在网站成交额里面
	销售金额	销售金额是货品出售的价格总
	客单价	客单价即订单金额与订单数量的比值
财务数据	销售毛利	销售毛利是销售收入与成本的差值。销售毛利中只扣除了商品的原始成本,不扣除期间费用(管理费用、财务费用、营业费用)
	毛利率	毛利率衡量的是电商企业盈利能力,是销售毛利与销售收入的比值

资料来源:王健. 跨境电子商务. 北京:中国商务出版社,2020.

表 12-3 客户类数据及其二级指标

客户价值数据		对部分指标的简单定义
客户类数据	累计购买客户数	/
	客单价	客单价是指每一个客户平均购买商品的金额,即成交金额与成交用户数的比值
	客户留存率	会员留存率即会员在某段时间内开始访问某网站,经过一段时间后,仍然会继续访问该网站就被认作是留存,其反映电商企业留住会员的能力
新客户数据	新客户数量	/
	新客户获取成本	/
	新客户客单价	新客户客单价是指第一次在店铺中产生消费行为的客户所产生的交易额与新客户数量的比值
老客户数据	消费频率	消费频率是指客户在一定期间内购买的次数
	最近一次购买时间	最近一次购买时间表示客户最近一次购买的时间离现在有多远
	消费金额	客户消费金额指客户在最近一段时间内购买的金额。消费频率越高,最近一次购买时间离现在越近,消费金额越高的客户越有价值
	复购率	复购率则指消费者对该品牌产品或者服务的重复购买次数,重复购买率越高,则说明消费者对品牌的忠诚度就越高,反之则越低

资料来源:王健. 跨境电子商务. 北京:中国商务出版社,2020.

表 12-4　营销类类数据及其二级指标

方向营销数据		对部分指标的简单定义
市场营销活动数据	新增访问人数	/
	新增注册人数	/
	总访问次数	/
	订单数量	/
	下单转化率	下单转化率是指活动期间,某活动所带来的下单次数与访问该活动的次数之比
	投资回报率	投资回报率是指某一活动期间,销售产生的交易金额与活动投放成本金额的比值
广告投放数据	总访问次数	/
	订单数量	/
	独立访客订单转化率	下单转化率是指某广告所带来的下单次数与访问该活动次数之比
	广告投资回报率	广告投资回报率是指某广告产生的交易金额与广告投放成本金额的比值
市场竞争类数据	市场占有率	市场占有率指电商网站交易额占同期所有同类型跨境电商网站整体交易额的比重
	市场扩大率	市场扩大率指购物网站占有率较上一个统计周期增长的百分比
	用户份额	用户份额指购物网站独立访问用户数占同期所有跨境电商网站合计独立访问用户数的比例
	网站交易额排名	交易额排名指跨境电商网站交易额在所有同类电商网站中的排名
	网站流量排名	流量排名指电商网站独立访客数量在所有同类电商网站中的排名

资料来源:王健. 跨境电子商务. 北京:中国商务出版社,2020.

(二) 引流策略

无论是独立运营网站还是在平台开店,都离不开网站的运营和引流,这也是每个跨境电商企业都在努力去做的事情。无论什么运营手段,其最终都落脚于流量、转化率、复购率和投资回报率等反映实际效益的指标上。不管是企业还是平台,营销的最终目的就是提升这几个数据从而带来盈利。接下来主要围绕这四个目标介绍几个比较典型的引流策略。

1. 提高访问量

无论在网上商城购买什么,消费者寻找产品一般都是通过搜索。提高有效访问量对跨境电商企业来说尤为重要。具体来说有如下几点:

(1) 取一个有利于搜索引擎优化的店名,是利用搜索引擎的规则提高网站在搜索引擎自然排名的方法。好的店名可以在一定程度上彰显企业实力,使其脱颖而出。

(2) 优化标题,通常在所有电商平台上商品标题是商品最显著的部分,这个数据能够成就或“摧毁”一件商品，因此，一定要选一个恰当的、具有丰富关键词的标题，需要注意的是充分满足平台要求和规则才能获得更好的结果。

（3）重视商品分类，细化商品属性。许多电商平台使用商品定义特征，来帮助顾客细化搜索结果。例如为浴室设备添加“铜”的金属类型，当顾客使用这个搜索词条时，能够帮助支持适当的匹配。而商品属性会为店家提供双倍的影响力，这些在浏览和搜索活动中有助于商品细化。

（4）优化详情描述。注重商品详情页图片和文字的描述，添加一些个性化的内容。

（5）创造移动优先体验。如快速登录页面，为聚焦用户体验，应尽量少用闪烁字体、插件、弹出式页面和插页式广告，并优化本地搜索等。

（6）进行站内付费推广。跨境电商企业可以根据不同跨境电商平台的情况，利用平台应用或者付费软件进行打折、设置优惠券、发放红包等方式吸引消费者。同时，可以通过付费的方式提升站内店铺搜索排名，从而能够被优先搜索到并提升店铺流量。

（7）邮件营销。邮件在海外的覆盖面比较广，人们更倾向于使用电子邮件与人进行沟通。对于使用邮件营销来开拓海外市场的电商企业，要构架好完善的邮件产品线。

（8）针对海外消费习惯量身定制营销策略。根据不同时区不同国家制定相应的营销策略。跨境电商企业需要对目标市场的文化风俗和特殊喜好、消费习性等了解清楚后，再参照用户的历史消费行为，去制定邮件内容及营销策略。

2. 提高转化率

转化率是衡量企业说服访问者进行预想销售结果的表现，是任何一家电子商务公司在努力后所希望得到的结果。它反映的是为了实现预期目标的营销效果和客户满意度。转化率偏向市场化，是一个比较复杂的数据类型。产品展示的专业程度、商城可信任度、购物流畅程度、支付安全性等都会影响到平台或者店铺的转化率。如果商城流量过高，而转化率过低，可能是商城用户体验出现了问题。以下是有效提高转化率的途径和方法：

（1）优化页面内容。页面内容是不是有用信息，能否增加用户的停留时间，要求页面内容要有直观的视觉感，可以考虑放一些视频和图片，给客户图文并茂的感觉，能让客户清晰地了解到页面内容。图片要清晰，颜色的搭配和字体的设置要合理，文字内容要段落分明，句子简洁明了。页面布局要合理，把用户想了解的内容放到首页。

（2）提高网站速度。速度是影响用户打开网站的一个重要的因素，因此如果企业自建网站，则一定要保证网页打开的速度。提升网站的速度需尽量减少无用的请求，注意服务器的反应速度，调整好图片大小，加强服务器缓存，减少冗杂代码。

（3）提升用户体验。让用户在极短的时间内获得自己想要的信息内容是最好的用户体验，给客户良好引导的同时要和用户做好互动。独立电商的优点是可以引导用户注册成为网站会员，获取用户的电话、邮箱后，企业可以向目标群体定期发送短信、邮件，提醒他们平台的促销信息与优惠活动。双方可以通过邮件营销建立长期紧密的互动，这样用户就可以继续被转化。另外，企业如果拥有自己的平台，可以给用户提供合适并且安全的支付方式。售后的作用也至关重要，周到的售后处理是提升用户体验进而提高转化率的关键。

（4）注重内容营销。内容营销通过创造、发表及推广内容，譬如通过文章和视频来讲故事，通过故事传递的商品信息，来达到吸引、互动和保留客户的目的。这些故事可以让消费者在第三方平台、网站上多停留一会,并把他们引导到自己的网站,促使他们跟朋友进行分享。做好内容营销要制订一个推广计划,提供好的内容和有用的促销折扣信息,还要检测营销效果,看哪种内容对销量提升最有效。

(5) 网红引流。网红和直播算是近段时期互联网上最火爆的两个名词,“直播+电商”的模式的确给跨境电商的发展注入了活力,这是一种新的营销变现模式。这种崭新的引流模式为跨境电商企业或者平台引进大量的“粉丝”,带来了极高的“粉丝”转化率。

3. 提升复购率

提升复购率是针对老顾客而言,使其进入平台或者店铺反复购买商品。每个老顾客背后对应的不仅仅个体,而是一个圈子。而老顾客就相当于免费的广告,他们的宣传可以带来新顾客。邮件营销是性价比较高的提升用户复购率的引流方式,具体包括:

(1) 建立深入的互动。企业应该引导用户注册成为网站会员,获取邮箱后,双方可以通过邮件营销建立长期紧密的互动,这样用户就可能被持续转化。

(2) 给会员建立档案。跨境电商邮件营销类型主要有两种——系统邮件和营销邮件。如用户初次访问网站后即收到的欢迎和阐述会员权利的邮件,以及加入购物车没有下单,在1~2天内收到的提示邮件,都属于系统邮件。系统邮件由邮件营销平台自动触发,在用户购物过程中进行积极引导,提高订单转化率。营销邮件则是结合电商网站的促销活动,进行邮件营销内容的策划、包装,锁定目标用户展开周期性的多轮攻势和转化。发送内容要与用户有高度关联性,多频次推送内容不重复,转化率才会有保障。跨境电商企业只有给用户建立偏好档案,才能推送高关联的内容。由于用户数量庞大,给会员建档、打标签是进行精准营销,提升转化率的基础工作,十分重要。

(3) 注重本土化营销的视觉效果。邮件内容如何编排、什么时间给用户发送邮件更受用户欢迎等都需要因人而异。关注用户,关注内容,更需关注通道,配备优质通道,才能保证邮件快发和高送达率。只有熟悉当地邮件运营商制定的规则和政策,才能保证顺利运行。如果邮箱违规被封,那就连邮件都发不出去了。

4. 提升投资回报率

为提高线上引流的投资回报率,很多跨境电商企业开始选择投放线上广告,但并不是所有企业都意识到广告投放的重要性。通过分析数据有效合理地投放广告,能够大大降低企业成本,提高运营效率。那么有哪些方法可以有效提高投资回报率呢?

(1) 提高广告投放效率。较高的广告投放效率能够有效提升投资回报率,在提高访问量的基础上,跨境电商企业要追求广告的有效访问量,也就是广告的投放效率。用户在有效访问商家的广告信息后会对产品产生很大兴趣,从而增加购买量,商家的投资回报率也可以有效提升。

(2) 保护客户黏性,提升平台的客户保持率。长期单一的活动已经不像推广阶段那样能吸引客户。商家需要根据用户的个性化需求适当提供让客户拥有新鲜感的产品,针对资深用户推出一系列全新的产品方案。在原有基础上给予老用户优惠政策,如长期支持产品的奖励红包、老用户推荐新用户购买的提成奖励等。

(3) 追踪转化率。转化追踪是衡量广告投放效率的重要一环。即使广告有80%的点击率,如果不追踪转化率,就无法知道广告投资回报率情况。因此,跨境电商企业要追踪广告的转化率,从而有针对性地提升投资回报率。

(4) 后期数据统计评估,前文提到了提高广告投放效率、保持客户黏性、追踪转化率等,这些活动都需要一定的数据支撑,即实现"调查+统计+反馈+改进"的闭口环节,能帮助跨境电商企业更直观地评价营销方案的效果。

【本章总结】

1. 跨境电子商务是以电子及电子技术为手段,以商务为核心,突破了传统交易的地理限制,实现了信息流、商流、物流、资金流多边化,使整个商品销售达到全球化、网络化、无形化、个性化和一体化的状态。具有以下主要特点:技术驱动贸易是一种新业态新模式,体现业务创新与监管环境之间的相互调整与适应。

2. 进口跨境电子商务模式包括直邮进口和保税进口。在直邮进口模式下,消费者下单后,跨境电商直接从境外发货,而在保税进口模式下消费者网上购买后,货物直接从国内保税仓库发货,同时进行进口通关。同时,2016年4月起,我国跨境电子商务零售进口税收按新政策——跨境电商综合税。相应地,出口跨境电商也包括两种模式。

3. 根据交易市场主体属性的不同,主要业务模式包括B2B(企业对企业)、B2C(企业对消费者)、C2C(消费者对消费者)等;根据开发与运营主体的不同,可以将进口跨境电子商务分为平台型电商和自营型电商两类,它们对应的业务模式分别为平台模式和自营模式;根据进口跨境电子商务平台经营商品种类的不同,跨境电子商务平台分为垂直型电商和综合型电商两类,它们对应的业务模式分别为垂直模式和综合模式;根据平台功能的不同,出口跨境电子商务平台分为信息服务平台和交易服务平台。

4. 企业在选品过程中,不仅要对选择的产品有一个清晰的认识,而且要有全局观。常见的选品策略主要包括"跟风"选品策略、市场追随选品策略、"长尾效应"选品策略、细分市场选品策等。

5. 跨境电商企业的网络营销方式种类很丰富,根据企业对跨境网络营销过程中关注的不同侧重点,可以将跨境电商网络营销分为跨境电商内容型网络营销、广告型网络营销、生态型网络营销、社会化网络营销四大类别。

6. 跨境电商企业在对运营、客户、营销三类数据进行分析的基础上,要注重提高访问量、提高转化率、提升复购率及提升投资回报率的途径选择和方法运用。

【关键概念】

1. 跨境电子商务　2. 跨境电商模式　3. 跨境电商平台模式　4. 自营模式
5. 选品策略　6. 网络营销　7. 引流策略

【思考与习训】

1. 跨境电子商务有何特点?跨境电商平台有哪些类型?
2. 跨境电子商务进出口模式有何不同?
3. 跨境电子商务平台模式有哪些?
4. 跨境电商平台型模式与自营类模式的运作流程有何不同?在天猫国际上购买商品

时，商品介绍上显示“从杭州 1 号保税仓发货”，这属于那种跨境电商模式？

5. 跨境电商企业在选品、网络营销工具选择和引流推广方面各有哪些主要的策略？

6. iiMedia Research（艾媒咨询）数据显示，网易考拉以 8.84 的正品信任度高分，位列 2018 年跨境电商平台正品信任度首位，力压京东全球购和天猫国际。网易考拉专注正品品质，赢得了消费者的信赖和行业的认可。请结合跨境电商相关知识，分析正品溯源信息系统对考拉海购的竞争优势带来了哪些影响？

7. 随着集团业务的扩大，阿里巴巴逐渐推出大数据营销产品，为中小电商的大数据营销奠定根基。试从阿里巴巴平台选取相关商家，对该商家依据大数据平台所获取的行业运营状态、已有品牌的市场状况、消费者行为等信息确立个性化营销策略的过程加以分析说明。

【实验内容与要求】

1. 通过南京步惊云虚拟仿真系统，模拟出一个动态变化的电子商务环境，学生扮演企业及个人，自主操作和使用速卖通平台提供的服务项目，通过虚拟的网络环境开展各自的电子商务，熟悉以下模块：产品管理，发布产品；交易管理；店铺管理；跨境物流如区分海运、陆运、空运、小包、快递、仓储、海外仓等；营销活动：投放广告、店铺促销、直通车活动。最终目的是获得企业利润或满足消费者的需求。

2. 了解速卖通平台的店铺类型、入驻要求、入驻流程和学习账户信息设置。开展广告业务活动和店铺营销活动。通过平台交易数据，了解店铺实时交易额排名，根据现有数据，展示店铺的选品策略与引流策略，以在跨境电商平台上推广选出的产品。

【重要链接】

1. 全国电子商务公共服务网：https://dzswgf.mofcom.gov.cn.
2. 关于跨境电子商务零售进口税收政策的通知：www.chinatax.gov.cn.
3. 中国雄安官网：http://xiongan.gov.cn.
4. 前瞻网：https://qianzhan.com.
5. 国家市场监督管理总局：www.samr.gov.cn.
6. 中国政府网：www.gov.cn.

参考文献

REFERENCE

[1] 国际商会(ICC):《国际贸易术语解释通则2020》,国际商会中国国家委员会译,中国民主法制出版社,2020年。

[2] 国际商会(ICC):《ICC跟单信用证统一惯例(2007年修订本)》,国际商会中国国家委员会译,中国民主法制出版社,2006年。

[3] 国际商会(ICC):《跟单信用证统一惯例关于电子交单的附则》(版本1.1),国际商会中国国家委员会译,中国民主法制出版社,2006年。

[4] 国际商会(ICC):《关于审核跟单信用证项下单据的国际标准银行实务》,国际商会中国国家委员会译,中国民主法制出版社,2007年。

[5] 国际商会(ICC):《托收统一规则: URC522》,国际商会中国国家委员会译,中国民主法制出版社,2003年。

[6] 全国人大常委会办公厅研究室经济室:《中华人民共和国合同法释义及实用指南》,中国民主法制出版社,1999年。

[7] 国务院法制办公室:《中华人民共和国票据法》,中国法制出版社,2010年。

[8] 李巍:《联合国国际货物销售合同公约评释(第2版)》,法律出版社,2009年。

[9] 中国国际贸易学会商务培训认证考试办公室:《外贸业务理论与实务》,中国商务出版社,2007年。

[10] 黎孝先,王健:《国际贸易实务(第5版)》,对外经贸大学出版社,2011年。

[11] 吴百福:《进出口贸易实务教程(第6版)》,上海人民出版社,2011年。

[12] 徐进亮:《国际结算: 实务与案例》,对外经贸大学出版社,2014年。

[13] 石玉川,徐进亮:《进出口交易惯例与案例》,中国纺织出版社,2008年。

[14] 于强,金晓玲:《UCP600与信用证操作实务指南》,经济日报出版社,2012年。

[15] 李秀芳,刘娟,王策:《进出口贸易实务研究——策略、技巧、风险防范》,天津大学出版社,2013年。

[16] 吴国新:《国际贸易实务(第2版)》,清华大学出版社,2014年。

[17] 陈岩:《国际贸易理论与实务(第3版)》,清华大学出版社,2014年。

[18] 祝卫:《出口贸易模拟操作教程(第3版)》,上海人民出版社,2010年。

[19] 张亚芬:《国际贸易实务与案例》,高等教育出版社,2008年。

[20] 姚新超:《国际贸易惯例与规则实务(第2版)》,对外经济贸易大学出版社,2010年。

[21] 侯铁珊,逯宇铎:《国际贸易实务与案例》,大连理工大学出版社,2000年。

[22] 冷柏军:《国际贸易实务(第2版)》,北京大学出版社,2012年。

[23] 李文臣,尤宏兵,陶忠元,等:《国际贸易实务》,科学出版社,2008年。

[24] 陈丽珍:《新编国际经贸教程》,江苏大学出版社,2013年。

[25] 徐景霖:《国际贸易实务(第10版)》,东北财经大学出版社,2014年。

[26] 姚大伟:《外贸跟单理论与实务(第2版)》,上海交通大学出版社,2014年。

[27] 刘秀玲:《国际贸易实务》,对外经济贸易大学出版社,2011年。

[28] 李红:《国际贸易实务》,南京大学出版社,2006年。

[29] 董瑾:《国际贸易实务》,高等教育出版社,2013年。

[30] 谢娟娟:《对外贸易单证实务(第3版)》,南开大学出版社,2015年。

[31] 邵铁民:《进出口货物海关通关实务》,上海财经大学出版社,2002年。

[32] 易露霞,陈新国:《国际贸易实务双语教程(第4版)》,清华大学出版社,2016年。

[33] 李勤昌:《国际货物运输实务》,清华大学出版社,2008年。

[34] 霍红,刘莉:《国际货物运输实务》,中国物资出版社,1999年。

[35] 从凤英:《国际货物运输与保险实务》,对外经济贸易大学出版社,2012年。

[36] 韩晶玉,李辉:《国际贸易实务实训教程》,东北财经大学出版社,2014年。

[37] 王正华:《进出口业务操作解析》,中国经济出版社,2011年。

[38] 郭双焦:《进出口贸易实务精品教程》,北京大学出版社,2009年。

[39] 张永安,高运胜:《进出口货物贸易实务》,上海财经大学出版社,2010年。

[40] [美]Alan E. Branch. Export Practice and Management (Fifth Edition),清华大学出版社,2008年。

[41] 冯宗宪:《国际贸易理论、政策与实务》,西安交通大学出版社,2012年。

[42] 余世明:《国际贸易实务练习题及分析解答》,暨南大学出版社,2009年。

[43] 邹根宝:《外贸信用风险管理及案例分析》,上海人民出版社,2002年。

[44] 帅建林:《英汉对照国际贸易惯例案例解析——Case Study of International Trade Customs and Practices》,对外经济贸易大学出版社,2006年。

[45] 万晓兰:《新编国际货物贸易实务与操作》,经济科学出版社,2004年。

[46] 袁永友,柏望生:《新编国际贸易实务案例评析》,中国商务出版社,2004年。

[47] 冯世崇:《国际贸易实务学习指导(修订版)》,华南理工大学出版社,2005 年。

[48] 朱春兰:《新编国际贸易实务案例分析》,大连理工大学出版社,2016 年。

[49] 笪家祥:《外贸风险应对指南》,南京大学出版社,2009 年。

[50] 张玉卿:《国际货物买卖统一法: 联合国国际货物销售合同公约释义》,中国商务出版社,2009 年。

[51] [德]彼得·施莱希特里姆(Peter Schlechtriem):《联合国国际货物销售合同公约评释(第 3 版)》,李慧妮译,北京大学出版社,2006 年。

[52] 鞠雪楠,赵宣凯,孙宝文:《跨境电商平台克服了哪些贸易成本?——来自"敦煌网"数据的经验证据》,经济研究,2020 年第 2 期。

[53] 伍蓓:《跨境电商理论与实务:微课版》,人民邮电出版社,2021 年。

[54] 马述忠:《跨境电商理论与实务》,浙江大学出版社,2018 年。

[55] 王健:《跨境电子商务》,中国商务出版社,2020 年。

[56] 熊励,许肇然,李医群:《跨境电子商务》,高等教育出版社,2020 年。

附录 APPENDIX

1. 合同

SALES CONFIRMATION

卖方: Shanghai Yongxin Trading Co., Ltd. NO.: CT0000881
Seller: 8# Ji Long Road, WaiGaoqiao Free Trade Zone, Shanghai, China DATE: 2017-08-08
买方: Only Import and Export Co., Ltd.
Buyer: No.55 Madison, Arkansas, America

经买卖双方同意成交下列商品，订立条款如下：
This contract is made by and agreed between the BUYER and SELLER, in accordance with the terms and conditions stipulated below.

商品编号 Product No.	名称及规格 Description of goods	数量 Quantity	单价 Unit Price	金额 Amount
			CIF	New York,America
AJ-002	Cheongsam Fabric: Brocade, Color: Red, Design: Embroidery	1000 pcs	USD 20.00	USD 20000.00
	总值TOTAL:	1000 pcs		USD 20000.00

Say Total(全额大写): usd twenty thousand only

Transshipment (转运):

☐ Allowed (允许) ☑ Not allowed (不允许)

Partial shipments (分批装运):

☐ Allowed (允许) ☑ Not allowed (不允许)

Port of Shipment (装运港):

Shanghai,China

Port of Destination (目的港):

New York,America

Shipment (装运条款):

Shipment within 15 days after receipt of L/C By sea

Marks and Numbers (唛头):

N/M

Insurance (保险):

☐ To be covered by the Buyer.
由买方负责。

☑ To be covered by the Seller FOR 110% of the invoice value covering

ALL Risks additional WAR Risks, Strikes Risk.

由__按发票金额__投保__。

Terms of payment (付款条件):

100 % by L/C at sight.

__% 以 __预付，其余 __% 以 __支付。

Documents required (单据):

The sellers shall present the following documents required.

卖方应提交下列单据。

☑ Full set of original clean on Board Ocean Bills of Lading.

整套正本清洁提单。

☐ Airway bill/cargo receipt/copy of railway bills.

空运提单或承运收据或铁路联运单。

☑ Signed commercial invoice in 3 copies.

商业发票一式__份。

☑ Packing list/weight memo in 3 copies.

装箱单或重量单一式__份。

☐ Certificate of Quantity/Weight in ______ copies issued by ______________________.

由__签发的数量/重量证明书一式__份。

☑ Certificate of Quality in 1 copies issued by CIQ

由__签发的品质证明书一式__份。

☐ Health Certificate in ______ copies issued by ______________________.

由__签发的健康证明书一式__份。

☐ Certificate of phytosanitary in ______ copies issued by ______________________.

由__签发的植物检疫证明书一式__份。

☐ Veterinary (Health) Certificate in ______ copies issued by ______________________.

由__签发的兽医（卫生）证书一式__份。

☐ Sanitary Certificate in ______ copies issued by ______________________.

由__签发的卫生证书一式__份。

☐ Fumigation/Disinfection Certificate in ______ copies issued by ______________________.

由__签发的熏蒸/消毒证书一式__份。

☐ Certificate for CCC in ______ copies.

CCC认证证书一式__份。

☑ Insurance policy in 2 copies.

保险单一式__份。

☐ Certificate of Origin in ______ copies issued by ______________________.

由__签发的一般原产地证一式__份。

☑ Certificate of Origin Form A in 1 copies issued by CIQ.

由__签发的普惠制产地证一式__份。

☐ Certificate of Origin Form E in ______ copies issued by ______________________.

由__签发的《中国-东盟自由贸易区》优惠原产地证明书一式__份。

☐ Certificate of Origin Form B in ______ copies issued by ______________________.

由__签发的《亚太贸易协定》优惠原产地证明书一式__份。

Shipping advice (装运通知):

The sellers shall immediately, upon the completion of the loading of the goods, advise the buyers of the Contract No, names of commodity, loaded quantity, invoice values, gross weight, names of vessel and shipment date by TLX/FAX.

一旦装运完毕，卖方应即电告买方合同号、商品号、已装载数量、发票总金额、毛重、运输工具名称及启运日期等。

Inspection and Claims (检验与索赔):

1. The buyers shall have the qualities, specifications, quantities of the goods carefully inspected by the Inspection Authority, which shall issue Inspection Certificate before shipment.

卖方在发货前由检验机构对货物的品质、规格和数量进行检验，并出具检验证明书。

2. The buyers have right to have the goods inspected by the local commodity inspection authority after the arrival of the goods at the port of destination if the goods are found damaged/short/their specifications and quantities not in compliance with that specified in the contract, the buyers shall lodge claims against the sellers based on the Inspection Certificate issued by the Commodity Inspection Authority within ______ days after the goods arrival at the destination.

货物到达目的口岸后，买方可委托当地的商品检验机构对货物进行复检。如果发现货物有损坏、残缺或规格、数量与合同规定不符，买方须于货到目的口岸的__天内凭检验机构出具的检验证明书向卖方索赔。

3. The claims, if any regarding to the quality of the goods, shall be lodged within ______ days after arrival of the goods at the destination, if any regarding to the quantities of the goods, shall be lodged within ______ days after arrival of the goods at the destination. The sellers shall not take any responsibility if any claims concerning the shipping goods is up to the responsibility of Insurance Company/Transportation Company/Post Office.

如买方提出索赔，凡属品质异议须于货到目的口岸之起__天内提出；凡属数量异议须于货到目的口岸之日起__天内提出。对所货物所提任何异议应由保险公司、运输公司或邮递机构负责的，卖方不负任何责任。

Force Majeure (人力不可抗拒):

The sellers shall not hold any responsibility for partial or total non-performance of this contract due to Force Majeure. But the sellers advise the buyers on time of such occurrence.

如因人力不可抗拒的原因造成本合同全部或部分不能履约，卖方概不负责但卖方应将上述发生的情况及时通知买方。

Disputes settlement (争议之解决方式):

All disputes in connection with this contract of the execution thereof shall be amicably settled through negotiation. In case no amicable settlement can be reached between the two parties, the case under dispute shall be submitted to arbitration, which shall be held in the country where the defendant resides, or in third country agreed by both parties. The decision of the arbitration shall be accepted as final and binding upon both parties. The Arbitration Fees shall be borne by the losing party.

凡因执行本合约或有关本合约所发生的一切争执，双方应协商解决。如果协商不能得到解决，应提交仲裁。仲裁地点在被告方所在国内，或者在双方同意的第三国。仲裁裁决是终局的，对双方都有约束力，仲裁费用由败诉方承担。

Law application (法律适用):

It will be governed by the law of the People's Republic of China under the circumstances that the contract is signed or the goods while the disputes arising are in the People's Republic of China or the defendant is Chinese legal person, otherwise it is governed by Untied Nations Convention on Contract for the International Sale of Goods.

本合同之签订地，或发生争议时货物所在地在中华人民共和国境内或被诉人为中国法人的，适用中华人民共和国法律，除此规定外，适用《联合国国际货物销售公约》。

The terms in the contract based on INCOTERMS 2010 of the International Chamber of Commerce. 本合同使用的价格术语系根据国际商会《INCOTERMS 2010》。

Versions (文字):

This contract is made out in both Chinese and English of which version is equally effective. Conflicts between these two languages arising therefrom, if any, shall be subject to Chinese version.

本合同中、英两种文字具有同等法律效力，在文字解释上，若有异议，以中文解释为准。

This contract is in 3_____ copies, effective since being singed/sealed by both parties.

本合同共__份，自双方代表签字（盖章）之日起生效。

The Buyer	The Seller
Only Import and Export Co., Ltd.	Shanghai Yongxin Trading Co., Ltd.
David	Guoxin Wang

2. 信用证

-- MESSAGE HEADER --

Sender :IRVTUS3N200

Message Type : 700 LETTER OF CREDIT

Receiver :COMMCNSHACD

-- MESSAGE TEXT --

:27: SEQUENCE OF TOTAL

1/1

:40A: FORM OF DOCUMENTARY CREDIT

IRREVOCABLE

:20: DOCUMENTARY CREDIT NUMBER

002/0000533

:31C: DATE OF ISSUE
20170808
:40E: APPLICABLE RULES
UCP LATEST VERSION
:31D: DATE AND PLACE OF EXPIRY
20171008 in the beneficiary's country
:50: APPLICANT
Only Import and Export Co., Ltd.
No.55 Madison, Arkansas, America

:59: BENEFICIARY
Shanghai Yongxin Trading Co., Ltd.
8# Ji Long Road, WaiGaoqiao Free Trade Zone, Shanghai, China

:32B: CURRENCY CODE, AMOUNT
USD 20000,00
:41D: AVAILABLE WITH BY
ANY BANK BY PAYMENT
:42C: DRAFTS AT
AT SIGHT
:42A: DRAWEE
ISSUE BANK
:43P: PARTIAL SHIPMENTS
NOT ALLOWED
:43T: TRANSHIPMENT
NOT ALLOWED
:44E: PORT OF LOADING/AIRPORT OF DEPARTURE
Shanghai,China
:44F: PORT OF DISCHARGE/AIRPORT OF DESTINATION
New York,America
:44C: LATEST DATE OF SHIPMENT
20170907
:45A: DESCRIPTION OF GOODS AND/OR SERVICES
AJ-002 Cheongsam
Fabric: Brocade, Color: Red, Design: Embroidery
QUANTITY: 1000pcs
PRICE: USD20.00
CIF New York,America

:46A: DOCUMENTS REQUIRED
Signed commercial invoice in 3 copies indicating L/C No. and Contract No. CT0000881
Full set of clean on board Bills of Lading made out to order and blank endorsed, marked "freightprepaid " notifying Applicant
Insurance Policy/Certificate in 2 copies for 110% of the invoice value showing claims payable in America in currency of the draft, blank endorsed, covering ALL Risks additional WAR Risks, Strikes .
Packing List/Weight Memo in 3 copies indicating quantity, gross and weights of each package.
Certificate of Quality in 1 copies issued by CIQ.
Other documents, if any
Certificate of Origin Form A in 1 copies issued by CIQ.

:47A: ADDITIONAL CONDITIONS
All banking charges outside the opening bank are for beneficiar's account.
Documents must be presented within 21 days after date of issuance of the transport documents but within the validitv of this credit.
:71B: CHARGES
All banking charges outside the opening bank are for beneficiary's account
:49: CONFIRMATION INSTRUCTIONS
WITHOUT

:57D: ADVISE THROUGH BANK
Bank of Communications
360 North Zhongshan Road, Shanghai, China

3. 装箱单

ISSUER Shanghai Yongxin Trading Co., Ltd. 8# Ji Long Road, WaiGaoqiao Free Trade Zone, Shanghai, China	装箱单 **PACKING LIST**
TO Only Import and Export Co., Ltd. No.55 Madison, Arkansas, America	PACKING LIST NO. PL0000840 INVOICE NO. IV0000156 DATE 2017-08-08

Product No.	Description of goods	Package	G.W	N.W	Meas.
AJ-002	Cheongsam Fabric: Brocade, Color: Red, Design: Embroidery	100 CARTONS	330.00 KGS	300.00 KGS	1.2000 CBM
	Total:	[100] [CARTONS]	[330.00] [KGS]	[300.00] [KGS]	[1.2000] [CBM]

SAY TOTAL: ONE HUNDRED CARTONS

MARKS AND NUMBERS:

N/M

Shanghai Yongxin Trading Co., Ltd.

Guoxin Wang

4. 商业发票

ISSUER Shanghai Yongxin Trading Co., Ltd. 8# Ji Long Road, WaiGaoqiao Free Trade Zone, Shanghai, China		**商业发票** **COMMERCIAL INVOICE**		
TO Only Import and Export Co., Ltd. No.55 Madison, Arkansas, America				
TRANSPORT DETAILS From Shanghai,China to New York,America, Shipment within 15 days after receipt of L/C By sea		NO. IV0000156	DATE 2017-08-08	
		S/C NO. CT0000881	L/C NO.	
TERMS OF PAYMENT 100 % by L/C at sight				
Product No.	Description of goods	Quantity	Unit Price	Amount
			CIF	New York,America
AJ-002	Cheongsam Fabric: Brocade, Color: Red. Design: Embroidery	1000 pcs	USD 20.00	USD 20000.00
	Total:	[1000][pcs]		[USD][20000.00]

SAY TOTAL: usd twenty thousand only

MARKS AND NUMBERS:

N/M

Shanghai Yongxin Trading Co., Ltd.

Guoxin Wang

5. 汇票

BILL OF EXCHANGE

No. S0000400 Dated 2017-08-08

Exchange for USD 20000.00

At ---- Sight of this FIRST of Exchange

(Second of exchange being unpaid)

Pay to the Order of Bank of Communications

the sum of SAY USD TWENTY THOUSAND ONLY

Drawn under L/C No. 002/0000533 Dated 20170808

To Bank of New York Mellon
No. 1 One Wall Street, Manhattan, New York, USA

Shanghai Yongxin Trading Co., Ltd.

(Authorized Signature)

6. 原产地证明书

原产地证明书申请书

申请单位及注册号码(盖章)：上海永鑫贸易有限公司310000202100101　　证书号码：G132075501040596

申请人郑重声明：

本人是被正式授权代表申请单位申请办理原产地证明书和签署本申请书的。

本人所提供原产地证明书及所附单据内容正确无误，如发现弄虚作假，冒充证书所列货物，擅改证书，自愿按照有关规定接受处罚并负法律责任。现将有关情况申报如下：

申请单位	上海永鑫贸易有限公司	联系人	王国新	电话	86-21-88696868

序号	HS编码	货物名称	进口成份	生产企业	数/重量	单位	FOB值（美元）
1	6204491010	旗袍		中国海德实业公司	1000.00	pcs	

发票号码	IV0000156	商品FOB总值（美元）	

贸易方式（请在相应的“口”内处打“√”）

[√] 一般贸易	[ ] 加工贸易	[ ] 零 售	[ ] 展 卖	[ ] 其 它

中转国/地区		最终销售国	美国	出口日期	2017-08-08

申请证书类型：（请在相应的“口”内处打“√”）

1. [ ] 出口货物一般原产地证明书；
2. [ ] 加工装配证明书；
3. [√] 普惠制原产地证明书；
4. [ ] 《亚太贸易协定》优惠原产地证明书；
5. [ ] 《中国-东盟自由贸易区》优惠原产地证明书；
6. [ ] 《中国-巴基斯坦自由贸易区》优惠原产地证明书；
7. [ ] 《中国-智利自由贸易区》优惠原产地证明书；
8. [ ] 烟草真实性证明书；
9. [ ] 转口证明书；
10. [ ] 其它原产地证明书（请列明＿＿＿＿＿＿＿＿＿＿＿＿＿＿＿）

备注：	申报员（签名）：王国新 电 话：86-21-88696868 日期：2017年8 月8 日

现提交出口商业发票副本一份，原产地证明书一套，以及其他附件　　份，请予审核签证。

*注：“进口成份”指产品含进口成份的情况，如不含进口成份，则填0%，若含进口成份，则填进口成份占产品出厂价的百分比。

7. 普惠制产地证

ORIGINAL

1. Good consigned from (Exporter's business name,address,country)
Shanghai Yongxin Trading Co., Ltd.
8# Ji Long Road, WaiGaoqiao Free Trade Zone, Shanghai, China
China

Reference No. GP/000/0144

GENERALIZED SYSTEM OF PREFERENCES CERTIFICATE OF ORIGIN

(Combined declaration and certificate)

FORM A

2. Goods consigned to(Consignee's name,address,country)
Only Import and Export Co., Ltd.
No.55 Madison, Arkansas, America
America

3. Means of transport and route(as far as Known)
FROM Shanghai TO New York By sea

4. For official use

Item number	6. Marks and numbers of packages	7. Number and kind of packages;description of goods	8. Origin criterion (see Notes overleaf)	9. Gross weight or other quantity	10. Number and date of invoices
1	N/M	one hundred(100)carton of Cheongsam Fabric: Brocade, Color: Red, Design: Embroidery	"P"	1000 pcs	IV0000156 August 8,2017

11. Certification
It is hereby certified,on the basis of control carried out,that the declaration by the exporter is correct

China
2017-08-08
Place and date, signature and stamp of certifying authority

12. Declaration by the exporter
The undersigned herby declares that the above details and statements are correct,that all the goods were

produced in China
(country)

and that they comply with the origin requirements specified for those goods in the Generalized System of Preferences for goods exported to

America
(importing country)

2017-08-08 Shanghai Yongxin Trading Co., Ltd.
Place and date, signature and stamp of certifying authority

8. 报检单

出境货物报检单

报检单位(加盖公章)：上海萌叶报检行　　　　编号：330120211000648

报检单位登记号：3005600103　　联系人：陈蒙纳　　电话：86-21-65952313　　报检日期：2017 年 8 月 8 日

发货人	（中文）上海永鑫贸易有限公司				
	（英文）Shanghai Yongxin Trading Co., Ltd.				
收货人	（中文）欧力进出口有限公司				
	（英文）Only Import and Export Co., Ltd.				
货物名称(中/外文)	H.S.编码	产地	数/重量	货物总值	包装种类及数量
手工香皂 Handmade Soap	3401300000	中国	1000 千克(035)	美元 9000.00	100 纸箱

运输工具名称号码	JJ SKY 049E	贸易方式	一般贸易	货物存放地点	
合同号	CT0000817	信用证号		用途	
发货日期	2017-08-11	输往国家(地区)	美国	许可证/审批号	
启运地	上海	到达口岸	纽约	生产单位注册号	5200004282
集装箱规格、数量及号码	海运20尺普通*1(BJYU0010591)				

合同、信用证订立的检验检疫条款或特殊要求	标 记 及 号 码	随附单据（划"√"或补填）	
	Handmade Soap America C/NO. 1-10000 MADE	☑合同 ☐信用证 ☑发票 ☐换证凭单 ☑装箱单 ☐厂检单	☑包装性能结果单 ☐许可/审批文件

需要证单名称（划"√"或补填）		*检验检疫费	
☐品质证书 _正 _副 ☐数量/重量证书 _正 _副 ☐兽医卫生证书 _正 _副 ☐健康证书 _正 _副 ☐卫生证书 _正 _副 ☐动物卫生证书 _正 _副	☐植物检疫证书 _正 _副 ☐熏蒸/消毒证书 _正 _副 ☐出境货物换证凭单 _正 _副	总金额 （人民币元）	
		计费人	
		收费人	

报检人郑重声明： 1. 本人被授权报检。 2. 上列填写内容正确属实，货物无伪造或冒用他人的厂名、标志、认证标志，并承担货物质量责任。 签名：陈蒙纳	领 取 证 单	
	日期	
	签名	

注：有"*"号栏由出入境检验检疫机关填写　　　　◆国家出入境检验检疫局制

[1-2 (2000.1.1)]

9. 商检证

ENTRY-EXIT INSPECTION AND QUARANTINE

正 本
ORIGINAL

编号No.: QC0000019

QUALITY INSPECTION CERTIFICATE

发货人 Consignor: Shanghai Yongxin Trading Co., Ltd.

收货人 Consignee: Only Import and Export Co., Ltd.

品名 Description of Goods: Cheongsam

报检数量/重量 Quantity/Weight Declared: 1000 pcs /300 KGS

包装种类及数量 Number and Type of Packages: 100 CARTONS

运输工具 Means of Conveyance:

标记及号码 Mark & No.: N/M

检验结果：
RESULTS OF INSPECTION:

IN ACCORDANCE WITH THE RELEVANT STANDARD, THE REPRESENTATIVE SAMPLE WERE DRAWN AT RONDOM AND INSPECTED WITH RESULTS AS FOLLOWS:

OF NORMAL QUALITY

THE QUALITY OF THE GOODS IS IN CONFORMITY WITH THE RELEVANT REQUIREMENTS.

印章 Official Stamp

签证地点 Place of Issue: Shanghai,China　签证日期 Date of Issue: August.8,2017

授权签字人 Authorized Officer: XiaoHua Wang　签名 Signature: 王晓华

10. 报关委托书

代理报关委托书

编号： 1220130001415

中国元通报关行 ：

我单位现 A (A逐票、B长期)委托贵公司代理 ABCD 等通关事宜。(A、填单申报B、辅助查验C、垫缴税款D、办理海关证明联E、审批手册F、核销手册G、申办减免税手续H、其他）详见《委托报关协议》。

我单位保证遵守《海关法》和国家有关法规,保证所提供的情况真实、完整、单货相符。否则，愿承担相关法律责任。

本委托书有效期自签字之日起至 2017 年 9 月 7 日 止。

委托方(盖章)：上海永鑫贸易有限公司

法定代表人或其授权签署《代理报关委托书》的人（签字） 王国新

2017 年 8 月 8 日

委托报关协议

为明确委托报关具体事项和各自责任，双方平等协商签订协议如下：

委托方	上海永鑫贸易有限公司
主要货物名称	旗袍
HS编码	6204491010
货物总价	USD 20000.00
进出口日期	年 月 日
提单号	
贸易方式	一般贸易
原产地/货源地	中国
其他要求 ：	
背面所列通用条款是本协议不可分割的一部分，对本协议的签署构成了对背面通用条款的同意。	
委托方业务签章：上海永鑫贸易有限公司	
经办人签章：王国新	
联系电话： 86-21-88696868	2017 年 8 月 8 日

被委托方				
*报关单编码	No.			
收到单证日期	年 月 日			
收到单证情况	合同	□	发票	□
	装箱清单	□	提（运）单	□
	加工贸易手册	□	许可证件	□
	其他			
报关收费	人民币： 元			
承诺说明：				
背面所列通用条款是本协议不可分割的一部分，对本协议的签署构成了对背面通用条款的同意。				
被委托方业务签章：				
经办报关员签章：				
联系电话：	年 月 日			

(白联:海关留存、黄联:被委托方留存、红联:委托方留存) 中国报关协会监制

11. 报关单

出口货物报关单

预录入编号： 海关编号：

收发货人 上海永鑫贸易有限公司 1021060101		出口口岸 上海海关(2200)	出口日期 2017-09-12		申报日期 2017-09-10
生产销售单位 中国海德实业公司 3600064282		运输方式 水路运输	运输工具名称 JJ SUN/049E		提运单号 COBL0000192
申报单位 中国元通报关行 2200061004		监管方式 一般贸易(0110)	征免性质 一般征税(101)		备案号
贸易国(地区) 美国(5	运抵国（地区） 美国(502)		指运港 纽约(3166)		境内货源地
许可证号	成交方式 CIF	运费 502 /165.60 /3	保费 502 /193.60 /3		杂费 / /
合同协议号 CT0000881	件数 100	包装种类 纸箱		毛重(千克) 330.00	净重(千克) 300.00
集装箱号 BJYU0010267/20'GP/2275	随附单据				
标记唛码及备注 N/M					

项号	商品编号	商品名称、规格型号	数量及单位	最终目的国(地区)	单价	总价	币制	征免
1	6204491010	旗袍 面料：锦缎，颜色：红色，设计：刺绣	1000.00 件 300.00 千克	美国(502)	20.00	20000.00	美元(502)	照章征税

特殊关系确认： 否　　价格影响确认： 否　　支付特许权使用费确认： 否

录入员 录入单位	兹声明对以上内容承担如实申报、依法纳税之法律责任	海关批注及签章
报关人员 何林	申报单位（签章） 中国元通报关行	

12. 通关单

出境货物通关单

编号: EP0000554

<table>
<tr><td colspan="3">1.发货人
上海永鑫贸易有限公司</td><td rowspan="3">5.标记及号码
Handmade Soap
America</td></tr>
<tr><td colspan="3">2.收货人
欧力进出口有限公司</td></tr>
<tr><td>3.合同/信用证号
CT0000817</td><td colspan="2">4.输往国家或地区
美国</td></tr>
<tr><td>6.运输工具名称及号码
JJ SKY 049E</td><td colspan="2">7.发货日期
2017-08-11</td><td>8.集装箱规格及数量
海运20尺普通*1(BJYU0010591)</td></tr>
<tr><td>9.货物名称及规格
手工香皂 Handmade Soap</td><td>10.H.S.编码
3401300000</td><td>11.申报总值
USD 9000.00</td><td>12.数/重量、包装数量及种类
1000 千克(035)
100.00 纸箱</td></tr>
<tr><td colspan="4">13.证明 上述货物业经检验检疫,请海关予以放行。
本通关单有效期至 2017 年 10 月 7 日
签字: XXX 日期: 2017 年 8 月 8 日</td></tr>
<tr><td colspan="4">14.备注</td></tr>
</table>

13. 保险单

货物运输保险单

CARGO TRANSPORTATION INSURANCE POLICY

发票号(INVOICE NO.) IV0000156

合同号(CONTRACT NO.) CT0000881　　保单号次

信用证号(L/C NO.) 002/0000533　　POLICY NO. PI0000520

被保险人

Insured　Shanghai Yongxin Trading Co., Ltd.

本公司根据被保险人的要求，由被保险人向本公司缴付约定的保险费，按照本保险单承保险别和背面所载条款与下列特款承保下述货物运输保险，特立本保险单。

THE COMPANY IN ACCORDANCE WITH THE REQUIREMENTS OF THE INSURED BY THE INSURED TO THE COMPANY AGREED TO PAY THE PREMIUMS, IN ACCORDANCE WITH THE INSURANCE COVERAGE AND ON THE BACK OF THE FOLLOWING TERMS AND CONDITIONS CONTAINED IN THE SPECIAL SECTION COVER THE CARRIAGE OF GOODS BY INSURANCE, OF THE INSURANCE TRINIDAD SINGLE.

标记 MARKS&NOS	包装及数量 QUANTITY	保险货物项目 DESCRIPTION OF GOODS	保险金额 AMOUNT INSURED
N/M	100 CARTONS	Cheongsam	USD 22000.00

总保险金额

TOTAL AMOUNT INSURED: SAY USD TWENTY TWO THOUSAND ONLY

保费

PERMIUM: USD 193.60

启运日期

DATE OF COMMENCEMENT: As Per B/L

装载运输工具

PER CONVEYANCE: JJ SUN

自

FROM: Shanghai,China

经

VIA:

至

TO: New York,America

承保险别

CONDITIONS:

ALL Risks additional WAR Risks, Strikes Risk.

所保货物,如发生保险单项下可能引起索赔的损失或损坏,应立即通知本公司下述代理人查勘。如有索赔,应向本公司提交保单正本(本保险单共有3份正本)及有关文件。如一份正本已用于索赔，其余正本自动失效。

IN THE EVENT OF LOSS OR DAMAGE WITCH MAY RESULT IN A CLAIM UNDER THIS POLICY, IMMEDIATE NOTICE MUST BE GIVEN TO THE COMPANY'S AGENT AS MENTIONED HEREUNDER. CLAIMS,IF ANY,ONE OF THE ORIGINAL POLICY WHICH HAS BEEN ISSUED IN 3 ORIGINAL(S) TOGETHER WITH THE RELEVENT DOCUMENTS SHALL BE SURRENDERED TO THE COMPANY . IF ONE OF THE ORIGINAL POLICY HAS BEEN ACCOMPLISHED. THE OTHERS TO BE VOID.

赔款偿付地点

CLAIM PAYABLE AT　New York,America

出单日期

ISSUING DATE　2017-08-08

Authorized Signature

14. 托运单

Shipper (发货人) Shanghai Yongxin Trading Co., Ltd. 8# Ji Long Road, WaiGaoqiao Free Trade Zone, Shanghai, China Tel:86-21-88696868	D/R No.(编号) COBL0000192
Consignee(收货人) TO ORDER	集装箱托运单 货主留底 第一联
Notify Party(通知人) Only Import and Export Co., Ltd. No.55 Madison, Arkansas, America Tel:212-23-55880	

Pre Carriage by(前程运输)	Place of Receipt(收货地点)	
Ocean vessel(船名)	**Voy .No(航次)**	**Port of Loading(装货港)**
JJ SUN	049E	Shanghai,China
Port ofDischarge(卸货港)	**Place of Delivery(交货地点)**	**Final Destination forMerchant'sReference(目的地)**
New York,America		

Container No. (集装箱号)	Seal & NO.（封志号） Marks & Nos.（标记与号码）	No. of containers of P'kgs. (箱数或件数)	Kind of packages:Description (包装种类与货名)	Gross weight 毛重（公斤）	Measurement 尺码(立方米)
BJYU0010267/FTD010267/20'GP	N/M	LCL 100 CARTON	ONE HUNDRED (100) CARTONS OF Cheongsam Fabric: Brocade, Color: Red, Design: Embroidery FREIGHT PREPAID	330.00 KGS	1.2000 CBM

TOTAL NUMBEROFCONTAINERS OR PACK AGES(IN WORDS) 集装箱数或件数合计(大写)	ONE HUNDRED CARTONS

FREIGHT & CHARGES	Revenue Tons(运费吨)	Rate(运费率)Per(每)	Prepaid(运费预付)	Collect(到付)

EX&Rate:(兑换率)	Prepaid at (预付地点)	Paya at (到付地点)	Place of Issue (签发地点) China 2017-08-08
	Total Prepaid (预付总额) USD 165.60	No of Original B(s)/L(正本提单份数) 3/3	

Service Type on Receiving	Service Type on Delivery	Reeter Temperature Required.(冷藏温度)
□-CY, √-CFS, □-DOOR	□-CY, √-CFS, □-DOOR	℉℃

TYPE OF GOODS (种类)					危险品	
	√ Ordinary, (普通)	□ Reefer, (冷藏)	□ Dangerous, (危险品)	□ Auto, (裸装车辆)		Glass: Property:
	□ Liquid, (液体)	□ Live Animal, (活动物)	□ Bulk (散货)	□ ______		IMDG Code Page: UN No:

可否转船:	可否分批:
装期: 2017-09-12	效期: 2017-09-15
金额: USD 20000.00	
制单日期: 2017-08-08	

15. 装运通知

SHIPPING ADVICE

To: Only Import and Export Co., Ltd.
No.55 Madison, Arkansas, America

Invoice No.: IV0000156

Date: 2017-08-08

Dear Sir or Madam:

We are pleased to advice you that the following mentioned goods has been shipped out, full details were shown as follows:

L/C No.: 002/0000533

Contract No.: CT0000881

B/L No./AWB No.: COBL0000192

Vessel/Flight: JJ SUN

Voy. No. 049E

Port of Shipment: Shanghai,China

Port of Destination: New York,America

Date of shipment: 2017-09-12

Estimated date of arrival: 2017-09-27

Description of goods: Cheongsam

Packing & Quantity: 100 CARTONS

Total Value: USD 20000.00

Thank you for your patronage. We look forward to the pleasure of receiving your valuable repeat orders.

Sincerely yours,

Shanghai Yongxin Trading Co., Ltd.

16. 提单

1. Shipper Insert Name, Address and Phone
Shanghai Yongxin Trading Co., Ltd.
8# Ji Long Road, WaiGaoqiao Free Trade Zone, Shanghai, China

B/L No.
COBL0000192

2. Consignee Insert Name, Address and Phone
TO ORDER

ORIGINAL
Port-to-Port or Combined Transport
BILL OF LADING

3. Notify Party Insert Name, Address and Phone
(It is agreed that no responsibility shall attach to the Carrier or his agents for failure to notify)
Only Import and Export Co., Ltd.
No.55 Madison, Arkansas, America

RECEIVED in external apparent good order and condition except as other-Wise noted. The toTAL number of packages or unites stuffed in the container,The description of the goods and the weights shown in this Bill of Lading are Furnished by the Merchants, and which the carrier has no reasonable means Of checking and is not a part of this Bill of Lading contract. The carrier has Issued the number of Bills of Lading stated below, all of this tenor and date, One of the original Bills of Lading must be surrendered and endorsed or signed against the delivery of the shipment and whereupon any other original Bills of Lading shall be void. The Merchants agree to be bound by the terms And conditions of this Bill of Lading as if each had personally signed this Bill of Lading.
SEE clause 4 on the back of this Bill of Lading (Terms continued on the back Hereof, please read carefully).
*Applicable Only When Document Used as a Combined Transport Bill of Lading.

4. Combined Transport* Pre - carriage by	5. Combined Transport* Place of Receipt
6. Ocean Vessel Voy. No. JJ SUN 049E	7. Port of Loading Shanghai,China
8. Port of Discharge New York,America	9. Combined Transport* Place of Delivery

Marks & Nos. Container / Seal No.	No. of Containers or Packages	Description of Goods (If Dangerous Goods, See Clause 20)	Gross Weight Kgs	Measurement
N/M BJYU0010267/FTD010267/20'GP	LCL 100 CARTONS	Cheongsam 100CARTONS; FREIGHT PREPAID	330.00 KGS	1.2000 CBM
	Description of Contents for Shipper's Use Only (Not part of This B/L Contract)			

10. ToTAL Number of containers and/or packages (in words) Subject to Clause 7 Limitation: ONE HUNDRED CARTONS

11. Freight & Charges	Revenue Tons	Rate	Per	Prepaid	Collect
USD 165.60 Declared Value Charge					

Ex. Rate:	Prepaid at	Payable at	Place and date of issue China 2017-09-12
	Total Prepaid USD 165.60	No. of Original B(s)/L 3/3	Signed for the Carrier,

LADEN ON BOARD THE VESSEL
DATE 2017-09-12 BY

17. 核销

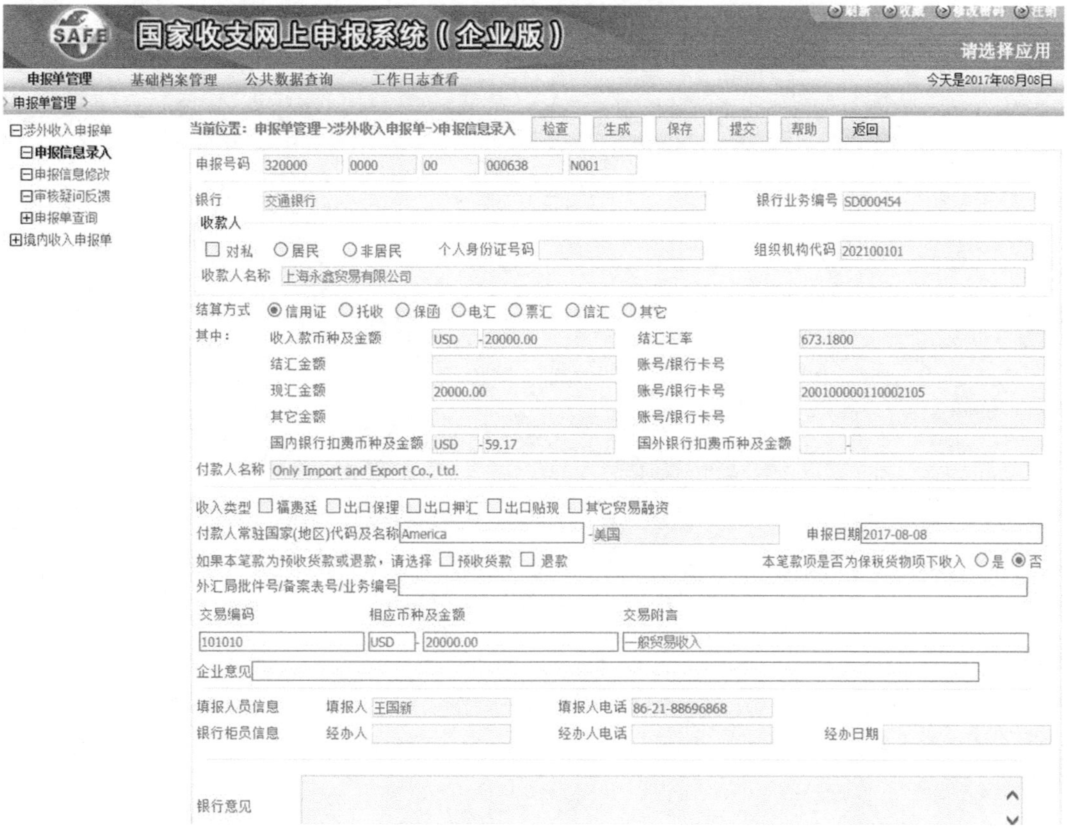

注：附录单据均由步惊云软件公司提供。